中国
近代教育管理
研究系列

张新平　主编

上海文化发展基金会图书出版专项基金资助项目

中国近代中学组织结构演变研究

陈学军 著

上海教育出版社

图书在版编目(CIP)数据

中国近代中学组织结构演变研究 / 陈学军著.– 上海：上海
教育出版社, 2015.12
（中国近代教育管理研究系列）
ISBN 978–7–5444–6474–1

Ⅰ.①中… Ⅱ.①陈… Ⅲ.①中学–组织结构–研究–中国–近代
Ⅳ.①G637

中国版本图书馆CIP数据核字(2015)第305740号

责任编辑 袁　彬
书籍设计 陆　弦

中国近代教育管理研究系列
张新平　主编
中国近代中学组织结构演变研究
陈学军　著

出　　版　上海世纪出版股份有限公司
　　　　　上 海 教 育 出 版 社
　　　　　易文网 www.ewen.co
地　　址　上海永福路123号
邮　　编　200031
发　　行　上海世纪出版股份有限公司发行中心
印　　刷　昆山市亭林印刷有限责任公司
开　　本　700×1000　1/16　印张 23.5　插页 5
版　　次　2015年12月第1版
印　　次　2015年12月第1次印刷
书　　号　ISBN 978–7–5444–6474–1/G·5318
定　　价　65.00元

(如发现质量问题，读者可向工厂调换)

丛书主编

张新平，教育学博士，北京师范大学教育学部"985"工程首席专家、博士生导师，南京师范大学教育管理与政策系教授。全国教育管理学科学术委员会副理事长，全国教育效能学术委员会副主任委员，美国TAOS INSTITUTE会员，《皮博迪教育杂志》(*Peabody Journal of Education*)和《中小学管理》编委。主要研究方向：教育领导与管理。发表学术论文百余篇，出版《教育组织范式论》等多部著作。曾获得江苏省哲学社会科学优秀成果奖励和全国教育科学优秀成果奖励。

本书作者

陈学军，教育学博士，副教授，南京师范大学教育科学院教育管理与政策系主任。主要研究方向：教育领导与管理。系全国教育专业学位教育管理案例编写专家工作小组成员，江苏省教育学会教育管理专业委员会秘书长。南京师范大学"青蓝工程"优秀青年骨干教师培养对象。主持国家社会科学青年基金课题和"霍英东教育基金会"课题各1项，完成江苏省社会科学基金课题1项，发表学术论文50余篇，其中近10篇由《新华文摘》等刊全文转载，合撰著作3部，参编教材3部。

　　最初产生编纂这套丛书的念头,还要追溯到 2004—2006 年,我们承担了江苏省哲学社会科学基金一般项目"陶行知的民主教育管理思想与实践及其当代价值研究",对陶行知的教育管理实践与思想进行了深入探究。在重新认识陶行知的过程中,我们也走近中国近代教育管理的实践与思想世界,并日益强烈地感受到对于这段历史的无知、误解或偏识,从而有了较为全面地整理近代教育管理实践与思想的意识和决心。

　　展开来说,我们编纂这套丛书,有着三个方面的动力和意图。第一是"补缺"。毛礼锐先生在 20 世纪 80 年代末就曾指出:"过去,我们对历史上的教育实践取士制度和教育家的研究比较注重,在管理体制方面从文教政策和学校教育制度方面也有许多探讨,而对教育管理体制、学校管理的经验教训、教育家的教育管理实践与思想等的研究,则较薄弱,至于近现代教育管理方面的重大问题,几乎没有作出专题研究。"① 尽管从 20 世纪 80 年代末开始,国内出现了一些教育管理史方面的成果,但一如我 2001 年所强调的,教育管理学的历史研究整体上仍然薄弱和贫乏。② 编纂这套"中国近代教育管理研究系列",正是加强教育管理学历史研究,弥补我们对自身实践、思想及学科发展历史"了解不够"的一种努力。

　　编纂这套丛书的第二个动力和意图是"纠偏"。"了解不够"往往又会造成"认识不全"的问题。即,人们在不了解相关历史事实或观念的情况下,容易产生"自以为知"的错误,作出不符实际的或以偏概全的判断。譬如,由于不了解我国教育管理学科发展的基本历史,一些教育管理学教科书中会出现"学校管理学是一门年轻的新兴教育学科""学校管理学这一门学科创立时间还不长""学校管理学初创时属于教育学的一个组成部分"之类的错误观点。再有,很多人会将"均权治理、民主参与、自主管理、团队合作"等视为

---

① 程斯辉. 近代教育管理史[M]. 武汉:武汉工业大学出版社,1989:序言.
② 张新平. 关于我国教育管理学发展中的五个问题[J]. 教育理论与实践,2001(1).

新时期的教育管理理念,殊不知,这样的理念在我国 20 世纪早期的教育管理实践中就已经提出。借用英国公共管理研究著名学者胡德(C. Hood)的话说,整理和研究近代教育管理实践与思想,是为了避免因忽略历史而"产生荒谬的结果",为了"穿越当下的时尚和潮流","治疗盲目接受新观念的幼稚病"。①

"究新"是编纂这套丛书的第三个动力和意图。我们希望通过对历史材料的重新诠释或深入挖掘,避免对相关历史"理解不深"的问题。一方面,立足于教育管理学的视角,对一些已经熟知的教育历史作出新的解读,比如,从教育领导者和教育行政学者的角度,重新理解陶行知的办学治校实践和思想,从而突破大多数研究运用教育学框架讨论陶行知教育思想的惯常理路;另一方面,在总结我国近代教育管理实践经验与思想传统的基础上,思考其在当代的价值,探索当下教育管理实践与教育管理学科发展的新思路。

本丛书包括《中国近代教育行政体制研究》《民国教育督导研究》《中国近代中学组织结构演变研究》《民国教育管理学文选》《中国近代教育管理学科研究》《民国教育管理名家研究》和《陶行知的教育管理思想与实践》七部著作。之所以进行这样的总体设计,既是深化先期研究成果,以及尊重学术团队成员的研究旨趣,也是基于上述意图,为了更全面地反映近代教育管理实践与思想的内容。

《陶行知的教育管理思想与实践》一书,是课题组围绕"陶行知的民主教育管理思想与实践及其当代价值研究"这一课题,在共同学习和研讨陶行知教育实践与思想的过程中形成的一项集体成果。对于陶行知教育管理思想与实践的探究,是我们萌生编纂这套丛书念头的原因所在。因此,《陶行知的教育管理思想与实践》自然成为第一本进入本系列丛书的著作。在此基础上,我们认为近代教育管理的实践和思想可以通过实践、学科和人物三个主题加以梳理与呈现。《中国近代教育行政体制研究》《民国教育督导研究》和《中国近代中学组织结构演变研究》是对"实践"的研究。其中,《中国近代教育行政体制研究》侧重于宏观的教育行政,《中国近代中学组织结构演变研究》侧重于微观的学校管理,《民国教育督导研究》则聚焦于一项具体的教育管理职能或活动。虽然它们无法囊括中国近代教育管理实践的全部内

---

① ［英］胡德. 国家的艺术[M]. 彭勃,等,译. 上海:上海人民出版社,2004:17—18.

容,但能够从大的方面反映概貌。《民国教育管理学文选》和《中国近代教育管理学科研究》涉及对"学科"的研究。编纂这两本书既是为了考察中国近代教育管理学科发展历史与学术研究状况,也是为了进一步展现近代教育管理中人们所关注的一些核心问题及相关思考。《民国教育管理名家研究》和《陶行知的教育管理思想与实践》这两本是有关"人物"的研究。在我们看来,近代教育管理实践和思想的发展,与一些重要人物的影响密不可分;而且,围绕人物进行历史的梳理与分析,能够较好地体现近代教育管理实践与学术研究的深入互动。

《中国近代教育行政体制研究》以重大历史事件为标识,全面梳理了自清末至南京国民政府结束统治这一时期,中国近代教育行政体制变迁的四个阶段:清朝末年的初创期(1898—1911),民国初期的发展期(1912—1926),民国中期的遽变期(1927—1928)和民国后期的定型期(1929—1949)。该书认为,就渊源而言,中国近代教育行政体制是传承旧制与西制东渐的统一,但以西制为主,具有强烈的开放性特征;就变迁过程而言,中国近代教育行政体制曲折反复、变化多样,在整合妥协中向前推进;就发展特征而言,中国近代教育行政体制具有明显的科学化、民主化、政治化、独立化、学术化和开放性特征;就缺陷而言,中国近代教育行政存在体制紊乱、制度割裂、过于理想、方式激进和过于西化等问题。透过历史演变过程的事实整理与理性思考,该书强调,必须以全面分析和均衡发展的原则,处理近代教育行政体制发展过程中凸显的集权与分权、独立与依存、领袖制与委员制、专家与民众、学术与官僚、本土与西化、激进与保守、理想与现实、刚性与弹性、主体与边缘等关系范畴,并将教育行政体制的分析和建构置于宏大的社会背景之下,使教育行政体制与社会同发展、共进步。

《民国教育督导研究》从横向的要素与纵向的过程两个方面,考察了民国教育督导的概况。在横向要素分析方面,详细讨论了民国时期的中央、省和县三级教育督导机构,各级督学的任职资格,督导队伍的职业道德规范与专业化建设,以及督导前的准备、督导中的方法和督导后的反馈等问题。在纵向过程分析方面,为"知其所来,明其所往",该书对清末和民国时期的教育督导制度及其对当下与未来教育督导制度的启示作了专门考察和研究。书中指出,民国时期的教育督导制度具有行政权威强、专业水平高和管理实效显著等特点,同时也存在机构设置重复、人员名称混乱、工作职责不清及行政与视导联系不紧密等问题。结合当下教育督导现状,该书认为,民国的教育督导实践提示,必须提高教育督导机构的权威性,加强教育督导专业人员的培养,建立健全督学任职资格与选聘任用制度,完善教育督导法规建设,以及规范教育督导行为等。在此基础上,该书阐述了教育督导未来发展的若干方向:一是"政""学"兼督;二是"督""导"兼顾;三是教育督导职业化;四是教育督导专业化;五是教育督导的去行政化与开放性。

《中国近代中学组织结构演变研究》一书一方面从中学的产生、中学行政结构的分化与整合、中学性别结构的变化和中学科部结构的调整四个方面,细致梳理了清末和民国时期近代中学组织结构的生成与演变历程;另一方面从组织制度理论的视角,着重分析影响这些组织结构生成与演变的因素。就近代中学的产生问题,该书重点讨论了认知性制度要素的影响,认为作为近代中学产生背景的现代学校教育制度的建立,不是政治自觉的结果,而是世界观转变后一种理所当然的信念。就近代中学行政结构的分化与整合问题,该书突出了规制性制度要素的影响,认为近代中学行政结构的形成与变化,在20世纪20年代间接地受到公共领域各种力量的建构性影响,到20世纪30年代则直接地受政府制度与政策的影响。就近代中学性别结构变化问题,该书主要从规范性制度要素出发,围绕女子中学的出现、男女同校以及男女分校回流等问题,探讨作为规范力量的传统道德与现代知识对于学校组织结构的影响。同样是关注规范性制度要素的影响,该书讨论近代中学由分校制向分校分科制发展,由分校分科制向合校分部制转变,再由合校分部制回归分校制的历史过程,并分析了教育群体的专业规范对学校组织的影响。综合四个方面的考察,该书提出用"追求合理性"与"寻求合法性"来解释"近代学校何以如此"的思路。

《民国教育管理学文选》是在广泛浏览、精心筛选民国时期主要的教育类杂志、教育管理学教材和专著及相关教育著作的基础上,以全文选编或节录形式汇集而成的。它以发掘民国教育管理学的主要文献,呈现民国教育管理学研究的基本面貌为目的,某种程度上可以视为《中国近代教育管理学科研究》一书的一种注解或一份附录。为了更好地揭示民国教育管理学研究的内容及其内在关系,文选没有以相关成果的发表时间作为文章编排的依据,而是以"教育管理的含义、理念与背景""教育政策法规与学校制度""教育行政体制与组织机构""教育经费、教育视导与教育调查""教育局长、行政人员与校长""教师与学生管理""学校组织与管理"和"教育管理学科与研究"八个能够反映民国教育管理学研究内容的主题作为文选组织的基本框架。文选至少可从四个方面增进我们对民国教育管理学研究的认识：一是展现了民国时期从事教育管理学研究的一些代表性人物；二是反映了民国时期教育管理学研究重点关注的问题；三是彰显了民国时期在教育管理理念和原则方面的追求；四是呈现了民国时期教育管理学研究的基本方法与规范水平。

《中国近代教育管理学科研究》在把握近代社会背景的前提下，从学科知识进展和学科制度建构两个角度，梳理了中国近代教育管理学科产生与发展的五个阶段及其特征：一是学科酝酿阶段(1862—1900)，在西学东渐的社会背景下，新式学校管理实践的开始与近代教育制度知识的传入，在实践、认知和心理上酝酿着教育管理学科的诞生。二是学科诞生阶段(1901—1915)，在"以日为师"的社会背景下，我国引进了第一本《学校管理法》，师范学校开设了教育管理学科课程，并出现了对教育管理问题的早期研究。三是学科初兴阶段(1916—1926)，在"转向美国"的社会背景下，美国的效率与民主管理思想开始影响中国，国内的大学也启动了专业的学校行政研究。四是学科自觉阶段(1927—1937)，在"立足本土"的社会背景下，开始从比较的、历史的、社会的等多角度研究教育管理问题，中国的教育管理学进入了系科发展、研究规范、出版繁荣、人才辈出的成长高峰期。五是学科沉积阶段(1938—1949)，在"面临危局"的社会背景下，学科发展速度趋缓，人才培养目标被忽视，研究工作出现转向，但学科的思想体系、内容体系和方法体系得到全面而系统的总结。基于历史梳理，本书提出了教育管理学科建设专业化、本土化、科学化和自主性的命题。

《民国教育管理名家研究》研究了民国时期20位具有代表性的教育管理学和教育管理实践名家。这些教育管理名家中，既有曾从事中央或地方教育行政管理工作的教育家，如蔡元培、范源濂、马叙伦、雷沛鸿、袁希涛等，也有长期从事大学或中小学学校管理工作的管理名家，如郭秉文、蒋梦麟、梅贻琦、张伯苓、竺可桢、陈宝泉、陶行知、廖世承、俞子夷、经亨颐等，此外还有对我国教育管理学科的诞生和教育管理学理论发展作出重要贡献的教育管理学家，如夏承枫、常道直、杜佐周、邰爽秋、罗廷光等。该书始终将人物思想和实践置于时代的大背景中来理解，力图通过对不同类型、不同领域教育管理名家的群像研究,较为典型、真实地反映民国时期教育管理理论和教育管理实践所取得的成就,为当下我国教育管理理论与实践的发展提供借鉴。

《陶行知的教育管理思想与实践》以总论与分述相结合的方式,着重从"教育领导""学校管理"和"领域教育管理"三个层面,阐述了陶行知的校长领导、道德领导、学校民主法治、学生自治、教学管理、经费管理、物资管理、乡村学校管理、师范教育管理等思想与实践。该书的要旨在于从教育管理学的角度,重新识读和领会陶行知的教育思想,以此强调陶行知不仅是中国教育史上伟大的教育思想家,也是杰出的教育领导者和教育管理思想家。在内容上,该书通过对教育领导、学校管理、乡村学校管理、师范教育管理等内容的讨论,展现了陶行知教育管理思想与实践所具有的大教育管理的特征。在性质上,该书通过深入分析陶行知的教育思想与其教育管理思想的高度渗透和融合,论证了陶行知教育管理思想与实践所坚持的教育学立场。此外,该书还认为,陶行知是知行合一的典范,他的教育管理思想与实践具有高度的统一性和互动性。他的思想是行动的思想,他的行动是思想的行动;他不仅力倡民主的和道德的学校管理,而且本身就是一个受人尊敬的民主的教育管理者和道德的教育领导者。所有这些,对于当下的教育管理研究与实践都有着重要的启迪。

尽管上述研究还不足以涵盖近代教育管理实践和思想的丰富内容,但我们仍然可以深切地体会到近代教育管理实践与思想的一些重要特征。

其一是教育管理与社会发展紧密关联。教育管理与社会发展显然总是相互关联的,但我们想说的是,中国近代教育管理与社会发展的关联尤其紧密和明显。首先,社会状况对于教育管理产生强烈影响。近代中国是典型的"乱世",政治动荡、战争频仍、思想多元,急剧的社会变动严重影响了教育管理的稳定性与连续性。这既体现为教育宗旨的不断变化,也体现为教育政策的朝令夕改;既表现为行政首脑的频繁更换,也表现为管理体制的反复无常;既反映在行政机构的混乱设置上,也反映在学校形式的不断调整上。近代中国也是典型的"衰世",生产力遭到极大破坏,社会生活艰苦,贫弱的社会现实对教育管理同样产生重要影响。可以看到,教育经费短缺一直是困扰近代教育管理的重要问题,不仅直接限制了教育发展的水平与教育管理的能力,而且间接引发了教育独立、教师兼职、学校风潮、学校合并设置等问题。其次,近代教育管理与社会发展的紧密关联还体现在人们对教育管理之于社会发展作用的认识上。无论是早期的"教育救国论",还是20世纪20年代中期兴起的"国家主义教育思潮",抑或是抗战时期提出的"战时须作平时看"的教育建国方针,都将教育事业的管理与国家、社会的命运联系起来,视教育变革为社会发展的重要途径。

其二是外国影响与本土思考的交织。中国近代学校教育制度的最初建立,是受外国教育模式影响并整体移植日本教育制度的结果。这种移植具有复杂性:它既是教育制度上的模仿,也决定了我们在教育管理实践和教育管理知识方面要向其他国家学习。张百熙等人当年便提到,学堂发展更重要的是有管理学堂之人,在无人有管理新式学堂经验的情况下,就要考察外国学堂的制度及一切管理教授之法,学习外国如何办理学堂。① 罗振玉也强调,教育兴衰取决于教育行政是否得人,因此研究教育行政之学便成了第一要务,而考究他国学校行政之法,翻译相关书籍则是研究教育行政学的基本途径。② 可以说,整个近代教育管理实践与思想的产生与发展,与日、德、美、法等国教育制度与观念的影响分不开。

不过,在不同阶段,我们向国外学习的自觉程度是不一样的。19世纪,我们的学习几乎是被动的,甚至有教育被殖民的意味;到20世纪初建立近代学校教育制度之际,虽然从大背景上看仍有"不得不为之"之意,但具体的学习过程显得更为主动;自20世纪头十年始,在主动学习中又有了基于本土情境而对"仪型他国""全盘西化"或"囫囵吞枣式模仿"的反思,强调教育制度与教育管理要"谋适合、谋创造",要"合中国社会之需要","努力使其中国化"。也正因为一方面注重向国外学习,另一方面注重学习中的反思和创造,中国在20世纪20—30年代的教育管理实践和思想,与当时的世界水平保持了高度的同步。换言之,从教育管理的开放性与理论水平的角度看,当时教育管理实践与思想的发展状况甚至要胜过当下。在"昔不如今"的进化论思维或片面的"反移植"论下,这一点常常为我们所忽略。

其三是传统与现代的紧张。在近代,外国与本土的关系很大程度上又表现为现代与传统的关系。在近代教育管理的发展过程中,外国影响与本

---

① 舒新城. 中国近代教育史资料(上)[M]. 北京:人民教育出版社,1981:199.
② 璩鑫圭,唐良炎. 中国近代教育史资料汇编·学制演变[M]. 上海:上海教育出版社,2007:157—158.

土思考相互交织,同时,人们也感受到近代教育管理的现代追求与传统影响之间的紧张。一方面,作为管理新式教育的"新教育管理",近代教育管理在努力提升自身现代性的过程中,遭遇到传统的制度、观念、规范、方法等因素的窒碍。郭秉文在讨论20世纪初的学校暴动问题时便指出,新式教育制度强调自由平等,但当时的学生并不能真正理解自由平等的含义,当时学校的管理者也多来自旧制学校,不懂得与学生自由平等交往的方法。林砺儒批评近代中学普通教育与职业教育分合反复现象时也指出,问题不在于两种制度孰优孰劣,而是传统的生产方式、落后的生产力决定了这两种制度都不可能促进职业教育的发展。另一方面,所谓现代的教育管理还被认为不一定优于传统的教育管理。在近代教育管理现代化的初始阶段,人们便对教育管理的现代性有了反身性思考。在陶行知看来,洋教育与传统教育一样糟糕,它不仅将教育限"死"于书本和学校,且制造了教育上的不平等。舒新城则认为,新式学校组织及其管理方法,在某种意义上看甚至是一种倒退,它没有旧学校(私塾)所具有的经费自给、学生自动、良好的师生关系、个别化的教育方法等精神。

其四是科学与民主的追求。胡适曾说:"自从中国讲变法维新以来,没有一个自命为新人物的人敢公然毁谤'科学'的","科学"这个名词"几乎做到了无上尊严的地位"。[①] 同样,我们发现,"科学"也一直是我国近代教育管理发展过程中的一个核心价值追求。从实践层面看,近代教育管理的科学化追求有着多方面的表现,如,平衡教育结构的努力与有效教学组织形式的探索,教育行政体制的不断调整与学校组织结构的日益完善,教育管理人员职责的逐渐明确与教育管理工作程序的逐步细化,对标准化、效率、经济等管理原则的强调与文件管理、会议管理、监督反馈等方法的运用,等等。从研究层面看,科学化的追求除了在内容上直接体现为对于科学理念的强调和效率问题的研究外,还间接地体现在研究的科学方法与态度上。我们看到,自20世纪头十年始,不仅调查、测量、实验、统计等科学方法成为教育管理研究的基本方法,而且,教育管理研究成果表达与呈现的规范化程度也不断提高。

---

① 胡适.科学与人生观[M]//亚东图书馆.科学与人生观.上海:上海书店,1926:序,2—3.

在近代教育管理发展过程中,还有一种与"科学"等量齐观的价值追求,它便是"民主"。近代教育管理的民主追求,主要是从20世纪头十年开始出现并逐步发展的。在此之前,我们的教育方针侧重于军国民教育,但第一次世界大战中德国的战败、新文化运动的启蒙以及杜威思想的影响,使得军国民主义教育很快为个性主义教育、民主主义教育所替代。这种转变不仅涉及教育目的的调整,也涉及教育管理方式的转变。于是,从20世纪头十年的中期以后,我们看到越来越多的有关教育管理民主问题的讨论和实践。如,在宏观层面,主张通过开放学校、鼓励私立学校、发展女子教育、改良文字等,保障人民的受教育机会;通过改良机械的学校教育制度,促进学生的个性自由发展;通过在教育行政机构中设置审议机关,提高教育决策的参与性与合理性,等等。在微观层面,强调学校管理者要革除长官独裁之旧习;要求教师尊重学生,与学生合作共事;鼓励并指导学生自治,养成他们互助、合作的习惯,等等。

其五是热情与理智的兼有。我们能够在不少近代教育管理实践者与研究者身上,感受到他们探索实践或探究学理过程中的饱满热情。这种热情首先体现在思想层面,近代教育管理思想表现出较为突出的理想主义特征。如,"教育救国""教育独立""教育无宗旨""社会即学校"等主张,都具有很强的教育乌托邦色彩。它们从侧面反映了当时的人们对于教育管理的信心满怀,以及面对困难的无所畏惧。其次,近代教育管理实践者与研究者的热情也体现在他们的语言上。可以发现,无论是政策评议还是学术言论,近代的教育管理话语都有着较强的情绪性,甚至常出现过激的语言。这显然不是简单的语言风格问题,而是因为人们对问题本身投入了强烈的情感。再次,最能体现近代教育管理实践者与研究者热情的是,他们不仅敢"想"、敢"说",且坚决去"做"。我们看到,诸如"壬戌学制""大学院制""男女同学"等教育管理变革之所以成为可能,很大程度上并不是建立在理性分析基础之上的,是追求某种信念的激情提供了"动"力。可以说,如果没有"热情"作为支撑,在近代社会局势与教育条件下,教育管理实践与思想的发展是难有作为的。

同时,在热情之外,我们又能看到近代教育管理实践者与研究者理智的一面。这集中体现为他们对于教育管理专业化的强调与追求。前文提到,罗振玉在近代教育管理实践展开初期,就强调了研究教育行政学的重要性。

这也可以看作我国早期的教育管理专业化思想。此后,陶行知、李建勋、邰爽秋、常道直、夏承枫、罗廷光等人,都极为重视教育管理人员或教师队伍的专业化问题。之所以强调教育管理专业化,是因为人们意识到,在教育管理实践日益复杂化的背景下,仅凭经验、常识、小聪明或高涨的热情已难以适应不断提高的合理设岗、用人、办事等方面的要求,必须对教育管理活动作细致考察和深入研究,形成教育管理的科学知识与专业技能,在此基础上对教育管理人员进行专门训练,明确教育管理的人员资格、工作规范和职业精神等。从另一个角度看,强调专业化建设,即是希望突破经验管理的局限,避免无知管理的盲目,杜绝人为管理的随意,扭转激情管理的偏失,以提高教育管理判断的理性水平、教育管理行为的审慎程度和教育管理思维的自觉意识。

最后是理论与实践的互动。我国的教育管理理论是应办理新式学堂及实施师范教育的需要而出现的,它在产生之初完全是应用性的。譬如,在早期的教育管理教科书中,对管理之性质、管理之意义、管理之类型等学理性问题的阐述很少,而对于学校制度、学校选址、班级编排、学生升级、课程编订、视学方法、学生管理、学生用桌椅的尺寸式样、黑板的制作、门窗的比例、教室采光换气取暖方法、学生体格检查及传染病防治、校历编制等办学治校实务的说明则非常细致。此后,教育管理理论虽不断发展与深化,但理论与实践之间的互动仍极其紧密。一方面,教育管理研究者并不一味地在书斋中做学问,而是强调学术研究要关注管理实践,总是从实践出发构建理论。程湘帆为了更好地撰写教育管理教材,甚至专门到教育行政单位服务,以了解情况,收集资料;另一方面,教育管理研究者还积极地投身实践,参与到教育管理的实际改造中。如,程其保从大学讲坛走上了地方教育行政的领导岗位;庄泽宣为地方教育行政改革担任顾问;李清悚、俞子夷等人虽也在大学任教,但基本上没有离开过中小学办学实际,他们或兼任中小学校长,或从事中小学教育实验;陶行知、邰爽秋、刘百川等人则毅然离开了大学象牙塔,走到教育基层,从事办学治校的改革实验。

我们是携着与陶行知的教育管理实践与思想相遇所产生的兴奋、惊奇与惭愧之情而投入到近代教育管理实践与思想的研究中的,但坦率地说,在研究初期,我们也隐隐地有着一种焦虑。这种焦虑不是担心历史研究方面的课题难以立项或相关研究成果无处发表,也不是担心没有精力与能力完成这项任务,而是觉得放着那么多重要且急需思考与回答的教育管理现实问题不顾,一头钻到故纸堆中,是不是有点"避实就虚",无视教育管理学作为应用学科的使命。① 然而,随着研究的逐步推进,最初的焦虑不仅慢慢淡化,而且转化为我们做好这项工作的动力与信心。一方面,我们发现,上文提到的"教育管理与社会发展、外国与本土、传统与现代、科学与民主、热情与理智、理论与实践"等关系,同样是当下的教育管理实践与思想建设过程中需要面对并有待解决的基本问题。因此,对于近代教育管理问题的梳理与探讨,可以从正反两个方面为当下教育管理实践与思想的发展提供借镜。另一方面,我们还认识到,"过去"不仅仅是"现在"可资参照的样本,它本身即是"现在"的构成部分,在"现在"身上有着许多"过去"的影子。因此,我们只有了解"过去",才可能清晰地认识"现在",把握"未来"。

基于上述认识,我们在探究近代教育管理实践与思想的过程中,还进一步丰富了对教育管理研究方式的理解。我在 2000 年时提出了教育管理实地研究的概念,并在此后几年中运用该方法组织开展了一系列研究。当时我认为,教育管理研究方式可分为思辨研究、实证研究和实地研究三种。其中,思辨研究和实证研究是我国教育管理研究者面对问题、提出问题、思考问题和解决问题的两种传统套路,它们具有相应的价值与合理性,但也存在自我独白、孤芳自赏或忽视意义、价值与个殊性追问等诸多缺失。而以"脚踏实地"为基本特征,以理性地反思和阐释教育管理实践行为与实际问题为主要任务的实地研究,则能够较大程度地弥补思辨研究与实证研究的不足。

概括地看,思辨研究追求"深",实证研究关注"广",实地研究强调"近",它们虽以不同的方式丰富了我们对教育管理现象的认识与理解,但所采取的主要是一种"以当下观当下"的视角,往往只能提供"当下"的"快照"。一如米尔斯(C. W. Mills)所指出的,"以当下观当下"是运用"抽样"方法认识现实。② 一旦意识到,过去、现在和未来是相互联结的,我们就会发现,"当下"其实只是我们认识眼前现实的一个时点,而且只是阶段性"终点",并不是"起点"。涂尔干(D. É. Durkheim)便提醒我们,不能局限于我们自己所处的特定时代,而必须把自己移送到历史的时间刻度的另一端。将过去作

---

① 张新平,褚宏启.教育管理学通论[M].北京:高等教育出版社,2012:34—39.
② [美]米尔斯.社会学的想像力[M].陈强,等,译.北京:生活·读书·新知三联书店,2001:159.

为"起点",沿着这条道路走下去,我们会达到今日的处境。通过历史考察,捕捉种种具有同等正当性的需要与必要性之间的差异,我们将会避免屈从于兴盛一时的激情与偏向所产生的备受尊崇的影响,从而接受一种客观冷静的考察,全面展现教育活动的复杂性。① 因此,在思辨研究、实证研究和实地研究之外,我们又提出了教育管理研究的第四种方式——历史研究。②

我们认为,教育管理应是"瞻前顾后"的,既要意识到教育管理"不徒重视现在,抑且重视未来,不徒着眼成人生活的改善,抑且期求儿童和青年福利的增进",③知道"往前看";也要意识到"许多管理现象是十足的历史问题,而不是严格意义上的管理问题",懂得"往回看"。④ 教育管理也应是"且行且停"的,一方面要敏锐地辨识教育管理现实问题的症结所在,敢于变革与创新,努力实现教育管理实践的不断改进;另一方面要保有谦逊与冷静的态度,懂得总结与坚守,能够对理所当然、急功冒进的做法进行反思。相应地,教育管理研究也要更加多元、饱满、稳重、深刻,要能够在偏于平面化分析的实证研究与实地研究的基础上,借助历史研究方式,在考察、分析现实过程中渗入一种纵向思考,以此更为立体、全面地认识教育组织及其管理现象。

最后,要感谢本系列各位著作者对于丛书的支持与投入;感谢上海教育出版社教育编辑室主任袁彬一丝不苟、尽心尽责的工作;感谢"江苏高校优势学科建设项目"对于本系列丛书出版的资助。

尽管我们投入了极大的热情,也付出了最大的努力,但受历史材料搜集困难及处理材料能力的影响,丛书定有不当或错讹之处,还望各位读者批评指正!

张新平

2013 年 12 月

---

① [法]爱弥尔·涂尔干.教育思想的演进[M].李康,译.上海:上海人民出版社,2006:18.
② 张新平,等.教育管理学的方法体系[M].北京:科学出版社,2012:87—96.
③ 罗廷光.教育行政[M].上海:商务印书馆,1942:15.
④ Eugenie Samier. Educational Administration as a Historical Discipline: An Apologia Pro Vita Historia[J]. *Journal of Educational Administration and History*, Vol. 38, No. 2, August 2006:125-139.

导

论

在我国教育管理学领域,讨论历史问题似乎多少会给人一种不分"场合"的感觉,存在着被清除"出场"的危险。这是因为,一方面,这与教育管理学一贯的"功利"与"世故"取向离得太远;另一方面,也与教育管理学晚近的善良与高尚追求颇有隔阂。

教育管理学的"功利"与"世故",源自其身为应用科学的使命。"应用科学有个很大的特点,就是实践性、政策性很强。""正因为如此,我们既不能机械照搬外国的学校管理理论,也不能完全套用旧中国时代的学校管理理论。因为时代不同,社会制度不同,教育的方针政策也不一样。""我们研究学校管理学是为了指导实践。学是为了用,不是搞纯理论的研究。"①"教育管理重在行动,重在效益",相应地,教育管理学"要告诉人们如何去行动,才能取得成效"。② 如此,那些似乎对指导现时行动没有大用,研究起来又不甚经济的历史问题,或是能够缓一缓,或是可以让教育史学者代劳。而很大程度上,作为对教育管理学的"功利""世故"取向的反思和对抗力量出现的教育管理学的善良与高尚追求,也没有为历史问题的讨论打开"后门",原因在于,教育管理学的善良与高尚追求所要极力彰显的是教育管理之价值伦理的至关重要性,其考虑的核心问题是如何以个人尊严和社会价值的名义,将教育管理从病态转向良序。这既意味着,它更关注对现实情况的剖析和对未来的勾绘,而不是对过往事实的追忆;也意味着,它更重视思想观念的冲击,而不是学术知识的累积。③

---

① 萧宗六.学校管理学[M].北京:人民教育出版社,1994:7—8.
② 陈孝彬.教育管理学[M].北京:北京师范大学出版社,1999:8.
③ 这里将"思想"与"学术"对立起来,主要是受了社会理论界关于学术与思想之关系讨论的启发。在此讨论中,不同研究者就"思想"与"学术"的概念及其关系给出了各种不同的意见,有的研究者甚至暗示,思想与学术的关系只是一个假问题。笔者在此无意、无力也无需介入这一讨论,只是在无法找到恰当表述的情况下,权且借用一下。其中,"思想"主要指价值涉入深、行动倾向强的知识,而"学术"主要指学问或学术的知识。相关的讨论可参见:倪梁康."学术"与"思想":是否对立以及如何对立?[J].学术月刊,2001(10);许苏民.也谈学术、学术经典、学问与思想——对梁启超、严复、王国维观点的质疑兼评"现代学术经典之争"[J].开放时代,1999(4);谢维营.思想与学术关系辨析[J].探索与争鸣,2007(9).

自然,那种徘徊于过去,为学术而学术的历史研究,也不大容易进入持此类理论态度的研究者的视界。

笔者无意菲薄我国教育管理学的"功利"与"世故"取向,更不敢忽视我国教育管理学的善良与高尚追求。恰恰相反,它们正是我所认可和珍视的,因为它们在一定程度上告诉或提醒人们"现在的教育管理是什么样子","教育管理如何有效地成为想象的样子"以及"教育管理应该成为什么样子"。问题在于,从消极意义上讲,除了探问"是什么样""该怎么做"和"应怎么样"之外,我们也可以探寻"教育管理何以成为现在的样子"。这些问题即便无法"亲密无间"地接洽,也能够"相安无事"地共处。而从积极意义上讲,一种"何以如此"的追问还能够为"是什么样""该怎么做"和"应怎么样"提供出生证明、行为能力与信念保证。正如我们想要将一个人培养成为某种想象的样子,就必须认识他/她现在是什么样子,而要认识他/她现在是什么样子,就要了解他/她如何成为现在的样子。只有弄清了教育管理何以成为现在的样子,我们才能更为深入地理解教育管理现在是什么样子,才能更为有效地使教育管理成为可能的样子。就此而论,在"功利"与"世故"的取向以及善良与高尚的追求之外,我国的教育管理学似乎也有必要培养沉着与真诚的态度。一种沉着与真诚的教育管理学对于那些被视为自明的、理所当然的事物、事件或观点,总是保持怀疑或有所保留的态度,它既不会急切地断言"是什么""应该是什么",也不会草率地指令"做什么""怎么做",而是耐心地考察事物、事件或观点"从何而来""如何而来",以此深入地思考究竟是什么样的历史条件构成了教育管理的特定现实。

若如此,诸如中国近代中学组织结构变革等历史问题的"入场",对于我国教育管理学场域而言,虽不敢自赋"救场"的角色,却至少可以打个"圆场"。当然,要做好"圆场"的工作,每一项具体的历史问题研究首先应当清楚并向人们交代,研究本身"何以如此",它从何而来,何以成为现在的样子。

一、 作为组织的学校及其结构

虽然笔者可以自圆其说地就选择本研究主题给出一些实践层面的说明,以此在直接的实践关怀与应用诉求方面尽量将研究合理化,不过,坦率地讲,尽管笔者期待研究结果有助于人们的现实理解和实践行动,但之所以关注我国近代中学组织结构问题,主要还是出于理论上的考虑。这种考虑涉及两个方面:一是在问题的思考方式上,如何从"是什么""应该是什么"以及"做什么""怎么做",转向"从何而来""如何而来";二是在研究的分析单位上,如何在二元的宏观与微观、社会与个体框架之外,关注中观的、作为组织的学校之影响。其中,前一个问题在本研究中主要体现为研究方式上的考虑,上文稍有提及,下文将继续讨论;后一个问题在本研究中则主要体现为对分析主题的选择,这是本部分所要讨论的主要内容。

(一) 忽略"学校"的教育研究

总体而言,迄今为止我国的教育研究对于"作为组织的学校"基本上是忽略的,未能给予学校所具有的意义、影响与作用以充分的关注。[①] 当然,同样是忽略,但不同研究者的忽略原因或方式各有不同。其中,有一类忽略形式可以用"选择性忽略"来概括,即这种忽略与研究者选择的研究行为有关。一方面,有的研究者可能因为对"基于学校的教育"这种教育形式本身不太信任或有所反感,从而有意识地抛开"学校"这个单位来讨论教育问题。从远的看,此类研究可能受到诸如洛克(John Locke)的家庭本位教育和卢梭(Jean Jacques Rousseau)的自然主义教育等思想的影响;从近的看,此类研究也可能受到伊利奇(Evan Illich)和赖默(Everett Reimer)等人的废除学校主张的感染。另一方面,大多数研究者虽然不是有意拒绝在学校层面讨论教育问题,但他们在选择关注其他层次或因素的分析时,也会在后果上制造学校视角的"盲点"。譬如,教育哲学研究的任务定位主要是在抽象的层面讨论教育本质、教育目的、教育价值以及教育与人性、生命、知识、权力、精神、意义、自由、民主的关系等问题。它在学科使命上并没有被赋予太多讨论具体的学校问题的义务。[②] 又如,1984年之后的一段时间内,伴随着宏观层面经济体制与教育体制改革的开展,教育政策调整、教育制度设计以及教育法律制定等成为人们最需要也最乐于探讨的问题。相应地,研究者也大多将精力放在这些问题上,而不太注意考察学校层面的问题。

[①] 有必要强调一下,在此所做的只是对总体和趋势的一种判断,而非一种全称、全指判断。

[②] 循此思路,对于此种意义上的"选择性忽略"而言,我们并不能苛责,否则不免有牵强诿过之嫌。当然,这里也仅仅是一种消极意义上的理解与认可,绝不是鼓励教育哲学研究者回避对"学校"的讨论,更不是说对于学校组织的认识无需借助哲学层面的考察。其实,很多现实的、具体的学校问题最终都牵涉或归结为"学校是什么"等更为根本性的问题,而对这些问题的探析都必须依靠哲学层面的深层思考。正如周浩波所指出的:"我们怎样看待学校?这个问题是到了该明确地提出的时候了。"应该建立"哲学意义上的学校理论","从观念层面上仔细探索它"。参见:周浩波.学校是什么[J].沈阳师范学院学报(社会科学版),1995(1).

"选择性忽略"往往是容易识别的,相对而言,比较容易忽略的是另外两种似是而非的忽略形式:"替代性忽略"和"穿透性忽略"。

"替代性忽略"主要是指那些"以为"已经或者正是针对学校问题展开讨论,却因为概念上的混淆与替代而忽略了"学校"的研究。这类研究或隐含地假设或明确地宣称自己所讨论的是狭义的教育而非广义的教育,是具备自身特殊性的学校教育,而非宽泛意义上的一般的教育活动。如果真能沿着这条路径走下去,将"学校教育"这个概念转化为"只有讨论学校才是讨论教育"或"讨论教育就需要讨论学校"的意识,那么学校这一物理与意义空间自会成为我们分析教育问题的一个重要原点。然而,就笔者的观察来看,"学校教育"这个概念很多时候催生的却是"讨论教育便是在讨论学校"这样一种态度,我们并没有在"学校教育"的概念下对学校进行具体的认识与探查,而是习惯于作一种模糊的处理,以致"学校教育"(schooling)往往只是"教育"(education)的别名。一如周浩波所言:"在教育理论的思想历程中,我们常常忽视了一个十分重要的概念,这就是学校。这并不是说我们没有看见它,而是说我们在研究、思维时,常常无意识地消解了它。虽然我们不断地声称狭义的教育就是'学校教育',但实质上很多理论并不以现实中的学校为依据或物质基点。"[①]如此一来,原本有意凸显学校之特殊身份的"学校教育"概念,在有意无意的虚化过程中,反倒成了"发现学校"的障眼物。相应地,我们见到,各种关于教育问题的讨论往往是在"社会"与"个体"两极之间打转或摇摆。对教育的全面认识所必须完成的任务只是"如何以教育为立足点,综合认识社会、教育、人之相互关系"。[②] 令我们感到棘手的问题似乎总是如何在满足个体利益与社会利益之间实现平衡,而不太关注这些要求如何对学校的行为与形式产生影响,更很少意识到,很多时候,可能正是学校的行为与形式导致了教育在个体利益与社会利益之间的分歧。

较之"替代性忽略","穿透性忽略"的意识程度更高,此类研究不是朦胧地"以为",而是清楚地"确信"自己所要讨论的就是学校。就此而言,这种忽略形式的迷惑性也更大,需要我们认真对待,仔细辨别。具体地说,一方面,在问题层次上,从 20 世纪 80 年代中期的教育体制调整,到 90 年代初期实行素质教育,再到世纪之交的基础教育新课程改革,国家层面教育改革的着力点不断下

---

① 周浩波.教育哲学[M].北京:人民教育出版社,1999:248.
② 叶澜.教育概论[M].北京:人民教育出版社,1991:299.

移至学校,从而使得学校逐渐进入研究者的视界。其中,比较有代表性的例证是,与新课程改革提出的国家、地方和学校三级课程中的校本课程相配套,理论界兴起了各式各样的"校本研究"。① 另一方面,在理论资源上,随着西方教育理论特别是一些批判取向理论的引入与传播,不少研究者开始突破那些传统的共识,并以两种不同的进路向"学校"逼近:一是怀疑制度安排的正当性,推翻学校作为"忠诚"的社会化"代办处"的假设,转而围绕权力、资本等概念,揭示学校如何在意识形态和社会结构再生产过程中发挥作用;二是反思外在结构的预设性与无根性,指证宏大叙事的霸权与虚假,转而叙述鲜活的学校生活中的互动景象。理论与研究上的进步显然毋庸置疑,但落实到关注学校这一点上,以上两个方面的努力并不成功。

首先,就第一方面来看,伴随着教育改革重心的下移,各种研究虽然转而关注学校,但是它们关注的并不是作为组织实体的学校,而是学校中的课堂、课程、教学等内容,这些讨论既没有认真考虑教育改革对于组织行为与组织形式的影响,也很少悉心地分析作为组织实体的学校对课堂、课程、教学等内容的影响。正是在此意义上,有研究者主张:"学校改革必须从教育教学层面提升到学校组织层面,学校结构系统、管理风格及相应类型成为改革对象。"②

其次,就第二方面来看,正如法国社会学家克罗齐耶(Michel Crozier)和费埃德伯格(Erhard Friedberg)所指出的,那种强调控制的普遍性的观点,"把整合建立在更广泛的社会和文化的权力关系基础之上,这类权力关系原封不动地在组织的互动环境中被复制出来。换句话说,同样的控制现象是社会互动的本质,通过社会有机体,人们将其作为此种存在来体验;而且为了理解它们的特征,人们没有必要去借助体现控制现象的中介机构。从某种意义上说,人们将这些中介机构看作是完全中立的传送装置,它们没有改变任何本质的东西"。而那些互动论的主张者在"发现了行动者之间存在复杂的人际策略游戏后","便醉心于这些策略的研究,甚至完全忘记了组织的存在。事实上,他们深陷于一种过于专一的现象学的观点,这种观点完全把调节机构的中心问题抛在脑后"。③ 克罗齐耶和费埃德伯格的观点在十年之后得到了教育社会学者鲍尔(Stephen J. Ball)的回应,他认为,持续的宏观对微观、结构对行

① 陈桂生. 漫话"校本管理"[J]. 教育发展研究,2001(5).

② 毛亚庆. 应注重以学校为主体的校本管理[J]. 教育研究,2002(4).

③ [法]克罗齐耶,费埃德伯格. 行动者与系统——集体行动的政治学[M]. 张月,等,译. 上海:上海人民出版社,2007:82—83.

动、自由意志对决定论等类似的主题跳转,已经低估并误解了群体和组织这些中观层面的分析。鲍尔相信,讨论群体问题的任务需要由社会心理学家来承担,而对于组织的分析则需要发展一种组织理论。①

参照这些观点可以发现,在那些确信是分析学校的各种研究中,学校往往只是一个透明的组织,它们或是"躲在学校里说话",或是"借着学校说话",或是"透过学校说话",而真正作为实体组织的学校却不见了。在此意义上,我们可以称之为"穿透性忽略"。

回过头来讲,过多地指责其他研究领域如何忽略学校这个分析单位是不太说得过去的。毕竟,教育管理学才是最应该对作为组织的学校进行分析的学科。管理本来就是以组织为基础,面向组织、为了组织的活动,这便意味着,在没有充分地认识和理解组织之前,我们很难合理、有效地实施管理。将此逻辑推及至理论层面,组织理论作为管理学的基础理论的地位也应该确立起来。在这一点上,美国组织理论家巴纳德(Chester Irving Barnard)早就给出了暗示,他在解释自己讨论管理者职能的思路时曾说:"在开始的时候,我意在叙述管理者必须要做什么,如何行为,为什么行为。但是不久我就领悟到,为了达到这一目的,就必须阐述他们活动的本质,也就是正式组织的本质。"②用饭野春树的话说,巴纳德的言下之意便是:"组织理论作为管理论的基础理论,应当首先被确立起来。"③他的这一倾向早已得到国外教育管理学领域一些研究者的明确认同。譬如,美国学者格林菲斯(Daniel E. Griffiths)就主张,教育管理学的上位学科是组织理论。他在评论教育管理学理论的知识基础时就这样说过:"如果说教育管理学尚未处于一个知识混乱状态的话,它也应该如此,因为它的上位学科,即组织理论领域,已经完全如此了。"④不过,就国内的教育管理学研究而言,至少在学科认识上,我们还没有明确表露出对组织理论的在意与重视。张新平在比较不同国家或地区的研究者列出的教育管理学的相关学科时便发现,虽然我国学者列出的相关学科数量远远多于外国学者,却都未提及组织理论。⑤虽然我们不能简单地将没有意识到与无所作为等同起来,因为总是有"做了没

---

① Ball, S. J. The Micro-Politics of the School: Towards a Theory of School Organization [M]. New York: Methuen & Co. , 1987: 3.

② [日]饭野春树.巴纳德组织理论研究[M].王利平,等,译.北京:生活·读书·新知三联书店,2004:20—21.

③ 同上:21.

④ 张新平.教育管理学导论[M].上海:上海教育出版社,2006:124.

⑤ 同上:126—127.

说"的情况存在,但从现实情况来看,一方面,我们确实做得不够多,而且有限的精力主要放在了组织行为与组织设计方面;①另一方面,不少"做了没说"的工作也因其指向不甚明确而影响了效果的传递,以致我国既有的教育管理学未能在整体上为人们全面、深入地理解教育组织,特别是作为组织的学校提供多少帮助。

固然,我们可以用中国的教育管理学还处于"小儿科"②水平来自嘲或辩白,但这并不能掩盖其在关注作为组织实体的学校方面或多或少犯下的"过失性忽略"的错误。重要的问题或如有研究者所主张的,我们需要"加强教育管理学科自身建设,改善我国教育管理学知识状况",③通过有意识地发展各种学校组织理论来弥补这种过失。也正是基于这样的考虑,本研究才坚持以一种组织的视角来考察我国近代中学的演变历程。

(二) 组织结构的"有无"与"真假"

如果说注重学校组织的研究是当前必须做的话,那么,在人们普遍对"结构"持怀疑和回避态度的语境下来讨论学校组织结构,却似乎有点不合时宜,至少是一个需要作出解释的问题。

---

① 大多数时候,我们只是在教材中用一章的篇幅介绍一些雷同的内容,既少有专门的教育组织理论方面的教材,也难得有这方面的专著。就笔者目力所及,在我国教育管理学领域,有影响的具有教材性质的教育组织理论著作只有马克·汉森(E. Mark Hanson)的《教育管理与组织行为》和罗伯特·G. 欧文斯(Robert G. Owens)的《教育组织行为学》。从目前来看,除了王洪斌主编的《学生组织行为管理学》以及余新家主编的《教育行政组织原理》之外,几乎没有一本有影响力的由我国学者编著的教育组织学著作或教育组织理论教材。在这方面,我国的教育组织研究明显落后于公共组织研究。参见:[美]马克·汉森.教育管理与组织行为[M].冯大鸣,等,译.上海:上海教育出版社,1993;[美]罗伯特·G. 欧文斯.教育组织行为学(第7版)[M].窦卫霖,等,译.上海:华东师范大学出版社,2001;王洪斌.学生组织行为管理学[M].大连:大连理工大学出版社,1989;余新家.教育行政组织原理[M].武汉:武汉工业大学出版社,1996.在研究专著方面,也只有傅道春、张新平、孟繁华、阎光才等人的寥寥数本。参见:傅道春.教师组织行为[M].上海:上海教育出版社,1993;张新平.教育组织范式论[M].南京:江苏教育出版社,2001;张新平.教育行政组织的发展与创新:对基层教育的个案研究[M].南京:南京师范大学出版社,2003;孟繁华.教育管理决策新论:教育组织决策机制的系统分析[M].北京:教育科学出版社,2002.阎光才.识读大学:组织文化的视角[M].北京:教育科学出版社,2002.不得不提的是,20世纪90年代后期以来,在高等教育领域,大学组织问题日益成为一个研究焦点,出现了不少这方面的博士、硕士论文和研究论著。不过,要指出的是,各种关于大学组织的研究更多地集中于目下大学组织分析与设计层面,历史性和理解性的讨论还不够。参见:吴志功.现代大学组织结构设计[M].北京:北京师范大学出版社,1998.

②③ 孙绵涛.提高教育管理研究理论品位,创建教育管理理论新体系[J].教育管理研究,2005(1).

概括地看,组织研究中对"结构"的质疑主要来自两种力量:一是互动论;①
二是主观论。

互动论的核心观念是,我们所能见到的组织结构只是一种局部现象,甚或
是一种假象,在其之下存在着各种各样的互动活动,它们才是组织的根基或真
实所在。循此思路,讨论组织结构问题便成了一种没有意义的徒劳之举。最早
提醒人们关注组织中的互动现象的,是 20 世纪 30 年代兴起的人际关系理论。
借助"非正式组织"这个概念,该理论指出,组织系统表、人员编制、组织规章、行
为规则等构成了正式组织赖以生存的主要因素,但是,任何组织图都只能显示
组织成员的职能关系,而不可能显示其相互间接触和相互作用的社会关系。这
便是说,在组织的正式结构之外,还存在各种非正式结构。到 1950 年左右,默
顿(Robert King Merton)、塞尔兹尼克(Philip Selznick)等人的研究也表明,很
多"意外"的互动模式并没有被组织结构所框定。人们虽然对组织结构这个概
念表示怀疑,却没有否定它的意思。但到了 20 世纪 70 年代,情况就不太一样
了。其中,以科恩(Michael Cohen)、马奇(James March)、奥尔森(John Olsen)、
韦克(Karl E. Weick)等人为代表的"松散结构"理论家告诉我们,并非如人们通
常所想象的那样,组织成员被安排在纵向的、等级化的组织结构的不同位置上,
根据特定的结构位置来承担相应的角色任务,真实的学校并不是铁板一块,更
多的是处于一种"无政府状态",其内部的位置与活动是松散联结的,目标、问
题、解决办法以及参与者之间的相互联系经常是随意的,很少具有结构的意
义。② 而远在大洋彼岸的克罗齐耶等人更是直接将正式结构定义为,"彼此对峙
的权力策略之间达到平衡状态的临时编码","这个编码就如同游戏规则一样,
其所针对的要远远来得更为模糊,更为间接"。"当我们讲到组织——通常是指
进行集体活动的任何结构——总是不时地遭遇解组的威胁,因为它的参与者都
力图实施他们的个人策略。""这些成员在实施他们各自不同甚至互相矛盾的策
略过程之中,就会自然而然地保护乃至扩大他们自己的自由余地,同时减少对

---

① 这里使用"互动论"只是为了便于讨论而简单归纳,并不是指各种理论都以互动理论为
基础。其实,不仅各种互动论的理论基础不尽相同,即便那些以互动理论为基础的互动论,其理
论旨趣也大相径庭,既有功能主义的,也有解释主义的,还有批判取向的。鉴于与本研究关系不
甚紧密,在此不作深入分析,相关讨论可参见: Tyler, W. School Organization: A Sociological
Perspective[M]. New South Wales: Croom Helm, 1988: 21 - 24.

② [美]马克·汉森.教育管理与组织行为[M].冯大鸣,等,译.上海:上海教育出版
社,1993: 172—173;Weick, K. E. Educational Organizations as Loosely Coupled Systems[J].
Administrative Science Quarterly, 1976(21): 1 - 19.

他人的依赖。"①

主观论的主要特征是强调组织结构的主观性与意义负载性。按照其对主观性的强调程度的不同,我们大致可以区分出两种类型的主观论。其中一类以韦伯(Max Weber)的理解社会学为理论基础,强调个体行动的意图性,主张要了解学校组织结构,首先就要努力建立行动的个体的主观意义。罗纳德·金(Ronald King)是这类主观论的代表,他提出:"为了解释学校组织结构,我们必须尝试着去理解组织的社会建构体中的师生之主观意义。"②表面上,这类主张并没有取消认识学校外在结构的可能性,但实际上,它是想告诉我们:切不可被组织外在的结构所迷惑。正如罗纳德·金自己所指出的,关于行动意义的分析将表明,看似运行自如的学校组织,并不是因为成员之间存在共识,而是因为他们之间的冲突。③不过,比较而言,走得更远的是另一类同样受到韦伯思想影响的主观论,它不仅否认组织结构的真实性,而且直接怀疑客观组织的真实性。作为此类主观论的领军人物,格林菲德(Thomas Greenfield)就明确反对将组织管理当作自然客体,当作一种独立于和完全不同于人的行为、情感和目的的真实存在的观点。他多次强调,组织不是物,不是本体论意义上的现实(ontological reality),而是由人的意图、价值、习惯和信念构成的,是人们在生活中所发现的意义。④那种强调组织的需要和目的及其作用和结构的组织观念,完全取消了作为行动者的有意志和有责任的个人,否定了人类精神的创造性、自由和意志性,是对人类状况的严重误解。因此,格林菲德强调,"组织不是体系、一种结构,或者满足需要的工具。组织是社会现实,或者说是一种由人们制造出来并由他们加以维持的幻象。在特定的、具体的个人行动之外,组织没有行动的力量。人们能够构造出自己的世界,随之又将其视为独立和客观的,这种能力解释了幻象和现实在社会事务中如何往往是一回事。"⑤顺着格林菲德的思路,对于学校组织结构的讨论非但是不太可能的,甚至是不明人道的。

那么,讨论学校组织结构到底是否可能? 又是否必要呢?

① [法]克罗齐耶,费埃德伯格.行动者与系统——集体行动的政治学[M].张月,等,译.上海:上海人民出版社,2007:102—103,81.

②③ King, R. The Sociology of School Organization[M]. London: Methuen & Co. Ltd., 1983:14-15.

④ 张新平.教育管理学导论[M].上海:上海教育出版社,2006:215.

⑤ [加]格林菲德.教育组织理论中的批判观点[M]//[瑞典]胡森,[德]波斯尔斯韦特.简明国际教育百科全书·教育管理.北京:教育科学出版社,1992:69,73.

"是否可能"主要是问,学校组织结构究竟存不存在。结合以上对学校组织结构的质疑,可以将这个问题分解为两个层次,一是形式意义上的学校组织结构是否存在,二是实质意义上的学校组织结构是否存在。形式意义上的学校组织结构主要是指人们从外部所能见到的组织框架。在这一点上,笔者认为,比较明确地否定学校组织结构的存在的是格林菲德的主观论。然而,格林菲德本人的讨论更多的是一种价值期待,而非一种现实描述。也就是说,他所追问的是应然的"组织观",而不是实然的"组织图景"。因此,他的观点并不能成为拒绝在事实层面讨论学校组织结构的理由。相比而言,尽管不太提及或不愿提及学校组织结构,但其他的各种观点并没有否定学校组织结构的存在,至多只是在质疑学校组织形式结构的"真"与"假",而不是"有"与"无"。问题或如摩根(Gareth Morgan)所言,"组织普遍都是复杂、模棱两可而且充满吊诡的"。"不幸的是,我们的思维方式极难与复杂性相称。我们往往说服自己,一切都要比实际情况简单得多,用假定其实际上并不存在来应付这种复杂性",①以致到最后用所谓的"真假之异"替代了"有无之别"。泰勒(William Tyler)也指出,社会学者们似乎发现,学校是难以分析的实体,于是便常常借助隐喻来加以讨论。②然而,隐喻总是产生单方面的洞识,引导我们以特殊而非全面的方法来观察和理解组织,在凸显某些诠释时,容易迫使其他的诠释处于配角地位。③ 其实,学校并不只有"社会关系""人类意义"或"政治场所"等一副面孔,伊尔斯多姆(P. E. Ellström)就曾指出,教育组织通常有四种面孔:第一种是真实模式,在此模式之下,组织的有效词语是"效率"与"理性";第二种是政治模式,该模式感兴趣的是权力、争斗与冲突;第三种是系统模式,在此模式中,信任是一个根本性标志;第四种是无政府模式,该模式的突出特点是方法与手段之间缺乏明确的联系。④ 泰勒同样认为,学校组织既可能处于"组织化的无政府状态",也可能作为"理性化的系统"存在;既可能是"互动的场所",也可能是"结构性要素的体现"。相应地,泰勒主张,学校结构既可以作为一个复杂组织来讨论,也可以作为一个

① Morgan, G. Images of Organization [M]. California: SAGE Publications, 1986: 16 - 17.

② Tyler, W. School Organization: A Sociological Perspective[M]. New South Wales: Croom Helm, 1988: 4.

③ Morgan, G. Images of Organization[M]. California: SAGE Publications Inc., 1986: 12 - 13.

④ Ellström, P. E. Four Faces of Educational Organizations [J]. *Higher Education*, Vol. 12, No. 2, 1983: 231 - 241.

松散联结系统来讨论;既可以作为社会互动的产物,也可以看作是权力、控制以及沟通等深层原则的实现。① 这样看来,我们就不能把经由某个角度推导出来的"假"想象为"无"。

进而言之,从一些角度所指证的学校组织结构的"假"也可能包含想象的成分。有关这个问题的讨论便涉及实质意义上的学校组织结构是否存在的问题。这里所谓实质意义上的学校组织结构并不是有些研究者所强调的,学校外在结构之下实际起作用的社会关系或组织亚结构,而是指对学校组织的实际运行起作用的外在结构本身。正如我们在以上质疑学校组织结构的观点中所看到的,一些研究者之所以认为学校组织结构是假的,就是基于对这些结构不能发挥实际作用,难以反映组织真实情况的判断。那么,学校组织结构真的没用而只是一种摆设吗? 对此,我们最好不要一概而论。

首先,我们不得不承认,学校组织结构与学生成绩、师生关系、课堂教学之间或多或少确实存在相互分离的情况,但这不应该鼓励我们坚信学校组织的运行与其组织结构无关。如果真是这样的话,格林菲德用心良苦的批判岂不是徒费精力? 远的如古德莱德(John I. Goodlad)、奥斯汀与斯切雷(Astin & Scherrei)以及阿亚龙(Aram Ayalon)的研究,近的如 J. B. 贝格尔(Joseph B. Berger)、莱迪(Douglas D. Ready)、伊伦等人的研究都表明,学校组织结构对组织成员、组织活动以及组织结果有着各种各样的影响。② 因此,一方面不能指望(有些时候也不愿看到)学校组织结构是十足有效的,另一方面也不能将"效果不佳"与"没有效果"等同起来。其次,深入地看,当人们说"互动是真,结构是假",或者说"意义是实,结构是虚"的时候,还隐含着这样一种假设,互动关系与主观意义本身与组织结构是不相关的。③ 然而,泰勒告诉我们:"作为一个机构的学校有其自身的历史,这种历史是大多数学校成员所无法充分

① Tyler, W. School Organization: A Sociological Perspective[M]. New South Wales: Croom Helm, 1988: 24 - 27.

② [美]古德莱德. 一个称作学校的地方[M]. 苏智欣,等,译. 上海:华东师范大学出版社,2006; Berger, J. B. The Influence of the Organizational Structures of Colleges and Universities on College Student Learning [J]. *Peabody Journal of Education*, 2002, 77(3); Ready et al. Educational Equity and School Structure: School Size, Overcrowding, and Schools-Within-Schools [J]. *Teachers College Record*, Vol. 106, No. 10, 2004; Eren, O. et al. Time to Learn? The Organizational Structure of Schools and Student Achievement [J]. *American School Board Journal*, Vol. 193, Issue 7, 2006.

③ 这又一次让我们想到前文提及的过于关注组织之下的因素会架空组织本身的问题。

意识的，它作为一种过去会持续地形塑、调节、限制着学校成员的互动领域。"①笔者以为，学校组织结构往往体现的正是这种历史与过去，相对于组织成员（尤其是学校组织中的新人）的互动关系与主观意义，它是先在的事实。从消极的角度看，它是限制性的；从积极的角度看，它是建构性的。或许正是在这个意义上，克拉克（Clark）呼吁："我们不能无视学校的结构，已经存在的东西是即将出现的东西的重要条件。在已经形成的结构和信仰中，我们能够感觉到沉重的历史压力。"②其实在这方面，麦克尼尔（Linda M. McNeil）的研究多少已经为我们提供了一些说明。③ 因此，综合起来看，从强意义上讲，将学校组织结构理解为"假"的观点本身就是"假"的；从弱意义上讲，即便我们从某个角度承认学校组织结构的"假"，也需要分清是"全真""全假"还是"半真""半假"。

可以发现，上述对实质意义上的学校组织结构的确证，在回答讨论学校组织结构的可能性的同时，已经部分地肯定了讨论学校组织结构的必要性，至少对于那些"半真"的，或者说看得出与学校组织的事物、事件及其成员关联紧密的组织结构的讨论，不会招致太多的质疑。不过，为了充分回答学校组织结构的讨论是否必要，我们可能还得接着往下问，那些"半假"的，或看上去与学校组织目标、课堂教学活动、师生交互关系及学校生活体验联结松散，甚至相互背离的组织结构，是否有讨论的必要呢？譬如，不少中小学成立了教育教学科学研究室，却极少扎扎实实地开展研究活动；举行了教职工代表大会，却难以发挥参与决策或监督学校行政的功能；创建了意在提升青年教师教育教学水平的师徒结对关系，却很少收到帮扶的效果，等等。对于这些结构上的安排，我们是否完全能够将它们视作对了解"真实"的学校组织没有太大意义的因素而不加关注呢？大多数对学校组织结构的反思或批判往往都先有这样一个假设：组织结构是一种理性（主要是目的—手段理性）的安排，它意欲发挥特定的功能。然后再在此基础上，批判此种既定的、有理性的安排如何受各种社会关系的影响，如何为内部的互动模式所瓦解，如何与人的意义追求相违背，以此表明学校组织结构的理性安排原来是何等地非理性或错误（主要是违背目的—手段原则）。但

---

① Tyler, W. School Organization: A Sociological Perspective[M]. New South Wales: Croom Helm, 1988: 4.

② 转引自：[英]托尼·布什.当代西方教育管理模式[M].强海燕，等，译.南京：南京师范大学出版社，1998：47.

③ McNeil, L. M. Contradictions of Control: School Structure and School Knowledge[M]. London: Routledge & Kegan Paul, 1986.

是,我们是否想过,学校组织结构的安排本身可能就是不尽理性的。我们可以看到,虽然人们一直以来都对韦伯提出的官僚组织保持警醒与反思,可很多时候都是在韦伯理性规范的假设之下展开讨论,很少能够跳脱出来。其实,韦伯早就告诉过我们,理性化的正式结构本身的形成可能就是一种不太理性的过程,是为了获得一种合法性。

还是拿上面提到的各个学校成立教育教学科研室的例子来说,持互动论或主观论观点者在反思这一结构安排时,往往是先预设这种安排怀着提高学校教研能力的理性预期,然后再分析这一目标是如何与学校成员的互动活动或主观认识相分离,最后得出学校组织结构的理性欠缺或非理性的结论。然而,他们很少想到,大多数学校成立教育教学科研室本身就没有抱多少提高学校教育科研水平的理性预期。如此,反思或批判的靶子就消失了,同时留下了另外一个问题:学校组织结构本身的非理性特征是如何形成的?它对于学校组织而言有着什么样的意义与影响?简单地说,对于那些"半假"的学校组织结构,我们也需要追问,它到底是不是真的"假"?"假"的意义何在?

其实,本研究想要表达的正是这样一种观点:理性化的结构形式并不意味着对这种形式的接纳本身就是理性运用的结果。当然,不得不坦陈,这一观点并不是研究之初就已经确立的,而是研究过程中的一个发现。最初之所以选择学校组织结构作为研究主题,一是为了突出以上一再强调的学校组织这个分析单位,二是考虑到研究的可行性,即研究主题与研究思路、研究资料的适配性。就第一方面来看,相比组织目标、组织环境、组织输出、组织技术等主题而言,组织结构可以让人更直观地感觉到组织的存在,更能直接地体现组织的影响。① 就第二方面来看,本研究意欲考察的是中国近代学校的演变历程,这一意图本身也对研究提出了一些要求与限制。首先,中国近代学校的演变不是"正在发生",或"发生不久"的事,而是

---

① 譬如,爱德华兹·戴明(Edwards Deming)和其他管理专家都曾指出,组织成员 85% 以上的行为可直接归因于组织的结构,而不能归因于参与组织的个体的性质。转引自:[美] D. W. 约翰逊,R. T. 约翰逊. 领导合作型学校[M]. 唐宗清,等,译. 上海:上海教育出版社, 2003:41. 尽管如此精确的说明本身值得怀疑,但它基本上反映了组织结构作为组织性要素的地位。也正因如此,众多的组织理论都将组织结构作为一个基本问题。相应地,要想在组织层面讨论学校问题,组织结构未必是最好的却也未见得是最坏的选择。当然,这样一种思路显然会招致鲍尔的反对,他在格林菲德的影响下,主张摆脱系统理论的束缚,发展一种属于学校的学校组织理论。可以想象,在这种理论中是不会有组织结构的地位的。参见:Ball, S. J. The Micro-Politics of the School: Towards a Theory of School Organization[M]. New York: Methuen & Co., 1987.

一个覆盖较长时段的过程,是一个离我们相对而言较远的过去。在这种情况下,想讨论学校组织中的互动情况以及组织成员的主观体验,是比较困难的,因为有关这方面的研究资料不太容易收集。不仅事件发生的现场已经不复存在,而且那时的人物也大多过世了,这使得描述学校组织成员的互动关系与主观意义所主要倚仗的观察法与访谈法难以运用。而本来可以作为一种替代选择的文本考究,也因为描写学校内部成员之互动关系与主观体验方面的文献不多而无法进行。其次,退一步讲,即使能够收集到反映个别学校在不同时期的内部运行全貌的资料,这种对个别或少数学校之互动情况及其成员体验的描述,也不能用来说明我国近代学校的总体概况或发展趋势,至少在论证逻辑上很难成立,至多只能作为验证既定假设的个案,而不能作为推导命题的前提。①再次,鉴于我国近代学校的演变本身是一个理性化、制度化和组织化的获得与发展过程,其最直接、最重要的表征就在组织形式与结构方面,因此,选择从学校组织结构入手似乎与近代学校本身的现代化过程更为切合。

可以说,正是当初在"研究学校组织"和"运用历史方法"这样两个明确的理论问题之下,笔者有点朦胧地确立了中国近代学校组织结构这样一个主题,接着在深入思考学校组织结构研究本身的依据及其意义的过程中,形成了"理性化的结构形式并不意味着对这种形式的接纳本身就是理性运用的结果"这样一种认识,进而也明确了下一部分即将讨论的理论视角的选择。至于最后将学校组织结构研究的落脚点确定为中学组织结构,则主要是从研究的量力性、明确性与针对性的角度作出的考虑。一来"学校组织结构"这个称谓的所指太大,包含的内容过多,可是一项研究所能承载的;二来缩小研究范围可使研究主题相对明确,从而尽量避免在立论上产生张冠李戴、以偏概全的问题;三来从讨论学校组织结构的角度而言,中学更具典型意义。正如曹鹄雏所指出的:"我国教育落后,范围小的学校,还占多数,乡村小学仅有儿童三四十人,教师二三人的很多。这种学校的基本组织,既已这么简单,教师早晚相见,处理行政,用不到什么分部的组织。"②如此,与相对简单的小学行政组织相比,选择中学组织结构作

---

① 这里并没有否定关注组织成员互动及其主观体验的个案研究本身的意思,而是依据具体的研究任务作出的一种区别。其实,笔者从关注学校组织结构的角度对互动论与主观论所作的分析,更多的是修正性的,而不是排斥性、替换性的。

② 曹鹄雏.小学行政[M].上海:大华书局,1934:61.

为分析对象的针对性更强。①

（三）"学校组织结构"的含义

"结构"原是生物学和建筑学的概念,指的是物质诸要素的排列组合形式。"组织结构"是在"结构"概念的基础上形成的,关于它的具体含义,不同研究者有不同的表述。譬如,明茨伯格（Henry Mintzberg）认为:"组织结构可以简单地被定义为:将劳动划分成不同工作并协调这些工作的方式总和。"②卡斯特（Fremont E. Kast）和罗森茨韦克（James E. Rosenzweig）认为,简单地看,"我们可以把组织结构看作是一个组织内各构成部分或各个部分间所确立的关系的形式";具体地看,正式结构的定义可以确定为:"① 正式关系与职责的形式——组织图加职位说明或职位指南。② 向组织各个部门或各个人分派任务和各种活动的方式（差异化）。③ 协调各个分离的活动和任务的方式（一体化）。④ 组织中权力、地位和等级关系（职权系统）。⑤ 指导组织中人们的活动和关系的经过计划的正式的政策、程序和控制方法（行政管理系统）。"③吉布森（J. L. Gibson）认为:"组织结构由工作和群体工作之间相对固定和稳定的关系组成。"④斯科特（W. Richard Scott）认为:"组织最为重要的结构特征就是那些界定劳动分工的特征——结构差异,包括工作和角色的专门化、部门的划分和多重分工的形式,以及那些关于工作协调和控制的特征——形式化、等级结构、集中化和促进横向信息流动的各种结构。"⑤罗宾斯（Stephen P. Robbins）认为:"组织结构定义工作任务如何被正式划分、如何组成群体以及如何协调。"⑥

上述各种关于组织结构的不同表述也影响了教育研究者对学校组织结构的定义。譬如,伦恩伯格（F. C. Lunenburg）和奥斯坦（Allan C. Ornstein）认为,组织结构的基本概念提供了组织的垂直控制和水平协调的框架,是将

---

① 当然,小学组织结构在教育现代化过程中的状态本身也是值得研究的。另外,由于原本讨论的范围就圈定在基础教育阶段的学校,因此,这里对中学与大学的区别不作讨论。实际上,是选择小学、中学还是大学作为研究对象,主要与研究者本人的倾向有关,在研究价值上并没有多大区别。

②⑤ ［美］斯科特.组织理论:理性、自然和开放系统［M］.黄洋,等,译.北京:华夏出版社,2001:212.

③ ［美］卡斯特,罗森茨韦克.组织与管理:系统方法与权变方法［M］.傅严,等,译.北京:中国社会科学出版社,2000:283—284.

④ ［美］吉布森.组织学:行为、结构和过程［M］.王常生,译.北京:电子工业出版社,2002:235.

⑥ ［美］罗宾斯.组织行为学精要［M］.柯江华,译.北京:机械工业出版社,2003:174.

需要完成的工作分解为一些专业化的任务并纳入不同的单元。① 罗纳德·金认为,学校的组织结构是由学校全体成员之间的社会关系构成的,这些成员根据相应的权力被安排或被允许做什么,它的维持是通过成员重复的社会行为实现的。②派塞(Alan Paisey)认为,"结构"这个词是指人际关系安排,它包含工作(job)、权威(authority)和职位(position)三个关键要素。当人们问"什么是学校结构"这个问题时,提问者会竭力寻找工作、权威和职位分配方面的信息。③

尽管表述不同,但无论是在一般组织研究者与学校组织研究者之间,还是在他们各自内部,对组织结构的理解都大同小异。结合这些观点,笔者认为,有两点对于我们理解学校组织结构是比较根本的:其一,分化与整合是理解学校组织结构的基点。我们可以作一个理论假设,如果只是单纯的且不存在内部差异的某种要素汇聚在一起,根本就不可能形成结构,而只能称之为一种类型。所谓结构,必然是以分化为基础的,只有在性质、层次等方面存在差异,各个要素才有可能组合成"结构",而不是一个"点"或一条"线"。具体地看,一方面,要素之间的分化既可能是水平性的,也可能是垂直性的,还可能是地域性的。④ 水平分化主要指类别上的不同,垂直分化主要指等级上的差异,地域分化则主要指空间上的分散。如此,在要素的纵横交织之下,就形成了组织结构的不同角色、工作、部门、岗位、职责、权力等。另一方面,随着分化的出现,又会出现整合的压力,由此便会出现各种沟通、控制、协调以及程序上的安排。其二,"人"与"事"的关系是理解学校组织结构的主线,组织结构主要是围绕人与事展开的。所谓的分化,在人身上表现为分化,在事上面则表现为分

---

① [美]伦恩伯格,奥斯坦.教育管理学:理论与实践[M].孙志军,等,译.北京:中国轻工业出版社,2003:22.

② King, R. The Sociology of School Organization[M]. London: Methuen & Co. Ltd. , 1983:14 - 16.

③ Paisey, A. Organization and Management in Schools: Perspectives for Practising Teachers[M]. NY: Longman Inc. , 1981:64 - 67.

④ "水平分化"和"垂直分化"与布劳(Peter Michael Blau)分析社会结构时提出的"类别"和"等级"这两个结构参数相似。在布劳看来,类别分化的结果表现为异质性,而等级分化的结果表现为不平等,它们是由人们的位置分布决定的。这种分布可以是一种等级序列,也可以呈现出无序状态。社会结构的一个根本特征就是各种形式的不平等与异质性相交叉的程度,或是各个方面的社会差异发生相关的范围(参见:[美]布劳.不平等和异质性[M].王春光,等,译.北京:中国社会科学出版社,1991)。地域分化则是霍尔(Richard H. Hall)在水平分化与垂直分化之外提出的另一个分化维度(参见:[美]霍尔.组织:结构、过程及结果[M].张友星,等,译.上海:上海财经大学出版社,2003:63—64)。

工。说到底,组织结构便是人与人的关系、事与事的关系以及人与事的关系的总和。它将说明这样一些问题:谁服从谁? 谁配合谁? 谁跟谁在一起? 谁跟谁的关系更紧密? 谁在做什么事(或什么事由谁来做)? 谁能做什么事(或什么事能由谁做)? 有哪些事要做? 什么事更重要? 什么事配合什么事? 什么事依赖什么事? 等等。

　　基于上述两点认识,本书将学校组织结构理解为:学校组织围绕分化与整合的事实或需要而形成的学校内部正式的人、事关系的总和。① 与既有的一些定义相似,本书强调的是正式的学校组织结构,关于这一点,前文的相关讨论中已体现得较明显了。同时,与既有的一些定义不同,本书中的学校组织结构概念并不局限在既有的"正式组织结构"这个概念中,即不仅仅指那种主要从管理视角出发的学校组织系统图所能体现的内容,还包含那些经由学校的正式安排而形成的结构化形式。而这种结构化形式在组织的正式结构中往往也有所反映。

　　具体而言,本书所要讨论的近代中学组织结构包括三个方面:一是近代中学组织的行政结构,这主要是从人与事结合的角度出发,考察一般学校系统图中所反映的内容,也即通常所说的学校正式组织结构。二是近代中学组织的性别结构,这主要是立足于"人",围绕近代中学男女同校问题,考察目下所见到的男女共学的学校组织形式是如何从没有女子学校发展到女子学校单独设立,再到男女混合教育的学校形式的。三是近代中学组织的科部结构,它侧重于"事",主要指学校由于采用不同的分科(如文科与实科,或文科与理科)与分部(如普通部、师范部、职业部)方式而相应形成的不同的组织形式。为了讨论这三个问题,本书将首先论述作为结构整体的现代中学如何在中国近代出现的问题,因为没有中学的出现,所谓的行政结构、性别结构与科部结构都无从谈起。

二、 理性结构形成中的制度因素

　　正如前文所表明的,本研究是带着"何以如此"的疑问来考察我国近代中学的组织结构的。这意味着,本书主要关注的是"不同时期的中学组织结构是什

---

　　① 将"人"与"事"分开来,更多的是出于分析的人为做法,实际上,人与事往往是合而为一的。

么样子"以及"它们为何成为这个样子"这样两个相关的问题。其中,第一个问题更多的是事实性的,相关争议不大,至多是信息的相互补充和事实的彼此更正;第二个问题则更多的是解释性的,在不同的解释视角下,人们对于同一事实的关注点不尽相同,这会影响对事实本身的判断。因此,选择何种角度来解释我国近代中学组织结构的生成与演变,是一个比较重要的问题。

组织结构是组织理论尤其是组织社会学中比较彻底地加以研究的一个领域。其中,对组织结构的决定因素的分析是研究的重点。① 简单罗列各种理论观点似乎并非明智之举,以下围绕"个体/行动者"和"技术/效率"这两组关键词,简要阐述与评析一些主流观点,并借此阐述本书在解释视角上的选择,兼及方法论层面的一些考虑。

首先,不少理论或明言或隐含,或直接或间接地将组织结构形成的落脚点放在个体/行动者上。无疑,这里的"个体/行动者"完全是方法论意义上的表述,而不是常识意义上的个体的人,否则便讲不通了。毕竟,无论什么样的组织结构调整或变革,最终都得由人或拟人化的组织来完成。具体而言,个体/行动者指的是被稳定的偏好所导引,并拥有充分的关于行动可行性及其后果之知识的个人或组织。早期的组织理论家可谓是这种个体/行动者模式的最纯正版本。尽管他们几乎从不明确地探寻或解释"组织结构从何而来",但这并不是因为他们没想到这个问题,更不是因为不知道答案,而是因为这对于他们而言根本不构成问题。古尔德纳(Alvin W. Gouldner)就指出:"从根本上说,理性模型是'机械'模型,这个模型把组织作为可操作部件的结构,每个部件都可以单独改变,以提高整体的效率。单个组织元素可以在周密的计划和决策下成功地规划并加以修改。"②言下之意,在这些理论家看来,组织结构必然是由管理者理性地设计出来的,甚至可以说,组织管理者的根本任务就是从提高效率的角度出发,合理地设计组织结构,勾画和重画组织工作的蓝图。③ 而明确提出开放系统理论的汤普森(James D. Thompson)虽然强调,新的传统"使我们视组织为一个开放的系统,是非决定性的,并面临着不确定性",但他仍然相信,"结构是组织取得有限理性的基本工具",在面临不同的技术所提出的不同协作方法要

---

① 除此之外,有关组织结构的研究主要集中在组织结构的特征和组织结构的影响两个方面。相关综述可参见:Scott, W. R. Reflections on a Half-Century of Organizational Sociology [J]. *Annual Review of Sociology*, Vol. 30, 2004:1–21.

② [美]斯科特. 组织理论:理性、自然和开放系统[M]. 黄洋,等,译. 北京:华夏出版社,2001:33.

③ 同上:34.

求时,组织会在理性准则下,通过职位组合将协作成本最小化。① 大概正因为在组织理性能力这一点上与汤普森存在共契之处,克罗齐耶和费埃德伯格在对盖格鲁—撒克逊模型的结构性权变理论展开"狂轰滥炸"时,放了这位权变理论的奠基者一马。他们主张:"我们没有权利认定,环境能够决定组织的结构抑或是运行模式。"②同时,与汤普森的整体层次上的组织理性不同,克罗齐耶和费埃德伯格凸显了单个行动者的"自由余地"。他们认为:"归根到底,组织不是别的,而是一个冲突的世界,其运行功能可以视之为诸种理性正面对抗的产物,这些理性是权变性的、多重性的而且是相互分离的,它们为运用可获取的权力资源的相对自由的行动者所采用。"在此意义上,"正式结构"被定义为,"可以将其视为彼此对峙的权利策略之间达到平衡状态的临时编码"。③

平心而论,尽管克罗齐耶和费埃德伯格存在过于强调行动者,将组织结构"视为儿戏"的倾向,但较之此后的交易成本理论(或新制度经济学)而言,至少在对行动者的认识与理解上,他们的观点更为实际与综合。后者在新古典经济学的影响下,似乎把个体/行动者作为更为纯粹的工具人、理性人。交易成本理论认为,组织是在市场价格体系失去作用的情况下获取利益的手段,一旦作为生产中人员和资源有效分配机制的价格体系充满复杂性与不确定性时,组织就必须处理更多的信息,以议定合同和进行交易,组织在处理复杂的和不确定的经济交易时要明显优于市场,因此从降低交易成本的角度考虑,人们会建立各种组织。相应地,特定组织的结构也必定是根据节省交易成本的能力来比较和衡量的,不同的交易成本管理方式也就决定了不同的组织结构形式。④

与交易成本理论只强调经济利益不同,资源依赖理论还在经济利益之外看到了政治—权力因素。美国的菲佛(Jeffrey Pfeffer)和萨兰基克(Gerald Salancik)认为,没有任何一个组织是自给自足的,所有组织都必须为了生存而与环境进行交换。获取资源的需求产生了组织对其外在单位的依赖性,资源的重要性和稀缺性则决定了组织依赖性的本质和范围。同时,依赖性又是和

---

① [美]詹姆斯·汤普森.行动中的组织[M].敬义嘉,译.上海:上海人民出版社,2007:16,63,76.

② [法]克罗齐耶,费埃德伯格.行动者与系统——集体行动的政治学[M].张月,等,译.上海:上海人民出版社,2007:131.

③ 同上:79,103.

④ Scott, W. R. Reflections on a Half-Century of Organizational Sociology [J]. *Annual Review of Sociology*, Vol. 30, 2004:1-21.

权力相对应的,经济依赖性会产生政治问题,而且必须通过政治的方式加以解决。因而,为了减少组织的依赖性,寻求充分的权力先机,组织管理者会积极采取有力措施来管理组织的结构和环境。① 正如弗雷德兰德(Roger Friedland)和阿尔福德(Robert R. Alford)所指出的:"资源依赖理论假设组织拥有策略性自治能力,这种能力使它能够从组织生存和组织权力的利益追求出发,获得环境中不确定的资源。"②

其次,与个体/行动者这一假设或存在重合或相互游离,很多理论都是把着技术/效率的脉搏来思考组织结构的生成与演变的。有关早期组织理论家对技术/效率的重视,我们再怎么强调都不会过分,最能体现这一精神的,大概是古利克(Luther Gulick)的这句话:"在行政科学中(不管是公共组织还是私营组织的行政),最基本的'善'就是效率。"③因此,与其说早期组织理论家强调管理中的技术,不如说他们将整个管理看作一项技术,而管理者的任务就如同设计机器,有效地设计组织结构。到西蒙(Hebert Alexander Simon)这里,人们通常关注的是他的"有限理性论",而西蒙本人的兴趣大概还在古利克的那句话上。虽然他强调科学研究的实证精神与中立价值,不太关心甚至反对随意地讨论"好"与"坏"的问题,但在组织问题上,他还是不由自主甚至毫不犹豫地越过了自己的原则,他认为:"好事指的是那些能够提升组织能力以实现其目标的事,而坏事则不能。只要提高效率就是好的,反之,就是坏的。"④也正是在这一态度之下,西蒙非常强调组织的结构安排,因为一方面,只有通过不同的工作和部门分化,才能将分散的具有有限理性的个体联合起来,以提高组织的办事效率;另一方面,分工以及部门上的结构安排还能创设一种注意与解释的框架,从而支持并提高个体决策的效率。⑤ 如此,我们也才能更好地明白西蒙那句被经常引用的话:"理性的个体是而且必须是一个被组织化和制度

---

① Scott, W. R. Reflections on a Half-Century of Organizational Sociology [J]. *Annual Review of Sociology*, Vol. 30. 2004:1-21.

② Friedland, R. and Alford, R. R. Bringing Society Back [M]// Symbols, Practices, and Institutional Contradictions. DiMaggio, P. J. and Powell, W. W. (Eds.) The New Institutionalism in Organizational Analysis. Chicago:The University of Chicago Press, 1991:235.

③ [美]登哈特. 公共组织理论(第三版)[M]. 扶松茂,等,译. 北京:中国人民大学出版社,2003:68.

④ 同上:83.

⑤ Morgan, G. Images of Organization[M]. California:SAGE Publications Inc., 1986:81-82.

化的个人。"①

随着 20 世纪 60 年代开放系统模式的出现和盛行,"技术"②开始在组织理论研究中被明确地作为影响组织结构的决定因素或变量,成为一个理论术语。当然,这首先还得归功于英国管理学家伍德沃德(Joan Woodward)等人在 20 世纪 50 年代末的研究。伍德沃德从生产技术的复杂性和可预见性切入,通过经验研究表明,技术的特性极大地影响着企业的组织与管理结构。管理层级的数目、基层管理人员的管理跨度以及管理人员与其他人员的比例,均受到所采纳的技术的影响。她认为,没有任何一种组织结构本身是好的组织结构,组织结构会因为出现的问题而改变,抑或因一种既定的技术所强加的限制而发生变化。③ 不同于伍德沃德,美国社会学家布劳(Peter Michael Blau)和舍恩赫尔(Richard A. Schoenherr)强调组织规模对组织结构的影响。他们通过分析美国 53 家职业介绍所,提出了规模与组织结构的两个公理:其一是规模增长会使结构速度递减地分化;其二是组织的结构分化提出沟通协调的问题,进而增加对管理人力资源的需求。在这两个公理下,布劳和舍恩赫尔又提出了九个命题,说明了规模与组织结构关系的各种可能情况。④

无论是伍德沃德还是布劳与舍恩赫尔,他们的观点都受到过不少研究者的质疑,冲击力最大且同时针对他们俩的可能是来自皮尤(D. S. Pugh)与海克森(D. J. Hickson)等人的研究。他们的核心主张是,以往关于环境与组织结构关系的研究所关注的都是单一维度,它们或赋予技术以优先地位,或赋予规模以优先地位,这限制了人们对其他组织结构决定因素的考虑。事实上,决定组织结构的并不是单一因素,而是多个因素,因此,为了更全面地理解环境对组织结构的影响,应该从更多的维度加以考察。皮尤和海克森等人提出了"组织的起

---

① [美]登哈特.公共组织理论(第三版)[M].扶松茂,等,译.北京:中国人民大学出版社,2003:84.

② "技术"指称组织完成的工作,这个概念可以被缩小到只包括硬件——可以用来进行生产活动的设备、机器和工具。但是大多数组织理论家支持更为广义的观点,即技术不仅包括用以完成工作的硬件,还包括工作人员的技能和知识,甚至包括工作对象的特征。参见:[美]斯科特.组织理论:理性、自然和开放系统[M].黄洋,等,译.北京:华夏出版社,2001:213.

③ [美]霍尔.组织:结构、过程及结果[M].张友星,等,译.上海:上海财经大学出版社,2003:98.

④ Blau, P. M. and Schoenherr, R. A. The Structure of Organizations[M]. New York: Basic Books, 1971. 关于规模究竟是组织的结构特征,还是组织结构的影响因素,不同研究者的观点各异(参见:[美]霍尔.组织:结构、过程及结果[M].张友星,等,译.上海:上海财经大学出版社,2003:95—97)。在布劳等人的研究中,规模是组织结构的影响变量。

源和历史、合并和控制的类型、规模、简章、技术、所属地区、对外依赖"等七个变量,提出用它们来对经验的情况进行对照分析。① 显然,与伍德沃德所强调的单环境因素下的组织结构权变观相比,皮尤等人的观点与劳伦斯(P. R. Lawrence)和洛奇(J. W. Lorsch)的结构权变理论走得更近了。劳伦斯与洛奇认为,虽然所有的组织都在资源和技术信息等方面依赖于环境,但这些环境在复杂性与不确定性方面是互不相同的,因此,不同环境中的组织也呈现出不同的结构。②

虽然在理论模式上,20 世纪 60 年代后的大多组织结构研究者都从早期组织理论家的理性系统模式转向开放系统模式,但正如克罗齐耶和费埃德伯格所指出的,他们"却似乎——即便从另一个方面来看——复制了我们或许可以称之为经典组织理论的'技术性的偏见'"。"人们的目标在于,对于情境作出详尽的经验性评估,以便能够识别出诸种问题,而解决这些问题需要建立新型的、更为适宜的组织结构。运用更为精深的语汇来说,这样的一种研究仅仅在经济—技术的基础之上关注诸种问题。""和以前一样,人们思考的视角依然局限于狭隘的经济层面或技术层面。"③作为推断的证据,克罗齐耶和费埃德伯格还引证了关注技术与组织编制问题的研究者佩罗(C. Perrow)的话:"我们在此必须认定,为了获取效率,组织明智抑或不明智地,试图最大限度地使技术与组织结构之间的特征变得一致起来……让我们相信,他们全都研究过复杂组织的社会学,并且业已对其诸种结构进行了调整,以使之与其技术相适应。"④

基于对技术决定论和环境决定论的怀疑,克罗齐耶和费埃德伯格将原先的"以外观内"的视角调整为"以内观外",转而关注并强调组织中的行动者以及作为行动者的组织。必须承认,这一转变是根本性的、方向性的。⑤ 但它也不是没有问题或十分全面的。首先,尽管克罗齐耶和费埃德伯格不至于糊涂到在批判

---

① Pugh, D. S., Hickson, D. J., Hinings, C. R. and Turner, C. Dimensions of Organization Structure[J]. *Administrative Science Quarterly*, 14, 1969: 115-126.

② Scott, W. R. Reflections on a Half-Century of Organizational Sociology [J]. *Annual Review of Sociology*, Vol. 30, 2004: 1-21.

③ [法]克罗齐耶,费埃德伯格.行动者与系统——集体行动的政治学[M].张月,等,译.上海:上海人民出版社,2007:135—136.

④ 同上:143.

⑤ 有一个疑问是,既然克罗齐耶和费埃德伯格的研究是一种方向性的转变(至少笔者坚信这一点),那么为何在斯科特那本经典的、百科全书式的《组织理论:理性、自然和开放系统》一书中对此只字未提(斯科特只关注了克罗齐耶的《科层现象》)? 想来,绝对不会是斯科特不知道这本书。比较合理的理由是,克罗齐耶和费埃德伯格的观点与美国学者的思路差异较大,叙述起来不知如何安置;不太可能的理由是,克罗齐耶和费埃德伯格对美国组织理论研究的批判过于犀利。

23

"技术帝国主义""环境决定论"的时候,轻易地将戴在别人头上的帽子贴上"行动者决定论"的商标,戴到自己头上,他们也注意强调行动者是身处社会中的,受到结构性制约,但这丝毫不会掩盖甚至会强化他们对于行动者理性能力的推崇,因为社会在此已经过压缩处理,变成了自由的行动者可资汲取的"资源"。克罗齐耶和费埃德伯格或许不太清楚,当他们正在反思和批判盎格鲁—撒克逊的"环境决定论"与"技术帝国主义"的时候,那里正在潜心缔造"经济学帝国"。可以说,与克罗齐耶和费埃德伯格的行动者理论最亲近的,是菲佛和萨兰基克的资源依赖理论,尽管两者的分析层次不尽相同。而与它们比邻,且比它们更纯粹的,则是交易成本理论。这些理论在总体上赞成西蒙所讲的"有限理性"原则,但它们的关注点似乎从来都不在"有限",而是在"理性",即在有限理性下理性为之。模仿克罗齐耶和费埃德伯格的表达,从另一方面看,它们仍然复制了经典组织理论的"理性偏见"。

其实,在承认个体具备理性意识与策略行动能力的同时,已经有不少社会学者告诉我们,个体及其认识与选择更多的是社会性地建构的,而且,这种社会性建构的力量不只是"偏好"所能概括的,它还包括了意识理性、实践理性以及非理性等多种成分。同时,这种社会所包含的内容既不能被简约化为技术、规模以及其他要素,也不能被抽象化为资源或权力,它有着更为丰富的内容。同时,克罗齐耶和费埃德伯格也没有指出(按照他们的理论思路也不太能解答)结构性权变理论存在的一些局限。其中,最有针对性的问题是,无论是从技术、规模还是从其他角度的权变观出发,由于特定的组织所处的环境是不同的,所面临的技术冲击以及规模压力是不一样的,因此,它们所形成的组织结构也应该是不尽相同的。譬如,最早的权变理论家之一汤普森就曾断定:"技术和环境构成组织的不确定性的主要来源,这些方面的区别会导致组织的差异。"[①]然而在现实中,众多组织存在结构上的相似,不仅同类组织之间的结构相似,而且很多不同性质的组织,其结构也很相似。此外,规模因素解释了新的组织结构如何随着规模的变动而变动,却很少说明为什么有那么多旧的组织结构仍然存在,更没有交代何种具体的结构类型将被采纳。[②]

此时需要提及的是无法归入"个体/行动者"和"技术/效率"这两组概念范

---

① [美]詹姆斯·汤普森.行动中的组织[M].敬乂嘉,译.上海:上海人民出版社,2007:17.

② Rowan, B. Organizational Structure and the Institutional Environment: The Case of Public Schools[J]. *Administrative Science Quarterly*, Vol. 27, 1982:259-279.

畴中的组织种群生态理论。这一理论从另一个层次和角度,对这些遗留问题给出了一些说明。作为组织种群生态理论的代表人物,汉南(M. T. Hannan)与弗里曼(J. Freeman)认为,很多组织理论夸大了个体组织进行根本性变革的能力。他们主张,那些对组织变革感兴趣的人,应该将视线从单个的组织转移到组织种群上,亦即同一类型的组织。这是因为,根本性的变革典型地表现为一种组织类型对于另一种组织类型的替代。如此,研究的焦点就要放在新的组织类型在时间流转中的出现、生长、成型以及衰败的方式,即种群动力机制上。①用他们自己的话来说:"任何活动领域(如医疗保健、微电子生产或科学研究)的组织多样性,都为解决集体性产出的生产难题提供了可选方案。这些解决方法根植于组织结构和组织战略中……每当未来表现为不确定性时,大量可选择的组织形式就会显示出其价值。依靠少量组织形式的社会也许会繁荣一段时期;然而一旦环境发生改变,这个社会就会面临严重的问题,直到现存组织被重构,或新的组织形式出现。"②结合前面的讨论来看,组织种群生态理论至少表明两点:其一,特定组织形式和结构的产生与变化并不完全是个体/行动者设计或选择的结果;其二,特定组织形式与结构的产生与变化也不是出于技术/效率的考虑。不过,除了有过于强调组织环境的选择而低估环境的适应问题之外,诚如弗雷德兰德和阿尔福德所指出的,组织种群生态理论在取消组织的策略性自治能力的同时,也以贫穷或困窘、精良或粗暴、动荡或宁静等修饰性的词语将社会抽象化了。③换言之,组织种群生态理论没能很好地说明,究竟是环境中的什么因素以及什么机制,决定了特定组织结构形式的出现或重构。

笔者仍要重申前文已经指明并强调的观点:理性化的结构形式并不意味着对这种形式的接纳本身就是理性运用的结果。展开来说,理性化的组织结构可能是个体/行动者的选择,或是出于技术/效率的考虑,但也可能不是个体/行动者出于技术/效率的考虑而进行理性计算与权衡的结果。要更好地解释这一点,便不得不回过头来,重新考虑前文讨论中应该提而又未提的韦伯的观点。

---

① Scott, W. R. Reflections on a Half-Century of Organizational Sociology [J]. *Annual Review of Sociology*, Vol. 30, 2004:1-21.

② 转引自:[美]斯科特. 组织理论:理性、自然和开放系统[M]. 黄洋,等,译. 北京:华夏出版社,2001:139.

③ Friedland, R. and Alford, R. R. Bringing Society Back [M]// Symbols, Practices, and Institutional Contradictions. DiMaggio, P. J. and Powell, W. W. (Eds.) The New Institutionalism in Organizational Analysis. Chicago:The University of Chicago Press, 1991:235.

正如柯林斯(Randall Collins)所说的:"在组织研究领域,甚至所有的社会学领域,没有比韦伯的科层制模式更为著名的了。同时,对于主要社会学理论的错误理解,也没有像美国社会学对韦伯组织理论的错误理解那样彻底。"①斯科特接着柯林斯的话,具体地指出了对于韦伯著作两个方面的错误理解:一是脱离了环境来理解其著名的法理性科层制结构的主要特征,即把法理性科层制与历史的环境割裂开,并将其视作对现代管理形式的一种讽刺;二是韦伯的许多观点被解释为从属于一般的技术理性框架。② 在此,笔者主要关注后一种误解。的确,韦伯明确指出,科层组织的出现与扩散正是人们从工具理性出发,出于对技术与效率的考虑的结果。他认为:

> 官僚行政的组织广泛传播的决定性的原因,向来是出于它的纯技术的优势超过任何其他的形式。一种充分发达的官僚体制与其他形式的关系,恰恰如同一台机器与货物生产的非机械方式的关系一样。精确、迅速、明确、精通档案、持续性、保密、统一性、严格的服从、减少摩擦、节约物资费用和人力,在由训练有素的具体官员进行严格官僚体制的特别是集权体制的行政管理时,比起所有合议的或者名誉职务的和兼任职务的形式来,能达到最佳的效果。③

也正因为这句话,以及韦伯对理想的科层组织特征的描述,组织理论研究者往往把韦伯归为古典组织理论家,将其思想放在技术理性框架中来理解。这样的处理自然不能算错,但也要注意,它不应让人产生韦伯关于科层组织独此一论的印象。

其实,韦伯在解释科层组织的出现与扩散时,也谈到了其他一些因素。除了货币经济发展、行政管理任务数量、行政管理任务性质以及交通信息技术等因素之外,④这里要重点强调的是文化观念层面的因素。譬如,韦伯强调:

> ……但是对于现代官僚体制来说,第二个因素即"可预计的规则",也具有真正决定性意义。现代文化的特性,特别是它的技术的—经济的基础的特性,恰恰是要求效果的这种"可预计性"。充分发展的官僚体制在某种

---

① 转引自:[美]斯科特.组织理论:理性、自然和开放系统[M].黄洋,等,译.北京:华夏出版社,2001:40.
② [美]斯科特.组织理论:理性、自然和开放系统[M].黄洋,等,译.北京:华夏出版社,2001:40.
③ [德]韦伯.韦伯文集[M].韩水法,译.北京:中央广播电视出版社,1999:342.
④ 同上:331—341.

特殊意义上,也处于"不急不躁"的原则支配之下。它的特殊的、受资本主义欢迎的特性,使这种可预计性发展得更为充分,它越是"脱离人性",发展就更为充分。在这里是指它的被作为美德赞扬的特性:它成功地从解决职位上的事务中,排除爱憎和一切纯粹个人的、从根据上说一切非理性的、不可预计的感觉因素。旧体制要用个人的偏袒、宠信、恩典、感激推动统治者,相反,现代的文化,对于支撑着它的外在机构来说,正是要求要拥有熟悉"业务的"专家,这种文化愈是复杂和愈是专门化,就愈加要求不掺杂人性的、因而严格"业务的"专家。但是,官僚体制的结构提供着这一切有利的结合体。尤其是只有它才在"法律"的基础上,为司法经常性地创造执行一种概念上系统化了的和理性的法的基础,正如晚期罗马皇帝时代才创造了技术上高度完善的法。①

如果这段话的表达还有点隐晦的话,那么韦伯的下面这段话则明白地告诉我们,在他看来,科层组织的出现与传播离不开文化观念因素的影响:

> 这里不可能分析有深远意义的、普遍的文化影响,文化促进理性的、官僚体制的统治结构本身的传播,而且根本不管其所囊括的领域。当然,它服务于生活方式的"理性主义"的传播。但是这个概念允许有十分不同的内容。只能十分一般地讲:由于整个统治的官僚体制化大大促进向着理性的"求实性"、向着"职业化"和"专家化"发展,具有种种不同的影响。②

显而易见,韦伯在告诉我们,一方面,特定的文化因素促进了理性的科层组织的扩散;③另一方面,这种理性的科层组织本身又会在扩散的过程中,形塑一种理

---

① [德]韦伯.韦伯文集[M].韩水法,译.北京:中央广播电视出版社,1999:344.
② 同上:370.
③ 也正是从这个角度出发,韦伯认为,中国古代的官僚制度之所以未能发展成为现代官僚制度,就是因为中国缺乏发展现代官僚制度所需的(形式)理性主义(参见:吴钢.马克斯·韦伯:文明与精神[M].杭州:杭州大学出版社,1999:217—218)。此外,这也让人相信,摩根对泰罗(Frederick Winslow Taylor)的理解不无道理。他说:"虽然,泰罗经常被认为是创设了科学管理的坏蛋,但我们应该认识到,泰罗只是总体生活朝向机械化的、更广泛的社会趋势的一个部分,他从属于社会。泰罗仅仅是发出了朝向机械化、专业化和科层化趋势的一个声响。我们许多人都将泰罗主义的方法应用在自己身上,训练和发展思维与行动的专业能力,按照预想的观念形塑自己的身体。也就是说,我们将自己看作是机器。"参见:Morgan, G. Images of organization[M]. California:SAGE Publications Inc. , 1986:32.

性的文化与生活方式。在这种情况下，很多时候人们对于科层组织的选择，就不完全是基于对技术与效率的考虑了。

依循韦伯的上述思想，组织研究领域的制度理论提出了解释组织现象的两种逻辑：一是"效率逻辑"，二是"合法性逻辑"。该理论认为，很多时候，人们对于"理性"的接受本身就可能是一种"理性迷思"，是"理性不及"的后果。相应地，对特定组织行为的选择与组织形式的出现，未必是寻求合理性和效率驱动的结果，而是组织适应或努力获得合法性认同的结果，是制度驱动的产物。本书对于中国近代中学组织结构的考察，一方面是想在事实层面，较为系统地整理中国近代中学组织结构生成与演变的基本过程；另一方面就是要在理论层面，从组织制度理论的视角，说明中国近代中学组织结构的生成与演变所受到的各种合法性力量的影响。

比较麻烦的是，组织制度理论本身是一个比较笼统的命名。无怪乎美国学者迪玛奇奥（Paul J. DiMaggio）和鲍威尔（Walter W. Powell）感叹："人们在什么不是制度主义上的共识，往往要多于什么是制度主义上的共识。"①暂且抛开学科界域不说，即便在组织社会学中，也至少可以分出旧制度组织学派和新制度组织学派。其中，旧制度组织学派以美国社会学家塞尔兹尼克为主要代表，他在田纳西水利局个案研究的基础上指出，实际的组织（organization）并非理性封闭系统，而是一个充满意义和价值的制度化的组织（institution）。新制度组织学派以迈耶（John W. Meyer）与罗万（Brain Rowan）1997 年发表的《制度化组织：作为神话和仪式的正式结构》②为兴起标志，并在朱克（Lynne Zucker）、迪玛奇奥、鲍威尔等人的跟进下，逐渐成为组织社会学的一个流派。组织研究领域新旧制度学派的共同点在于，两者都对理性行动模式持怀疑态度，并强调文化在形成组织实体方面的重要作用。同时，它们的区别也是多方面的。譬如，旧制度组织学派强调的是非正式结构，而新制度组织学派关注正式结构的非理性特征；旧制度组织学派强调本地环境的影响，而新制度组织学派则关注非本地环境。最为根本的是，对旧制度组织学派而言，重要的认知形式是价值、

---

① DiMaggio, P. J. and Powell, W. W. (Eds.) Introduction Chapter of The New Institutionalism in Organizational Analysis[M]. Chicago: The University of Chicago Press, 1991: 1.

② Meyer, J. W. and Rowan, B. Institutionalized Organizations: Formal Structure as Myth and Ceremony[M]// Meyer, J. W. and Scott, W. R. Organizational Environments: Ritual and Rationality. California: Sage Publications Inc., 1992. This paper was originally published in the *American Journal of Sociology*, Vol. 83, No. 2, 1977: 340 - 364.

规范和态度,而新制度组织学派则抛弃了旧制度组织学派的道德性参照框架,认为制度化根本上是一个认知过程。即便在新制度组织学派内部,观点也不一致,有的研究者强调认知,有的侧重规范与规则;有的研究者关注宏观制约,有的则偏好微观过程,等等。

本研究原先定位在新制度组织学派的范围内,从实际情况来看,很多新制度组织学派研究者事实上吸收了旧制度组织学派的观点,这从理论内容上看也是行得通的。但因为新制度组织学派这个名称似乎已经牢固地与"认知"联系在一起,为避免文不对题的问题,本书选择了"制度理论"这个"大帐篷"。所幸,斯科特以及其他研究者不仅在名称上提供了先例,而且斯科特本人还从综合制度理论的角度考虑,提供了一个可资参考的框架。

用斯科特的话讲:"制度理论家对于组织研究的最大贡献,或许就是重新概念化了组织环境的含义。"[①]他们明确而有力地区分了技术环境与制度环境。技术环境是组织开放系统模式关注的重点,它基本上等同于生产环境的概念,是与确立目标或达到目标有潜在关联的所有环境的总称。就其实质而言,技术环境这一概念强调,大多数组织的建立是为了实现目标和完成某项工作。更为重要的是,没有哪个组织是自给自足的,所有的组织都必须与环境发生交换。管理者应该保证资源的充足供应和适宜的市场、制定高效率的工作安排,并协调和控制技术活动。相应地,组织结构应该同外部的技术要求和内部的工作系统紧密联系。[②] 而制度环境强调的是组织遵从形式理性规范的程度、正当过程得以实施的程度,以及恰当结构处于合适位置的程度。在制度环境中,组织因其建立了正当的结构与过程而获得回报,而与它们生产产品的数量与质量关系不大。也就是说,对组织而言,想要从制度环境中获得支持与合法性,重要的就是承认或接受各种制度性要素。[③] 说得简单一点,如果用目的—手段关系来理解的话,技术环境强调目的—手段的不可分离

① Scott,W. R. Unpacking Institutional Arguments [M]// The New Institutionalism in Organizational Analysis. DiMaggio,P. J. and Powell,W. W. (Eds.) Chicago:The University of Chicago Press,1991:165.

② [美]斯科特.组织理论:理性、自然和开放系统[M].黄洋,等,译.北京:华夏出版社,2001:123.

③ Scott,W. R. Unpacking Institutional Arguments[M]// DiMaggio,P. J. and Powell,W. W. (Eds.) The New Institutionalism in Organizational Analysis. Chicago:The University of Chicago Press,1991:167.

性,而制度环境更看重手段。①

尽管被质疑或指责重走了功能主义的老路,但 20 世纪 70 年代末的制度理论研究者所提出的制度环境,还是打破了"技术"在解释组织结构方面的霸权,从而在"效率逻辑"之外,为我们提供了解释组织结构现象的"合法性逻辑"。这一逻辑强调,社会中的法律制度、政策规则、文化期待、风俗习惯、价值规范以及其他"理所当然"(taken-for-granted)的社会事实,具有强大的约束力量,因为它们定义了什么是被认可的,什么是不被认可的,什么是可以做的,什么是不可以做的,事务、事件应该是什么样子的,不该是什么样子的,等等。相应地,这些力量便会成为组织的信任之源,或承认压力,诱使、催生或强迫组织采纳特定的、合法的组织结构与形式。譬如,迈耶和罗万便指出:"现代组织的许多主张、政策、纲领及程序,是通过舆论、重要成员的观点,由教育体系合法化的知识、社会声望、法律和法庭上使用的措辞或审慎的定义等来实施的。正式结构的这些要素正是强有力的制度法则——对特定组织具有约束力的高度理性化的神话——的表现形式。"②

当然,组织制度理论也并不是一味地强调制度环境。迈耶和斯科特便认为,一种制度环境的出现并不排斥另外一种。技术与环境的区分应理解为对不同维度的考察,而不是构造二元对立的状态。如果把这些控制类型视为随环境而改变的维度,而非唯一的选择,则两种类型之间的区别就会更加有用。由于技术控制与制度控制之间呈负相关,而且相关程度很弱,常常会出现两者的各种结合甚至混合类型,因此,某些环境更多地注重技术上的结果控制,而较少重视制度上的过程控制。有些组织面临更严格的过程控制和较薄弱的结果控制,有些组织既面临强大的结果控制,又面临严格的过程控制,有些组织则处于两

① 这里不得不再次提到韦伯。阿尔布罗(M. Albrow)认为:"韦伯关于形式理性的思想核心是合理算计,这既包括数字的算计,如会议,又包括逻辑的算计,如律师……在理想类型的科层制中,每个命题指涉的或是法规过程或是财务过程,在这个过程中,非人格性和专门知识都是必要的。对韦伯而言,这些过程,从本质上看都是理性的,与组织的目标无关。简而言之,韦伯并没有提出效率的理论,而只是对普遍存在于现代管理中的形式过程进行了陈述。"(转引自:[美]斯科特.组织理论:理性、自然和开放系统[M].黄洋,等,译.北京:华夏出版社,2001:45—46)笔者认同阿尔布罗的分析。韦伯关注科层组织的焦点似乎并不在技术理性或工具理性上,而在形式理性,即科层组织的形式规章和法规程序上。而正是在这一点上,他为我们暗示了科层组织扩散的另一层原因。

② Meyer, J. W. and Rowan, B. Institutionalized Organizations: Formal Structure as Myth and Ceremony[M]// Meyer, J. W. and Scott, W. R. Organizational Environments: Ritual and Rationality. California: Sage Publications Inc., 1992. This paper was originally published in the *American Journal of Sociology*, Vol. 83, No. 2, 1977: 340 - 364.

种控制都较微弱的环境中。在迈耶和斯科特看来,诸如公共事业单位、航空公司和银行等,是受技术环境和制度环境影响都较强的组织;大多数制造业工厂是受技术环境影响强,受制度环境影响弱的组织;诸如学校、精神健康诊所、教堂和法律公司等组织,则在较强的制度环境、较弱的技术环境中运行;而健康俱乐部之类的个人服务组织受技术环境和制度环境影响都很弱(参见表 0-1)。①无疑,这也从另一个角度强化了,利用组织制度理论来解释我国近代中学组织结构的合理性与可行性。

表 0-1　组织制度环境与技术环境的结合②

		制　度　环　境	
		较强	较弱
技术环境	较强	公共事业、银行、综合医院	学校、精神健康诊所、法律公司、教堂等
	较弱	精神健康诊所、学校、法律公司、教堂	饭店、健康俱乐部、一般制造业、药厂

　　结合本研究的任务来看,运用组织制度理论这一视角的关键在于,要能够说明是哪些制度要素,通过何种机制影响了我国近代中学组织结构的生成与演变。在组织制度理论中,主要关注的是三种制度要素:规制性(regulative)要素、规范性(normative)要素和文化—认知性(cultural-cognitive)要素。③ 与此相应,不同的制度要素所侧重的制度影响机制也不尽相同。

　　严格来说,制度必然是规制性的,因为它意味着对组织或个体的行为进行限制与约束。但这里所说的规制性制度要素主要强调制度所体现的法规颁布、

　　① Scott，W. R. and Meyer，J. W. The Organization of Societal Sectors：Propositions and Early Evidence［M］// DiMaggio，P. J. and Powell，W. W. （Eds.） The New Institutionalism in Organizational Analysis. Chicago：The University of Chicago Press，1991：122－124.

　　② 本表原载：Scott，W. R. Organization：Rational，Natural and Open System（2nd Ed.）. Englewood Cliffs，NJ.：Prentice-Hall 1987：126. 转引自：Scott，W. R. and Meyer，J. W. The Organization of Societal Sectors：Propositions and Early Evidence［M］// DiMaggio，P. J. and Powell，W. W. （Eds.） The New Institutionalism in Organizational Analysis. Chicago：The University of Chicago Press，1991：122－124.

　　③ Scott，W. R. Institutions and Organizations（2nd Ed.）［M］. California：Sage Publications Inc.，2001：51－58. 从这三个制度要素出发,斯科特给制度下了一个定义:制度是由为社会行为提供稳定性、有意义的、认知性、规范性和规制性的结构与行为组成的。本研究也在此意义上理解"制度"。因此,以下对于制度三要素的讨论框架也参考了斯科特的观点,但在每个制度要素的具体理解上与斯科特有所区别。

政策制定、规则调整，以及相关的监控、督察与制裁等明确可见的规章制定过程。这种规章制定过程中包含了对组织或个体进行导引、规约和控制的期望与能力。总体上说，规制性要素在常识意义上的制度或新制度经济学理论提出的正式制度中显露得比较明显，但也不能将这样的理解绝对化，因为一些法律、规章、政策以及规则本身也存在模糊或争议之处，并不提供清晰的行为准则与约束手段。在此情况下，它们更多的是提供一个规范框架与认知图式。就此而言，从规制性要素发挥作用的机制出发，或许更有助于把握。规制性要素最主要的控制机制是"强制"。这种强制对于特定的组织或个体来说，可能是一种逼迫，也可能是一种劝诫，还可能是一种邀请。比较典型的情况便是，许多组织变革是直接回应政府命令的结果。① 譬如，工厂为了遵守环保部门的规定而采用新的污染控制流程；出版社为了执行新闻出版广电总局的相关要求而设置编审人员；公立学校为了执行会计与财务审计制度而聘任教育行政部门指定的会计人员，等等。此外，正如韦伯所说，"'统治'应该叫作在一个可能标明的人的群体里，让具体的（或者一切的）命令得到服从的机会。因此，它不是任何形式的对别人实施'权力'和'影响'的机会"，而是在根本处，企图唤起并维持对统治的"合法性"的信仰。② 也就是说，我们不可只从字面上来理解，将强制完全等同于暴力、强权，事实上，强制有时表现为强加的规定，有时则表现为奖励性的诱导等。更重要的是，即便如此，强制也不意味着各种法规、政策、章程会被切实执行。

制度的规范性要素强调的是社会生活中约定俗成的、评价性的、义务性的规则。简单讲，规范性要素即是我们通常所言的"价值规范"。但与我们习惯地将价值与规范等同起来不同，确切意义上的规范系统应该是"价值＋规范"。其中，价值是涉及喜好或者意愿的概念，它们构成了比较与评判既存的组织结构或行为的标准；规范则具体地指明事情应该怎样做，它们定义的是实现特定价值目标的合法的方法。因此，结合这两方面来看，制度的规范性要素不仅规定目标或目的，而且确定实现这些目标的适当手段。规范性要素之所以能够在目标和手段两个方面对组织产生强烈的影响，主要依赖于一种

---

① DiMaggio, P. J., and Powell, W. W. The Iron Cage Revisited: Institutional Isomorphism and Collective Rationality in Organizational Fields [M]// DiMaggio, P. J. and Powell, W. W. (Eds.) The New Institutionalism in Organizational Analysis. Chicago: The University of Chicago Press, 1991: 64 - 74.

② ［德］韦伯. 韦伯文集[M]. 韩水法, 译. 北京: 中央广播电视出版社, 1999: 211—212.

规范认同机制。它通过内部生成自律意识或外部强加舆论压力的方式,促使组织或个体去考虑,在特定的情境下,自己被期望做什么、不能做什么、应该怎么做、不该怎么做等问题,从而影响组织行为或结构,使组织成为人们所希望和期待的那样。需要指出的是,规范性制度要素所指涉的规范,并不单纯指伦理道德与社会义务。以往的大部分研究者尽管给出了各种关于规范的概念,譬如,惯例、习俗、程序、角色、文化、符号、范式、信念、假设等,但其焦点主要放在社会义务与伦理上。其实,随着劳动分工、职业分化以及专业知识的出现和传播,正如迪玛奇奥和鲍威尔所论证的,专业规范也成为规范的一个重要内容。[①] 而且,这种专业规范并不局限于具体工作岗位的职业道德的描述与规定,更体现为专家观点的影响力。也就是说,专业知识分子开始成为维持或转变特定规范的重要力量。最后还要指出的是,规范性制度要素的作用不是单向的,它既是组织行为与结构的限制,也为其提供条件和基础。这是因为,规范既确认权力也规定责任,既赋予优势也提出要求,既是一种资格也是一种使命。

相比而言,制度的文化—认知性要素涉及一些更为深层的内容,包括共享的概念、图式、范畴、模式以及理所当然的社会事实等,它们构成了社会实体的属性,提供了意义生成的框架。正是因为各种概念、图式、范畴等因素的存在,为我们提供了一个认识事物的剧本和模板,从而使得外部世界和社会对我们而言变得可以理解,具有意义。在此意义上,所谓外部世界与社会,无非是概念、图式、范畴的反映。但这并不是说世界与社会就是主观性的,因为人们用以认识和理解外部世界的概念、图式、范畴本身即是共享的、被客观化的,它们以符号形式存在,通过知识与文化来发挥作用。显然,这里的知识并不局限于理论化、体系化、书面化的知识,还包括日常生活中的常识理解与意义认同。同时,这里的文化也不再是情感化、评价性的主观信念,而是一个外在于主体的客观的符号系统。无论是知识还是文化,最初都是源于客观现实中个体面对面的互动,在互动的过程中,人们逐渐形成特定的意义,并最终形成一种相对定型的符号体系。这种符号体系一旦形成,便脱离了面对面的互动,超越此地、此刻主观意向的表达,具有了"可分离性",成为可以被客观援

---

① DiMaggio, P. J. and Powell, W. W. The Iron Cage Revisited: Institutional Isomorphism and Collective Rationality in Organizational Fields [M]//DiMaggio, P. J. and Powell, W. W. (Eds.) The New Institutionalism in Organizational Analysis. Chicago: The University of Chicago Press, 1991: 64 - 74.

用的客观化事物。① 也正是各种符号体系将事物、活动加以分类和定型,形成了各种理所当然的认识,详细说明了何种组织结构或行为是可以理解的,怎样的组织结构或行为才是合适的。正如 P. L. 贝格尔(Peter Ludwig Berger)和卢克曼(Thomas Luckmann)所指出的:"知识可说是制度化行为的动力。它界定了行为之制度化的场域,并派定各种情境,准此,控制与预测所有的行为。"② 因此可以说,我们对外部世界的解释以及我们的行为都是源自环境的,为外在的知识和文化框架所形塑。任何一种组织结构的出现、维持或转换,必然以相应的认知合法性作为基础。

可以发现,规制性要素、规范性要素以及文化—认知性要素基本上构成了制度从意识层次到前意识层次的谱系。不过笔者还要补充两点。第一,三种要素的划分完全是分析性的,它们并不是简单地对应于三种类型的制度,而是同一制度的不同方面,或者说是某种制度比较突出的一面。赫希(Paul M. Hirsch)就曾批评斯科特所作的制度三要素区分可能会冒这样一个风险:对一种制度要素的选择自然会被强加认为对另一种制度要素的舍弃,而没有认识到所有的制度形式都是由多个要素组成的。③ 对此批评,斯科特的解释是,赫希所言的风险并不是他的意图,他不是要排斥或否定制度要素之间的沟通与对话,恰恰相反,他的意图正是要促进它们之间的沟通与对话。④ 第二,三种要素之间未必是一团和气的,彼此间可能存在竞争甚至是冲突。具体来说,制度的竞争或冲突又包括两种情况:一是就同一制度而言,三种要素之间可能存在竞争或冲突。譬如,"就近入学"这一制度安排,在规制性要素与规范性要素之间就可能存在冲突,规制性要素宣称的是公平逻辑,规范性要素则可能坚持自由逻辑。二是不同的制度之间也可能存在竞争或冲突。弗雷德兰德和阿尔福德便说:"当代社会的主要制度是相互依赖的,却又是彼此矛盾的。比如,科层国家可能依赖民主化机制来使它们的决策合法化,以缓冲外部的政治环境。而民主程序的扩张也可能低估理性化科层的一致性。"他们还认为,不同的群体、组织和阶层来管理

---

① Berger, P. L. and Luckmann, T. 知识社会学:社会实体的建构[M]. 邹理民,译. 台北:巨流图书公司,1991:51.

② 同上:82.

③ Hirsch, P. M. Review Essay:Sociology Without Social Structure:Neoinstitutional Theory Meets Brave New World[J]. *American Journal of Sociology*,102,1997:1702 - 1723.

④ Scott,W. R. Institutions and Organizations (2nd Ed.)[M]. California:Sage Publications Inc. ,2001:69 - 70.

同一个活动,其所信奉的制度逻辑也可能是不同的。譬如,国家管理医院与市场管理医院的逻辑就是不同的,家庭、国家或教会办理教育的逻辑也是不同的。①

此外,不同的制度要素往往还与特定的对象相联系,这也使得它们的合法性来源会有所不同。其中,规制性制度要素常常与法规、政策、规则的制定部门相关,其典型代表便是国家、政府及相关的行政部门。规范性制度要素则主要与社会公众、专业组织或特定群体相关。文化—认知性制度要素涉及的范围最广,它主要发生在社会层面。这里的"社会"并不局限于一国,在国际交往频繁、便捷的情况下,它包括了整个世界。这些不同的合法性来源,很多时候也决定了理论分析的层次问题。在既有的组织制度理论中,各种理论分析的层面(或者说考察制度产生影响的范围)主要有:世界体系——社会——组织场域。其中,"世界体系"考虑的是世界层面的制度影响,这一层面的分析往往考察的都是文化—认知性要素。但随着一些国际性组织的出现,偶尔也有就规制性要素和规范性要素展开讨论的。"社会"则主要涉及一国范围内的制度影响,在这一层面可以兼及三种制度要素的分析。比如,可以考察国家法律、社会经济、政治环境、价值规范、文化观念等对学校的影响。"组织场域"是相对"社会"而言,理解了这个层面,也有助于理解"社会"。"组织场域"的概念由迪马奇奥和鲍威尔提出,他们将其定义为:那些聚集在一起,构成公认制度生活场域的组织——主要的供应者、资源和产品的消费者、制定规章的机构,及其他提供类似产品和服务的组织。② 简单说,组织场域是由与特定组织发生直接的、相对紧密关系的各个组织或群体组成的。就学校而言,它的组织场域包括教育行政部门、学生家庭、劳动力市场、教育研究机构、教育专业群体、教育教学设备提供单位、上(或下)一级层次的学校、同级层次的其他学校等。

三、 纵向求真的历史研究方式

前文主要阐明本书的研究方法论,本部分讨论本研究的研究方式,以及有

① Friedland, R. and Alford, R. R. Bringing Society Back[M]// Symbols, Practices, and Institutional Contradictions. DiMaggio, P. J. and Powell, W. W. (Eds.) The New Institutionalism in Organizational Analysis. Chicago: The University of Chicago Press, 1991: 256.

② DiMaggio, P. J. and Powell, W. W. The Iron Cage Revisited: Institutional Isomorphism and Collective Rationality in Organizational Fields[M]// DiMaggio, P. J. and Powell, W. W. (Eds.) The New Institutionalism in Organizational Analysis. Chicago: The University of Chicago Press, 1991: 76–77.

关研究方式的选择问题。①

组织研究中主要存在两种略带地区性差异的不同的研究方式：一是以英美学者为主的实证研究；二是以欧洲大陆尤其是法国学者为主的经验研究。前者依循"假设—演绎"的思路，首先从研究问题出发，提出相关的理论假设或命题，在此基础上进行研究设计，然后再通过信息与数据的收集和计算，对原有的假设或命题进行验证。这种研究方式的优势在于，能够快速、有效地提供有关研究对象总体的、详细的资料与信息，并能够在总体性考察的基础上，得出有关事物发展的一般性的、规律性的结论。② 不过，实证研究这种所谓的优势，常常受到强调经验研究的研究者的指责。他们认为，实证研究所提供的组织形象大而无当，貌似真实，实则虚假，其对组织的分析看似科学、严密，实则是缺乏实际价值的研究工艺。③ 相反，以克罗齐耶为代表的法国组织研究者认为，组织研究应该从科学主义视角的局限中走出来，远离量化的、还原的、规范性的、演绎的方法，转而采取田野调查、临床诊断、具体描述、定性分析、同类归纳、逻辑推论等方法。克罗齐耶等人主张："组织研究采取的策略应该围绕组织分析这一中心，运用经验的方式来理解组织分析。"同时，他们还宣称："我们寻求为经验分析确立一种远远超出任何类型的假设—演绎理论的优先地位。这并不意味着抛弃理论，而是意味着利用理论来使我们有能力把握事实，并用一种更为复杂精微的方式来对它们提出问题。这意味着我们正在努力精心设计一种新的范式，它将有助于克服在美国社会学环境中如此普遍存在的自满情绪与沮丧受挫之感。"④

就不同研究方法的差异与选择问题，我国教育学者劳凯声在讨论质的研究时曾表达过"法无定法，道有常道"这个观点，即"它并不一定要规定我是定量还是定性，方法是为我所用"，但"不管用什么方法，我们都必须关注人的问题"。笔者认为，这种对待方法的态度是比较合适的，即便是放到更高的方法层面，而

---

① 这里将研究方法论与研究方式加以区分，主要参考了张新平的观点。他在教育管理学的方法体系的构想中认为，教育管理学的方法体系由教育管理研究的方法体系和教育管理工作的方法体系构成。其中，教育管理研究的方法体系又由教育管理研究方法论、研究方式和研究方法组成。同时，张新平还明确区分并详细讨论了思辨研究、实证研究与实地研究三种主要的研究方式。具体内容参见：张新平.教育管理学导论[M].上海：上海教育出版社，2006：130—134,164—209.

② 张新平.教育管理学导论[M].上海：上海教育出版社，2006：192.

③ [法]克罗齐耶，费埃德伯格.行动者与系统——集体行动的政治学[M].张月，等，译.上海：上海人民出版社，2007：译者序，7.

④ 同上：17—18.

不只是针对质的研究。在教育管理学领域,威罗尔(Donald J. Willower)甚至包括埃弗斯(Colin William Evers)与拉科姆斯基(Gabriele Lakomski)都有这种倾向。①

可是,对研究而言,在"方法""道理"之外,可能还要加上"真实"。接着劳凯声的话说,叫"法无定法,道有常道,真凭实据"。因为,道理自是要讲,但也有怎么讲的问题,否则容易造成"怎么都行"的无政府混乱。笔者以为,从逻辑上讲,要"有理",首先必须"真实",否则就成了假道理;而从后果上看,只有真实才更容易被人们"理"会,才能更持久、更深入地被认同。这样来看,方法首先不是为了"讲理",而是先"求真",再以一种求真的态度去"讲理"。如此,是否能够更好地帮助我们接触、认识和理解事实,便成为识别与选择研究方法的考虑角度。换言之,无论什么研究方法,都应能够更好地告诉人们,事件、事物、社会、组织或个体是什么,为什么、怎么来的。通过回答这些问题,我们不但可以更好地体味世界之道、生活之理,而且能够相对明智地知道如何加以改善。

美国教育学家古德莱德之所以发动涉及 38 所学校、8 624 名家长、1 350 名教师和 17 163 名学生的大规模调查研究——"学校教育研究",正是因为在他看来,大多数学校改革计划的失败,都是因为对学校一般运作的无知,尤其是对学校的内部运作知之甚少。在古德莱德看来,只有在理解之后,我们才能带着创建更好学校的信心来处理这些问题;也只有在理解之后,我们才能发现现实的学校与理想的目标之间的差距,并找到解决的办法。于是,他将"学校教育研究"的目标定位在理解学校的"语法规则"上,即学校的基本理念、实践、日常运作,以及参与这些运作的人的真实心态。② 也正因此,他选择了大规模的、深入的调查研究。而沃卡特(Harry F. Wolcott)之所以采用人种志的方法对一个小学校长进行长期跟踪观察,也是因为他想了解并告诉人们校长究竟在干什么,他到底是怎么管理学校的。他从学校概况、社区分布、一天的工作、相关会议以及校长不在学校等多个视角,对校长管理行为展开具体而细微的描写和分析,为人们呈现了一台生动的校长生活剧,也让人们知道,现实生活中的校长最需要的可能是"耐心"与"谨慎"的品质。③

---

① Mentz, K. and Oosthuizen, I. The School as Organization: Challenges to Traditional Paradigms [R]. Paper presented at the Annual Meeting of the American, April 19 – 23, 1999. Montreal, Quebec, Canada.

② [美]古德莱德. 一个称作学校的地方[M]. 苏智欣,等,译. 上海:华东师范大学出版社,2006:前言,1,34—36.

③ 沃卡特. 校长办公室里的那个人[M]. 白亦方,等,译. 台北:师大书苑有限公司,2001.

相比而言,在研究方式上,我国的教育管理研究在很长一段时间里并没有为我们接触、认识和理解学校组织提供多少帮助。汤林春通过分析"文革"之后17年的普通教育管理研究文献发现,大部分研究者习惯采用传统的思辨方式,实证性的研究只占调查总数的 8.49%。他认为,研究者之所以偏好传统的思辨研究方式,有四个原因:一是与长期以来的研究传统有关;二是研究者存有急功近利的心态;三是研究基础薄弱,研究人员素质不高;四是研究缺乏反思性。①不管是出于什么原因,这种过于集中在思辨研究上的偏好,也使得我们习惯于从理论体系或一己经验出发讨论问题,以致可能误解了现实,也误用了理论。

当然,我们也看到,20 世纪 90 年代中后期以来,随着各种方法论和研究方法的引入与讨论,以及研究者反思意识的增强,国内教育管理研究的方法意识也明显提高,并运用实证与实地等研究方式开展了大量的研究。王珏运用内容分析法,对我国 2000—2007 年教育经济与管理专业 848 篇学位论文所运用的研究方法进行了考察,结果表明,被选用最多的研究方式是思辨研究,占41.0%;其次是混合研究,②占 31.4%;再次是实证研究和实地研究,分别占19.8%、4.0%。③ 对比汤林春的研究可以发现,尽管思辨研究方式仍然占据主要地位,但明确的以及夹杂在混合研究中的实证研究、实地研究已经明显增多,这无疑对我们接触、认识和理解教育管理现象以及学校组织现实大有助益。

不过,这里不得不再回到开篇提出的观点,即要了解教育管理与学校组织现象,并不只是简单地考察它们现在是什么样子,还要留意它们过去是什么样子,甚至很多时候,不对过去的样子加以了解,不追问它们何以如此,也会导致我们对学校管理与学校组织目下现实的误读与误解。英国学者胡德(Christopher Hood)在讨论公共管理问题时说:

> 通过使我们的视线穿越当下的时尚和潮流,可以让我们不易将社会现状或当今的正统,当作唯一可能的管理方式。如果只讨论近期历史,而忽略管理现象的主要历史传统,将限制住争论和批评;这种限制是通过暗示不管现代性意味着什么,它都没有可替代的形式而完成的。在最坏的情况

---

① 汤林春.我国十七年来普通教育管理研究之分析[J].上海教育科研,1999(4).

② 根据王珏的解释,"混合研究"指研究者在同一项研究中综合使用了量化研究与质性研究的技术、方法、手段、概念或语言的研究方法。

③ 王珏.对我国 2000—2007 年教育经济与管理专业学位论文中研究方法运用状况的内容分析[R].南京:南京师范大学教育科学学院"教育管理学沙龙"第二十三次沙龙讨论稿,2007 - 12 - 24。

下,它将产生荒谬的结果,使我们成为流行时尚的奴隶。历史知识可以治疗盲目接受新观念的幼稚病,历史具有潜在的颠覆力量。这就是为什么人们常常试图压制或改写历史,为什么有时我们会认为组织和管理太"现代"而缺乏历史感。历史和距离不同,并不总是能产生视觉魔幻;但它的确能够使眼光更加敏锐。就像社会学家常常被指责的那样,拥抱历史的方法并不意味着我们要成为先人崇拜者。但我们的确有必要了解观念的历史根源,必须了解管理准则的周而复始性,以及在不同时空争夺主导地位的各种准则的排列次序的周而复始性。①

英国哲学家、历史学家柯林伍德(R. G. Collingwood)在强调历史方法的重要性时也打过一个比方,他说,那些提供"科学方法"的理论而不同时提供历史方法的理论的哲学家,就如同告诉读者,世界放置在一头大象的背上,但他希望人们不再追问支撑大象的东西是什么。② 兰森(Stewart Ranson)等人也提醒我们:"组织成员面对情境制约时的创造性,只能通过时间的、历史维度的分析加以评估。"③涂尔干则直接指出:"现在无非是过去的进一步推演,一旦与过去割裂开,就将丧失大部分的意义。"教学机构"有它们的过去,过去是培育它们的土壤,赋予它们现在的意义"。因此,"要想真正地理解任何一项教育主题,都必须把它放到机构发展的背景当中,放到一个演进的过程中,它属于这个过程的一部分,但只是当前时代的、暂时的结果"。而且,"通过从历史的角度去考察教育,我们不仅将有能力更好地理解现在,还有机会重新回顾过去本身,将那些我们很有必要予以认识的失误揭示出来,因为继承这些失误的正是我们自己"。④

因此,退一步讲,即便我们合理地运用了实证研究与实地研究方式,也未必能够对学校组织形成恰当的认识与理解,⑤因为这两种研究方式关注的都是学

① [英]胡德. 国家的艺术[M]. 彭勃,等,译. 上海:上海人民出版社,2004:17—18.

② [英]柯林伍德. 柯林伍德自传[M]. 陈静,译. 北京:中国社会科学出版社,1993:104—105.

③ Ranson, S., Hinings, B. and Greenwood, R. The Structuring of Organizational Structures[J]. *Adiministrative Science Quarterly*, 1980, Vol. 25.

④ [法]涂尔干. 教育思想的演进[M]. 李康,译. 上海:上海人民出版社,2003:18,12—13,21.

⑤ 需要申明的是,这里没有质疑或反对实证研究与实地研究的意图。笔者认为,争论"运用什么研究方式好"这个问题倒是其次,更重要的问题是"把研究方式用好",否则,所谓的争论稍不留意,就会成为发生在中国教育管理学场域中的外来理论的较量。在此意义上,笔者非常期待不同的研究者能够切实、严谨地开展各种实证研究与实地研究。历史研究方法的根基也正在于其所体现的实证精神。

校的当下,所提供的只是学校组织的一张"快照",并不能充分解释现状之所以如此的"由来"。相应地,从接触、认识和理解学校组织现象的角度,如果说实证研究关注的是"广",实地研究强调的是"近",那么我们还需要一种基于历史的眺"远"的目光。我们需要在横向思考的过程中加入一种纵向的思考,需要在询问"是什么"的同时,追问"何以如此"。

其实,作为一种研究方式,历史研究法一直都是我国教育管理学者所认可和主张的。我国教育管理学发展史上几个重要时期的观点可作为佐证:民国时期,邱椿在为罗廷光的《教育行政》所作的序言中指出:"大抵教育行政学的研究,不外哲学的、历史的、比较的、科学的四个途径。"①他的这一判断一方面是为了援引罗廷光本人的观点来评价其著作(1932 年,罗廷光曾在《教育研究指南》这本教育研究参考书目精编中明确提出并区分了这四种研究方法),另一方面也表明,用历史方法来研究教育行政问题,在当时已经成为一种基本的学术认识。"文革"后,在教育管理学重新恢复的一段时间内,或是为了修补学科被"遗忘"所造成的学术研究上的裂痕,或是受了一些理论著作的影响,②诸如刘文修、张济正、萧宗六、贺乐凡、黄兆龙等研究者也都将历史学方法列为教育管理学的研究方法之一。及至新旧世纪之交,吴志宏、黄崴、杨颖秀、李保强等研究者同样都强调历史研究法。不过在此阶段,我们也发现了名称上的细微变化,有的研究者仍然沿用"历史研究法",有的研究者则使用"历史文献法",还有的研究者则是将历史研究归在文献法之下。如果仅以各种理论用语来推断,历史研究方式似乎正在被弱化为一种文献操作。

不管称谓如何变化,也无论理论意识是否淡化,具体的历史研究在我国教育管理学领域却一直不多。我国教育史学家毛礼锐先生就曾指出:"过去,我们对历史上的教育实践取士制度和教育家的研究比较注重,在管理体制方面从文教政策和学校教育制度方面也有许多探讨,而对教育管理体制、学校管理的经验教训、教育家的教育管理实践与思想等的研究,则较薄弱,至于近现代教育管

---

① 罗廷光.教育行政[M].上海:商务印书馆,1942:"邱序",1.

② 在日本学者久下荣志郎等人编著的《现代教育行政学》中就提到了历史学的方法,而在当时国外翻译作品较少的情况下,这本书可能是 20 世纪 80 年代被我国教育管理学研究者阅读最多的作品(参见:[日]久下荣志郎,等.现代教育行政学[M].李兆田,等,译.北京:教育科学出版社,1981)。当然,单从理论作品影响的角度而言,研究者也可能更多地在阅读民国时期的教育管理学著作中获得灵感。

理方面的重大问题,几乎没有作出专题研究。"①具体到学校方面,由于教育史著作和教材大多局限于"思想"与"制度"的二元框架,教育史料集主要集中在政策法规上,因而没有给学校组织的发展演变留出太多的分析空间。②

正是基于以上提到的种种情况,笔者选择了历史研究方式,并将考察对象指向我国近代中学。需要解释的是,人们在谈论中学时,通常有两种含义:一是专指普通中学;二是指中等教育所包含的全部中等学校,即普通中学、中等师范学校和中等职业学校。③ 本书所要讨论的中学专指普通中学,这也与我国近代使用"中学"一词的含义基本一致。同时,"近代中学"也是一个时间意义上的名称。从性质上看,本研究实质上讨论的是我国现代中学的组织结构。这也就是说,本书讨论的对象是1902年(1901年光绪皇帝下谕,书院改学堂后)至1948年间的普通中学组织结构。不过,由于我国现代意义上的中学的出现是与晚清后的社会剧变相联动的,因此,本研究的时间跨度又不局限于此;而在空间上,本研究主要讨论清政府和国民政府统治下的中学教育,基本不涉及解放区的中学、日伪统治区的中学。

研究方式的确定很大程度上也限定了研究方法的选择。就本研究的情况,研究方法主要是关于如何收集文献资料的问题,具体而言便是从哪里收集资料的问题。为了获得研究所需的信息,本书主要参阅了以下几方面文献:一是教育史料汇编,其中包括《中国近代教育史资料汇编》《中国近代学制史料》和《中国近代教育史资料》等。这方面的文献主要用于了解中国近代教育特别是近代中学教育的概况。这三类史料之间的重叠之处较多。二是近代各中学概况、手册以及纪念册。对本书最大的挑战是,如何收集近代中学组织结构方面的具体

① 程斯辉.近代教育管理史[M].武汉:武汉工业大学出版社,1989:"毛序".另外,在20世纪80年代末至90年代中期,我国教育管理学在教育管理史梳理方面取得了一定的成绩,主要成果有:程斯辉的《近代教育管理史》(1989)、齐红深和徐治中的《中国教育督导纲鉴》(1989)、熊贤君的《中国教育管理史》(1989)和《中国教育行政史》(1992)、梅汝莉的《中国教育管理史》(1995),以及吴畏主编的《中国教育管理精览(中国传统教育管理卷)》(1997)等。

② 近年来也出现了几篇从历史角度讨论学校组织问题的硕士和博士论文。其中,赵子富的博士论文《明代学校制度研究》(1990)探讨明代各级学校的学生来源及出路、课业考试制度、奖惩制度、学生所享受的政治经济特权以及学校制度与官僚的组成等问题;胡艳的博士论文《中国近代私立学校研究》(1995)研究了中国近代私立学校问题;谷忠玉的博士论文《中国近代女性观的演变与女子学校教育》(2003)结合中国近代女性观的转变,讨论了女子学校教育问题;高明的硕士论文对近代湖南地区教会学校的发展历程进行了梳理与评价;王慧的硕士论文《晚清至抗日战争前归绥地区学校及学运的发展》(2005)通过对四所学校的历史考察,分析了晚清至抗日战争前归绥地区学校的发展情况。不过,除了存在以"教育"代"学校"的倾向外,有些研究者所讨论的学校并不是严格意义上的现代学校。

③ 王伦信.清末民国时期中学教育研究[M].上海:华东师范大学出版社,2002:1.

信息。通常接触到的资料，有关这方面的介绍很少。在研究过程中，笔者共收集了约 30 所不同时期的学校介绍手册，这些手册详略不等地介绍了当时学校的组织管理系统，它们成为本研究分析近代中学行政组织结构的基础。三是教育年鉴、教育报告、教育概览、教育公报、教育志。教育年鉴主要有三本：《第一次中国教育年鉴》(1934)、《第二次中国教育年鉴》(1948) 和《河南教育年鉴》(1930)。教育报告主要有教育部与地方的教育视察报告，也有诸如《历届教育会议决案汇编》《全国中学校校长会议记录》《全国教育会议报告》《第三次全国教育会议报告》等各种会议报告。教育概览主要是中央或地方介绍教育发展概况的材料。总体来说，除了年鉴之外，①这方面材料的连续性较差，不太容易获得系统的信息。值得提出的是，20 世纪 30 年代后印行的各种教育视察报告，提供了不少中学组织结构方面的信息，这是因为自 20 世纪 30 年代前期开始，学校组织结构成为教育视察的一个要点。四是教育杂志。这方面比较系统收集的是《教育杂志》，这本刊物对于了解中国近代特别是民国时期的教育发展以及教育理论研究很重要。五是档案资料。这方面的材料包括一些档案馆的整理、汇编材料，也包括笔者在中国第二历史档案馆调阅的材料。

相关资料的收集、梳理与组织无疑是本研究最重要的任务。但所谓的历史研究方式，并不仅仅是做历史资料的梳理工作。研究方式不能与研究对象相混淆，即不能因为研究了历史，就言称运用了历史研究方式。笔者以为，历史研究方式除了整理历史事实之外，还应是一种精神与态度的显现。胡适就直接将历史的方法与理性精神和怀疑论目的结合起来，他说："怎么叫作'历史的态度'呢？这就是要研究事物如何发生，怎样来的，怎样变到现在的样子……譬如研究'真理'，就该问，这个意思何以受人恭维，尊为真理……历史的态度便是实验主义的一个重要的元素。"②也就是说，历史研究要有一种敢于质问真理是什么的求真精神或实证精神；在此基础上，历史研究又要将看似无聊、繁琐的罗列、求证和评注转化为一种学习与反思的过程，要帮助我们澄清既有观念的规范前提和使用条件，摆脱社会结构与社会情境施加在自己身上的无意识强制，从而能够以一种批判的、诚实的态度看待世界、审视自己。进言之，历史研究本身要成为观点形成或思想表达的特殊方式。在此引用赵敦华对历史叙事法的评述，可能会有助于我们的理解。他说：

---

① 国民政府只出了两本年鉴，这两本年鉴并不是介绍一年的情况，而是勾勒了民国时期的教育概况，但也正因为其涉及范围大，很多信息只是点到为止。

② 胡适. 实验主义[J]. 新青年, 1919, 6(4).

　　这正好可以克服做学问的两种弊端。一种是不用历史资料就声称自己建立了一个可以概括古今的理论,实则不过是历史上曾经出现过的某种理论的翻版,更糟的是拙劣的模仿;另一种是堆砌史料而提炼不出自己的观点,缺乏想象力、解释力和创造力,资料就失去了生命力;繁琐的引经据典,没有问题意识的复述,既没有理论上的价值,也没有历史存在的必要。历史叙事既不是就事论事,也不是以论代史,而是论从史出。叙事不是复述,而是创新;它既是思想的历史,又是活着的思想;既积累别人的思想资源,又不失时机地阐发自己的观点。①

　　或许可以这样说,历史研究方式的内蕴既在于其内容,也在于其形式。

　　然而,问题也随之而来。强调逻辑安排、观点表达的同时,是否又会有意无意地忽略、涂改、扭曲历史本身,犯下福柯(Michel Foucault)所批判的构造历史的错误呢? 若真如此,对于历史研究方式本身而言,无疑是莫大的讽刺,因为它所宣称或自夸的正是关怀真实。事实上,这种紧张关系也是笔者最困惑与担心的问题。无奈事实的呈现已非易事,而诠释的限度更难把握,所能量力而行的也唯有"大胆假设","小心求证"。

四、 本研究的框架与主要内容

　　本研究的基本任务是,考察我国近代中学组织结构的生成与演变历程。在此过程中,分析学校组织环境中的各种制度要素对组织结构的影响,并借此从"合理性"与"合法性"两个角度回答"近代学校何以如此"这一深层问题。其中,有如上述,本研究所讨论的学校组织结构主要包括近代中学的行政结构、性别结构与科部结构。对于这些不同的组织结构,本研究将结合其自身发展的历史特点,重点突出规制性要素、规范性要素和文化—认知性要素中的某一类或两类制度要素的影响。

　　具体而言,本书的框架与主要内容如下:

　　导论部分主要是对本书的研究主题、理论视角、研究方式、基本思路以及核心观点加以阐述、论证或辩护。

---

　　① 赵敦华.人学理论与历史:西方人学观念史卷[M].北京:北京出版社,2004:前言,8.

　　第一章主要讨论我国近代中学的产生。考察近代中学组织结构的演变过程,首先要解决"近代中学的出现"这一个前提性问题,也即近代中学组织结构最初生成的问题。由于近代中学是伴随现代学校教育制度的确立而出现的,因此,本章的讨论将更多地分析现代学校教育制度缘何在清末确立。区别于既往研究对这一问题的解释,本书认为,我国现代学校教育制度的建立,在认知层面是源自清末世界观的转变,即由华夏天下的世界转换为列国并立的世界。正是这种新的世界观,使得现代民族国家模式合法化了,催生了国人的民族意识,民族国家的构建被视为实现国家富强的重要途径。而支撑现代民族国家模式的各种信念或神话又直接或间接地使人们理所当然地认为,教育是造就人才、实现国家目标的重要工具,于是提出了建立现代学校教育制度的要求。由此,近代中学出现了。

　　第二章集中考察近代中学组织行政结构的分化与整合过程。这一过程大致分为三个阶段:(1)约1902—约1917年,在此阶段,"教务长"一职从原先的"监学"中分化出来;(2)约1918—约1932年,这一时期,随着"训育主任"的职务(或训育处)以及具有整合功能的会议制度的出现,近代中学的分部制逐渐形成并普遍扩散;(3)约1933—1948年,此时在政府的规制下,一方面出现了能够体现"教训合一"与"简化行政"原则的"教导主任"职务;另一方面,军训制度在中学里固定下来,从而形成中学行政组织上的并行系统。在原因上,近代中学行政结构的演变与学校规模扩大所形成的协调压力有关。但是,规模因素既不能充分说明个别行政单位和职务(如军训教官)的产生,更不能很好地解释为何大多数中学都采用三部制(教务处、训育处与事务处)这种结构。结合历史,本书认为,近代中学组织行政结构的形成与演变,在认知层面是根源于"德、智、体"这种教育构成观,其在20世纪20年代间接地受到公共领域各种力量的建构性影响,而到30年代,则直接受政府规制性制度与政策的影响。

　　第三章重点分析近代中学组织性别结构的变化。这一变化也分为三个阶段:第一个阶段从维新运动至"五四运动"前。在此阶段,女子中学逐渐在学校教育制度中得以确立。相应地,尽管就单个学校来说,中学仍是单一性别的(或男校或女校),但在整体层次上,却出现了两类性别不同的学校。第二个阶段从"五四运动"至20世纪30年代初。在此阶段,出现了男女同校的混合性别中学。第三个阶段从1935年左右至新中国成立前。此间,尽管部分地区出现了中学男女分校的回流,但总体而言,混合性别中学的发展仍呈稳步推进的趋势。在分析这一变化过程的原因时,本章重点围绕规范性制度要素展开,讨论传统规范、现代知识及其关系对中学性别结构演变的影响。本书认为,近代最初的女子中学之所以较晚出现且独立设置,与当时传统与新知之间形成的二元化合理性论证结构有关,它一方面促进了女子教育的产生,另一方面承续了传统的男女有别观念,坚持男女分校。至"五四"时期,现代知识的常识化催生了一元化的合理性论证结构,由此也推动了中学男女合校的实践。而1935年前后局部地区男女分校的回流,表面上是传统规范的复归,实际是因了政治力量的左右;它在局部上体现了规制性制度要素的影响力,却又在整体上说明了规范性制度要素的影响力。

第四章着重梳理我国近代中学科部结构的历史演变过程。这一过程同样可以概要地区分出三个不同的时期:(1) 1904年"癸卯学制"颁布至1915年前后,此时的主要变化是文实分科办法的提出与改定;(2) 约1916—约1930年,合校分部制成为新的选择,并以学制的形式得以确立;(3) 约1931—1948年,该时期的主要特点是质疑分部制,倡导分校制。与民国和当代多数学者普遍关注社会经济、政治、教育发展的实际以及社会思潮、教育思潮等时势因素对近代中学科部结构的影响不同,本书认为,在解释近代中学科部结构的演变原因时,虽应考虑时势因素的影响,但单纯诉诸于此是不够的。时势仅仅是近代中学科部结构变化的必要条件,而非充分条件,往往只能说明"为何变",却难以解释"怎么变"。要在"为何变"的基础上深入解释"怎么变"的问题,就需要关注近代教育群体的专业规范影响。

第五章在以上讨论的基础上,结合导论中所强调的"何以如此"的设问,提出思考"近代学校何以如此"的两种理路:追求合理性与寻求合法性。

第一章

世界、民族国家与现代学校

任何有关中国近代中学组织结构的生成与演变过程的解释,首先都要回答这样一个前提性的问题:我国的中学是如何出现的? 一方面,在符号层面,我国传统教育中唯有"小学""大学"的观念,却无"中学"之说法。① 相应地,讨论中学组织结构自当先为"中学"正名。另一方面,在实质意义上,我国中学的出现,本身即是教育制度化的结果,是教育实现组织化、结构化的过程。因此,追问中学的出现,也就是在回答近代中学组织结构的发生。

不过,正如袁伯樵所指出的:"世界各国教育之演进史,可别为两类:一系自动自发的,一系袭人陈规。"②与英、美、德、法等西方国家不同,我国近代中学并不是自生自发地形成的,而是学习、模仿其他国家的结果。同时,这种学习与模仿不是局部性、对应式的,而是整体性、体系化的。亦即,我国中学的出现,并不是单纯地学习、模仿西方中学制度的结果,而是整体性地学习、模仿西方学校教育制度的结果,中学只是作为整个学校教育制度的一个阶段和组成部分。换言之,一些西方国家是先有中学,后有完整的学校教育制度,而我国则是先有完整的学校教育制度,后出现中学,或者说两者是同时出现的。如此,"我国中学的出现"这个问题便可以置换为"我国近代学校教育制度的出现"。

对于我国现代学校教育产生的阐述与解释,不同的研究者持不同的分析框架与理路。这里首先对既有的各种分析框架与理路进行简要评述,在此基础上

---

① 张文昌在所著《中等教育》一书中指出:"《尚书大传·周传》曰:'古之帝王者必立大学小学'。《礼记·王制》云:'有虞氏养国老于上庠,养庶老于下庠;夏后氏养国老于东序,养庶老于西序;殷人养国老于右学,养庶老于左学;周人养国老于东胶,养庶老于虞庠'。郑康成注:'上庠、右学大学也,下庠、左学小学也;东序、东胶亦大学,西序、虞庠亦小学。'以上只有小学与大学而独无中学,所以'中学'的名称,确为近代之产物。"参见:张文昌.中等教育[M].上海:中华书局,1938:19.

② 袁伯樵.中等教育[M].上海:商务印书馆,1949:53.

提出一种制度主义的分析视角。从这一分析视角出发,笔者认为,我国近代学校教育制度的出现,根本源自清末世界观的转变,即由华夏天下的世界转换为列国并立的世界。正是新世界观的形成,使得现代民族国家模式合法化,催生了国人的民族意识,民族国家的构建被视为实现国家富强的重要途径。而支撑现代民族国家模式的各种信念、神话又直接或间接地使人们认识到,教育是造就人才、实现国家目标的重要工具,由此提出了建立现代学校教育制度的要求。

一、 解释我国学校教育产生的视角

研究中国近代教育的文献卷帙浩繁,其中绝大多数研究会直接或间接地对"现代学校教育缘何产生"这个问题给出解释。因此,即便不少解释存在相似和雷同,但要想进行全面梳理,仍是不太可能。这里讨论功能—整合框架、冲突—控制框架、①国家—社会框架、远因—近因框架和文化—认知框架等几个主要的或较有新意的解释视角,借此澄清本书从什么角度来理解我国学校教育的出现。

(一)功能—整合框架

在各种解释视角中,不占主流地位却与主流观点最为贴合的可能要数功能—整合框架。这一解释框架倾向于将我国现代学校教育的产生理解为是适应社会政治、经济变化的结果。换句话说,教育只是一个满足特定社会需求、实现社会整合的功能单位。从消极意义上看,一旦社会政治、经济环境的变化提出了新的需求,教育便不得不加以调整,以满足这种需求;从积极意义上看,要想改善社会政治、经济条件,也可以通过改变教育来实现。作为典型代表,陈翊林的观点为我们提供了很好的功能—整合框架的版本。他明确指出,要说明现代中国的教育历史,首先要明了"教育在整个的历史中,不单于

---

① 这里的功能—整合框架和冲突—控制框架完全是笔者的一种理论归纳,并不是说有研究者明确提出使用这些框架来解释我国近代学校教育的产生。同时,这种归纳本身也不是笔者的发明,而是得益于玻利(John Boli)、拉米列兹(Francisco O. Ramirez)、迈耶等人的启发。他们在讨论大众教育的兴起与扩张以及教育制度的全球化问题时,对社会功能理论和批判理论的解释力提出了质疑。参见:Boli, J., Ramirez, F. O. and Meyer, J. W. Explaining the Origins Expansion of Mass Education[J]. *Comparative Education Review*, Vol. 29, No. 2:145 - 170; Meyer, J. W., Ramirez, F. O. and Soysal, Y. N. World Expansion of Mass Education, 1870—1980[J]. *Sociology of Education*, Vol. 65(April), 1992:128 - 149; Meyer, J. W. and Ramirez, F. O. 教育制度的全球化[M]// Schriewer, J. 比较教育论述之形成. 方永泉,等,译. 台北:高等教育文化事业有限公司,2005:109—129.

本身上具有继续性,而与政治经济社会文化彼此关联,互相影响,万万不可忽略。从一方面说来,教育可以改造政治经济社会和文化,成了政治经济社会和文化的工具;从另一方面说来,政治经济社会和文化可以推进教育,而为教育的动因。政治经济社会和文化有了变化,教育便随着变化"。① 在这一认识前提下,陈翊林认为,"近代中国自与欧美各国以及日本接触以来,政治经济社会和文化发生破天荒的大变","专制政治大变为民主政治,家庭经济大变为国家经济,宗法社会大变为国家社会,旧文化大变为新文化",相应地,教育也"由专制政治的教育变到民主政治的教育,家庭经济的教育变到国民经济的教育,宗法社会的教育变到国家社会的教育,旧文化的教育变到新文化的教育"。②

不难发现,功能—整合框架有着淡淡的马克思主义所强调的经济基础与上层建筑之关系的意味。这也是它与主流解释视角最为贴合的原因所在。然而,也正是在这一方面,功能—整合框架显示了其局限所在。其一,从经验层面看,现代教育的产生与社会经济发展并不存在简单对应的关系。易言之,并不是说社会经济发展了,教育就必然会革新、会发展。西方现代教育发展的历史表明,在欧洲,现代国家教育制度的建立和民众教育的普及,并不是首先发生在英、法等经济发达的工业化国家,而是发生在普鲁士、奥地利、瑞士和丹麦等经济不发达的国家。③ 在美国,工业化程度更低的西部在大众教育的创建与扩张方面,也要明显快于工业化程度更高的东部,而且,有关美国 19 世纪教育发展情况的研究也显示,城市化程度对于大众教育入学率的影响微乎其微。因此,工业化与城市化不能被视为直接导致现代教育兴起的关键因素。④ 其二,过于关注教育与社会、政治、经济的适应与整合,也使得功能—整合框架更多地停留在"社会"层面,而不能深入地从"世界"的角度来考察我国学校教育产生的外部背景。功能—整合框架强调,正是各种外部力量的进入与影响,导致我国社会、政治、经济或文化的巨变,从而提出了教育革新的要求。表面来

---

① 陈翊林.最近三十年中国教育史(三版)[M].上海:上海太平洋书店,1932:1—2.

② 同上:2—8.

③ [丹麦]曹诗弟.文化县——从山东邹平的乡村学校看二十世纪的中国[M].泥安儒,译.济南:山东大学出版社,2005:6;Boli, J., Ramirez, F. O. and Meyer, J. W. Explaining the Origins Expansion of Mass Education[J]. *Comparative Education Review*, Vol. 29, No. 2:145 - 170.

④ Boli, J., Ramirez, F. O. and Meyer, J. W. Explaining the Origins Expansion of Mass Education [J]. *Comparative Education Review*, Vol. 29, No. 2:145 - 170.

看,这似乎充分考虑了世界环境的影响,可真正深入到教育与社会、政治、经济的关系之中,现代教育的产生已然是一国之内的事情。站在这个角度看,被认为偏于宏观分析的功能—整合框架,实则是微观的和狭隘的。

(二)冲突—控制框架

与功能—整合框架侧重于社会适应与整合不同,冲突—控制框架强调社会成员——尤其是统治集团与被统治集团——之间的冲突,而教育则被视为统治集团解决冲突,对被统治集团加以控制的工具。这种解释视角显然受到马克思主义唯物史观和阶段斗争学说的影响,它在新中国成立以来的各种教育史文献中占据主导地位。作为这种主导地位的明证,孙培青主编的《中国教育史》给出了很好的说明。这本书自 1992 年作为高等学校文科教材出版以来,修订了一次,数次重印,1995 年获得国家教委优秀教材一等奖,1997 年被列为"九五"普通高等教育国家级重点教材。虽然这本书没有将我国现代教育的产生作为一个明确的问题来阐述,但透过相关的论述,仍然可以洞察其解释我国现代教育产生的一些内在理路。譬如,在评价洋务运动时期的教育时,该书讲道:"洋务事业本身呼唤新型人才,因此,以培养洋务人才为中心,相应在文化教育上采取了一些重大举措,如创办新式学堂、翻译西学书籍、派遣留学生等。""洋务运动本质上是一场清政府为提高其攘外安内能力、拯救其垂危统治的自强运动,但客观上反映了资本主义发展的历史要求,开启了中国早期近代化的进程。"①又如,在评价清末"新政"与清末学制时,该书指出:"清末新政毕竟是封建王朝在垂亡时的自救性改革,从维护王朝的统治地位出发,它不可能放手让中国全面走上资本主义发展的道路。在这一历史背景下形成的清末学制也不可能不受到封建思想的支配,因此又表现出浓厚的封建性。"②显然,这两段论述要告诉我们的是:无论其事实表现如何、最终结果怎样,我国现代教育的产生究其根源而言,是清朝统治者力图维护王朝统治,实现封建控制的一种工具。

从实际情况来看,晚清政府之所以进行教育改革,确有维护王朝统治、实现阶级控制的意图。就此而言,冲突—控制框架有一定的解释力。但这并不意味着这种解释就是非常充分的。因为,冲突—控制框架没有或者说不能深入地回答这样一个问题:晚清政府为什么选择构建现代教育体系作为解决冲突、实现

---

① 孙培青.中国教育史(修订版)[M].上海:华东师范大学出版社,2000:298.
② 同上:346.

控制的工具？实现政权控制的手段是多种多样的，最直接的手段便是进行强制压迫，其他的则有经济、政治等手段。事实上，晚清之前的封建王朝也曾陷入内外冲突的困境之中，但它们赖以解决冲突、维护统治的工具不是教育，而往往是直接进行武力对抗与暴力压制，那么为何到了晚清，教育却成了重要的突破口呢？对此，舒新城认为："我国清末之改行新教育制度，在表面上似乎是教育界的自动，实则当时的外交内政四处都碰着此路不通的钉子，非变法无以图存，教育不过在此种种'不得已'的情境之下偶然被动而已。"①从强调教育的依附性与工具性的角度而言，舒新城的观点无疑是正确的，但将现代教育理解为"不得已"下的"偶然"选择，则未免失之草率。恰恰相反，选择革新教育在清末时期并不是一种"偶然"，而是一种"理所当然"。因此，关键的问题便转变为，这种"理所当然"是如何形成的？而对于这个问题，冲突—控制框架无意也无力进行解释。

（三）国家—社会框架

如果说功能—整合框架与冲突—控制框架还存在某些兼容之处的话，那么，丹麦学者曹诗弟（Stig Thoegersen）所倡导的国家—社会框架，则提供了一种与前两者明显不同甚至大异其趣的新视角。在曹诗弟看来，运用马克思主义思想解释中国教育改革的历史时，总是存在这样两个问题：其一，无论是在改革的发端、进程方面，还是在改革的方向上，中国的教育都与生产和经济生活发展没有直接的因果关系，而是更多地与政府的政治需要相关。如果把教育改革或多或少地与物质生产变化直接相连的话，便会混淆统治阶级利益与社会精英利益之间的关系，而且会对公众反应作出不恰当的解释。其二，马克思主义的框架引导历史学家偏侧重关注自上而下的改革，把大量的工作集中在新教育思想和官方制定的法律法规、指示及纲领政策上，而很少从地方社会的视角分析教育史。这也使得中国现代的著作很少有助于解释为什么那些旨在使教育与经济基础协调的改革，通常会在地方上执行时出现事与愿违的结果。基于对以上两个问题的反思，曹诗弟认为，由于明确吸收西方和日本模式的中国教育改革如此之多，所以中国现代教育中的国外影响理所当然应受到特别重视。然而，虽然中国教育改革受外国的影响是明显的，但同样明显的是，这种影响通常在地方执行阶段被当地社会所折中。因此，中国教育改革的历史最好被看作是中国本土的国家—社会关系的实例，而不是中

---

　　①　舒新城. 近代中国教育思想史[M]. 上海：中华书局，1928：6—7.

国与外国价值体系的碰撞。① 在曹诗弟看来,围绕教育在数量方面的扩展、地方实施教育改革的群体和积极分子、乡村教师这三个分析角度,国家—社会框架能够更好地展现政府所提倡的现代教育制度是如何在地方精英和社团的积极接受与改造下为乡村社会所认识的。②

虽然没有明言,但曹诗弟的分析似乎暗示:国家—社会框架力图更为细致、更为动态也更为真实地展现教育改革的历史。或许也正是因为这种有意无意的理论倾向,使得国家—社会框架的分析更多地集中在教育制度的落实与执行上,而不是在教育制度的产生与形成上。或者更为严格地讲,国家—社会框架关注的是国家所倡导的现代教育制度如何在乡村社会中产生与形成,而不大考虑国家层面的现代教育制度是如何产生与形成的。简言之,对于国家—社会框架的分析者而言,总是有某一既定的教育制度存在着,他们感兴趣的是这种既定的教育制度如何在乡村社会传播、变异和生根。单纯从理论研究的角度考虑,这种理论倾向不仅无可厚非,而且值得肯定。但结合国家—社会框架的理论决心来看,也不得不指出,它难以充分兑现分析中国"教育改革的历史"③的承诺。或者更明确地说,国家—社会框架无力解释我国现代教育的出现这个问题。其实,所谓"把教育改革的历史看作是中国本土的国家—社会关系的实例,而非中国与外国价值体系的碰撞",完全是对事实的切割,这种切割手法只有作为一种理论分析的策略,并且与具体的分析对象和目标相结合,才具有合理性。若不注意这一点,稍不留意就会弄巧成拙。要真正解释我国现代学校教育的产生,国外的影响必然是需要考虑的重要因素。正如舒新城所言:"倘若中国在八十年前没有一场鸦片战争,就是和外国人通商,我想最多也不过在国际上作些公平交易而已,中国底(的)社会现象绝不会像现在,更说不到新式教育;又若中国在鸦片战争而后国势便振兴起来而列为世界强国之一,中日之战不被日本打败,或义和团真能把'洋人'杀退,我想现在的中国教育制度一定还是遵行千余年流传下来的科举制和书院制,也许世界上的某国慕中国教育制度之优良而毅然采用之。"④

(四)远因—近因框架

相比而言,远因—近因框架在各种解释视角中可能最具综合性。它在民

---

① [丹麦]曹诗弟.文化县——从山东邹平的乡村学校看二十世纪的中国[M].泥安儒,译.济南:山东大学出版社,2005:6—7.

② 同上:10—11.

③ 同上:7.

④ 舒新城.近代中国教育思想史[M].上海:中华书局,1928:11—12.

国时期的教育理论研究者中甚为流行。譬如,周予同认为,我国新教育的产生可分为远因与近因两者。具体地看,新教育产生的远因,实与西洋文化相接触之故。其中,新教的输入是我国现代教育制度产生的直接远因,外国来华通商则是我国现代教育制度产生的间接远因。而新教育产生的近因则是对外战争的屡次失败。正是因为"列强之军事的与经济的猛烈的进攻,于是上自帝王,中暨朝臣,下至在野士大夫,都深切地感到危亡的日逼,而竭力设法图谋富强。当时朝臣奏议、社会舆论都以废科举、兴学校为富强政策之一,于是由几种实用中心学校的创立而逐渐产生现代式的教育制度"。① 古楳也在综合王凤喈、舒新城、黄炎培、陈翊林等学者观点的基础上指出,新教育产生的原因可以概括为远因与近因两个方面。在远因方面,主要包括新教的传入、清儒之学说以及中外之通商;在近因方面,主要包括历次对外战争的失败、历次外交的失败以及政治腐败和内乱不绝。正是各种远因与近因的作用,造成了经济动摇、社会变迁、政治改革以及文化运动等后果,进而催生了"抵制新敌国的教育"与"改造新国家的教育"这样两类教育的出现。② 其中,抵制新敌国的教育大致包括方言教育与军备教育两种,它们是在帝国主义者侵略进中国,中国人既不能把他们推出门外又不能降服他们的情况下所采取的周旋与抵制策略,是中国人奋起图强的发端。③ 改造新国家的教育则主要指普及教育,它是启发民智、培养国民、改造国家,以使其与新进的少年国家并驾齐驱的工具。④

　　显而易见,尽管在远因—近因框架下,研究者们提出了促使我国现代教育产生的多种因素,但分析的落脚点非常集中,研究结果大多认为,新教育的产生源自外部的挑战,目的是为了应对民族危机,实现国家富强。这一判断无疑抓住了问题的症结。很多事实表明,当一个国家遭遇军事失败或者处于竞争劣势时,常常会将教育视为恢复国家实力的工具。科恩(Yehudi Cohen)则直接断言,国家化的学校教育系统只会出现在由彼此竞争的民族国家构成的文明网络中。⑤ 然而,正如拉米列兹(Francisco O. Ramirez)和玻利(John Boli)所指出的,从民族国家建设以及各民族国家竞争的角度思考国家化普及教育发展的问题,既不是一个新的观

---

① 周予同. 中国现代教育史[M]. 上海:良友图书出版公司,1934:9—13.

② 古楳. 现代中国及其教育(下)[M]. 上海:中华书局,1936:305—306.

③ 同上:308.

④ 同上:314.

⑤ Ramirez, F. O. and Boli, J. The Political Construction of Mass Schooling:European Origins and Worldwide Institutionalization[J]. *Sociology of Education*,1987,Vol. 60 (January):2-17.

点,也不是一个充分的解释。问题的关键是要说明,为什么普及教育被视为国家建设与民族发展的重要手段?① 结合我国现代教育的产生这个问题来说,为什么在这之前历代封建王朝遭遇竞争对手或军事失败时,没有导致国家化教育制度的产生? 为什么洋务运动时期没有直接建立制度化的学校教育体系? 为什么会形成国家竞争即是教育竞争的观念? 为什么我们要模仿其他国家的教育模式? 或许只有深入思考和回答这些问题,才能更充分地解释我国现代教育产生的原因。

(五)文化—认知框架

教育组织研究中的新制度主义可以深入地解释以上四种分析框架不曾或不能回答的问题。该理论认为,共享概念、图式、范畴、模式等文化—认知要素提供了意义生成的框架,使得外部世界与社会对我们而言变得可以理解。文化—认知要素最初源于客观现实中个体面对面的互动,在互动的过程中,人们逐渐生成特定的意义,并最终形成一种稳定的符号体系。它将事物与活动加以分类和定型,形成各种理所当然的认识,详细说明了何种事物与行为是可以理解的,事物与行为该怎么样才是合适的。换句话说,我们对于外部世界的解释以及我们的行为都是源自环境的,为外在的知识和文化框架所形塑。任何一种事物的出现、维持或转换,必然以相应的认知合法性作为基础。

我国现代学校教育制度的产生即与世界范围内民族国家模式的合法化以及教育模式的制度化紧密相联。同时,我国对于制度化的民族国家模式和教育模式的发现与接受,本身又是不断为世界所冲击,并在冲击中逐渐发现世界的过程。因此,要说明我国现代教育的产生这个问题,就必须考虑国外力量的影响,从世界层面而不是国家或社会层面展开分析。基于此,笔者倾向采用冲突—控制框架和远因—近因框架。但是,如前所述,冲突—控制框架和远因—近因框架在"为什么选择教育作为回应外部挑战,进行国家建设的工具""为什么我国要模仿其他国家的教育模式"等问题上无法给出充分的解释。以制度主义的视角来看,清末之所以将构建现代学校教育体系视为应对各种挑战的重要手段,实则源于一种"事情就该如此"的理所当然的态度(或许也正是因为大多数研究者同样持这种理所当然的态度,他们未能深入地追问一些问题)。而这种态度的形成,又与民族国家形式的合法化有关。接下去的问题则是,为什么民族国家形式在清末时期被合法化了? 这便涉及

---

① Ramirez, F. O. and Boli, J. The Political Construction of Mass Schooling: European Origins and Worldwide Institutionalization[J]. *Sociology of Education*, 1987, Vol. 60 (January): 2-17.

清末时期世界观转变的问题。

要言之,立足于制度主义的视角,在世界力量的不断冲击之下,华夏天下的观念逐渐崩溃,国人发现并接受了一个列国并立的世界。相应地,这种世界观的转换,本身也是晚清时期现代民族国家意识不断生成与合法化的过程。而正是民族国家形式的逐渐合法化,使得人们理所当然地认为,现代学校教育制度是造就人才、实现国家目标的重要工具。由此,也就有了我国近代学校教育制度的出现。

二、 从"天下"到"世界"的转变

传统中国坚持一种"中国中心主义"的观念,即便是满人入主中原也没有动摇这种观念,而是在逐渐汉化的过程中自觉不自觉地接受了这一信念。这种倾向在乾隆1793年给英国国王的敕令中表现得最为明显,敕令中禁止西方派代表驻在中国国内,并且告诉英国人,我们是"无所不有"的。① "天处乎上,地处乎下,居天地之中者曰中国,居天地之偏者曰四夷,四夷外也,中国内也。"②宋代理学家石介的这段话,在形而上学的层面诠释了"中国中心主义"观念的含义。从中还可以看到,"中国中心主义"所指涉的不只是空间上的内外差异,表露出地理上的"中心"想象,更包含着民族上的华夷之别,③体现为文化上的优越地位。

---

① [美]费正清,刘广京.剑桥中国晚清史(1800—1911年,下卷)[M].中国社会科学院历史研究所编译室,译.北京:中国社会科学出版社,2006:142.

② 转引自:张汝伦.现代中国思想研究[M].上海:上海人民出版社,2001:111—112.

③ 对于华、夷的区分主要依据两个维度:汉族与异民族、文明与非文明。在其最初意义上,儒家学说中的"华夷之辨"更侧重种族的维度,强调汉族是文明的,而异民族是野蛮的。但在种族或民族交往与融合的过程中,"华夷之辨"有时又会侧重于文明与非文明的维度。譬如,韩愈曾言:"如夷狄变为中国,则以中国视之。"当代学者罗志田也指出:"中国古代的国土观以带向心性的文化取向为特征,本土基本不变,外沿则可因边境异族的或主动'变夏',或被征服,或入侵之后自觉不自觉地'变夏'等诸多原因而扩展;亦可因异族掠地而夷狄化。"(参见:罗志田.先秦的五服制与古代的天下中国观[J].学人,10:395)针对"汉族/异民族"这一种族性基轴与"文明/非文明"这一文明性基轴未必经常一致的问题,日本学者佐藤慎一区分了两种"华夷观":作为实体概念的"华夷观"与作为机能概念的"华夷观"。前者侧重于种族性维度,后者侧重于文明性维度。在中国历史上,"华夷观"的两个不同侧面以各种形式表现出来。譬如,在唐代初期,中国国力压倒周围时,出现了"作为机能概念的华夷观",从世界主义的立场去包摄周边异民族的倾向较强。相反,当宋代受到周边异民族压迫时,"作为实体概念的华夷观"则显露出来,强调排斥异民族(参见:[日]佐藤慎一.近代中国的知识分子与文明[M].刘岳兵,译.南京:江苏人民出版社,2006:156—157)。而至清末,"华夷之辨"的形式变得更加复杂。一方面,作为统治者的满人本身面临着"华夷之辨"的压力;另一方面,西方国家的侵入又使"中华民族/西方各国"成为"华夷之辨"的新基轴。由于本部分讨论的主要是中国与西方国家的关系,因此这里的分析将集中于后一方面。同时,无论是在满汉关系还是在中外关系上,清末时期的"华夷观"都更多地表现出实体概念的侧面。

这也是我们为什么常常将中国中心主义与华夏中心论等同起来,甚至更多的时候只讲华夏中心论的原因所在。

明末来华的意大利传教士利玛窦(Matteo Ricci)看到了一个极端自我中心的中国:"中国人从来没有听说过外国人给他们的国度起过的各样名称,而且他们也完全没有觉察这些国家的存在。""中国人认为所有各国中只有中国值得称羡。就国家的伟大、政治制度和学术名气而论,他们不仅把所有别的民族都看成是野蛮人,而且看成是没有理性的动物。在他们看来,世上没有其他地方的国王、朝代或者文化是值得夸耀的。"①见过世面的利玛窦以一种稍显刻薄的语气指出,中国人的自我中心意识完全是不知地球大小的夜郎自大的表现。然而,美国传教士丁韪良(William Martin)不这样想,在他看来,问题的关键在于:"亚洲东境诸小国悉隶中国藩属。其联属之故,或以同教,或以互市,而大半则出于畏威而怀德之诚。尊之如天帝,敬之若神明。以故中国居高临下,大莫与京。如古之罗马。然辄自称其一国为天下也……中国狃于所见,又安知宇宙间固有平行相等如泰西各国者哉!"②也就是说,中国作为文明之国的地位本身并不值得怀疑,只是周边民族或国家承认并自愿接受中国文化,使得中国觉得只有自己的文化在全世界具有普遍价值,形成了站在文明的高处而俯视周边的习惯。

正是在这种俯视的眼光以及普遍化的自我想象中,"华"与"夷"的关系成了一种文明的完全态与阙如态的关系。③ 在中国人看来,中国不是亚洲的一部分,更不是"远东"的一部分,而是体现文明本身的中心王国。④ 相应地,其他民族或国家无论在逻辑上还是在伦理上,都不可能与中国"平起平坐",而只能根据它们参与中国文明的程度来划定等级。当然,作为文明的典范与主人,中国也会宽待所有的民族或国家,以此显示"王者无外"之意。"这样一来,便应该采取一视同仁的政策。所有外国人,不分远近,应一律平等对待。在理论上,非中国人被指望通过谒见天子时遵守适当的礼仪,来加入中国的世界秩序。这种实践便

① [意]利玛窦,[比利时]金尼阁.利玛窦中国札记[M].何高济,等,译.北京:中华书局,1983:5,181.

② 转引自:[日]佐藤慎一.近代中国的知识分子与文明[M].刘岳兵,译.南京:江苏人民出版社,2006:52.

③ [日]佐藤慎一.近代中国的知识分子与文明[M].刘岳兵,译.南京:江苏人民出版社,2006:38.

④ [美]费正清,刘广京.剑桥中国晚清史(1800—1911年,下卷)[M].中国社会科学院历史研究所编译室,译.北京:中国社会科学出版社,2006:142.

是外国人所称的朝贡制度。"①

可见,"华夏中心论既是一种文化观,也是一种世界观。虽然它未必如有些人以为的那样,认为中国即世界,但也的确未将其他国家放在眼里,而是自大地一概以夷狄视之"。② 在这种等级化的世界观支配下,中国根本不会把自己视为现代民族国家体系中的普通一员。这也是为什么古代中国没有"世界"概念,而只有"天下"概念的原因所在。在古代中国人的"天下"里,中国处于一个无与伦比的中心和至高无上的优越地位,③其与"天子"的概念组合在一起,构成了一种世界性的统治制度。正所谓"君天下曰天子";④"溥天之下,莫非王土,率土之滨,莫非王臣";⑤"天子无外,以天下为家"。⑥ 虽然,诚如梁漱溟所指出的,"天下"是关于"世界"而不是"国家"的概念,⑦但这种"天下"的世界模式却不是"点阵式"的,而是"圆心扩散式"的,中国永远居于这个世界的中心,其他的民族或国家不是藩属便是夷狄。

然而,到了传统社会晚期,在被动或主动地接触西方社会的过程中,华夏天下观发生了根本的动摇,以致最终破灭。最早引发人们对华夏天下观产生怀疑的,可能是两个紧密相关的因素:西方传教士进入中国,西方地理学知识的出现。首先,作为事件本身,传教士的到来即意味着另一民族的存在;更重要的是,西方传教士带来了各种新奇的技术与知识,尤其是其中的地理学知识,这对于改变人们的世界空间观念有着直接的影响。譬如,早在明末,瞿式谷便借助所了解的西方地理学知识,得出了这样的结论:

> 中国居亚细亚十之一,亚细亚又居天下五之一,则自赤县神州外,如赤县神州者且十其九,而戋戋持此一方,胥天下而尽斥为蛮貉,得无纷井蛙之诮乎!曷征之儒先,日东海西海,心同理同。谁谓心理同而精神之结撰不各抒一精彩,顾断断然此是彼非,亦大踳矣。且夷夏亦何常之有?其人而忠信焉,明哲焉,元元本本焉,虽远在殊方,诸夏也。若夫汶汶焉,汩汩焉,寡廉鲜耻

① [美]费正清,刘广京.剑桥中国晚清史(1800—1911年,下卷)[M].中国社会科学院历史研究所编译室,译.北京:中国社会科学出版社,2006:143.

②③ 张汝伦.现代中国思想研究[M].上海:上海人民出版社,2001:112.

④ 《礼记·曲礼下》。

⑤ 《诗经·小雅·北山》。

⑥ 蔡邕:《独断·卷上》。

⑦ 梁漱溟.梁漱溟学术论著自选集[M].北京:北京师范大学出版社,1992:332.

焉,虽近于比肩,戎狄也。其可以地律人以华夷律地而轻为訾诋哉![1]

不过,不管传教士作出了多少努力,也无论部分时人的世界空间观念如何明达,对于这些早期活动或知识的影响,都不可估计过高。

国人真正睁开眼睛看世界,是在第一次鸦片战争失败之后。正如郝延平与王尔敏所指出的:"这个时期的部分中国官吏与文人,在与西欧一个蛮夷之邦战争之后,迫切地想了解敌人和要知道欧洲处于什么位置上。需要寻求正确的答案。"[2]在此背景下,出现了研究世界地理的热潮。有研究者统计,1840—1861年,中国文人学者共写出了22部以上世界地理方面的著作。[3]在这些著作当中,最具综合性和代表性且影响最大的,当属魏源1842年写成的《海国图志》。由于魏源在《海国图志》中明确提出了"以西洋人谭西洋"的写作态度和"师夷长技以制夷"的写作意图,且《海国图志》也在事实上为近代中国人了解西方提供了一个很好的窗口,因此这本书被公认为近代中国学习西方国家、摆脱华夏自我中心观的开始。[4] 同时,从"师夷长技以制夷"这一立场出发,绝大多数的历史文献指出,魏源等人虽然发现了世界,但他们所认同的只是西方的技术,而不是它们的文化。根据汪晖的研究,魏源本人可能走得更远,他拒绝了文野之别的世界观,认为在"中国礼仪"外部,存在着"礼仪之邦"。譬如,他在《西洋人〈玛吉士地理备考〉叙》中讲道:

> 夫蛮狄羌夷之名,专指残虐性情之民,未知王化者言之。故曰:先王之待夷狄,如禽兽然,以不治治之,非谓本国而外,凡有教化之国,皆谓之夷狄也。且天下之门有三矣,有禽门焉,有人门焉,有圣门焉。由于情欲者,入自禽门者也;由于礼仪者,入自人门者也;由于独知者,入自圣门者也。诚知夫远客之中,有明礼行义,上通天象,下察地理,旁彻物情,贯串今古者,是瀛寰之奇士,域外之良友,尚可称之曰夷狄乎? 圣人以天下为一家,四海皆兄弟。故怀柔远人,宾礼外国,是王者之大度;旁咨风俗,广览地球,是智士之旷识。彼株守一隅,自画封域,而不知墙外之有天,舟外之有地者,适

① 转引自:张汝伦.现代中国思想研究[M].上海:上海人民出版社,2001:113.
②③ [美]费正清,刘广京.剑桥中国晚清史(1800—1911年,下卷)[M].中国社会科学院历史研究所编译室,译.北京:中国社会科学出版社,2006:146.
④ 汪晖.现代中国思想的兴起[M].北京:生活·读书·新知三联书店,2004:644.

如井蛙蜗国之识见,自小自蔀而已。①

当然,魏源个人或以魏源为代表的地主阶级改革派的态度可能是次要的,关键是掌权者以及社会整体的态度如何。尽管战争失败的冲击很大,对西方地理与技术知识的介绍不少,但在第一次鸦片战争之后,华夏天下观并没有发生重大转变。问题似乎有点吊诡,在直接与西方国家交战或交涉的过程中,这种华夏天下观在某些方面反倒表现得更为明显。譬如,在与英国就《南京条约》展开交涉时,清政府强烈抵制在条约中写进可能会引起认为中国与英国为对等国家的文字,这在清政府看来是理所当然的,因为清政府认为英国是夷狄。结果,尽管条约在有关形式上采用了对等条约的体例,但关于对等关系的实质规定,只停留于如驻扎在通商口岸的领事与中国地方官员之间的文书往来要以对等的资格进行等不太重要的几项,至于英方提出的在北京派驻公使以及觐见皇帝的要求,则被清政府拒绝。而《南京条约》签订之后,除了履行条约的相关规定外,清政府仍然采取一贯的华夏天下观的态度,这在清政府看来也是理所当然的事,因为彼时与周边诸国之间的册封与朝贡关系依然存在。②

其实,抛开魏源的多元文明观不谈,即便在技术层面,第一次鸦片战争之后的 20 年中,国人对于西方的承认也是有限的。正如费正清指出的,源于中国政治—制度方面的惰性,魏源"师夷长技以制夷"的建议并未受到重视。"虽然在1840—1860 年间已开始虚心地研究西方,但是中国人关于西方关系的观点仍受到误解和思想—制度上的惰性这两者的限制。"③因此,尽管我们有充分的理由将第一次鸦片战争视为划时代的事件,但晚清的绝大多数士大夫一直到 1860年以后才觉察到这种变局。④ 相应地,就整个社会层面的意识而言,华夏天下观的松动也是始于此时,最明显的标志便是洋务运动的兴起。洋务运动表明,清政府已经承认,与作为对抗力量出现的西方国家相比,中国确实"技不如人"。而在思想领域,"天下"概念也更多地受到质疑。譬如,冯桂芬指出:

顾今之天下,非三代之天下比矣。《周髀算经》有四极、四和与半年为

---

① 魏源.海国图志[M].长沙:岳麓书社,2011:1889.
② [日]佐藤慎一.近代中国的知识分子与文明[M].刘岳兵,译.南京:江苏人民出版社,2006:40—41.
③ [美]费正清,刘广京.剑桥中国晚清史(1800—1911 年,下卷)[M].中国社会科学院历史研究所编译室,译.北京:中国社会科学出版社,2006:154.
④ 同上:154—155.

昼、半年为夜等说,后人不得其解。《周礼·职方》疏:"神农以上,有大九州,后世德薄,止治神州。神州者,东南一州也。"驺衍谈天,中国名曰赤县神州,中国外如赤县神州者九,当时疑为荒唐之言。……今则地球九万里,莫非舟车所通,人力所到,《周髀》《礼》疏、驺衍所称,一一实其地。据西人舆图所列,不下百国。此百国中经译之书,惟明末意大里亚及今之英吉利两国书凡数十种。其述耶稣教者,率猥鄙无足道,此外如算学、重学、视学、光学、化学等……多中人所不及。①

基于此,冯桂芬提出了变革的两个原则:"法后王"与"鉴诸国"。郑观应也认为,中国只有放弃原来的天下中心观,主动进入国际体系,才能更好地维护自己的礼仪。他说:"若我中国,自谓居地球之中,余概目为夷狄,向来划疆自守,不事远图。通商以来,各国恃其强富,声势相联,外托修和,内存觊觎,故未列中国于公法,以示定于一尊,正所谓孤立无援,独受其害,不可不幡然变计者也。……地球圆体,既无东西,何有中边。同居覆载之中,奚必强分夷夏。如中国能自视为万国之一,则彼公法中必不能独缺中国,而我中国之法,亦可行于万国。"②薛福成同样指出:"泰西诸国,以其器数之学,勃兴海外,履坦埏若户庭,御风霆如指臂,环大地九万里,罔不通使互市。虽以尧、舜当之,终不能闭关独治。……于是华夷隔绝之天下,一变为中外联属之天下。"③郭嵩焘则说得更直接:"西洋立国二千年,政教修明,具有本末。"换言之,不只是中国"本末兼备",西方各国同样如此。这样,就不应该将西方各国视为文明劣等的夷狄,而应该视之为与中国同样的文明国。④

然而,同样要指出的是,尽管洋务运动时期的华夏天下观出现了松动,但仍然没有发生根本性的转变。正如日本学者佐藤慎一所指出的:

> 洋务运动在时间上与明治前半期日本的近代化差不多是重合的。二者不仅在时间上一致,而且在对外危机感这一背景以及富国强兵的目的方面也是一致的。但是,日本具备而中国没有以及在中国具备而日本没有的

---

① 转引自:张汝伦.现代中国思想研究[M].上海:上海人民出版社,2001:114.
② 同上:114—115.
③ 同上:115.
④ [日]佐藤慎一.近代中国的知识分子与文明[M].刘岳兵,译.南京:江苏人民出版社,2006:58,59.

情况,都各自一一存在。……在日本具备而中国欠缺的是"文明开化"的口号。与在"文明开化"的口号下大胆输入西方制度的明治日本的指导者相对照,中国士大夫们对西方长处的认可只有机械技术和自然科学,但是他们之所见均难以视为文明的本质性的构成因素。①

结合冯桂芬、郑观应以及郭嵩焘等人的观点,佐藤慎一认为,洋务运动时期的中国缺乏"文明开化"的口号,显然是从整体的社会认知或掌权者的文明观出发而作出的判断。这也是问题的关键所在。洋务运动时期流行的是一种"本末观"。所谓"本",是指礼、道德或政治制度等关乎文明本质的东西;所谓"末",是指机械、技术等属于文明末端的东西。洋务运动是以两个假定为基础展开的:第一,中国在"本"上是优越的,只是在"末"上不足;第二,西方各国只是在"末"上优越,洋务运动就是从西方输入中国不足的"末",为使中国实现"本""末"兼备状态的运动。在无关乎"本"的意义上,洋务运动只是被视为"末务"而已。②也正因此,各种以"局"命名的洋务机构,还未具有正规官僚机构的稳定地位。③而在所谓的早期改良派的思想中,也常常能够见到各种"附会论"。譬如,薛福成在讨论西方各国的政治制度或教育制度的优越性时,总是将其与"三代以前的遗风"相提并论,认为其与"古意"一致。他认为:"西方的制度其本身并没有价值,因为碰巧与中国思想的黄金时代的精神一致而具有了价值;输入西方的制度,并不是模仿西方的制度,而是使本来是中国的制度——'自己的'——得以复活。"④郑观应在赞美美国的政治制度和传统在诸国中无与伦比之余,也不可避免地把华盛顿的毫无个人政治野心同中国上古时代的圣贤君主尧舜相比:"华盛顿敝屣百乘,公天下而无私俾,……远迫唐虞揖让之风……"⑤这些形形色色的"附会论"表明,此时华夏天下观的动摇,更多地表现为对西方认识的转变,而没有涉及对中国自身认识的转变。

对华夏天下观造成致命打击的是中国在甲午战争中的落败。具体言之,

---

① [日]佐藤慎一.近代中国的知识分子与文明[M].刘岳兵,译.南京:江苏人民出版社,2006:9—10.

② 同上:58—59.

③ [美]费正清,刘广京.剑桥中国晚清史(1800—1911年,下卷)[M].中国社会科学院历史研究所编译室,译.北京:中国社会科学出版社,2006:166.

④ [日]佐藤慎一.近代中国的知识分子与文明[M].刘岳兵,译.南京:江苏人民出版社,2006:69.

⑤ [美]柯文.在传统与现代性之间——王韬与晚清改革[M].雷颐,罗检秋,译.南京:江苏人民出版社,1998:91—92.

这一军事上的失败对于华夏天下观的冲击至少有两点。首先,从外部来看,它让清政府和国人透过日本进一步认识到西方文明的力量。江户时代的日本与中国不是册封、朝贡的关系,日本在中国看来只是允许贸易的"互市国",从文明发展的层面来看,日本不过是一岛夷。而日本在明治政府的领导下,采用激进的富国强兵政策,且势力扩大到朝鲜和琉球,从而成为中国"海防"政策上值得警惕的对象。尽管中国也进行了北洋舰队的建设,但是对于日本标榜"文明开化",舍弃旧的制度和文化而全面输入西方制度和文化的近代化政策本身,甲午战争之前的中国是持批判态度的,认为日本是因为没有值得保护的伟大文明才会有这样的轻率之举。相反,在"中体西用"的前提下,当时的中国只限于引进西方机械和技术而图自强。① 无论日本的成功是否确实是因为引入了西方的制度与文化,但作为一个事实,它必然会促使中国人重思西方文明。

其次,从自身来看,甲午战败后,清政府不得不承认朝鲜为"独立国",这使得在实践上维系华夏天下观的朝贡制度最终消失了。正如佐藤慎一所言:"朝鲜从西汉时代开始就接受中国皇帝的册封,对中国来说是重要的朝贡国。但是19世纪后半期以来,中国周边的朝贡国相继成为列强的殖民地,特别是通过中法战争,越南划入法国的势力范围之后,朝鲜成为最后剩下的朝贡国了。中国政府承认朝鲜作为独立国,这就等于说承认中国与朝鲜之间已经不存在册封、朝贡的关系了。鸦片战争之后,中国政府还可以同时保持与西方各国条约的关系和周边各国的册封、朝贡关系,以便区别对待,到现在这已经不可能了。"②

在此情境之下,思想界出现的社会进化论热潮对华夏天下观的式微更是起到了推波助澜的作用。社会进化论提供了这样一种世界观:社会与国家处于不断进化之中,国际社会是各个国家或各个民族之间进行日常性的"生存竞争"的场所。这个场所遵循"优胜劣败"的法则。因为只有"优者"才能生存,所以各国都在为了使自己成为"优者"而夜以继日地奋发努力。中国不再是享有独尊优势的国家了。③ 正如康有为所指出的:"自尔之后,吾中国为列国竞争之世,而非一统闭关之时矣。列国竞争者,政治工艺文学知识,一切皆相通相比,始能并

---

① [日]佐藤慎一.近代中国的知识分子与文明[M].刘岳兵,译.南京:江苏人民出版社,2006:71.

② 同上:72.

③ 同上:92.

立,稍有不若,即在淘汰败亡之列……"①在他看来,当时的世界环境已经发生了重大转变,即从"一统垂裳"的天下到"列国并立"的世界。在"一统垂裳"的天下,中国是世界秩序的向心点,其他成员是以与此向心点的关系来决定其地位的秩序状态。而"列国并立"的世界意味着各国之间是一种横向并列的关系、一种多元并存的状态,中国与其他国家一样,是以一个国家的形式参与这一秩序。② 从符号学的意义上看,"列国并立"较之薛福成的"中外联属"要更进一层,因为后者还带有以中国人的视角看待中外关系的倾向。当然,也不能不看到,"列国并立"这个词本身即带有较强的"附会论"色彩,它所要表达的是这样一种观点:西方国家与中国同样都是文明国家。考虑到康有为在《大同书》中所体现出的儒家普遍主义情结,就容易理解这一点了。

虽然深受康有为思想的影响,但梁启超的观点较前者更进一步。他在主张将法律学输入中国的《论中国宜讲究法律之学》一文中讲道:

> 泰西自希腊罗马间,治法家之学者继轨并作,赓续不衰。百年以来,斯义益畅,乃至以十数布衣,主持天下之是非,使数十百暴主,戢戢受绳墨,不敢恣所欲,而举国君民上下,权限划然,部寺省署,议事办事章程日讲日密,使世界渐进于"文明大同"之域。③

> 有礼义者谓之中国,无礼义者谓之夷狄。礼者何? 公理而已。义者何? 权限而已。今吾中国聚四万万不明公理不讲权限之人,以与西国相处。即使高城深城,坚革多粟,亦不过如猛虎之遇猎人,犹无幸焉矣。乃以如此之国势、如此之政体、如此之人心风俗,犹嚣嚣然自居于中国而夷狄人。无怪乎西人以我为三等野番之国,谓天地间不容有此等人也。④

可见,尽管与薛福成等人一样承认西方国家是文明国,但与前者强调西方各国与中国一样是文明国不同,梁启超更强调西方各国远比中国文明。⑤ 大概也正

---

① 转引自:汪晖.现代中国思想的兴起[M].北京:生活·读书·新知三联书店,2004:741.

② [日]佐藤慎一.近代中国的知识分子与文明[M].刘岳兵,译.南京:江苏人民出版社,2006:76.

③ 转引自:[日]佐藤慎一.近代中国的知识分子与文明[M].刘岳兵,译.南京:江苏人民出版社,2006:78.

④ [日]佐藤慎一.近代中国的知识分子与文明[M].刘岳兵,译.南京:江苏人民出版社,2006:79.

⑤ 同上:78.

是基于这种态度,梁启超主张摒弃"比附"之习惯,打破"思想界之奴性"。

梁启超等人与此前学者不同的地方不仅在于思想的深度,更在于思想传播的广度。他们积极创办学堂、组建学会、出版报刊、参与政治,这些努力极大地扩展了思想的影响范围。① 在军事节节失败、国家不断衰亡的情况下,这些思想使得掌权者、士绅阶层以及广大社会群体对华夏天下观的迷梦普遍产生怀疑。也正是这种普遍的怀疑形成了一种合法性压力,使得华夏天下观在晚清中国破产。这在制度实践上的显著标志便是 1898 年的"戊戌变法"和 1901 年开始的清末"新政"。②

从"天下"到"世界"的概念转变,从外部来看,是西方力量影响的结果;而从内部来看,则是不断地自我怀疑的过程。自我怀疑导致了认知上的调整,起初,这种调整是轻微的、局部的,到后来则发展成为根本性的、整体性的。就此而言,清末时期的世界观转换是一个逐渐制度化的过程。作为一种表征,不同时期的共识性用语极好地反映了这一制度化过程的不同阶段。譬如,与西方有关的事务在洋务运动以前大体被称为"夷务",到洋务运动时期被称为"洋务"和"西学",而在"戊戌变法"之后则被称为"新学"。③ 第一阶段的称谓体现了中国对西方各国的鄙视;第二阶段的称谓带有中西同等的味道;再后来的称谓则是清清楚楚的赞许之意。

三、 晚清民族国家观念的合法化

华夏天下观的崩溃与见弃,只是同一过程的一个侧面,另一个侧面是晚清

---

① [美]张灏.梁启超与中国思想的过渡(1890—1907)[M].南京:江苏人民出版社,1995:53.

② 在马克思主义唯物史观的框架下,我们一直将辛亥革命作为中国历史上传统社会与近代发展的分水岭。但正如美国学者任达(Douglas R. Reynolds)所指出的,粉碎了经历 2 100 年中国帝制政府模式及其哲学基础的,不是以孙中山及其同伴为中心的 1911 年政治革命,相反却是 1901—1910 年以晚清政府的"新政"为中心的思想和体制的革命。在 1898—1911 年这 13 年中,中国经历了根本性的转变,跨出了从传统到现代的一大步(参见:[美]任达.新政革命与日本:中国,1898—1912[M].李仲贤,译.南京:江苏人民出版社,1998:1)。与此相似,我国学者强世功也认为,虽然清王朝作为中华帝国的象征是被辛亥革命推翻的,但就维系合法性的制度模式而言,中华帝国从清末"新政"开始就已灭亡了。在此意义上,辛亥革命不过是一场政治革命,从传统社会进入现代社会的整个社会制度的革命,在清末"新政"中就已经开始了(参见:强世功.法制与治理:国家转型中的法律[M].北京:中国政法大学出版社,2003:45)。

③ [美]费正清,刘广京.剑桥中国晚清史(1800—1911 年,下卷)[M].中国社会科学院历史研究所编译室,译.北京:中国社会科学出版社,2006:196.

时期民族国家(nation-state)①意识的出现与发展。美国学者列文森(Joseph R. Levenson)指出：

> 到了19和20世纪之交，在许多中国人看来，中国正在失去作为一种文化荣耀的"天下"之头衔，他们极力主张放弃那种毫无希望的要求，通过变革文化价值来增强政治势力，并从作为"天下"的中国的失败中取得作为"国"的中国的胜利。②

按照康有为的说法，光绪皇帝决定采取改革措施是为了中国(而非大清)。梁启超也强调，改革的唯一目的是"保国救民"，"君权之替不替何计焉"。换言之，1898年光绪皇帝是爱国主义——而非忠诚——的集合点，以尽力挽救中国。改革者本身也是爱国者，而非仅是忠臣，这是根本性的转变。然而，正因为他们的行为是救中国而非救清朝，所以在1898年9月29日的诏令中，改良者们被控以叛国之罪："又闻该乱党私立保国会，言保中国不保大清，其悖逆情形，实堪发指。"③再结合1901年的"新政"上谕来看，尽管未必是晚清政府心甘情愿的选择，但各种现象及其历史结果都表明，中国向外部世界发出了开放精神的信号，

---

① 民族国家指的是在种族基础上形成的一个心理、血缘、地域和文化的共同体。在欧洲从中世纪向近代过渡时期，存在多种彼此竞争的政治效忠单位，民族国家凭借暴力与资本的相互强化机制，在竞争中脱颖而出，成为民众政治忠诚的集中对象。在此意义上而言，民族即是国家，民族国家的兴起也表现为国家的全新产生过程。与此不同，中国近代以前的国家是一直存在的，譬如，顾炎武在《日知录·正始》中说道："有亡国；有亡天下。亡国与亡天下奚辨？曰，易姓改号，谓之亡国；仁义充塞，而至于率兽食人，人将相食，谓之亡天下。魏晋人之清谈，何以亡天下？"这段话中就提到了国家的概念，如今这段话还被作为强调国家责任感的名言："国家兴亡，匹夫有责。"但正如梁漱溟指出的："今天我们常说的'国家''社会'等等，原非传统观念中所有，而是海通以后新输入的观念。旧有'国家'两字，并不代表今天这含义，大致是指朝廷或皇室而说。自从感受国际侵略，又得新概念之输入，中国人颇觉悟国民与国家之关系及其责任；常有人引用顾亭林先生'天下兴亡，匹夫有责'的话，以证成其义(且有人径直写成'国家兴亡，匹夫有责')，这完全是不看原文。"(参见：梁漱溟.中国文化要义[M].上海：学林出版社,1987：166)因此，如果说西方的民族国家属于'族→国'型，那么近代以来中国人所建构的国家则属于'国→族'型，它所表现的是从传统帝国向民族国家的转型。相关内容参见：但兴悟."天下兴亡，匹夫有责"的再诠释与中国近代民族国家意识的生成[J].世界经济与政治,2006(10)；强世功.法制与治理：国家转型中的法律[M].北京：中国政法大学出版社,2003：37.

② [美]列文森.儒教中国及其现代命运[M].郑大华,译.北京：中国社会科学出版社,2000：84.

③ 陈志让.现代中国寻求政治模式的历史背景[M]//张玉法.中国现代史论集(第一辑总论).台北：联经出版事业公司,1980：277—278.

并将自己置于帝制后的进程中。① 这种帝制后的进程亦即建设现代民族国家的过程。用佐藤慎一的话说：

> 中国在"列国并立的世界"中图存图强这一变法派的课题，必然发展到变革中国这个国家的现实状况这一课题上来。因为只要民众没有国家意识，就不可能改变国家的存在状况而实现国家的生存和发展。这种变革的方向，用今天的概念来说就是建设"国民国家"。在变法派的人们看来，不论是欧洲列强还是甲午战争中胜利了的日本，"列国并立"的世界中的强国，都是因为实现了国民国家才成为强国。②

佐藤慎一接着说："军事力量的优越即使是成为强国的必要条件，但并不是充分条件。因此，为了将中国改造成为国民国家，一方面有必要实行开设议会或改革科举等政治制度的大改革；另一方面，为了赋予民众以与国民相称的能力，有必要进行教育制度的大改革。"③ 如果用一种理论化的方式来表述佐藤慎一的这一观点的话，那么便是格林（A. Green）的民族性国家教育体系的国家形成理论。格林认为："民族性国家教育体系并非早期工业化的一种技术需要，尽管它们在后来的工业发展中发挥了重要作用。它们也不是在失范和阶级分化的城市环境中产生分化和冲突的一种独一无二的反应。首先，就其重要的方面而言，它们是中心国家为了塑造公民民族的一种工具，公民民族赋予其合法性并确保它们继续存在，不管在国内还是在欧洲国家间体系内，其情形都是一样的。"④"通过民族性国家教育体系，国家培养了遵守纪律的工人和忠诚的士兵，创造和颂扬民族语言文学，普及了国家历史和起源神话，传播国家法律、习俗和社会公民道德，并且对管理人民的方式和人民对国家的义务作了一般解释。有时，他们还反映在公民权利和国家对人民的责任上。民族性国家教育是一个巨大的整合引擎，将地方同化到国家中，将特殊同化到一般中。"⑤

在民族国家形成与国家教育体系构建之间相伴相随的关系这一点上，笔者

① ［美］任达. 新政革命与日本：中国，1898—1912[M]. 李仲贤，译. 南京：江苏人民出版社，1998：15.

②③ ［日］佐藤慎一. 近代中国的知识分子与文明[M]. 刘岳兵，译. 南京：江苏人民出版社，2006：77.

④ ［英］格林. 教育、全球化与民族国家[M]. 朱旭东，译. 北京：教育科学出版社，2004：147.

⑤ 同上：146.

认同格林的观点,但就他对这一关系的解释,则有两点不同的看法。

首先,用培养公民的忠诚与认同来解释民族国家体系与教育的联系,显得有点简单。一方面,纵令从许多民族国家教育体系所产生的结果,以及从欧洲早期民族国家教育体系形成的情况看,国家教育体系与公民的忠诚和认同之间的确存在某种关系,但这也并不代表民族国家建立教育体系时就明确地怀着这样的想法,或者说并不是每一个国家都怀着这样的初衷。至少从我国近代制度化教育萌发之初来看,虽含有"认同"的诉求,但更多的则是"富强"与"人才"的话语。譬如,康有为主张"请广开学校,以养人才"。①袁世凯认为:"查五洲各国,其富强最著,学校必广,人材必多。中国情见势绌,急思变计,兴学储才,洵刻不容缓矣。"②清政府在废除科举时也明白地强调:"东西洋各国富国之效,亦无不本于学校。"③另一方面,并不只有民族国家才关注忠诚与认同问题,诸如政党、种族、社区以及其他一些群体,也很强调群体成员的忠诚度与认同感,那么它们为什么没有普遍建立类似的正规教育体系呢?

其次,正如格林自己所言:"国家通过多种方式创造公民和民族。在国防方面,国家征召和训练他们参加国防;国家登记他们的出生、婚姻和死亡状况;国家监督和规定他们的越境行为和他们的政治活动;对他们进行惩罚或监禁;吸引他们参加新的国家仪式,使之聚集在国家的旗帜之下;使他们团结在国歌和国家宣言的声音中;在官方统计资料的高山上记录下他们的集体特征。"④那么,为什么民族国家会选择构建国家教育体系呢?进言之,为什么所有民族国家都普遍构建国家教育体系,而且是形式上极其相似的国家教育体系呢?

格林之所以没想到或不想回答这些问题,大概与他的理论立场有关。格林所要极力辩护的是这样一个观点:虽然身处全球化时代,但"民族性国家教育体系并没有因此而消失,而政府并不准备放弃他们在组织这种体系中的角色"。也就是说,"教育体系的根深蒂固的民族国家性没有改变"。据此,他怀疑后现代主义对于教育理论的贡献,坚信民族性国家体系理论仍有"用武之地"。⑤结

---

① 汤志钧,陈祖恩.中国近代教育史资料汇编·戊戌时期教育[M].上海:上海教育出版社,1993:50.

② 璩鑫圭,唐良炎.中国近代教育史资料汇编·学制演变[M].上海:上海教育出版社,1991:9.

③ 舒新城.中国近代教育史资料(上卷)[M].北京:人民教育出版社,1981:65.

④ [英]格林.教育、全球化与民族国家[M].朱旭东,译.北京:教育科学出版社,2004:145.

⑤ 同上:中文版序言,2,19—30.

合全球化进程中民族主义声势一浪高过一浪的现实,我们当然不可否定民族国家体系理路的适用性。问题在于,不仅很多事情民族国家不能自主决断,更关键的是,现代民族国家这种形式本身就是在全球范围内建构与扩散的。如此,我们还能仅仅从一国内部的认同诉求出发来考虑民族国家教育体系,尤其是那些后发的或第三世界国家教育体系的形成吗?简言之,格林既没有深入考虑普遍化的教育模式在世界范围内的扩散性影响,在聚焦于民族国家教育体系如何在现代民族国家形成过程中产生时,也忽视了现代民族国家何以形成这个问题。

笔者认为,我国现代学校教育制度的形成,较少表现为明确的政治自觉,而更多地表现为制度上的学习与模仿。如前所述,我国现代学校教育制度的形成与民族国家意识的兴起及其在晚清的合法化休戚相关,因为那种已经在世界范围内(至少在发达国家范围内)制度化的民族国家形式,被证明或想象为与体系化的学校教育有着千丝万缕的联系。于是,当晚清国人以一种现代民族国家的想象来思考救亡图存问题时,便会自觉不自觉地学习和模仿其他国家的体系化教育模式。因此,分析我国现代学校教育体系的形成问题,首先需要弄清楚:现代民族国家形式如何在世界范围内制度化以及如何在晚清社会合法化?

王国斌(R. Bin Wong)说:"自1800年以来,非西方地区越来越深地卷入了由欧洲的扩张所开创的国际政治经济网络。因此,人们很容易从这种国际体系或者从西方民族国家所发展起来的那些特征出发,来看待其他地区的国家。"[①]尽管想要表达的意思差不多,但历史学家杜赞奇(Prasenjit Duara)从另一个角度看到了问题的实质:"民族主义的新颖之处并不在于其政治自觉,而在于其世界性的民族国家体系。整个上一世纪中,这一扩散到全世界的体系视民族国家为唯一合法的政体形式。"[②]

民族国家形式在全球范围内的制度化或合法化是一个长期的过程,它既由全球体系所产生的一系列话语所支撑,[③]也以国际法、国际条约和国家间会议等实体性制度为基础。

首先,从实体性制度方面看,最主要的因素便是国际法和国际条约的形成与制定。欧洲民族国家由欧洲绝对主义国家(absolutist state)过渡而来,后者

①　[美]王国斌.转变的中国——历史变迁与欧洲经验的局限[M].李伯重,连玲玲,译.南京:江苏人民出版社,1998:158.

②③　[美]杜赞奇.从民族国家拯救历史:民族主义话语与中国现代史研究[M].王宪明,译.北京:社会科学文献出版社,2003:59.

出现于 16—17 世纪,其首要表现是从原来的大型帝国逐步变为分立的国家。①绝对主义国家已经具有疆界与主权的概念,但绝对主义国家的主权还是一种对内主权,强调的是国家内部的权威组织及其有效控制的范围,却不能用来处理国家与国家之间的关系,由此也产生了各国之间的矛盾与冲突。历经三十年的宗教战争,1648 年的威斯特伐里亚和会上,欧洲各国以格劳修斯(Grotius)的著作《战争与和平法》为基础签订了《威斯特伐里亚和约》,在结束战争的同时也确立了各国之间承认其他国家合法性的原则。也正因为如此,《威斯特伐里亚和约》被视为绝对主义国家与民族国家的分野,"在它的基础上,在 18 世纪,特别是 19 世纪和 20 世纪,建立了一座威严的国际法大厦,它包括数千项条约、数百条国际法院的判决,以及国内法院的无数判决。这些条约和判决,往往具体细微地规定了国与国之间的关系规范"。② 除此之外,在 19 世纪,欧洲国家之间以及欧洲国家与众多亚洲、非洲等地区的政治实体之间签订了一系列的双边或多边条约。这些国际法与国际条约,在形式和实质上,以平等的或不平等的方式强化了民族国家模式的合法性。毫无疑问,我国近代有关主权、疆域等概念的形成或强化,很大程度上是与各种不平等条约的签订及其后果分不开的。

其次,民族国家形式的全球制度化,其更深层的根源在思想领域。汪晖指出,在欧洲思想中,存在着一种贬低帝国,高扬民族国家的帝国—国家二元论。在帝国—国家二元论中,帝国是国土广阔、族群混杂、主权无限并倾向于专制的政治体制,而国家(即民族国家)则是国土较小、族群单一、主权有限并更倾向于民主或共和的政治体制。在 18 世纪后期以至整个 19 世纪,三种潮流的存在扩大了由马基雅维里(Niccolò Machiavelli)和伯丹(Bodin)开创的帝国—国家二元论的影响。这三种潮流是:法国大革命和欧洲及美国的民族运动确立的新的政治共同体典范,为帝国—国家二元论提供了政治合法性;殖民主义为将帝国—国家二元论从欧洲历史转向世界历史提供了历史前提;19 世纪的精神科学及其发展为帝国—国家二元论提供了"客观知识"或"科学知识"的形式。

一方面,帝国—国家二元论是 18—19 世纪欧洲人为了论证民族国家及其主权形式的合法性而建构的,是对政治结构的描述;另一方面,在 19 世纪的

---

① [英]吉登斯.社会的构成:结构化理论大纲[M].李康,李猛,译.北京:生活·读书·新知三联书店,1998:译者序,12.

② [美]汉斯·摩根索(Hans J. Morgenthau),肯尼思·汤普森(Kenneth W. Thompson).国家间政治——寻求权力与和平的斗争[M].徐昕,等,译.北京:中国人民公安大学出版社,1990:346.

欧洲思想中,帝国—国家二元论也是对欧洲与亚洲的社会、政治体制的差异概括,即帝国是一种区别于欧洲国家政治体制的亚洲政治结构。[①]"在孟德斯鸠、亚当·斯密、黑格尔、马克思等欧洲作者所建立的那种亚洲与欧洲的对比关系中,亚洲和欧洲的形象按照一种目的论的框架展开为两种对立的政治形式和经济形态,即帝国与国家、农耕与工业或贸易。在这个二元论框架中,亚洲概念具备如下特征:与欧洲近代国家或君主国家形成对照的多民族帝国,与欧洲的城邦和贸易生活完全不同的游牧和农耕的生产方式,等等。"[②]譬如,在法国启蒙思想家孟德斯鸠(Charles-Louis de Secondat Montesquieu)看来,中国历史中的战争、征服和各种社会交往均无法改变这个社会作为帝国的特征,他在《论法的精神》中说道:"中国并不因为被征服而丧失它的法律。在那里,习惯、风俗、法律和宗教就是一个东西。"[③]孟德斯鸠的这本书在 1909 年(1905 年开始翻译)由严复翻译为《法意》。史华兹(Benjamin Schwartz)的研究指出,孟德斯鸠的这一观点让"严复发现自己完全被此种一针见血的见解所震撼。在中国受抑制的不仅有社会分工,而且还有文化在各个不同领域的发展"。[④] 从此细微之处,我们或许已经能够从一个侧面感受到各种欧洲思想在民族国家形式全球制度化方面所起到的建构性作用。而且,欧洲思想中的帝国—国家二元论并不仅仅表现为各种具体的有关帝国与国家的比照性叙述,更体现为一种普遍主义的知识体系,"散落在政治学、经济学、法学、文化人类学、语言学、考古学、历史学、种族理论等各个方面"。[⑤] 如此,这些知识在强化欧洲民族国家的自我认同与信心时,也会伴随着殖民主义的扩张而传播到世界各地,从而以一种更加隐秘也更加深入持久的方式,使民族国家形式合法化。

当然,正如各种经验事实已经告诉我们的,民族国家形式的全球制度化既不意味着每个国家或种族都会采取这种形式,也不意味着民族国家在一些国家的形成会依循相似的路径。在此还需要考虑到各个国家的自身情况,譬

---

① 汪晖. 现代中国思想的兴起[M]. 北京:生活·读书·新知三联书店,2004:28—29.
② 同上:31.
③ 转引自:汪晖. 现代中国思想的兴起[M]. 北京:生活·读书·新知三联书店,2004:32.
④ [美]史华兹. 严复与西方[M]. 叶凤美,译. 南京:江苏人民出版社,2005:112. 这里提到孟德斯鸠观点对严复的启发,并不意味着严复全盘接受孟德斯鸠的观点。事实上,严复本人对孟德斯鸠的不少观点尤其是他对中国的一些看法是不太赞同的,他甚至为中国进行辩护。同样,严复的辩护显然也不应让我们产生这种看法,即诸如孟德斯鸠等西方学者的理论对于近代中国的影响是有限的。
⑤ 汪晖. 现代中国思想的兴起[M]. 北京:生活·读书·新知三联书店,2004:46.

如文化传统、社会结构、政治体制、生产方式、特定处境等。[①] 也就是说，要解答晚清末年为何会形成现代民族国家意识这个问题，除了考察民族国家形式在世界范围内的制度化以外，还要分析它在近代中国内部合法化的问题。就这一问题而言，前文有关清末世界观转换的讨论其实已经从一个角度给出了说明，不过这种说明侧重于"发生了什么"的层面，还需要深入追问的是"为什么会发生"。

现代民族国家意识在晚清末年的出现及逐渐合法化，涉及多个方面的内部因素，而这些因素又都聚集于一个问题：晚清以来公共领域的结构性转化。[②]传统中国的政治统治秩序主要依赖于科举制度对绅士阶层的塑造，以此建立维持统治所需要的意识形态资源和组织资源。随着 18 世纪后半期人口数量的迅速增加，读书应试者也越来越多，尽管清政府几次扩大取第名额，但仍不能满足要求。加之为了增加财政收入，清政府在科举取士的"正途"之外，还开辟了"异途"，即通过"纳捐"取得绅士身份。如此也造成了精英的供给远远大于制度安排之内对精英的需求。在没有有效途径吸纳这些人员的情况下，他们只得通过"庇护制网络结构"（如同乡、亲属、师生等）成为官吏的随员、食客、官僚、助手和胥吏等，干着记录、送信、催科等事务，或者成为包税人、"讼师"。同时，也正是在 18 世纪后半叶的人口压力下，手工业和商业迅速发展起来，与此伴随，出现了一个颇具实力的商人阶层。新兴的商人集团控制着巨大的经济资本，却没有社会地位。作为一种交易，他们常常通过"纳捐"购得绅士的头衔，而传统的绅士也在洋务运动的过程中投入到商业、工业中，由此便形成了绅商阶层。此外，随着科举制的衰落和西方文化的传播，通过留学或新式学堂的教育，还培养出一大批新式知识分子。以上不同阶层的出现，导致晚清时期公共领域的结构性转变，使得"传统受儒家思想熏陶的统治的绅士阶层分裂为'正途'与'异途'；分

---

① 从这个角度看，前文提及曹诗弟所主张的国家—社会框架，对于我国现代教育的产生是有一定解释力的，但这种解释力只有在解除对外国因素的屏蔽之后才能发挥出来，因为国家与社会之间的互动不是在真空中自动自发的，而是与世界力量的冲击不可分离的。近代中国的情况尤其如此。当然，我们也注意到，近年来，无论是海外汉学家还是国内研究者，都对"冲击—回应"这一分析范式提出了质疑。其中，海外汉学家方面以柯文为重要代表人物，他在《在中国发现历史》一书中提出了"以中国为中心的中国史"的主张（参见：[美] 柯文. 在中国发现历史[M]. 林同奇，译. 北京：中华书局，1989）。国内学者在这方面的代表当属汪晖，他的著作《现代中国思想的兴起》所着力批判的就是"帝国—国家"的二元叙事，而强调从连续性的角度关注中国自身因素以及各种内部关系的影响（参见：汪晖. 现代中国思想的兴起[M]. 北京：生活·读书·新知三联书店，2004）。

② 这主要受强世功观点的启发。参见：强世功. 法制与治理：国家转型中的法律[M]. 北京：中国政法大学出版社，2003：29—44.

裂为传统知识分子和新式知识分子;分裂为维护儒家信仰的高级绅士和追逐私利的低级绅士——胥吏阶层"。①

"绅士阶层的分裂直接导致了知识分子对于儒学信仰的弱化,由此使他们日益背离了对政府的忠诚,逐渐从依附于政府体制因而服务于国家在意识形态霸权的'有机知识分子',转变为独立于政府体制因而代表'社会良知'对国家进行批判的'传统知识分子'。"②尽管我们从过去的历史中可以发现,传统绅士阶层的同质化有时可能只是一种表面现象,他们也未必都对国家统治保持想象中的忠诚,但无论是从背离正统的人数与程度,还是从思想表达的理论资源与传播途径,抑或从社会所处的情势来看,传统绅士都不可与新兴知识分子同日而语。可以说,正是社会变迁所引发的晚清时期公共领域的结构性转化,对传统的维系统治秩序合法性的意识形态提出了挑战,形成了意识形态话语竞争的格局。譬如,保皇派与维新派之争、改良派与革命派之争。同时,此时的意识形态话语竞争的方式也发生了重大变化,它充分利用了学堂、学会、报纸、杂志等载体,这也意味着意识形态话语竞争的过程本身即是社会教育与启蒙的过程,从而在更大的社会范围内引发统治秩序的危机。而从话语竞争的结果来看,其"可能达致的共识取决于知识分子所处的历史情境的要求与知识背景所能提供的理论资源之间的均衡"。③ 在历史情境方面,第一次鸦片战争以来的民族危机无疑极大地促进了民族意识的觉醒。尽管晚清时期的反满情绪同样异常高涨,但正如程农所言,这种以种族为基础的另一种形式的民族主义是源自民族国家认同的焦虑,④它更多的是策略性的而非实质性的。⑤ 列文森便如此指出:"如果不根据中国革命的民族主义标准来衡量,那么,章炳麟对早就依据中国文化建立起了如同一个汉族王朝那样一套制度的满清王朝的攻击,就不是对中国传统的维护,相反是对它的否定。"⑥无疑,中外民族之间的冲突应该是晚清历史的一条主线。在理论资源方面,随着西方力量进入中国,西方的知识与技术也通过各种被动或主动的方式来到中国,它们对于中国当时的现实所具有的强大解

---

① ② 强世功. 法制与治理:国家转型中的法律[M]. 北京:中国政法大学出版社,2003:30—31.

③ 同上:44.

④ 程农. 近代中国的民族国家认同问题与辛亥革命[J]. 历史教学,1992(7).

⑤ 强世功. 法制与治理:国家转型中的法律[M]. 北京:中国政法大学出版社,2003:40.

⑥ [美]列文森. 儒教中国及其现代命运[M]. 郑大华,译. 北京:中国社会科学出版社,2000:82.

释力,也使其日益成为占优势的竞争话语。如前所述,各种形式的西方知识,无论是在明确的理论主张上,还是在隐含的认识方式上,都包含了一种帝国—国家二元论。如此,在各种话语的沟通与竞争之下,民族国家逐渐成为意识形态上的共识。

具体地看,最初反映晚清时期现代民族国家观念合法化的标志有两个。

第一个标志是在制度实践方面,体现为1898年的"戊戌变法"以及1901年开始的清末新政。笔者将"戊戌变法"与清末"新政"(而不是通常认为的中华民国的成立)作为我国近代民族国家观念合法化的标志,主要基于两个理由:其一,即便是情非得已之下的被迫选择,又纵令对改革的实际内容"毫不关心",①"戊戌变法"与清末"新政"在经济、教育、政治、军事、法律等方面的改革已经表现出一种用某些西方国家的特点来改造中国的决心与努力,并取得了一定的效果。任达便认为:"在1898—1912年,特别是1901—1910年间,中国在思想和体制方面,把长期形成的典范变为不同质的外来典范。中国统治阶层的精英,方向转变得如此激烈和持久,人们可以毫不犹豫地把它定性为革命或者说是'从传统到现代'的转变。"②其二,正如杜赞奇所指出的,在欧洲,国家形成的过程早于以效忠民族国家为标志的形成公民身份认同的尝试;与此不同,中国国家的形成宣告于民族主义的框架中,与现代化的观念联系在一起。③也就是说,作为早期形成的国家,欧洲国家的民族国家观念产生于国家形成之后,而当民族国家形式在世界范围内扩散后,它便成了其他国家的一个模板和标杆。如此,其他国家总是首先形成民族国家的观念,然后再有建设民族国家的努力,当然,这两个过程很多时候是重叠的。

晚清现代民族国家观念合法化的第二个标志体现在思想领域。如果以梁启超为代表的话,大致从1899年开始,出现了相对集中的对国民国家或民族国家问题的理论探讨。这一年,梁启超在《清议报》上发表《爱国论》《论近世国民

---

① 日本学者市古宙三指出:"义和团事件之后,不仅康有为和梁启超等立宪派人物要求改革,就是各省督抚和外国人也都有此要求。为了防止反满势力的壮大,并要保持督抚们和外国人的支持,不管清朝统治者喜欢与否,除了改革别无选择余地,实际上,政府原先本无自己的改革方案。它只需要保持改革的门面,而对实际内容则毫不关心。"参见:[美]费正清,刘广京.剑桥中国晚清史(1800—1911年,下卷)[M].中国社会科学院历史研究所编译室,译.北京:中国社会科学出版社,2006:402.

② [美]任达.新政革命与日本:中国,1898—1912[M].李仲贤,译.南京:江苏人民出版社,1998:14.

③ 转引自:[丹麦]曹诗弟.文化县——从山东邹平的乡村学校看二十世纪的中国[M].泥安儒,译.济南:山东大学出版社,2005:10.

竞争之大势及中国前途》等强调国民国家的文章。① 其中，他在《爱国论》中说道，近代欧洲之所以勃然日兴，在于"彼其国民，以国为己之国，以国事为己事，以国权为己权，以国耻为己耻，以国荣为己荣"，而中国之所以衰危，则在于"以国为君相之国，其事其权，其荣其耻，皆视为度外之事"。② 他在《论近世国民竞争之大势及中国前途》中又指出："国民者，以国为人民公产之称也。国者积民而成，舍民之外，则无有国。"③至 1902 年，梁启超在《论民族竞争之大势》中进一步提出："民族主义者，实制造近世国家之原动力也。""故今日欲救中国，无他术焉，亦先建设一民族主义之国家而已。"④

与此同时，其他一些研究者也积极参与了民族国家问题的讨论。在 1901 年 5 月出版的《国民报》创刊号上，一篇名为《原国》的未署名文章指出："然则所谓国者将如何？ 自其外视之，则土地虽割而国不亡，朝代虽易而国不亡，政府虽复而国不亡，惟失其主权者则国亡。"文章不仅明确地将"朝代"与"国家"加以区分，而且提出了主权概念。与《原国》相呼应，1903 年 3 月刊于《新民丛报》署名"雨尘子"的《近世欧人之三大主义》一文，从民族认同的角度指出了民族国家"言语同、历史同、风俗习惯同"等特征。同时，该文还提出，19 世纪"实为民族国家发生最盛之时代。其民族不同者，则独立为一国，如意大利之独立，希腊、罗马尼亚之独立是也；民族统一也，则结合为一国，如德意志联邦、意大利之统一是也"。而 1903 年 2—3 月刊载于《浙江潮》署名"余一"的《民族主义论》一文明确指出，"合同种异种，以建一民族的国家，是曰民族主义"，"非民族的国家，不得谓之国"，"有所谓立宪政治者，有所谓国民教育者，有所谓自治制度者，有所谓国民皆兵者，苟行之于非民族的国家，则一步不能行，一事不能举。浅见之

---

① 必须指出的是，梁启超之所以在 1899 年后对国家问题进行相对集中的讨论，与其流亡日本以及在那里接触到西方知识是分不开的。也正是在 1899 年（而不是通常认为的 1903 年），梁启超接触到德国学者伯伦知理（Johann Caspar Bluntchi）的国家理论，后者对梁启超产生了重要影响[参见：[法]巴斯蒂.中国近代国家观念溯源——关于伯伦知理《国家论》的翻译[J].近代史研究，1997(4)]。不过，同样需要指出的是，这种理论资源上的吸收与运用又无法让我们得出这样的结论：梁启超的民族国家观念来自西方理论，是到日本后才形成的。正如张灏所说，梁启超在早期的"群"的思想中就体现了其社会政治思想的三个主要倾向：政治整合、民主化和含蓄而矛盾地接受民族国家理想[参见：[美]张灏.梁启超与中国思想的过渡(1890—1907)[M].南京：江苏人民出版社，1995：79]。就此而言，尽管不能排除新知识对旧有观念的更新作用，但梁启超对民族国家理论的关注似乎更应该理解为，他为原有的民族国家意识找到了一种理论化的表达方式。
② 梁启超.饮冰室文集(点校版)[M].昆明：云南教育出版社，2001：663.
③ 同上：810.
④ 同上：787，802.

徒,辍拾其一二之说,以矜矜自得,而不知其本源之所在,耗矣哀哉!"此外,1903年的《江苏》杂志还提出了诸如"建民族之国家,立共和之宪章,凡我同胞,其矢斯志","组织民族的国家,建设新政府,为强立中国之基础"等政论色彩较浓的观点。[①] 一方面,上述言论的大量出现表明,此时的现代民族国家观念已经初步形成;另一方面,各种言论之共识大于分歧的情况,也表明了现代民族国家观念在认知上的合法性。

以上考察了晚清时期现代民族国家观念合法化的原因与表现。不过,如前述及,就探讨我国现代学校教育的产生而言,关于世界范围内制度化的民族国家形式如何在晚清合法化的阐述还只是问题的一个方面,除此之外还需要说明,民族国家形式的合法化是如何与教育方面的选择发生关联的。

四、 造就人才的现代学校教育制度

就我国的情况而言,民族国家形式的合法化与现代学校教育制度的关系可以分为两个方面:一是直接性的,即现代学校教育制度被视为现代民族国家的一个特征或重要组成部分。易言之,所有的民族国家——特别是强大的民族国家——都建立了现代学校制度,我们也要这样做。二是间接性的,即支撑现代民族国家的内在信念提出了建立现代学校教育制度的要求。

这里主要考察间接性的也是更为深层的方面。作为一种国家与社会组织形式,民族国家是借助诸如领土、主权、人口、政府、国民等一系列概念加以识别与定义的,它们建基于相应的本体论、目的论与价值观,体现为一整套内在信念。其中,对于理解我国现代学校教育制度的产生至关重要的,也是现代民族国家内在信念中最为核心的,是两个相关的方面:其一,采取不同于传统专制主义的、倾向于民主的政治结构;其二,国家是由具体的国民构成的。

(一) 民族国家的内在信念: 现代政体

即便教育问题一直是晚清各项改革的重点,教育上的每一次革新无疑也都是作为政治改革的一部分而存在的。因此,从政治的角度来理解当时的教育思想与实践显得非常必要。作为"戊戌变法"的发动者与倡导者,康有为努力改革的中心目标就是"以缓进的步调,使古老中国传统进入共同的近代世界的价值

① 孙小著.中国近代思想家对民族国家理论的认识[J].安徽史学,1999(2).

系统——他认为近代西方的样板适合同一时期发展中的所有国家"。① 其中，政治体制改革是一个核心，"随便浏览康氏的著作即可知，改良古老中国的政体在他的变法思想中占很大地位"。② 通过阅读西方书籍，③康有为接触到了近代民主思想，并将它们与儒家思想中和在一起。他认为，专制是最坏的政府，只存在于政治落后的国家，君主只求控制其子民，而不为他们的利益着想，最坏的专制遂成为保证，人民饱受迫害，而且会导致社会和思想上的停滞。④ 因此，尽管我们有理由相信，康有为在"戊戌变法"前后极力维护皇权的中心地位不是出于实现变革的策略选择，但他在皇帝身边设置孔子这位"天师"的想法，也分明在表达一种儒化的君主立宪观念。在他看来，"民主不能一蹴而几于民主。中国受专制之毒已深，但尚未有行民主的资格。政治以及其他方面的进步，必须渐进有序"，"在实施全民共和之前，中国必须经过君主立宪的过渡时期"。因此，他一方面大力倡导转变人们的旧观念与旧思想，另一方面积极参与君主立宪制的构想。⑤ 而这两方面都必须依赖教育。就前者，他曾上书光绪："查中国民俗，惑于鬼神，淫祠遍于天下，以臣广东论之，乡必有数庙，庙必有公产。若改诸庙为学堂，以公产为工费，上法三代，旁采泰西，责令民人子弟，年至六岁者，皆必入

---

① ［美］萧公权.近代中国与新世界——康有为变法与大同思想研究［M］.汪荣祖，译.南京：江苏人民出版社，2007：147.

② 同上：150.

③ 根据萧公权的研究，康有为自1879年开始阅读西方资料，包括《西国近事汇编》《万国公报》和《泰西新史揽要》(参见：［美］萧公权.近代中国与新世界——康有为变法与大同思想研究［M］.汪荣祖，译.南京：江苏人民出版社，2007：151)。其中，由英国人李提摩太翻译的《泰西新史揽要》在当时的中国影响甚大，该书的进步主义论点"使在九十年代降于中国的大灾难之下惊恐万状的知识分子大为动情"。该书自1896年由上海广学会出版之后，销售情况很好，还被盗印。在杭州，同时有六种不同的盗印版本，估计有100万盗印本在中国流传(参见：迪莉亚·达文.帝国主义和自由思想的传播——英国对中国教育的影响［M］//［加］许美德，［法］巴斯蒂，等.中外比较教育史.上海：上海人民出版社，1990：62)。佐藤慎一也围绕法国革命指出了《泰西新史揽要》的进步主义倾向。他说："在王韬的《法国志略》中被视作王朝更替过程的幕间剧的法国革命，在《揽要》中却成了标志欧洲现代史开始的重要事件。"参见：［日］佐藤慎一.近代中国的知识分子与文明［M］.刘岳兵，译.南京：江苏人民出版社，2006：186.

④ ［美］萧公权.近代中国与新世界——康有为变法与大同思想研究［M］.汪荣祖，译.南京：江苏人民出版社，2007：151.

⑤ 康有为在《上清帝第六书》中说道："近泰西政论，皆言'三权'。"他认为中国政府中大致有相当于行使行政权与司法权的机构，却缺少"议政"机构。因此，他主张设立"制度局"，提出制度局由十二个部门组成，分别掌管法律、度支、学校、农、工、商、铁路、邮政、矿务、游会、陆军与海军等有关事务。可见，这完全是一个内阁。康有为认为，制度局的设立，对于从传统制度转变为现代内阁制，将收启导效果。参见：［美］萧公权.近代中国与新世界——康有为变法与大同思想研究［M］.汪荣祖，译.南京：江苏人民出版社，2007：201.

小学读书。……非独教化易成,士人之才众多,亦且风气遍开……"①就后者,他指出:"吾国任举一政一艺,无人通之。盖先未尝教养以作成之,……不可不亟设学以育成之矣。"②

同样,作为"戊戌变法"的主将,梁启超虽然在选择何种政体上摇摆不定,但这种摇摆也主要是在选择何种更为民主的制度上的揣摩与犹豫,而不是在民主制度与专制制度之间的取舍。即便是在"戊戌变法"之前维护一君之治的时期,他也围绕官制,提出"人人有自主之权""一君之事,君国民互让"③的观点,并强调:"官制不改,学成而无所用,投闲置散,……既欲省、府、州、县皆设学校,然立学诸务,责在有司,今之守令,能奉行尽善乎?如是,则兴学如不兴。……盖事事皆有相因而至之端,而万事皆同出于一本原之地,不挈其领而握其枢,犹治丝而棼之,故百举而无一效也。"④"戊戌变法"之后,他明确提出:"然则为国民者,当视专制政体为大众之公敌;为君主者,当视专制政体为一己之私仇。"⑤"故采定政体,决行立宪,实维新开宗明义第一事,而不容稍缓者也。"⑥同时,梁启超同样认为,政治上的振兴取决于人民所受的教育。他相信:"国政者,国民之智识力量的回光也。""未有民不求自伸其权,而能成就民权之政者。我国蚩蚩四亿之众,数千年受治于民贼政体之下,如盲鱼生长黑壑,出诸海而犹不能视。妇人缠足十载,解其缚而犹不能行。故步自封,少见多怪,曾不知天地间有所谓'民权'二字。"⑦因此,"合科举于学校,自京师以讫州县",也就成为他在《变法通议》里阐明的改革方案的要旨。

不同于梁启超,章太炎似乎以一种保守主义的姿态,对现代民族国家的构想充满抵制,但实质上,他对构建现代国家的思考更为深入。他反对议会政治的理由恰恰是他认为这是"封建的变相"。按照中国的实际情况,选举的结果只能是原来横行地方的"豪右"当选,而由这些人组成的"国会","名曰国会,实为奸府",普通民众的权利仍然得不到保障。因此,"议院者,民之仇,非民之友"。如此看来,章太炎对代议制的批评恰恰不是反民主,而是为了真正的民主。他

---

① 汤志钧,陈祖恩. 中国近代教育史资料汇编·戊戌时期教育[M]. 上海:上海教育出版社,1993:54—55.

② 同上:51.

③ 梁启超. 饮冰室文集(点校版)[M]. 昆明:云南教育出版社,2001:83.

④ 同上:23.

⑤ 同上:919.

⑥ 同上:923.

⑦ 同上:667.

的态度是,衡量民主与否的标志不是某一种制度安排,而是人民的各项权利是否得到保障。因此,他对西方行政、立法、司法三权分立的构想作了补充,加上了教育权,因为,"学校者,使人知识精明,道行坚厉,不当隶政府,惟小学校与海陆军学校属之。其他学校皆独立,长官与总统敌体,所以使民智发越、毋枉执事也"。①

(二) 民族国家的内在信念: 塑造国民

与政体改革形同一体两面的是"国民的发现"。现代民族国家的一个根本信念便是,国家不再根据封建王朝家族来识别,而是作为人民的集合被定义。作为这一信念的集中表现,"群"的概念在晚清时期甚为流行。严复的"一群一国之成立"表明,"群"的形成与国家的建立之间具有内在的对应关系。而它的出现与流行也表露了当时国人的一些迫切想法:重新提供中国社会的文化、道德和政治认同的基础;对原有的国家权力进行有效变革和制衡,并恢复其行政能力;实现社会动员,使整个社会通过一系列社会机制的建立而运转;以上述条件为基础,有效发展国家的经济、军事和科技能力,建立现代民族国家,并以主权独立为前提,发展国际关系。② 具体来说,在晚清,"国民的发现"或以"力本论"的方式,或以"权本论"的方式得到体现。"力本论"相信,国家的力量不在于君主、权贵,而在于国民,只有每一个国民得到发展,国家才会真正强大。也就是说,国家的发展以个体的发展为基础,国家的复兴依赖于个体的更新。"权本论"在"力本论"的基础上,更为强调国民身份的法理意义。我们权且用梁启超的观点来理解"力本论"与"权本论"的不同侧重点。就前者而言,梁启超说:"国也者,积民而成,国民之幸福,即国家之幸福也。国多贫民,必为贫国,国多富民,必为富国,推之百事,莫不皆然。"③"苟有新民,何患无新制度,无新政府,无新国家?"④就后者而言,他说:"主权者,邦之所有;邦国者,众人之所有。"⑤"天下未有无人民而可称之为国家者,亦未有无政府可称之为国家者。"⑥

无论是"力本论"还是"权本论",都表明了对国家意义的现代理解,也都提出了普及性教育的诉求。康有为在《请开学校折》中说道:"荷兰、比利时、瑞典、

---

① 转引自:张汝伦.现代中国思想研究[M].上海:上海人民出版社,2001:154.

② 汪晖.现代中国思想的兴起[M].北京:生活·读书·新知三联书店,2004:885,886—887.

③ 梁启超.饮冰室文集(点校版)[M].昆明:云南教育出版社,2001:927.

④ 同上:548.

⑤ 同上:386.

⑥ 同上:844.

丹麦以蕞尔国而能独立者,以诸学并立,大学岿然,人才不可胜用故也。普胜法后,俾士麦指学生语之曰:'我之胜法,在学生而不在兵。'以百业千器万技,皆出于学,作而成之故也。彼分途教成国民之才,如此其繁详也,我乃鞭一国之民以从事于八股枯困搭截之题,斫人才而绝之,故以万里之大国,四万万之人民,而才不足立国也。"因此,他主张"以普之国民学为师","小学中学者,教所以为国民,以为己国之用,皆人民之普通学也"。① 严复也认为:"夫所谓富强云者,质而言之,不外利民云尔。然政欲利民,必自民各能自利始;民各能自利,又必自皆得自由始;欲听其皆得自由,尤必自其能自治始;反是且乱。故彼民之能自治而自由者,皆其力、其智、其德诚优者也。是以今日要政,统于三端:一曰鼓民力,二曰开民智,三曰新民德。"② 由是便当兴学校。因为,"学校庠序之制善,而后智仁勇之民兴。智仁勇之民兴,而有以为群力群策之资,夫而后其国乃一富而不可贫,一强而不可弱也"。③ 梁启超则历来坚持"权生于智"的主张,在他看来,"有一分之智,即有一分之权,有六七分之智,即有六七分之权,有十分之智,即有十分之权",因而"今日欲伸民权,必以广民智为第一义"。④ 而民智之开,则"归本于学校"。

(三) 我国现代学校教育制度的初创

正如强世功所言:"意识形态的合法化论证是由知识分子阶层为确立'文化霸权'作为一种'知识'而建构起来的。这种'知识'的产生及其系统化取决于知识分子所处的特定'历史情境'的'需求'与现有的作为可供利用之资源的'知识供给'之间的平衡,即要求对特定时代的'问题'用现用的理论进行合理性解释和证明。"⑤ 上述的思想言论与政治主张尽管存在立场不同、程度各异的问题,但它们在认同上述现代民族国家的两个内在信念以及强调学校教育方面,无疑是一致的。而它们凭借对现实问题具有充分解释力的知识与理论以及自身的影响力,也使得构建学校教育制度逐渐成为一种共识。

---

① 汤志钧,陈祖恩.中国近代教育史资料汇编·戊戌时期教育[M].上海:上海教育出版社,1993:51.
② 严复.原强[M]//陈学恂.中国近代教育文选[M].北京:人民教育出版社,1983:174.
③ 林家有.政治·教育·社会:近代中国社会变迁的历史考察[M].天津:天津古籍出版社,2004:239.
④ 孙培青,李国钧.中国教育思想史(第三卷)[M].上海:华东师范大学出版社,1995:106.
⑤ 强世功.法制与治理:国家转型中的法律[M].北京:中国政法大学出版社,2003:36.

这里的"共识"无疑只能是葛兰西(Antonio Gramsci)所指的共识(误识的),而不可能是哈贝马斯(Jürgen Habermas)所指的共识(真诚的),其在最初只能是结果上的、表面上的。我们不可能天真地以为所有的朝臣与士大夫们都认同现代政体以及现代国民问题。他们中的大部分人对此是竭力抗拒的。而现代学校教育制度最终之所以被采纳,一方面是掌权者在统治合法性危机之下的不得已之选,另一方面也表达了他们力图化解统治合法性危机的一种希望,因为,无论"今泰西各国学校之法,犹有三代遗意,礼失求野,或尚非诬"①的说法是一种真正的文化姿态,还是一种言说上的附会策略,张之洞等人显然是相信学校教育制度能够带来国家富强的。这便是制度化的现代民族国家形式在全球扩散所直接制造的一种神话。这里使用"神话",不是意在否定学校教育制度的实际效果,而是强调,不管学校教育制度在事实上到底能起多大的积极作用,人们总是对"学校教育制度能够带来国家富强"这一判断"信以为真"。通常的认知逻辑是这样的:强大的国家都建立了自己的学校教育制度,它们是因为建立了学校教育制度而富强的。因此,为了国家的富强,我们应该建立自己的学校教育制度,而且要建立像西方国家一样的学校教育制度。

正因如此,晚清时期在学校教育目的的规定与表述上,基本都使用"人才",而不是"国民"。人才的重要性首先来自"新政"的要求,在1901年的变法上谕中,两次提及"人才",一次提及"治人",一次提及"贤能"。② 这份上谕认为:"中国之弱在于习气太深,文法太密,庸俗之吏多,豪杰之士少。文法者庸人借为藏身之固,而胥吏恃为牟利之符。公私以文牍相往来,而毫无实际;人才以资格相限制,而日见消磨。误国家者在一私字,祸天下者在一例字。"并在最后一段指出:"特是有治法,尤贵有治人。苟无其法,敝政何从而补救?苟失其人,徒法不能以自行。"③张之洞与刘坤一在著名的"江楚三折"的第一折中说道:"窃谓中国不贫于财而贫于人才,不弱于兵而弱于志气。人才之贫,由于见闻不广、学业不实;志气之弱,由于苟安者无履危救亡之远谋,自足者无发愤好学之果力,保邦致治,非人无由。"因此,他们主张"设文武学堂、酌改文科、停罢武科、奖劝游学"。④ 袁世凯在其奏折中也强调:"国势之强弱,视乎人才,人才之盛衰,原于学

---

① 舒新城.中国近代教育史资料(上卷)[M].北京:人民教育出版社,1981:48.
② [美]任达.新政革命与日本:中国,1898—1912[M].李仲贤,译.南京:江苏人民出版社,1998:149.
③ 璩鑫圭,唐良炎.中国近代教育史资料汇编·学制演变[M].上海:上海教育出版社,1991:2—3.
④ 同上:12.

校。诚以人才者,立国之本,而学校者,又人才所从出之途也。"①其他诸如"建学
储才,实为当今急务"之语,在上谕中也经常出现。

　　值得注意的是,此时的"人才"已经不同于以往的"儒生",而是现代意义上
的人才。当然,这种现代意义上的"人才"称呼也不是 1900 年左右才被使用的,
此时比较突出的一点是在各种谕文、奏折中强调"政治人才"。譬如,张之洞与
刘坤一的奏折直接以"筹议变通政治人才为先折"为题,光绪在 1901 年的上谕
中要求各州、县分别将书院改设大、中、小学堂时,首句便言"人才为政事之
本"。② 然而,透过各种表述也可以看到,这里的"政治人才"中的"政治"不是狭
义的。1901 年的上谕中称:"除京师已设大学堂应行切实整顿外,着各省所有书
院,于省城均改设大学堂,各府及直隶州均改设中学堂,各州、县均设小学堂,并
多设蒙养学堂。其教法当以'四书''五经'纲常大义为主,以历代史鉴及中外政
治、艺学为辅,务使心术纯正,文行交修,博通时务,讲求实学,庶几植基立本,成
德达材……"③据此阐述,"政治人才"并不局限于狭义的官员或行政人员。虽
然与现代意义上的国民教育还相去甚远,但"政治人才"还是隐约显露出一种现
代性,因为它似乎承认了普通社会成员所具有的政治意义。这或许是以学校这
种形式培养人才所体现出的一种变革性意义。

　　此外,一如以上阐述已表明的,现代民族国家形式与其教育模式的制度化,
以及它在晚清中国的合法化,尽管与当时中国所处的历史情境紧密关联,但其
深处表现为文化、认知上的转变。也正因如此,制度化常常导致同形的现象。
从这个角度来看,在最初创建新的学校教育制度时,采取一种模仿甚或是全盘
照搬他国制度的方式,似乎是理所当然的。

　　在对待模仿或照搬其他国家学校制度这个问题上,不少研究者颇有微词。
远的暂且不说,看一下民国时期学者的态度便可见一斑。譬如,古楳略带阶级
情绪地认为:"《钦定学堂章程》的颁布本为寻常的事,惟以一纸命令竟把数千年
传统的教育制度,遽然全部推翻,而反将异国的教育制度——资本主义的教育
制度——全部移植过来,却可算是一种惊人的举动。"④舒新城也指出:"中国新
教育制度是由逼于外力的一种反动所产生的,虽然此中反动是以'图强'为主要
元素,但当时之改行新教育制度而将旧的——书院制私塾制考试制——一笔勾

① 璩鑫圭,唐良炎.中国近代教育史资料汇编·学制演变[M].上海:上海教育出版社,
1991:41.

②③ 同上:5—6.

④ 古楳.现代中国及其教育(下)[M].上海:中华书局,1936:322—323.

销,并不是主持者真正明白新教育制度底优点与洞悉旧者底缺点,不过眼见得外力日逼,国势日弱,特运用'以其人之道还治其人之身'的推证而极力模仿其种种设施。所以教育改制数十年,形式方面力求欧化,实质则仍抱持科举思想、封建思想于不敝。一切教育思想也脱不了此种圈套。"①从历史后果来看,两位学者的观点无疑没有什么不正确,但回到历史处境中考虑,这种事后看来不太理性的选择,可能在当时思想的总体层面上正是被接受的,甚至是被推崇和追求的,这在很大程度上可以理解为制度化的结果。同时,结合舒新城"以其人之道还治其人之身"的观点,当时的努力从另一个侧面看,非但不是消极的,反而是积极的,是一种竞争性模仿。

理解竞争性模仿,要结合前文提及的晚清时期在中国流行的社会进化论。社会进化论不仅解释了当时中国的危机与处境,也指出了中国的出路与希望。梁启超在《少年中国说》中说道:"我中国其果老大矣乎?是今日全地球之一大问题也。如其老大也,则是中国为过去之国,即地球上昔本有此国,而今渐渐灭,他日之命运殆将尽也。如其非老大也,则是中国为未来之国,即地球上昔未现此国,而今渐发达,他日之前程且方长也。欲断今日之中国为老大耶?为少年耶?则不可不先明'国'字之意义。夫国也者,何物也?有土地,有人民,以居于其土地之人民而治其所居之土地之事,自制法律而自守之;有主权,有服从,人人皆主权者,人人皆服从者。夫如是,斯谓之完全成立之国。地球上之有完全成立之国也,自百年以来也,完全成立者,壮年之事也;未能完全成立而渐进于完全成立者,少年之事也。故吾得一言以断之曰:欧洲列邦在今日为壮年国,而我中国在今日为少年国。"②从这段话中可以看出,社会进化论除了明确宣扬一种竞争与较量的观念之外,还隐含着一种单一的、线性的思维。所谓的竞争与进化,是朝着一个方向去的,依循固定的程式。换句话说,欧洲国家现在的样子就是中国要努力的样子。推而论之,别国的教育发展了,我国的教育也要像别国那样发展,努力赶上并超过它们。

抛开"戊戌变法"时期短暂的改革,在国家层面,我国近代正式出现大学、中学、小学并立的学校体系应该是在 1901 年。是年 8 月,光绪下诏将书院改学堂。不过,当时的大学、中学、小学之间只存在一种自然的体系,而没有正式的制度规定。1901 年的上谕只是原则性地要求改书院为学堂,至于怎么改,改后

① 舒新城. 近代中国教育思想史[M]. 上海:中华书局,1928:14.
② 梁启超. 梁启超全集(第一册)[M]. 北京:北京出版社,1999:410.

83

如何运行等,并没有给出具体的操作方法。① 在 1902—1904 年的两三年中,山东大学堂的办学模式得益于 1902 年上谕政务处,将袁世凯所奏山东学堂事宜及试办章程通行各省仿照举办,②从而在全国甚为流行,对书院改制产生巨大影响。而袁世凯奏折中的"考各国学制"之语表明,山东大学堂在模仿对象上是非常模糊的,古楳称之为"中西合璧"。③

至于后来为何模仿日本建立现代学校教育制度,一些研究者解释,这是因为到日本考察教育有许多方便与利好之处。他们常依据张之洞 1898 年的《劝学篇》给出这样几个理由:其一,"去华近,易考察";其二,"东文近于中文,易通晓";其三,"西书甚繁,凡西学不切要者,东人已删节而酌改之";其四,"风俗相近,易仿行,事半功倍"。④ 而且,他们尤为关注最后一个理由,将其归纳为"同文同种"。这里有几个问题需要进一步讨论。首先,教育考察团之所以能够去日本,与当时的中日关系有关。日本人实藤指出:"日清战争后到日俄战争之间的年份,是无比的日、中两国的亲和时代。关系密切得使其他外国人妒忌。"⑤没有这种良好的关系,根本不可能去日本考察。事实上,赴日本考察教育者正是因为得到了日本的大力帮助,才取得了预期的效果。非但如此,日本接受了中国大量的留学生,并以个人造访或政府派遣的方式到中国来支持清政府的教育改革。当时有许多日本人在中国任教。其次,所谓"风俗相近"或"同文同种"的解释未必十分恰当。其实,紧接着这句话,张之洞又说:"若自欲求精求备,再赴西洋,有何不可?"如此,仅从字面来看,张之洞最终的指向还是西方国家,日本似乎只是一个更为方便的跳板。再次,在《筹议变通政治人才为先折》中,张之洞还表达了经济上的考虑,称赴日"经费省","较之学于欧洲各国者,其经费可省三分之二"。⑥

具体而言,对日本教育模式的模仿主要是通过派遣考察团或考察人员的方式实现的。最早的考察团由张之洞于 1898 年派出,姚锡光任团长,他于1899 年发表了见闻录《东瀛学校举概》。旅居日本的中国人夏偕复于 1901 年

---

① 金林祥.中国教育制度通史(清代下)[M].济南:山东教育出版社,2000:262.
② 璩鑫圭,唐良炎.中国近代教育史资料汇编·学制演变[M].上海:上海教育出版社,1991:6—7.
③ 古楳.现代中国及其教育(下)[M].上海:中华书局,1936:322.
④ 陈学恂.中国近代教育文选[M].北京:人民教育出版社,1983:243.
⑤ [美]任达.新政革命与日本:中国,1898—1912[M].李仲贤,译.南京:江苏人民出版社,1998:149.
⑥ 璩鑫圭,唐良炎.中国近代教育史资料汇编·学制演变[M].上海:上海教育出版社,1991:20.

发表《学校刍议》。李宗堂在刘坤一的授命下,于1902年写成《考察学务日记》。1901年,张之洞与刘坤一共同委派罗振玉与其他六人组成特别考察团赴日,该考察团的工作对我国近代学校制度的形成起到了至关重要的作用。他们会见了日本主要的教育家和政府官员,包括文部相、外务相等;参加了日本为考察团安排的一系列有关日本教育及行政管理各个专题的讲演;收集了一整套各种类型、不同层次的日本教育机构的法规和规章;收罗了珍贵的教科书。考察团成员陈毅在1902年和1903年先后发表了三本日本教育方面的译著:《教育行政》《胎内教育》《教育史》。罗振玉写成《扶桑两月记》。此外,陈毅还承担了起草学制的任务,其草案成为1904年《奏定学堂章程》的底版,而草案本身全面参考了日本的学校教育制度。此外,吴汝纶也于1902年赴日调查教育系统,他参观了东京、大阪、京都的44所现代大、中、小学校,结合其他见闻,编写成《东游丛录》。这本书以详细的图表,细致地描述了日本的教育系统。这些图表以及吴汝纶的许多主张,受到了教育工作者与行政官员的广泛关注,对最初学校教育制度的设计产生了重要影响。因此可以说,虽然晚清时期是简单地模仿日本的学校制度,但模仿的过程及其源流是复杂多样的。①

我国现代学校教育制度的建立以中学的出现为重要标志,而中学也自然深刻地体现了现代学校教育制度的印记,其中最为首要者便是组织结构方面的考虑与设计。古楳描述了最初全新的学校教育制度所具有的十个特征:(1)教育行政机关的建立;(2)教育经费的筹措;(3)学校系统的划一;(4)课程的固定;(5)班级教学的通行;(6)心理学的应用;(7)身心训练的并顾;(8)实用知能的注重;(9)学费的征收;(10)规章的限制。② 这些特征中的绝大多数或直接表现为结构上的属性,或对中学组织结构有着某种既定的、可能的要求。它们是

---

① 这里的整理综合参考了以下文献:[美]任达.新政革命与日本:中国,1898—1912[M].李仲贤,译.南京:江苏人民出版社,1998:151—153;[日]阿部洋.向日本借鉴:中国最早的近代化教育体制[M]//[加]许美德,[法]巴斯蒂,等.中外比较教育史.上海:上海人民出版社,1990:95—99.

② 古楳.现代中国及其教育(下)[M].上海:中华书局,1936:325.舒新城在其教育自述《我和教育》中也略带乡愿语调地借学堂中的自鸣钟表达了对新式学堂的最初感受:"这东西我是第一次看见,对于那针的自动着实有点诧异。方要进一步再去考察时,堂长室里忽然有人走出的声音,便拔脚走到自修室。后来知道这个玻璃盒就是'自鸣钟',我们早起、晚睡和上课、下课、吃饭等等都得受它的指挥。我想到它对人们有这样大的势力,是由于它能自动自鸣!但它为什么能自动自鸣,却不能再往下追问了。"参见:舒新城.我和教育[M].上海:中华书局,1941:54—55.

由世界扩散至中国的,但如前所述,世界性的扩散又丝毫不能与中国自身的理解和要求相分离,无论是在形成之初还是在形成之后。有鉴于此,第二章的关注点将移至内部,考察我国近代中学的行政组织结构在内部因素影响下的演变过程。

第二章

政府、教育与中学行政结构

正如导论中所言,本章的主要任务是承续前章,考察我国近代中学出现之后,学校行政组织结构方面的演化与变动。依照民国教育学者张文昌的观点,我国近代中学虽然在宏观的学校体制、教育思想和微观的教育内容与教学方法上处处学习和效仿外国,但唯独在中观层面的学校行政组织结构上,似乎与国外存在不少差异。他在分析当时国内缺乏中学教务研究的原因时便指出:

> 中国学术界因为处处落在人家后面,非西洋盛行的就不提倡。几年前的测验运动、设计教学法、道尔顿制,最近的儿童中心教育、文纳特卡制等,何以非跟在人家后面,摇旗呐喊?外国的中等学校组织非常简单,一个校长要做好许多事,绝少有教务处组织,与教务主任的一职。所谓"Dean"是"主任"的意思,且往往在大学里才有;即使规模大的中学里有此一职,也包括训育(或女生指导)和总务的一部,和副校长性质差不多。至于所谓注册员更是大学里的职员,所以要找一个像我国现在之中学教务处和教务主任性质相同之西文名词,竟找不出。无怪没有此种专门书籍,无怪在处处效鞏西人的中国教育界对于教务主任的训练和文字,如此的静寂了。①

张文昌对于当时外国教育的阐述虽不全面,且讨论的只是 20 世纪 30 年代的中学,而没有考察中学出现之初的状况,但他的话也表明,我国近代中学行政组织至少在其发展过程中,未曾发生整体移植国外模式的情况。有鉴于此,本章将更多地围绕内部因素来考察近代中学行政组织的演变过程。当然,正如前一章从世界和社会层面出发考虑问题时没有忽略国内因素一样,这里强调的内部视角也不会屏蔽各种国外因素的影响。

---

　　① 　张文昌.中学教务研究[M].上海:民智书局,1933:2—3.

同时,所谓内部因素又是多方面的。从大的方面看,既涉及中学(作为单个组织或组织集合的中学)自身的情况,也涉及中学的外部环境;就外部环境而言,包括政治、经济、文化、历史等多个方面。结合史实以及前文的分析思路,本章重点从外部环境的影响入手,探析近代中学行政组织结构的演变过程,且在各种外部因素中,集中凸显政府力量的影响。简言之,本章的讨论带着这样一个意图:在忠实呈现我国近代中学行政组织结构演变的主要过程与细节的基础上,以政治与教育的勾连为背景,讨论政府(中央政府)与学校、相关社会群体的关系,以及借由这些关系所体现的规则性制度要素对学校组织结构的影响。

依据我国近代中学行政组织结构演变的阶段性,本章的讨论将区分出三个历史时期:(1) 约 1902—约 1917 年,这一阶段,中学开始逐渐出现"教务长"一职,但中学的行政组织结构总体上较为简单,分化程度不高;(2) 约 1918—约 1932 年,这一阶段是中学行政组织结构分部制形成与定型的时期;(3) 约 1933—1948 年,出现国家层面的关于中学行政组织结构的单项法令式规定与要求。

一、 教务长的出现

按照教育史学界的基本观点,我国最早的现代意义上的中学可以追溯到盛宣怀1898 年在上海创办的南洋公学中院。[①] "戊戌变法"时期,光绪帝谕令"将各省府厅州县现有之大小书院,一律改为兼习中学西学之学校",[②]由此出现了一些由书院转变而来的新式中学堂,但维新运动失败后,大多数学堂又恢复为传统书院。[③]

---

① 其时,南洋公学在学校行政组织结构方面设总理一员、华总教习一员、洋总教习一员、管图书院兼备教习两名、医生一名,中院设中院华人洋文教习四名、洋文帮教习四名、汉教习四名、稽察教习四名、司事两名、斋夫杂役十六名。参见:中华民国教育部教育年鉴编纂委员会. 第二次中国教育年鉴[M]. 上海:商务印书馆,1948:346. 这里的"华总教习"与"洋总教习"相当于教务长或教务主任。

② 朱有瓛. 中国近代学制史料(第一辑下册)[M]. 上海:华东师范大学出版社,1986:441.

③ 维新运动失败后,慈禧以"名异实同"之由命令停办新式学堂。同时,也正是在"名异实同"的口号下,一些有识之士对书院进行了改革。譬如张之洞在湖北对两湖书院、经心书院和自强学堂的改革。此外,尽管有限制停办新式学堂的明令,但个别地方还是以策略的方式建立新式学堂。根据《杭州教育志》的记载,杭州知府林启于 1899 年创办养正书塾,书中记载:"养正书塾其实是一所现代学堂,之所以称为'书塾',是因为时值戊戌维新运动失败,以慈禧太后的清廷守旧势力控制朝政,命令各省停办新式学堂。林启为避免守旧派的梗阻,贯彻其'延名师讲授致用之学'的办学主张,袭用了'书塾'这一旧称。"养正书塾初办时设总理一人、总教习一人、塾正一人、塾副一人、塾监三人。总理主持塾中一切工作,总教习管理教务,塾正处理事务,塾副协助塾正,塾监管理学生生活。此外,还聘请教习四人各分专科,按时授业。参见:杭州市教育委员会. 杭州教育志[M]. 杭州:浙江教育出版社,1994:125.

因此,现代中学的普遍化与稳定化,应该是从 1901 年的谕令——"各省、府、直隶州及各州、县分别将书院改设大、中、小学堂"①——发端的。

(一) 制度上从有到无的总教习

1901 年的谕令主要提出改书院为学堂,但至于书院怎么改、学堂怎么办等问题,非但地方官员不知所措,清政府也没有清晰的方案,只是要求"所有礼延师长,妥定教规,及学生毕业,应如何选举鼓励,一切详细章程,着政务处咨行各省悉心酌议,会同礼部复核具奏"。②此谕令于八月颁布,过了近两个半月,慈禧也许是在袁世凯的力荐下,于是年十月又以光绪的名义谕令:"查袁世凯所奏山东学堂事宜及试办章程,拟先于省城立学堂一区,分斋督课,先从备斋、正斋入手,俾初学易于速就。……着政务处即将该署督原奏并单开章程,通行各省,立即仿照举办,毋许宕延。"③

由此,山东大学堂一时成为不少地方进行书院改造的参照样板。④ 当时的江苏巡抚聂缉椝在《遵改书院为学堂疏》中说道:"现在钦遵谕旨,设法扩充,应即以此为苏州省城大学堂广拓斋舍,多招生徒,以一百人为额。其课程、等级、班次,不外山东章程,先从备斋、正斋入手,再习专斋之意……"⑤此外,浙江、河南等巡抚在其奏疏中也都有"略仿山东章程""其章程则仿照山东学堂规制"等语。⑥ 在学堂行政构成上,山东大学堂是这样设计的:

大学堂首贵崇实,应扫除积习,力戒糜费。拟派总办⑦一员,总教习一

---

① 璩鑫圭,唐良炎.中国近代教育史资料汇编·学制演变[M].上海:上海教育出版社,1991:5.

② 同上:6.

③ 同上:7.

④ 金林祥编著的《中国教育制度通史(清代下)》中指出,除了山东的模式之外,在书院改学堂的过程中还有另外两种模式:江苏南菁模式与湖南模式。陕西的宏道大学堂即仿南菁书院办理,不仅办学章程仿南菁成案,课程设置亦仿南菁,设内政、外交、算学、方言四科。限于各地情况,这种办法效仿者颇少。湖南将省城的岳麓、城南、求忠等著名书院照旧保留,仅令其"分斋设额,课以经史及各国图书"。与此相似,其他不少省份改制的大学堂也多采取这种办法应付差事(参见:金林祥.中国教育制度通史(清代下)[M].济南:山东教育出版社,2000:264—265)。比较而言,在这两种模式下的书院改造,对新学堂的设立并没有产生什么影响,因此至少可以先假设排除它们对新学堂行政构成的直接影响。

⑤ 璩鑫圭,唐良炎.中国近代教育史资料汇编·学制演变[M].上海:上海教育出版社,1991:61.

⑥ 同上:63,70.

⑦ "总办"为清朝后期的官职名称。清末新设置的官署或办事机构的主管人员一般称"督办"或"总办",副职则称"会办",资格比会办略次的称"帮办"。

员,监督一员,即责成该员等会同认真筹办,总以择聘教习、挑选学生为第一要义。其余应用委员、司事、夫役人等,均由总办、总教习酌量委用,事无巨细,各与专责员额,以敷用为度,不得多立名目。……总办一员,总理学堂一切应办事件……总教习一员,总理择聘教习,核定课程等事,所有堂内教习、学生、司事、夫役人等概归管辖,并会同总办,经理学堂一切应办事宜,及挑选学生、购置书籍、仪器,稽查银钱款目等事。监督一员,督饬堂内学生恪守规约,会同中西教习,随时考核课程,按季会考,统计分数,区别优绌,呈候总办、总教习复加考验,以定等级。学堂凡有记功、记过、议赏、议罚等事,并归监督商承总办、总教习秉公办理,仍兼理学堂日记暨译书、印书等项事宜。如总教习因公离堂,所有应办事件,即由监督暂行代理。中学教习六名……西学华教习暂派六名……西学洋教习暂派三名……①

可见,山东大学堂的行政构成是比较完备的,尤其是总教习这一以教学为主要职守的职务,地位甚高。然而,一方面,由于山东大学堂的模式较为特殊,它将备斋、正斋与专斋(备斋相当于小学,习初级浅近学;正斋相当于中学,习普通学;专斋相当于大学,习专门学)合于一处,而其他地方的学堂则分别设置;②另一方面,可能由于山东大学堂的规格较高,③因此,即便是那些以山东大学堂为样本来改造书院的地方,在新式中学堂的行政构成上,也并不完全与山东大学堂相同。不过,从各位巡抚的奏疏来看,各个地方在设置"总教习"这一职务上还是比较一致的。譬如,河南"择定开封游击衙署改设学堂……聘总教习一人";江苏将"钟山书院改设中学堂一所,聘河南候补道濮文暹为总教习"。④

不过,到 1902 年 8 月,就清末中学堂行政组织构成而言,山东大学堂的模式已经不再重要,因为直隶总督袁世凯拟订的《中学堂暂行章程》和《钦定学堂章程》先后对此作了明确规定。其中,《中学堂暂行章程》规定:"各属中学堂,即

---

① 璩鑫圭,唐良炎.中国近代教育史资料汇编·学制演变[M].上海:上海教育出版社,1991:46.

② 浙江巡抚指出:"惟东省大学堂兼包中、小两学,浙省则系各堂分设,情事稍异,不得不量加变通……"参见:璩鑫圭,唐良炎.中国近代教育史资料汇编·学制演变[M].上海:上海教育出版社,1991:63.

③ 河南巡抚指出:"惟豫省地处中州,士风素朴,非通商各省习见洋务者可比。西学教习拟暂缓聘西人,但以华人之通西学者为之,免致士心或生疑阻。"参见:璩鑫圭,唐良炎.中国近代教育史资料汇编·学制演变[M].上海:上海教育出版社,1991:70.

④ 璩鑫圭,唐良炎.中国近代教育史资料汇编·学制演变[M].上海:上海教育出版社,1991:70,72.

以该府、直隶州官为总办。每学设监督一员,监察学中一切事务。置司事一员,司案卷支应等事。夫役若干名。""每中学堂置中文教习二员,英文教习二员,有州附者置三员。该教习先期由总督调集,考试西学一途,委大学堂总教习评定甲乙,择优取录,给予凭照,分别派充。"①《钦定中学堂章程》则规定:

第一节　中学堂应设总理一员,以主持全学教育,统辖一切事宜。

第二节　设副办二员或三员,承总理之命随同办理。

第三节　设教习若干员,以分任教授各班学生功课。

第四节　设文案一员,专任全学往来文报,并掌管书籍。

第五节　设收支一员,以总司全学款项出入。

第六节　有寄宿舍在堂外者,设寄宿舍监督二员。

第七节　如中学堂延有外国教习者,查照《京师大学堂章程》第六章之第七节第八节办理。(各教习如有教课不勤,及任意紊乱课程上之规约等事,无论中外教习、年满与否,管学大臣均有辞退之权。延聘外国教习时,应将此条注明合同之上。学问之与宗教本不相蒙,西教习不得在学堂中传习教规。——引自《钦定京师大学堂章程》)

第八节　总理、教习诸员,须择品学兼优、通达时务者任之,不得徇情滥用。

凡副办、教习、文案、收支、监督诸员,皆受考成于总理。②

这里介绍《钦定中学堂章程》的意图有两个:一是为了说明此时的规定中已经不再有此前提到的"总教习"这一职务;二是为了与《奏定中学堂章程》加以比照。1904年颁布的《奏定中学堂章程》规定:

第一节　中学堂应设监督一员,统辖全学员董司事人役,主管一切教育事宜。

第二节　设教员若干员,分教各种科学。

第三节　设掌书一员,以教员兼充。

第四节　设文案一员,专管全学往来文牍。

第五节　设会计一员,总司全学款项出入。

---

①　璩鑫圭,唐良炎.中国近代教育史资料汇编·学制演变[M].上海:上海教育出版社,1991:86.

②　同上:267,249.

第六节　设庶务一员,管理堂中各项杂务。

第七节　有学生斋舍者,设监学二员,以教员兼充。①

关于中学堂的行政构成,《钦定中学堂章程》与《奏定中学堂章程》的差异和共同之处非常明显。就差异而言,其一,两者是在不同的标题下加以阐述的。《钦定中学堂章程》在"各项规则"中讨论人员,《奏定中学堂章程》则在"教员、管理员"中加以规定,除了对"人员"本身的关注之外,"管理"概念的提出也有其深意。其二,从"分任教授各班学生功课",到"分教各种科学",这一表述上的变化也表明了从"以班为主"转向了"以科为主"。其三,《奏定中学堂章程》中已没有"副办"的设置。就共同点而言,两者都没有设置"总教习"。

为何此时在制度上,中学堂不再设置总教习或其他专门管理教学活动的职务呢? 最可能的原因是受了日本的影响。众所周知,我国现代学校教育制度的最初确立主要以日本为学习样板。这种学习是整体性的,既包括宏观层面的学校设置,也涉及微观层面的学校管理。张百熙等人便强调:"学堂所重,不仅在教员,尤在有管理学堂之人。……各直省亟宜于官绅中推择品学兼优、性情肫挚、而平日又能留心教育者,陆续资派出洋……使之考察外国各学堂规模制度,及一切管理教授之法,详加询访体验。目睹外国教习如何教,生徒如何习,管理学堂官员如何办理。回国后,分别派入学务处暨各学堂办事,方能有实效而无靡费。……其边省不能多派官绅出洋考察学务者,亟宜广购江楚等省已经译刊之教育学、学校管理法、教育行政法、学校卫生学、师范讲义、学务报、教育丛书等类,颁发各属,俾从事学务之人考究研求。"②受张之洞与刘坤一委派,赴日考察学校制度的罗振玉也指出:"教育之兴否,必相行政者有教育之知识与否。教育之行政者得人,则教育靡不兴;否则,靡不替。故今日宜研究教育行政之学为第一要义……今日谋教育之改良,首宜专门研究其速成之法,莫如由政府选翰林以上志趣远大、学识弘通者数十人,至日本游历,专研究学校行政之法,而先译此类之书以资究考。"而他在 1902 年所著《学制私议》中提出的学校职员设置意见,很可能就是受日本学校管理制度的影响。罗振玉说:"小学校职员,曰校长一人,事务员一人,教习、班长无定员。有寄宿舍之校则有舍监,无定员(每校千人者,约舍监四五)。在中等以上之学校,则增书记。至大学校、高等学校之教官、职员等,则临

---

① 璩鑫圭,唐良炎.中国近代教育史资料汇编・学制演变[M].上海:上海教育出版社,1991:327—328.

② 舒新城.中国近代教育史资料(上)[M].北京:人民教育出版社,1981:199.

时定之。"①这与张謇在同一年对日本学校管理人员构成的描述非常相似。他说："日本市町村之单级小学校人数不多者，教授管理，教师一人任之，事权一而费用省，于兴学实为相宜。师范学校则人多而事繁，其势不得不分。"②由此可以推想，中学堂最初没有专设管理教学的职务，很可能是学习日本的结果。

当然，也可能是时人认为中学堂级别稍低、事务较简，不可或无须设置专人管理教学事务。综观整部《奏定学堂章程》可以发现，尽管没有"总教习"这一称谓，但在《奏定优级师范学堂章程》和《奏定高等学堂章程》中，出现了与其近义，并在此后较长时间内存在的职务称谓：教务长（大学堂设置"教务提调"）。③ 优级师范学堂和高等学堂在教育层次上都高于普通中学堂，循此思路，普通中学堂没有设置教务长职务的原因便有两种解释：其一，由于当时的学校系统划分与教育行政等级之间具有较强的同构性——譬如，京师大学堂兼具教育组织与教育行政机关的双重身份，《钦定学堂章程》即直接规定学校行政人员"设官"——那么为了体现等级差异，维持官员结构，中学堂便不宜与优级师范学堂和高等学堂一样设置教务长。其二，章程制定者可能认为，较之高等学堂和优级师范学堂，中学堂的教学内容以及相关教学事务的管理要简单得多，故没有必要设立总理学堂教学事宜的职位。

此外，还有一种通常被认为能够解释学校行政结构，但从制度文本比照来看却难以成立的理由，即学校规模。《奏定高等学堂章程》规定："高等学堂之规制，本应容学生五百人以上方为合宜；但此时初办，规模略小亦可，然总期能容二百人以上，以备人才日盛，容纳多人。"④《奏定中学堂章程》规定："中学堂之学生额数，应以四百人以下三百人以上为合格；其或经费充裕，学舍宏敞，可增至六百人。又若就地方情形，能于本学堂外分设一所，可禀明本省督抚核定增置，并咨明学务大臣查考。此时初办，学生额数暂不拘定。"⑤可见，高等学堂与中学堂在规模设置上不相上下，如此，便很难用学校规模来解释中学堂没有设置教务长的原因。

遗憾的是，至今尚没有直接的史料可以验证以上的解释。不过，更为重要的问题是，在制度文本之外，清末新式中学堂的行政构成究竟是什么样子。

---

① 同样的内容，罗振玉在《教育赘言八则》一文中也提到过。参见：璩鑫圭，唐良炎. 中国近代教育史资料汇编·学制演变[M].上海：上海教育出版社，1991：152，159.

② 舒新城. 中国近代教育史资料（下）[M].北京：人民教育出版社，1981：977.

③ 璩鑫圭，唐良炎. 中国近代教育史资料汇编·学制演变[M].上海：上海教育出版社，1991：338—339，428，387.

④ 同上：328.

⑤ 同上：318.

（二）实践中教务长的缺失及其问题

就笔者接触到的资料来看，有关清末现代中学的行政组织，少有详细介绍与专门讨论。关于清末中学行政组织状况的概要性阐述，主要集中在一些地方教育志中。其中，《江西省教育志》记载："光绪二十七年，江西成立中学堂之初，以主办人为监督（或称总办），主管人为副监督（或称堂长），监督（总办）多由知府、知州、知县等地方官兼任，以地方绅士充任副监督（堂长），并设舍监、司事、教习等。"①湖南省《教育志》写道："清末，湖南省官立、公立和私立中学堂，均按《奏定中学堂章程》的规定：'设监督一员，统辖全学堂人员，主管一切教育事宜。''设掌书一员，由教员兼充。文案一员，专管学堂往来文牍。会计一员，司学堂款项出入。庶务一员，管理学堂各项杂务。''有学生斋舍者，设监学二员，由教员兼充。'"②《长春市志：教育志》提及，1907 年在养正书院旧址上筹建的官立中学有学堂监督 1 人、监学 1 人、教职工 12 人。③《菏泽地区教育志（1840—1985）》记载："1903—1905 年，先后创办了曹州中学堂、南华私立中学和私立普通中学堂。当时学校规模都较小，但在办学宗旨、学制、课程设置、学校管理诸方面，都是以 1903 年颁布的《奏定学堂章程》为准绳的。"④有意思的是，紧接着这段叙述，该志又写道："曹州中学堂于 1903 年 5 月，由曹州知府丁镗主持创办。监督（即校长）为府学教授户乐戊，坐办（相当于现在总务主任）由地方绅士董富春担任，中、西教员各 1 人，由官方延请。"可见，至少在学堂行政构成人员方面，曹州中学堂事实上并没有做到以"《奏定学堂章程》为准绳"。

《菏泽地区教育志（1840—1985）》中出现的前后矛盾，可以从如下方面给出解释：其一，在相关的本地史料收集困难的情况下，教育志的编写者可能会援引一些"官话"以弥补信息上的不足，从而破坏了教育志的严谨性，带来信息失真的问题。其二，所谓"以《奏定学堂章程》为准绳"，更多地集中在办学宗旨、课程设置等被视为核心要素的内容上，在这些方面按章程办事。而诸如学校管理人员设置等"次要"问题，则可以自由裁量。其三，"依准绳""按规定"所强调的不是"全部照行"，而是"在其之中"。也就是说，各地方在中学堂的设置与管理办法上，只要是在章程规定的范围内即可，不强调丝毫不差地执行。这种不强调

---

① 《江西省教育志》编纂委员会. 江西省教育志[M]. 北京：方志出版社，1996：250.

② 湖南省地方志编纂委员会·教育志[M]. 长沙：湖南教育出版社，1995：447.

③ 王秉祯，董玉琦. 长春市志：教育志[M]. 长春：吉林人民出版社，1995：117.

④ 菏泽地区教育局教育志办公室. 菏泽地区教育志（1840—1985）[M]. 未公开出版，1992：139. 这里所说的"1903 年颁布的《奏定学堂章程》"应该是 1904 年。

全部照行的态度,在其他地方教育志中也多有体现。譬如,《贵州省志·教育志》中提道,"清代末期,学堂内一般设堂长、司事、教习等,有的遵章设置监督一员、监学一员、庶务一员、会计一员、书记一员、书籍仪器管理一员。"①《甘肃省志·教育志》也记载:"清末,中学堂采用班级教学制。中学堂开办之初,师资'取材于速成师范毕业之举贡',平均每校不及三名教员,课程设置和教学管理'按之定章,诸多不合'。"②《南京教育志》亦讲道:"清末南京中学堂,主事者名称不一。江宁府学堂名为监督,暨南学堂、私立钟英中学堂名为总理,亦有名为总办者,下设监学(学监)、舍监、供事(干事、会计)、誊录(书记),亦不统一。"③

较之各地教育志的概要性记载,1909 年直隶全省的中学堂统计表提供了更为具体、详细的中学堂行政组织。表 2-1 中,30 所中学堂均设有"监督"一职,24 所学堂设有"庶务"(司事)一职,12 所学堂设有"监学"(长芦官立中学堂的"副监督"相当于"监学")一职,5 所学堂设有"文案"(文业、书记)类职务,6 所学堂设有"会计"一职,3 所学堂设有"医员"(医官)一职。唯一特殊的是两江公立中学堂的"总办"一职。总办为清朝后期的官职名称,指新设置的官署或办事机构的主管人员。但考虑到该校的监督是其时已身为"汉军副统"的段祺瑞,因此这里的"总办"应该不是官职的援用,大致相当于通常的"监督"。

表 2-1　1909 年直隶全省中学堂职教员情况统计表④

中学堂名称	职教员情况	中学堂名称	职教员情况
长芦官立中学堂	监督 1 人、副监督 1 人、文案 1 人、会计 1 人、医员 1 人;教员 6 人。	广平府官立中学堂	监督 1 人、监学 1 人、会计 1 人、庶务 1 人;教员 4 人。
北洋客籍学堂	监督 1 人、监学 1 人、庶务 1 人、其他职员 1 人;教员 11 人。	顺德府官立中学堂	监督 1 人、监学 1 人、庶务 1 人;教员 5 人。

①　贵州省地方志编纂委员会.贵州省志·教育志[M].贵阳:贵州人民出版社,1990:179.

②　甘肃省地方史志编纂委员会,甘肃省志教育志编辑委员会.甘肃省志·教育志[M].兰州:甘肃人民出版社,1991:213.

③　南京市地方志编纂委员会,南京教育志编纂委员会.南京教育志[M].北京:方志出版社,1998:417.

④　此表根据《宣统元年分直隶教育统计图表》改编而成。原表有 31 项,本表统计时去掉了"直隶高等工业学堂附属中学班"等。参见:李桂林,等.中国近代教育史资料汇编·普通教育[M].上海:上海教育出版社,1995:307—316.

中学堂名称	职教员情况	中学堂名称	职教员情况
保定府官立中学堂	监督1人、文案1人、会计1人、庶务1人、医官1人；教员9人。	承德府官立中学堂	监督1人、庶务1人；教员5人。
保定府公立育德中学堂	监督1人、监学1人、庶务1人；教员11人。	朝阳府官立中学堂	监督1人、监学1人、庶务1人、文案1人、其他职员1人；教员3人。
两江公立中学堂	监督1人、总办1人、其他职员1人；教员4人。	宣化府官立中学堂	监督1人、庶务1人；教员5人。
保定公立第一中学堂	监督1人；教员12人。	遵化州官立中学堂	监督1人、庶务1人；教员3人。
清苑县官立中学堂	监督1人、监学1人、司事1人；教员3人。	冀州官立中学堂	监督1人、监学1人、庶务1人；教员4人。
正定府官立中学堂	监督1人、庶务1人；教员4人。	南宫县官立中学堂	监事1人、司事1人；教员2人。
行唐县公立中学堂	监督1人、庶务1人、会计1人；教员3人。	枣强县官立中学堂	监督1人、文业1人、其他职员1人；教员3人。
永平府官立中学堂	监督1人、庶务1人；教员7人。	赵州官立中学堂	监督1人、庶务1人；教员4人。
河间府官立中学堂	监督1人、庶务1人、书记1人、会计1人、医官1人；教员5人。	深州官立中学堂	监督1人、庶务1人、会计1人；教员4人。
天津府官立中学堂	监督1人；教员20人。	定州官立中学堂	监督1人、监学1人、庶务1人、其他职员1人；教员4人。
天津县私立第一中学堂	监督1人、监学1人、会计2人、庶务1人；教员14人。	曲阳县官立中学堂	监督1人、堂长1人、庶务1人；教员2人。
天津县私立第二中学堂	监督1人、学堂1人；教员5人。	深泽县私立中学堂	监督1人、监学1人、庶务1人；教员2人。
大名府官立中学堂	监督1人、监学1人、庶务1人；教员2人。	易州官立中学堂	监督1人、监学1人、庶务1人；教员4人。

综合以上概述和具体资料来看，尽管名称以及行政组织的完整程度不尽相同，但清末中学堂行政组织的基本框架是明确的：监督、监学、庶务、文书、会计、

医官等。这其中,几乎未见专门负责教学事务的职位。① 通常认为"监学"一职可能包含教学管理的内容。对此可以从两个不同的层面来分析:首先,如果各中学堂是根据《奏定中学堂章程》规定的"有学生斋舍者,设监学"来理解的话,"监学"只能是管理宿舍、食堂的职务,也即"舍监";其次,如果"监学"之"学"不是侧重于学生,而是侧重于学习,那么,其职务范围就在学生课外活动之外,包含对学生的课堂表现或学习表现的管理。在此意义上,监学确实涉及教学管理。但问题在于,即便监学有管理"教学"与"斋舍"两个方面的内容,它也仍然是一个整合性的而非专门性的职务概念,而且这里的"教学"更多地强调教学秩序与课堂纪律问题。

没有专人管理学校教学事务所引发的问题,在当时也已经体现出来。1907年第12期的《直隶教育杂志》登载了几份指责各府中学堂办学情况的公函,其中有多份公函提及教(务)长的问题。一函指出:

> 中学堂无教长,首重者即在监督,非热心教育、深明学务者,不足当斯任。……自客岁委监督之权于洋文教员,而学堂之扰乱即不堪言矣。及秋,新守莅任,恶洋文教员之专横,欲汰刘之,而八属士人莫不拭目而视,以为中学庶有转机也。乃竟委之腐败迂拙某县儒学教官之手,该监督年近八十,耳目昏花,问以学务,则曰不知,询以教育,则曰未谙。②

如果说此函是在默认教(务)长可缺的情况下,强调提高监督学务水平的话,下面一函则表达了设置诸如教务长之类职务的愿望。该函说道:

> 详细考查直省中学,自缺教务长,除一、二处外,不腐败者盖少。盖中学课兼中西性质,与他校迥异,绝非局外人能调停。而各属总办监督不惟谙西学者少,而通学务者亦希。然类皆愚好自用,妄行干涉功课,致令杂乱无章。而腐儒迂士又多仇视西学,咸谓学西文为造就洋奴,学生畏难苟安,亦因利乘便,请求尽用汉文授课。……我国既无教科书,又无教员,尤非其时。此其故,皆以中学功课无人稽查,教员胜任与否亦无黜陟,所用教科书参差不齐,课程任管理员随意更改,恐数年后不惟中学腐败,而高等学堂亦

---

① 就笔者掌握的材料来看,清末只有一所中学设教务长一职,详见下文讨论。
② 朱有瓛. 中国近代学制史料(第二辑上册)[M]. 上海:华东师范大学出版社,1987:511.

将无人。即有可升送者,程度迥异,亦难合宜。则欲整兴中学,似不得不设兼通中西科学稽查一员,使各学堂功课划一,并与高等联属,按时查学,教员之勤惰,随时调遣,则中学庶可渐望起色矣。①

清廷学部于 1909 年颁布的《检定初级师范学堂中学堂教员章程》,某种程度上可以视为对上述两则公函之请求的间接回应,但在设置教务长的问题上,无论是晚清政府还是各中学堂,都没有作出积极的响应。

(三)中学教务长的出现及其原因

民国初立时,本有一个机会可使中学教务长这个概念和职务更早地出现和设置。在 1912 年的全国临时教育会议上,有代表提出"学校职员分职任务规程案",若此提案能够成立,或许会改变时人提出的中学管理上"事"重"教"轻的状况,促使"教"从"事"中分化出来。但与会代表"以为此案可分见于各学校规程内,不必特立".② 结果,在后来的学校规程中,就没有职员分任的相关规定,只是在 1912 年 2 月教育部公布的《普通教育暂行办法》中提出:"从前各项学堂,均改称为学校。监督、堂长应一律改称校长。"而 1912 年公布、1914 年修订的《中学校令施行规则》中,也仅在"设备"一章,在"视地方情形,得设校长教员学监等住宅"一语中提及校长、教员、学监等职务名称。

在郭秉文看来,当时的教育部未对中学校的行政组织作出细致规定,是崇尚自由与放任的结果。他说:"在君主时代,学部所定之管辖学堂与学生诸章程条规,细微毕举,而对于学校行政者,富含强制实施之权。民国肇兴,情形不同,崇信活动精神与放任政策。凡学校之章程以及学生管理法,皆由校长参酌本地情形而定,仅国立学校须报告教育总长,地方及各学校告地方行政长官而已。教育部所公布规程,不过略举其纲要。各学校作一标准而已……"③这种观点自有其道理。高凤谦在 1912 年就敬告教育部:"前清学部设立仅六年,法令如牛毛,案牍所积,高可隐人,虽世界文明国,其法令之繁富,无以加矣。宜其教育之发达,不在先进国之后,乃观其内容,关于学制之法令,既极繁琐,……陈陈相因,名为整齐画一,实则束缚驰骤,使办学者、就学者动触法网,牵掣而不能自

① 朱有瓛.中国近代学制史料(第二辑上册)[M].上海:华东师范大学出版社,1987:514.
② 邰爽秋,等.历届教育会议议决案汇编[M].上海:教育编译馆,1935:"临时教育会议日记",13.
③ 郭秉文.中国教育制度沿革史[M].上海:商务印书馆,1916:115.

由。彼非有恶乎教育也……"①不过,郭秉文可能只看到了问题的一个方面。民初的教育部之所以没有对学堂管理章则细加规定,与当时中央与地方之间的权力结构有很大的关系。在地方分治的总体情势下,教育部的所谓"自由、放任"之举,实是情非得已。

当然,这也不是说"教务长"这一概念或职务非得借助统一制定规则才会出现。如上文所述,清政府花了很多心思设计的中学堂行政组织,在实践中还是出现了"缺斤少两"的问题。事实上,我国近代中学教务长的出现,恰恰是一个自然而然的过程。就笔者掌握的资料来看,较早设立教务长或类似职务的中学有两所:一是1905年第3期《教育杂志》的"汇报"一栏登载的《天津学堂调查表》中,敬业中学堂(即后来的南开学校中学部及再后来的南开中学②)有教务长一职。不过,这一职务由监督兼任。③ 二是1914年第1期《中华教育界》上登载的《无锡私立竞志女学概略》中显示,该校有主任教员一人,如果这里的"主任教员"是指教员的主任,那就应该是教务长的职务;如果是主任兼教员,则另当别论。

到1917年左右,已有不少学校设置了教务长一职。譬如,在1917年的江苏省立第一中学学生操行考查规程中,就出现了学级主任、舍监、学监、教务主任等职务。④ 这里值得注意的是,学监与教务主任两个职务并存,意味着校务管理上的明确分化。同年,江苏的金陵中学在校长之下设教务、斋务两处;⑤吉林的吉长道立中学在校长之下设教务、监督、庶务、图书等部,各设部长掌管部务。⑥ 民国教育学者袁伯樵指出:"我国中等学校之行政组织,自新教育成立之始,至民国十八九年,并无一定之制度,惟就一般情形言之,在"五四运动"之前,各中等学校之行政组织,在校长之下类多设教务、舍务与事务三部。"⑦同时,他又说:"教务亦有称为学监,舍务称为舍监者,训育多由各级教员分任。"如果这里的"学监"就是以前的"监学"(民国成立时,将"监督"改为"校长","监学"改为"学监")的话,那么对后面这句话便需要进一步解释。首先,上文的相关讨论已

① 璩鑫圭,唐良炎.中国近代教育史资料汇编·学制演变[M].上海:上海教育出版社,1991:616.

② 参见:南开学校之发展史[M]//天津私立南开中学一览.1929:2.

③ 天津学堂调查表[J].教育杂志,1905(3).

④ 朱有瓛.中国近代学制史料(第三辑上册)[M].上海:华东师范大学出版社,1990:401.

⑤ 南京市地方志编纂委员会,南京教育志编纂委员会.南京教育志[M].北京:方志出版社,1998:417.

⑥ 王秉祯,董玉琦.长春市志·教育志[M].长春:吉林人民出版社,1995:195.

⑦ 袁伯樵.中等教育[M].上海:商务印书馆,1949:455.

表明,监学与教务并不完全等同。其次,还可能存在这样的情况:有一些学校已经将学监或监学的主要工作放在教务上,但没有使用"教务长"或"教务主任"之类的新用语。笔者发现,有很多中学在 20 世纪 20 年代还在使用"学监"这一职务称谓。再次,也不排除一些学校仍然在原典意义上使用"学监"这个名称,即"学监"主要负责的不是教务工作。总而言之,在已有"教务长"概念的情况下,《奏定中学堂章程》却仍使用"监学"概念,以及在存在"监学"职务的情况下,时人却提出设置"教务长"的要求,这都表明"监学"(学监)与"教务长"在所指上有着重要的区别。最后,"监学"(学监)概念也处于内涵不断变动的过程中,当它变成或分化出"教务长"概念时,便成为我国近代中学行政组织结构的一次重大转变。

那么,是什么因素催生了中学教务长的出现? 笔者认为可能有三方面的原因。

其一,中学规模扩大。自新式中学堂创办以来,学校规模不断扩大(见表2-2),从而出现组织结构调整的要求。用布劳等人的思路来解释,规模扩大会带来学校组织复杂性的增加,为了应付这种复杂性,确保组织运转的有序、稳定,组织就会采取结构调整的策略。易言之,学校规模的扩大势必提出学校管理结构上的分化要求。1916 年中学堂的平均规模是 1910 年的近两倍,具体到个别学校,增幅更大。这或许能够解释为什么中学教务长自 1917 年始比较集中地出现。

表 2-2　清末民初全国中学堂规模变化表①

年　份	中学堂学生数(人)	中学堂总数(所)	各中学堂平均学生数(人)
1907 年	31 289	419	75
1910 年	38 881	438	89
1916 年	60 924	350	174

其二,附属中学的影响。最早出现教务长职务的敬业中学堂和金陵中学都是大学的附属中学。各所附中,尤其是那些知名附中,一方面与知名大学有着紧密的联系,因而可能模仿大学的组织管理形式,或者作为大学管理活动的自然延展,出现了一些不同于其他中学的新兴组织形式;另一方面,与大学的紧密

① 该表数据取自:廖世承.中等教育[M].上海:商务印书馆,1947:15—16.其中,1916 年的中学堂学生数,该书中的数据是 69924 名,而《第一次中国教育年鉴》的统计数据是 60924 名.参见:中华民国教育部.第一次中国教育年鉴[M].上海:开明书店,1934:"丙篇",194. 下文第 111 页提到的王伦信所著《清末民国时期中学教育研究》一书中的中学堂学生数,即引用《第一次中国教育年鉴》中的数据.因无法核实哪个数据是准确的,两处都保留原始资料中的数据。

联系也使得它们的办学思想比较新，易产生创新与变革的想法，而且各方面的资源、关系也有利于变革想法的实施与展开。而知名附中在全国的影响力又会引发其他学校的学习与模仿，从而使特定的组织形式不断扩散。因此，"附中现象"应该是新的中学组织形式广泛出现的推动因素。1925 年，北京师范大学附属中学主任林砺儒在《国立北京师范大学附属中学校一览》的发刊词中说道："我校为全国实验中学之一，部章之限固略宽，而负实验研究之责甚大。十年以来，举凡教材之选择、学级之编制、教授训练之实施，皆悉心考究，务期不悖乎学理而适于实际。"又说："各校辗转相师，彼此互证。锐进者方肆力于宣传，而稳健者又惑于则效。吾侪益觉实验之匪易。各项暂行规程，恒随时修改，不敢惮烦。各校来索章与办法者，虽络绎不绝，然必告以实况……"①

其三，教学地位的提高。随着最初几年的适应，在旧式科举依赖症消退之后，人们又围绕新知识构筑了新的科举战场。相应地，教学与教师问题受到越来越多的关注。而各种西方教育教学理论和教学方法的涌入，又强化了教学的专业性形象。两相结合之下，教学在学校中的地位自然提升。这种重要性起初可能完全是实际意义上的，渐渐地就变成文化和认知上的意识倾向。张文昌基于调查研究指出："各校的系统中的最重要的行政会议，或称校务委员会会议，教务主任皆为当然委员之一，可见教务一部，在学校行政系统上的重要了。"②在中学普遍设置教务长（教务主任）职务的情况下，如果有学校未设置这样的职务，极有可能被视为是不规范或不正常的。

二、 分部制的形成

（一）训育主任

与中学教务长（教务主任）职务的出现相隔没几年，在一些中学的行政组织结构中又出现了训育主任这一职务。③ 不过，训育主任的出现不像教务长那样

---

① 林砺儒.《国立北京师范大学附属中学校一览》发刊词[M]//国立北京师范大学附属中学校一览.1925：1,2.该书主要介绍当时北京师范大学附属中学校试验"三三制"的设计方案，是研究我国近代学制与课程改革的一手材料。

② 张文昌.中学教务研究[M].上海：民智书局，1933：2—3.

③ 在一些中学，这两个职务是同时产生的。譬如，安庆六邑中学 1921 年改订行政系统时，在校长之下设校务主任、学监及舍监，至 1923 年则调整为教务、训育及事务三部，各设主任一人。参见：安庆六邑中学出版委员会.本校之过去、现在及最近之将来[M]//安庆六邑中学一览(1930—1931).1931：2.

"悄然无声""自然而然",而是经历了一个从被动反应到有意识推进的过程。

民国学者匡互生在一篇文章中提道:

> 一般教育家对于训育所具的见解和所持的态度分为第一、第二两大时期:自开办学校起至民国八年"五四运动"止为第一期;自"五四运动"起至现在止为第二期。在第一期内,办学校的人们多半从科甲出身,脑袋里充满了权威、尊敬、阶级等观念,所以他们对于学生概以严厉的手段从事……故当时不惟没有训育之实,而且没有训育之名。……在第二期内,学生因受当时较合理的新出版物的暗示和"五四运动"的余波所鼓励,对于权威、尊严、阶级的反动一天盛似一天,而教育家所恃以为维持秩序的保障就如洪水溃堤一去而不可复挽。……训育两字在教育过程中自然成了具文废话;故这时期内虽有训育之名,而无训育之实。①

这篇文章发表于1925年,其实在此之前,不少教育家与行政官员已经不主张"敷衍放任"了。当然,匡互生说这段话的重点并不在此,他所要表达的是对应然的"训育"的理解与期待:宽严相济,权利相让。而中学训育主任这个职务也正是在这种两难,或者更准确地说是在两个极端的转换中出现的。

按照舒新城的看法,蔡元培在1912年提出"养成共和国民健全之人格"与"从受教育者底本体着想,注意个性发展"的观点,确是意味着中国近代民主主义教育思想的出现。可惜,由于蔡元培当时尤其重视世界观教育与美感教育,两年之后又为实用主义教育所笼罩,因此,这种思想在当时并没有很好地体现出来。② 而袁世凯尽管强调"学生之个性陶冶"与"养成学生之自动暨共同习惯",但最能体现他意图的应该还是"以孔子为模范人物","济以严肃之训育"。③ 就此来看,刘薰宇所言虽未必全面,却大致能够反映一些情况。他说:"辛亥革命以后,中国虽然树起了民治的招牌,但不过是换汤不换药,精神上仍是因袭着辛亥以前的。教育也是如此,'学堂'虽改叫'学校',但不过招牌和形式的变更,于教育的根本毫无关系。就是到了民国六七年,学校里面还是死气十足,学生

---

① 匡互生.中等学校的训育问题[J].教育杂志,1925(8).
② 舒新城.近代中国教育思想史[M].上海:中华书局,1928:235.
③ 璩鑫圭,唐良炎.中国近代教育史资料汇编·学制演变[M].上海:上海教育出版社,1991:737.

安然处于受动的地位,不能动,也不愿动。"①

此后,正如我们已经知道的,"五四运动"使得事情发生了根本性改变。一方面,学生爱国运动在政治上的空前胜利,冲击了旧政府及其所维护的旧传统的权威感与控制性,使得青年的思想和行为大为解放。他们得到空前的鼓舞,并努力冲决各种传统罗网,以取得自己个体的自由、独立和平等。② 另一方面,学生运动的胜利也强化了新文化运动的成果,使得各种新思想的传播速度更快、传播范围更广,并为进一步引入西方思想,打破传统观念打开了局面。

就教育来说,学生运动的直接后果便是教育与政治的关系明朗化了。对搞政治的人而言,教育成了政治斗争的领域,是可以利用的工具;而对搞教育的人而言,教育本身即成了一种政治,是建设现代中国最根本的途径。在这样的情境下,美国教育家杜威(John Dewey)来华讲学无疑是选择了最好的时机,而他也带来了在当时最能吸引与打动中国教育界的民主主义教育思想。这一思想无论是与当时第一次世界大战后国际上主张和平的愿望,③还是与国内新文化运动所倡导的民主理念,都存在着极佳的契合性。

正是在各种因素的交互影响之下,作为民主主义教育思想之核心的自治问题,一时成为关注的焦点。就在杜威来华的当年,第五届全国教育会联合会议决通过了"革新学校教育方法案"。该案强调:

> 现在世界的新思潮,都注重自治主义,讲到学校教育,仍离不了教授、训练两句话。一般的人以为教授、训练完全是教师主动,学生不过被动,要讲到学生本位的教育,岂不是很难的事吗? 还有许多误会的,以为提倡自治、自主,恐怕侵夺校长教师的权限,减少校长教师的责任,这是没有根本觉悟的缘故。要知道新教育的新字,革新的新字,是当作从新做起的意思讲。以前的方法,无非死守法令,所以办了几十年的教育,都是没有生气

① 刘薰宇."五四"以来的教育[J]. 教育杂志,1926(5).
② 李泽厚. 中国思想史论(上、中、下)[M]. 合肥:安徽文艺出版社,1999:833.
③ 大多数研究者讨论这段历史,特别是1922年的学制时,往往关注美国教育的影响,这自然是事实。但从更深处看,除了与留美学生的提议和宣传紧密相关外,当时的世界历史背景也是一个重要的原因,它在很大程度上影响着人们对民主主义教育或实用主义教育理念的接受。时任教育部部长的傅增湘在1918年的全国中学校校长会议上说:"欧战以后之教育问题已成为全世界之教育家与政治学术所积年研究之重要问题。吾侪之准备若何,实为吾侪教育界所亟应猛醒者。本总长以为,战后之教育主义诚不能无所变迁,而就本国教育现状而言,则整理中学之实际施设以为全国各种教育之中坚。因以适应夫世界战后教育之趋势,此实国内教育家所共信而无疑者。"参见:训辞[M]//全国中学校校长会议录,1919年春刊:2.

的。原来方法和成规是不同的,我们要革新方法,就是要打破成规,一切教育法令字面以外,都有活用的余地。这个议案,并不是今后教育方法划一规定,不过是要提醒许多办教育的人,打破成规活用法令的意思。①

联合会除了提出教授方面的一些着手点外,还在训练方面提出了三项措施:(1) 教学生组织学校市、学校共和国等,练习公民自治;(2) 奖励学生服务社会,使学校和社会实行接洽;(3) 提倡各种作业,发展学生个性。

1920 年的第六届全国教育会联合会上,自治问题仍然是大会的重要议题,大会形成了两个相关的议决案。一个议决案是"民治教育设施标准案"。该案提出:"战后教育思潮,大都趋重民治。吾国教育家近亦竭力提倡,向此轨道进行。但在教育行政官厅及学校,尚与真民治精神相差甚远。"改变的办法,一是在教育行政方面:用人行政,须尊重舆论;关于行政上重要事项,须革除长官独裁之旧习;推广各种补习学校及工读学校;普及平民教育。二是在教职员方面:校务之兴革,须取决于校务会议;学生学行成绩,凡关于学级升降等项,须由校务会议定之;教职员与学生共同作业;指导学生自治;兼施各种补习教育及假期讲演;学校得组织通俗图书馆,俾一般人民得有阅书之机会。三是在学生方面:注重自动自学;练习公民自治;发展实际生活之知能;练习服务社会;注重体育;研究学术扩充创造本能。②

另一个议决案是"学生自治纲要案"。该案更具体地讨论了学生自治的问题:

> 共和国之教育,以全国学生人人有共和国民之资格为基本。欲期全国学生人人有共和国资格,以各学校实施学生自治为基本;盖学生自治所以发展青年天赋之本能,养成其负责与互助之习惯。其方法,在练习团体组织。其宗旨,在发挥民治精神。共和先进国风行有年,如学校国、学校市等,其名不同,其旨则一。我中华国体既定共和,自不可无此基本教练。况近鉴于一般国民有爱国心,乏自治力,尤非从青年时代,为根本培养不可。③

---

① 邰爽秋,等.历届教育会议议决案汇编[M].上海:教育编译馆,1935:"第六届全国教育会联合会议决案",21—22.
② 同上:14—15.
③ 同上:16—17.

在此基础上,该案拟订了学生自治纲要五则:(1)学生自治,系教育陶冶,与实施政治有别;(2)以公民教育之精神,练习自治,得采分区制度;(3)学生自治权限,视学校之性质,及学生之年龄与程度,由校长酌定之;(4)学校职教员,应设自治指导员会,负指导学生之责;(5)除学校行政外,均得由学生根据校长之所授予之权限,定相当之办法,由指导委员会通过施行。

上述几个议案,无论是在问题认识还是在理念倾向,抑或在方案设计上,无疑都有着妥帖的把握。① 虽然主张民主精神,强调学生自治,但并没有走向极端的个体主义、学生中心。问题在于,当时的教师和学生都没有为这种周全的方案做好准备。在教师方面,他们习惯了威严的生活,即便是在理智上承认学生自治是正当的,情感上也会难以适从。非但如此,已经习惯了的管理思维与行动方式,也不是说变就能变的。而应付总难免失当,不是依然在保持威严的企图下面横加干涉,就是在听其自然的态度中实行放纵,甚至为了考虑自己的地位与利益而对学生一再迁就。在学生方面,一来,因为一心想要打破传统,体现革命性,所以往往将自治的含义过分扩大,不但强调个体的自治,而且强调对于学校一切的专制。二来,从旧的唯命是从的惯性,到突然打破一切约束,虽是深感自由,但对于他们所应负而能负的责任却不甚了解,运用起来,也就不免百病丛生。② 因此,虽然当初不少中学成立了名称各式各样的自治会,③但它们似乎并没有起到多少积极的自治作用。很多时候,自治会的成立完全是为了对抗学校行政。譬如,《浙江省第一中学概略》中便有这样一段记载:"民国八年'五四

---

① 教育界对自治的倡导还更广泛地体现在当时的出版物中。如1919年,陶行知在《新教育》第2卷第2期发表《学生自治问题之研究》;真常在《教育杂志》第11卷第6期翻译《教育上之民主主义》;吴研因在《教育杂志》第11卷第7期发表《主持中等教育者今后之觉悟》;《教育杂志》第11卷第9期是"德谟克拉西与教育专号",等等。

② 刘薰宇."五四"以来的教育[J].教育杂志,1926(5).

③ 民国时期的中学自治会是一个值得探讨的话题,不仅是因为它作为一个整体出现,有着极其重要的政治与教育意义,还在于各种不同的自治会的形成过程、组织方式、内部结构、成员关系等,都深深地体现了学校的时代性与复杂性。譬如,当时有不少学生自治会成立"消费合作社",这一部门的设置便与20世纪20年代后期兴起的合作运动有着紧密的关系,它也从另一个方面反映了当时国民经济的困难局面。同时,"消费合作社"在学校成立后,还会发生一些偏离其原初的实现互助、合作、训练之目标的问题,成为学校中某些成员赚取利润的手段。1941年,当时的国立七中就有人匿名举报一分校校长杨德荣利用"消费合作社"套利经营,谋取私利(参见:呈教育部"关于七中一分校校长杨德荣违法行为"[R]//控告国立七中校长等的来信及有关文件.中国第二历史档案馆档案,全宗号5,案卷号7448)。诸如此类的问题很多。本研究原本想对学生自治组织展开充分讨论,但由于学校自治组织基本不属于学校行政组织结构的内容,加之这方面的资料收集还有欠缺,故存而不论。

运动'之后,学生感受外界之新思潮,于学校甚致不满,当局只得取放任主义,学生遂成立自治会。其职权与学校行政划分不清,而学校遂莫能举办一事。因之教职员学生之间,感情失调,十年暑假,遂起极大风波,直至寒假,始告平息。"①同时,时间久了,自治会内部也会产生隔阂与分化,"有的自治会呢,听信少数领袖的垄断,致党派分歧,你宣告独立,我要声明脱离,今天有甲乙之争,明天有丙丁之斗"。② 最为悲哀也是最常发生的事情是,学生自治被利用为教师派系或党派斗争的工具。③

在学风方面,也因为这种自治精神与外界各种因素的结合而为之一变。清末新式中学刚出现时,科举时代留下的为了竞争功名而努力自学的风气并未消失,学生在学校中仍能保持自学的精神。到了民国,虽然灌输教学的时间较之过去有所增加,自学之风也相应减弱,但总体而言,学生对学校、教师是尊重和敬畏的,能够按部就班地完成学校任务。"五四"之后,很多学生参加到各种各样的社团活动和社会运动中,社会活动与社会事务成为"五四"后不少中学生生活的重要内容,在时间、精力不够,又有自由、平等理论支撑的情况下,学生反对考试也成为常见的事情。几年之后有论者便指出:"数年前,新潮澎湃,学生自治之说倡,乃变本加厉,考试可废除也,缺课无庸请假也,宿舍不须点名也,一若青年学子,一旦成为高尚之完人,诚能自治自动,一切范围,一切指导,皆可弃置不用也。驯至校中职员,视为学生公仆,呼之即来,挥之宜速去,稍不如意,辄与以难堪。言其极,竟倡为废除校长之论。诚如是,学校仅有学生,何须以言教育?……某私立中学,学生三百人,寒假将届,例行期考,而学生试逃,不请假归家者,达其大半。学生自治之流弊,乃至于此。"④虽然这未必是所有学校的情况,但也足以反映当时的整体学风。

最严重的问题则是学潮的盛行。常道直在《民国十一年度学校风潮之具体的研究》一文中指出:"去年一年中可谓学潮之全盛时期……观全年报纸之记载,自苏浙以迄四川,自绥远以迄云贵,几于东西南北,无往不届。而我国留学

---

① 李桂林,等.中国近代教育史资料汇编·普通教育[M].上海:上海教育出版社,1995:886.

② 甘豫源.中学师生的隔阂与消除的方法[M]//邰爽秋,等.中学教育之理论与实际.上海:教育编译馆,1935:16.

③ 舒新城在其著作中现身说法,说明了中学里的学生领袖是如何在教师冲突中扮演角色的。参见:舒新城.我和教育[M].上海:中华书局,1941:181—190.

④ 转引自:王伦信.清末民国时期中学教育研究[M].上海:华东师范大学出版社,2002:149.

生之在海外者,亦自数万里外为同声之相应。"①根据常道直的研究,66 所中学在 1922 年时共发生 71 起学潮,是所有学校发生学潮数量总数(102 起)的一半之多。虽然常道直承认中学风潮比小学多的原因在于小学生容易被欺诳、被压制,但他同时强调,中学风潮多未必全然是因为中学生处于青春期,容易受暗示。② 而这种量上的集中,足以产生普遍的影响。"学校起一次风潮,就不免有一次的牺牲,多一次的牺牲,元气就免不了减损几分。"③就其中原因来看,也是形形色色。刘薰宇概括道:"因了学生界的所欲过奢,因了学生界的不脚踏实地去努力,因了学生界的不能有一条常轨依照着前进,又因了教育者的不能应付适当,因了学校外部的势力要侵入学校内部去,所以学校就不容易有安宁的日子。"④常道直则更具体地归纳了十一种原因:反对校长,拒绝校长;反对教职员,拒绝新教职员;挽留旧校长;挽留旧教职员;反对考试,反对学校当局之处分;对于学制课程之要求;对于经济公开之要求;反对增加费用;反对辱没人格之待遇;学生间自相争斗。⑤

总之,尽管有一概而论的嫌疑,但大体应该如舒新城所言:"自'五四运动'以后,中学始有所谓学生自治,但因为无训育的历史,一旦解放,反流于放纵,加以不健全之舆论以迎合青年心理为手段,提倡'学生即国民''教师为公仆'的议论,学生自治竟转变为学生治校,而中学教育界的风潮亦日多一日。近因政党之利用,更变本加厉,学生与教师竟称为对抗的两种阶级,而演'阶级争斗'。因政治之紊乱、生活之不安定,教育界常为外界势力所侵侮,政治者、教育者且常利用学生为政争及教争之工具,于是学生的气焰更张,导率青年的教师反致不仰学生鼻息几不能自存。"⑥

正因如此,在教育民主自治潮流兴起后没几年,人们便对这种训育方式产生了怀疑,并使得训育问题成为 20 世纪 20 年代初期除学制之外的另一个重要话题。根据王伦信的研究,《中华教育界》在 1921—1922 年一年间发表的有关中学训育的文章即有:薛钟泰的《今后之训育观》(第 10 卷第 4 期),宋焕达的

---

① 常道直.民国十一年度学校风潮之具体的研究[M]//教育杂志社.学校风潮的研究.上海:商务印书馆,1925:4.

② 同上:11.

③④ 刘薰宇."五四"以来的教育[J].教育杂志,1926(5).

⑤ 常道直.民国十一年度学校风潮之具体的研究[M]//教育杂志社.学校风潮的研究.上海:商务印书馆,1925:18—19.

⑥ 舒新城.中国中学教育之分期[M]//邰爽秋,等.中学教育之理论与实际.上海:教育编译馆,1935:10.

《中等学校实施训育的几种方法》（第 10 卷第 7 期），陈启天的《青年教育论》（第 10 卷第 9、11 期）、《青年教育改造的前提——青年教育家的问题》（第 11 卷第 3 期）与《青年的教育方法》（第 11 卷第 5 期），恽代英的《学生除名问题》（第 10 卷第 11 期），宋焕达的《实施训育后失败之研究》（第 11 卷第 1 期），杨效春的《教育界的怪现象》（第 11 卷第 3 期）与《望教育者的品格与学生站在同一水平线上》（第 11 卷第 4 期），余家菊的《严格训练与管理》（第 11 卷第 5 期），等等。同时，由中国中学教育协进社编辑的《中等教育》也于 1922 年创刊，该刊在第 3 卷第 2 期即出版"中学训育研究专号"，发表了廖世承的《中等学校的训育》等 14 篇文章和几所中学的训育实施报告。① 此外，《教育杂志》第 17 卷第 8 号也集中讨论了中学训育问题，发表了曹刍的《中学校的几个紧要问题》、杨贤江的《中学训育问题的研究》、匡互生的《中等学校的训育问题》、刘薰宇的《怎样解决中等学校的风潮》等文章。以上这些文章虽然在观点上不尽相同，但都对前几年中学生过于自由的倾向持批判态度，研究者或强调对自治进行正确理解与引导，或主张施行严格的管理与训练。

更具代表意义的应该是 1924 年第十届全国教育会联合会上议决的"中小学校应加重训育案"。该案提出："教育宗旨，以养成健全人格为尚，而人格之养成，以训育为先。国内中小学校，对于训育方面，详定办法者，固所在皆有，而忽视其事，或徒有具文者，实居多数。是以近今士风，多有缺憾，若不切实补救，贻害殊深。故特建议中小学应加重训育案，其办法如次：（1）各中小学校应规定详细训育目标；（2）各中小学校，应有适当训育之组织，除设置训育主任外，应使全校教职员协同担任训育职务；（3）各中小学应订切实方法，以为训育之设施；（4）各中小学校全体教职员，应严行指导学生之自治。"②

除了"严行指导学生之自治"值得关注之外，上述提案中的"应有适当训育之组织，除设置训育主任外，应使全校教职员协同担任训育职务"这句话，对于讨论我国近代中学训育主任的普遍出现有着重要的意义：其一，这句话确证了训育主任的普遍出现与学生自治有着某种内在的联系；其二，这句话也说明，当时已经有中学设置了训育主任；其三，这句话作为全国教育会联合会的共识，对未设置训育主任的中学形成了一种合法性压力。

---

① 王伦信.清末民国时期中学教育研究［M］.上海：华东师范大学出版社，2002：150—151.

② 邰爽秋，等.历届教育会议决案汇编［M］.上海：教育编译馆，1935；"第十届全国教育会联合会议决案"，21—22.

就笔者掌握的资料来看，我国近代最早设置训育主任的中学应该是北京高等师范附属中学校。1918年《北京高等师范附属中学校概况》中是这样描述学校行政组织的："校务组织，设中学主任，主持全校事务。分设庶务、训育、教务三课，庶务课又分庶务、会计、图书三股。各课设主任一员，事务员一员至三员，分担职务。"其后，又在"训育及管理"目下说："本校设管理训育课，由学级主任分任各级训育，而统之以训育主任"。① 而1918年《南京高等师范附属中学概况》中这样写道："校务组织，由中学主任主持全校事务，聘教员、学监、舍监及庶务各员，分任管理教授庶务事务。"在"教职员服务状况"中解释道："……学监二人，均兼任教员。舍监一人，专任监视学生起居与出入。"虽然这份概况中也提道，"精神之训练……其方法则一方重感化，一方由主任训育者相机行密室训话，其长处鼓励之"，②但这里的"主任训育者"应该还是学级主任。两相比较，南京高等师范附属中学的训育管理工作似乎并没有分化出来。当然，进一步的分析还得弄清其中的"学监二人"究竟是如何安排的，这方面还缺少相关的材料。但即便只是涉及不同的用语，"学监"与"训育主任"在概念上的区别已经意味着一种转变。

既有的资料表明，民国中学里设置训育主任主要是"五四"之后的事情。1921年的《南开学校一览》记载当时中学部的主要行政组织结构是：中学部主任下设教务课、训育课、斋务课、庶务课与体育课，各课设主任一人及相应课员和办事员若干。其中，训育课的主要职责是："执行校务会议议决关于训育事项；调查学生个性及家庭状况；掌理学生违犯校规惩责事项；掌理学生告假事项；调查各班学生人数、各班学生年龄及家庭职业并制定比较表；辅助学生自治；维持讲室内外一切秩序；每月与各班辅导员会议一次以谋训育事上兴革项。"此外，学校还设有校务会议、教务会议、各课会议，以及各种委员会。③ 前文提到的《安庆六邑中学一览》的记载更为明确："民国以后，统治校务者为校长，十年改订行政系统，校长以下设校务主任，及学监、舍监。十二年分为教务、训

---

① 李桂林，等.中国近代教育史资料汇编·普通教育[M].上海：上海教育出版社，1995：859，860.

② 同上：867—868.

③ 天津南开学校.现行组织[M]//天津南开学校中学部一览.1921：7—15.该校设置的委员会可谓名目繁多，有师生校务研究会、各班辅导委员会、卫生委员会、运动委员会、参观招待委员会、出版委员会、图书委员会、仪器委员会、入学考试委员会、预算委员会、成绩委员会、时事委员会、记录委员会、校景委员会等。

育及事务三部,各设主任一人。"①《太原平民中学校一览》也指出,该校于 1922
年召开董事会,选出校长、教务主任、庶务主任、图书主任。后于 1923 年 7 月加
聘训育主任。② 1924 年,学者赵冕通过整理当年在南京举办的全国教育展览会
上 40 所中学(其中,江苏 16 所,安徽 8 所,湖南 5 所,浙江 3 所,江西 3 所,广东
2 所,河南、山东与四川各 1 所)的行政组织系统图发现,中学的行政结构大致有
集中制、两部制(教育与事务)、三部制(事务部、教务部、训育部)、四部制(教务
部、训育部、事务部、体育部)与五部制(教务部、训育部、事务部、舍务部、体育
部)五种。尽管赵冕的分类主要是个案式的而非统计式的,但这也足以说明,
1924 年时有不少学校设置了训育处与训育主任。也正是在此意义上,上述
1924 年的提案本身无法作为解释训育主任这一职务普遍出现的依据。

那么,如何解释从 1919 年"五四运动"到 1924 年这段时间中学训育主任这
一职务的普遍出现呢?

王伦信认为,民国中学在"五四"之后设立训育部的原因是多方面的,既是
学校规模扩大的需要,也是民国以来训育观念的确立和教育内涵的分解作用于
学校教育行政的结果,还有鉴于对清末民初中学生管理和道德教育不力的
反思。③

首先来看学校规模。王伦信认为:"随着学校规模的扩大和学生人数的增
多,学校行政组织必然由简单到复杂,导致对学校组织的功能性分解,训育成为
一个部分。"④然而,根据他在研究中提供的数据来计算,1916 年全国中学校数
是 350 所,学生总数为 60 924 人,平均每校 174 名学生;1925 年全国中学校数是
687 所,学生总数为 129 978 人,平均每校 189 名学生。⑤ 两年的数据虽有差距,
但这种规模上的扩大似乎并不足以将学校行政组织在简单与复杂之间划分出
一条界限,也不大可能导致功能上的分解。同样,即便不是全部,但至少有一些
中学确实是因为复杂性的增加而产生设置训育部或训育主任的要求的,只是这
种复杂性主要不是源自规模上的变化,而是因为关系上的复杂化。在这个意义
上,袁伯樵的话虽然未必全面,却非常直白地说出了一个道理:"在'五四运动'
之前……训育多由各级教员分任,并无训育部之设立。自'五四运动'以后,学

①　安庆六邑中学出版委员会.本校之过去、现在及最近之将来[M]//安庆六邑中学一
览(1930—1931).1931:2.
②　太原平民中学校.校史[M]//太原平民中学校一览.1929:1.
③　王伦信.清末民国时期中学教育研究[M].上海:华东师范大学出版社,2002:166.
④　同上:164.
⑤　同上:202.

潮迭起,管理学生训育之工作顿时加重,故有训导部之增设。"①

其次来看教育内涵的分解对学校行政的影响。有关这方面的内容,作者没有给出具体的阐述与分析,如果强调的是认知层面的影响,那么这种观点无疑是相当深刻的。如果简单地将德、智、体三方面的教育任务与学校行政工作对应起来,则不尽合理。正如陈桂生所言:无论是"德育""智育"还是"体育",都得通过"管理""训育"与"教学"全方位的工作予以实现;反之,"管理""训育"与"教学"也不只同某一育相关。世界各国表述学校工作的用语或有区别,而把教育的分解同学校工作划分混为一谈倒没有先例。我国在民国时期,无论是国民政府辖区还是人民革命根据地,也是如此。② 反过来讲,我们看到《南京高等师范附属中学概况》中主要讨论的便是德育、智育和体育的问题,③但学校并未成立专门的训育组织。

最后,"民国以来训育观念的确立"与"对清末民初中学生管理和道德教育不力的反思"应该是一体两面的事。这里需要追问的是:训育观念是如何确立的?是对清末民初的反思,还是对"五四运动"后实践的反思? 前文之所以详细讨论学生自治活动及其产生的连带后果,主要是为了说明:一方面,"五四运动"之后的学生自治活动显然与此前零星的对训育的讨论和倡导没有多大关系;另一方面,在某种程度上,恰恰是学生的自治活动激发了人们对训育的关注。换言之,正是1921年后的几年中,围绕学生自治问题所展开的正面的或反面的讨论,建构并合法化了训育的概念。如此,也就会逐渐让人们形成"应该重视训育"的思维方式与评价态度。在此情势之下,诸如北京高等师范附属中学设置训育部或训育主任的做法,就有可能成为学习的对象。譬如,《甘肃省志·教育志》便提道:"1924年,省立第三中学学习东南诸省中学校的管理办法,实行校长领导下的教务、训育、事务三课分掌制。"④至于设置训育主任的目的,有的学校可能确实是为了解决问题,有的学校可能是为了预防问题,还有的学校则可能完全视之为一种装置,是为了向教育行政部门、其他学校以及学生家长显示学校是重视学生训育的。这或许是解释至1924年时不少学校设置训育主任或训育部的一个思路。

---

① 袁伯樵. 中等教育[M]. 上海:商务印书馆,1949:455.

② 陈桂生. "训育"辨析——兼论我国20世纪上半期实施"德育"的历史经验[J]. 杭州师范学院学报(社会科学版),2004(5).

③ 李桂林,等. 中国近代教育史资料汇编·普通教育[M]. 上海:上海教育出版社,1995:867—868.

④ 甘肃省志教育志编辑委员会. 甘肃省志·教育志[M]. 兰州:甘肃人民出版社,1991:205.

1924 年之后，中学设置训育主任的现象日益普遍。张文昌于 1931 年对沿海六省中学的调查表明，在被调查的 80 所中学中，除 1 所学校没有分部外，有 70 所设置了训育部（或训导部、指导部），占统计学校数量的 89％。① 在 1924—1931 年这段时间中，对中学训育主任这一职务的普遍出现产生影响的因素是多方面的。一方面，当越来越多的学校设置训育部并使用"训育主任"这一职务名称时，它便渐渐成了学校的一个特征，以至于人们想到学校就会想到教务部、训育部、事务部等结构；另一方面，此时教育行政与学校管理学的兴起，也使得学校行政组织结构的设置有了专业知识方面的论证基础。但最重要的原因应该是国民党 1927 年之后开始施行的"党化教育"政策，它改变了此前中学训育主任的设置在整体上表现出的被动反应状态，转而变成一种有意识的推进。

孙中山于 1924 年后决定仿效苏俄"以党治国"的经验，建立了以国民党为核心的国民政府。在这种"以党领政"的理念下，教育领域也出现了"党化教育"的提法。1926 年，广州国民政府教育行政委员会成立之后，国民政府教育行政委员会委员兼广东省教育厅厅长许崇清提出了《党化教育之方针——教育方针草案》。次年，另一教育行政委员会委员韦悫认为许崇清的方案失之概括、简单罗列，便起草了《国民政府教育方针草案》，并由教育行政委员会通过。这个方案基本上还是"三民主义"的合理引申，②"党化教育"在其最直接的意义上体现为用教育进行意识形态的防卫与控制。"党化教育就是把中国的教育来国民党化，变为一种特殊的教育——国民党的教育，以求贯彻我们总理以党治国的主张，以为达到本党以党治国的目的之预备。"③

实施"党化教育"（1928 年改为"三民主义教育"）的途径是多方面的，除了间接性地对知识性课程进行选编，对普通学科教员进行限制之外，便是进行直接的党义教化与思想控制。如此，原来以道德心性与行为规范为主的训育工作，因其所具有的潜在的正向或负向的政治功能，受到国民政府的重视。

1929 年 1 月，教育部第 245 号训令"各级党义教师及训育主任等一律受党义教师检定委员会检定，否则不得充任"中写道："案准全国大学及专门学校党义教师检定委员会公函内开：'敝会为注重党义教育，并促其进展统一起见，爰于第五次常务会议议决通过，函请大部通令全国大学及专门学校转饬各该校党

---

① 张文昌.中学教务研究[M].上海：民智书局，1933：13.
② 舒新城.近代中国教育思想史[M].上海：中华书局，1928：370—379.
③ 于述胜.中国教育制度通史·民国时期（1912—1949）[M].济南：山东教育出版社，2000：70.

义教师及训育主任等,一律须受本会检定,否则不得充任一案,相应录案函请大部查照办理,并希见复'等因;准此,自应照办,除分令外,合行令仰遵照。"①这一最先面向大学与专门学校的规定后来也运用到中小学。但一些中小学为了回避检定,采取不设训育部,而用级任训育员(类似于现在的班主任)与训育委员会相结合的形式加以对应,因为采用这种形式便不存在所谓"训育主任"一职,检定自然也无从说起。针对这一问题,中央训练部函请教育部于1929年7月颁发《中小学训育主任办法》。该办法提道:

> 兹据南京特别市执委会训练部呈称:"为建议事:窃以中小学校训育主任,非经检定不得充任,迭奉钧部明令在案。惟查本市各校对于训育职务,或设训育会或设训育员,以代替训育主任之职,藉达避免检定之巧计。此种情形,恐不仅一处如此,殊与钧部培养革命青年、注重实际训练之旨有违⋯⋯是则中小学训育一职,何等重要,自应经检定合格者,岂容巧立名目⋯⋯拟请钧部明令各校负训育责任人员,不限于训育主任经检定不得充任,以重训练而免规避⋯⋯"等情;据此,查各地学校对于训育人员设置情形殊不一致,有不设训育主任而各教员共同负训育之责者,似此分歧,如无统一办法,殊不足以重党义训育而专责成。兹规定凡未设有训育主任而由各教员共同负责者,应以该校党义教师一人主持党义训育事宜。其只设有训育员一人者,则此训育员之责即同于训育主任,自应检定合格,始得充任。②

可见,该办法中明确提出在中小学设置训育主任的要求。这种从关注内容到关注组织形式的转变,是国家和政府常用的控制学校的一种手段。这是因为,所谓党义、训育,其真正的实施结果是难以测量和控制的。国家和政府只能相信,有了好的组织就会有好的结果,就将重点放在结构控制与组织控制上。此后,国民政府又颁发了一系列训令,③这些训令以及诸如中央训练部等组织的

---

① 教育部.现行重要教育法令汇编[M].教育部印行,1930:69.

② 同上:30—31.

③ 国民政府此后颁布的有关训育主任的训令主要有:1936年2月20日第五届中央常务委员会第六次会议通过的《中等学校训育主任公民教员资格审查条例》与《修正训育主任公民教员资格审查委员会组织条例》;1936年3月1日第五届中央执行委员会民众训练部修正颁行《修正中等学校训育主任公民教员等级规则》;1936年3月1日颁布的《中等学校训育主任公民教员工作成绩考核法》;1935年8月16日中央民众运动指导委员会颁行,1936年4月1日中央民众训练部修正的《修正中等学校训育主任公民教员工作大纲》,等等。参见:江西省政府教育厅.中等教育法令汇编[M].1940:189—201.

存在,也使得此前对中学训育主任这一职务设置产生主要影响的认知模仿机制转变成政治强制机制。相应地,1928年后的各种学校视察报告中便可见"学校行政"与"训育状况"等项目。①

(二) 会议制度

民国时期以及现在的研究者在讨论民国的中学行政组织结构时,大多将注意力放在部门分化上,而很少关注部门的整合,因此,所讲到的分部制即是指学校行政事务分哪几个部门。然而对分部制的理解不能停留于此。从实际情况来看,民国时期的中学在分化的过程中,也在不断地进行整合的努力,其集中表现便是各种会议制度的产生与运用。正是这一点,更为充分地体现了近代中学的现代性特征。有鉴于此,这里将会议制度纳入关于近代中学分部制行政结构之形成的讨论中。

民国时期中学行政组织结构对会议制度的关注与运用主要有三种形式:一是会议制,其主要特点是各股直属于校长,取消中层设置,代之以各种会议,实质上是取消了分部制结构;二是校长—会议制,其主要特点是在分部结构之外,增设各种会议与委员会;三是委员会制,其主要特点是采取集体领导的方式。这三种会议制度之间既有差异,又相互重叠。其中,委员会制与会议制、校长—会议制的不同在于,它否定校长的领导地位,但在分部结构上,委员会制与校长—会议制具有一致性。会议制与校长—会议制虽然都坚持校长的领导,但它们对会议的运用程度是不同的,尤其在是否分部这一点上,存在根本区别。以下结合具体的例子,对上述国民时期中学中不同形式的会议制度加以简要阐述。

1. 会议制

民国教育管理学者在讨论学校组织系统问题时,基本上都将国立东南大学附属中学校作为会议制组织系统的典型代表。② 东南大学附中采用会议制组织

---

① 此类视察报告如:1928年的《山东省政府教育厅视察报告第一集:自民国十七年六月至十九年六月》,1930年的《山东省特别区教育厅督学视导学校报告书》,1932年的《广西省督学视察报告》,1932年的《教育部督学视察南京中小学及社会教育报告》,1933年的《视察湖北江西省教育报告》,1933年的《广西省政府教育视察团教育视察报告》,1933年的《教育部督学视察山西省教育报告》。

② 杜佐周、赵冕、黄式金等人在讨论学校组织系统问题时,所举的都是国立东南大学附中的例子。参见:杜佐周.教育与学校行政原理[M].上海:商务印书馆,1935:98—101;赵冕.中等学校行政组织系统之研究[J].新教育,1924,10(2);黄式金,张文昌.中学行政概论[M].上海:世界书局,1934:18—19.在某种程度上,可能是因为有了东南大学附中这样的组织形式,才会有"会议制"这种命名,而不是相反。

形式大约是在 1922 年。① 根据廖世承的解释,当时东南大学附中的学校组织系统(见图 2-1)体现四个原则:(1) 它是一种会议制的性质,各种事情,注重公

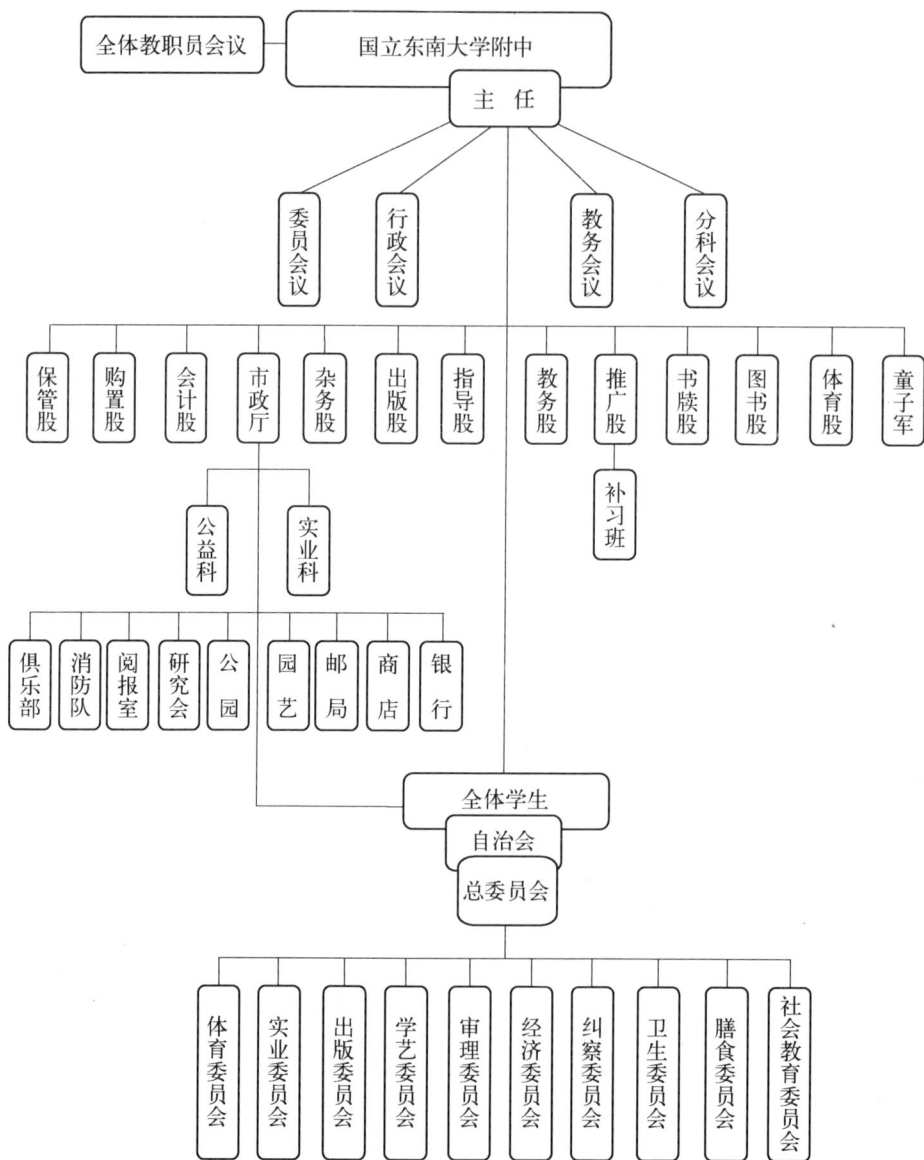

图 2-1　国立东南大学附中组织系统图

① 南京高等师范附属中学改称东南大学南京高师附属中学(即东南大学附中)是在 1921年夏,廖世承介绍这一组织形式的《中学教育》一书出版于 1924 年,再结合廖世承当时担任附中主任后积极进行新学制改革,"召集全体职教员,议设学制改组委员会","破除学年制,改用升班以学科为单位办法",因此可以推定,学校组织系统是在学制改革实验的同时确立的。

开,避去独裁制的弊病;(2) 各教员分任职务,除去教职员的界限;(3) 职务有专任,不致推诿不负责;(4) 全体学生对于学校行政也负一部分责任。廖世承提出,教务会议或全体教职员会议确很重要,在这种会议里,中学校长可以随时利用机会,促进教师的修养。分科会议的性质,专在讨论本科所发生的问题,以及改良教法的提议。行政会议是处决全校各种临时发生的杂务的一种机关,它的议决案可以委托各股有关系的职员,分别执行。一方面可以减轻事务,抽出时间来对付较大的问题;另一方面可以使多数教职员明了校中的情形。教职员学生代表会议只有促进校务的提议,没有表决权,有了这个机关以后,教职员和学生中间的隔膜可以去掉许多。①

研究者在评论会议制时,常常强调其在合作、民主与公开方面的优势,而对其行政效率怀有担心。杜佐周便指出:一方面,"会议制有集思广益,及分工互助的利益","会议制适合民主原则,既可免除独裁的危险,又可养成合作协助的精神","会议制处事公开,能防止一二当局营私舞弊";另一方面,"采用会议制效率不高,因为集议时意见容易分歧,时间每多消磨于互相辩论之中","采用会议制,若是不能合作,即有开明进步的主张,亦将故意捣乱,而难通过","采用会议制,各人责任不专,互相推诿,无人负责,如有错误,或有作弊情事,亦将无从实行严格的纠正"。② 黄式金等人也认为,东南大学附中的会议制"如在学校历史较久,教员能相合作之前提下,很可成功,规模较小的也不妨斟酌情形采取一部分,极为经济而有效。但会议制不一定到处可以适应。有些学校当局遇事推诿,不肯负责,行政的效率低小,意见分歧,所谓'会而不议、议而不决、决而不行'即是。所以历史简短、负责人缺乏、教员团结力薄弱之校,反不如不用会议制好"。③

引述以上研究者的评论,并不是要指出杜佐周等研究者在理论层面对会议制本身的讨论存在什么问题,也不是要借助这些研究者的观点分析当时东南大学附中的会议制组织形式存在哪些不足,而是想要说明,当时的研究者在理解东南大学附中的会议制上可能存在偏差。当我们将目光从廖世承提及的四个原则上移开,再继续阅读上述他对于各种会议的理解时可能就会发现,东南大学附中当时之所以选用会议制,主要是出于效率的考虑,是为了更好地提高教师的素质与业务水平,更好地协调分工、明确职守。当然,这并不是说这种形式不关注行政民主问题,而是强调在效率逻辑与民主逻辑两相比较之下,效率逻辑占先。

---

① 廖世承.中学教育[M].上海:商务印书馆,1947:159—166.
② 杜佐周.教育与学校行政原理[M].上海:商务印书馆,1935:98.
③ 黄式金,张文昌.中学行政概论[M].上海:世界书局,1934:21.

117

从当时的大背景来看,民主学校行政是教育界的主流取向。1920年第六届全国教育会联合会上议决的《民治教育设施标准案》就强调,民治的教育在教职员方面要做到:"校务之兴革,须取决于校务会议;学生学行成绩,凡关于学级升降等项,须由校务会议定之。"①廖世承作为这种以民主、自由为理念特征的新学制的力推者,当然会注重学校民主行政的问题,但东南大学附中当时调整学校行政系统,并不是直接为了进行学校行政的民主化改革,而是为了配合新学制实验。《东南大学附中改组前之概况及新学制简章》中有记录:"本校廖主任对于新制中学段三三制主张最力……洎十一年秋季招生,本校即招初一初二新生两级,并将原有旧制学生,除将毕业之一级外,相其程度,改为初三高一。同时并破除学年制,改用升班以学科为单位办法……"②分科选科制度打破了原来的年级、班级界限,增强了人员的流动性以及工作的变动性,相应地,在协调方面的要求便有所提高。因此,以会议的形式来统合学校事务实属必要。如果从这个角度出发的话,会议制主要是为了提高学校的教学与行政效率。此外,抛开实际情况不说,就东南大学附中的会议制本身而言,在全体教职员会议不能充分发挥作用的情况下(廖世承在解释全体教职员会议时没有说明其是否具有决策权,但从组织系统图来看,全体教职员会议似没有决策权),它非但未必体现民主,还有可能导致更严重的校长专权,因为中层组织的取消使得校长的决策行为除去了不少牵制力量。当然,这完全是一种求全责备的分析。以上的讨论主要是说明,东南大学附中的会议制未必是在一种明确的追求民主的学校行政目标下建构的。

同样是采用会议制,1929年广东省立第一中学校的学校行政系统则是明确地侧重从民主与自治的角度加以建构的。该校会议制学校系统的确立与梁漱溟的思想有很大的关系。1928年6月梁漱溟任该校校长后不久,便确定了"改造一中的方向":"我根本的主张是要学生拿出他们的心思耳目手足的力量来做他们自己的生活,不一定是他们个人的,就是团体的也要由他们自己去管理、去亲身经历,总要他们用他们自己的心思才力,去求他们自己需要的知识学问。"③在此基础上,他提出了十条意见:"第一,要废除或者极力减少校内的杂役;第二,要废除或者减少校内的职员;第三,废除现在吃零饭和包饭的厨房制度;第

---

① 革新学校教育方法案[M]//邰爽秋,等.历届教育会议议决案汇编.上海:教育编译馆,1935:21—22.

② 李桂林,等.中国近代教育史资料汇编·普通教育[M].上海:上海教育出版社,1995:869.

③ 广东省立第一中学校教务委员会.广东省立第一中学校一览[M].1931:5.

四,废除现在的贸易部、西餐部、洗衣部,并组织消费合作社;第五,废除现在把学生看作被治者,而教职员是治者的办法,总要想法使学生不只站在被人家管理的地位,而改善这个分为治者与被治者两种阶级的教育;第六,废除或减少——至少也要改良——现在讲授课本的教授法;第七,想以一班做一个小范围,由各小范围内,做他们自己的事;第八,注重班主任制;第九,注重写日记;第十,注重保护自己的身体。"①

基于以上的改革意见,广东省立第一中学校首先改革了学校行政系统,取消原来的总务、教务、训育三部,改设教务委员会。教务委员会由专任导师五人组成,其下设事务部作为全校办事的中枢机关,全校校务会议则是学校一切兴革大计的决策机构。学校又分高中、初中两部,各部设部务会议,分掌两部教学及训育事宜。高中分科设科务会议,初中分班设班务会议,均隶属于部务会议。此外,学校还设置了学科会议与全体教职员会议。其中,全体教职员会议为全校最高的指导机关,每学期召开两次,其任务有两项:在学期开始时,议定全学期教学、训育的总体方针;在学校结束之时,检阅学生整个学期的成绩,并讨论改进教学的方针。按照学校自己的叙述,改革后的学校行政系统(见图2-2)所体现的意义在于:"第一,在使校务的处理收贯通统一之效;第二,在使合议分工的精神能充实的表现;第三,在使全校的教员皆能参与校务的处理。"②

2. 校长—会议制

校长—会议制基本上等同于民国时期教育管理学者所讲的"校长制",即全校事务由校长总其成,并在校长之下设置各种会议。尽管含义相似,但这并不意味着笔者默认民国时期的学者对校长—会议制与校长制所作的区分。东南大学附中并不是"完全采取会议制"。③ 因为东南大学附中的会议制中并没有明确赋予全体教职员会议以决策权,校长仍是综理一切事务的负责人。在这个前提下,会议制与校长制(会议制与校长—会议制)并不对立。

从既有资料来看,民国初年就有人提出中学要召开教员会议的要求,当时的一些学校视察报告中即出现"教员(或职员)联络之方法"这一项。譬如,1914年《教育公报》中的《视察第一中学概况》中提道:"职员联络之方法:每月第三星期举行讨论会一次,惟记载阙如,实用盖鲜;亟宜编制簿记以为各教员相互之观感。"《视察第二中学概况》中记载:"职员联络之方法:未组织。"《观察京师私立

---

① 广东省立第一中学校教务委员会. 广东省立第一中学校一览[M]. 1931:6.
② 同上:7.
③ 黄式金,张文昌. 中学行政概论[M]. 上海:世界书局,1934:18.

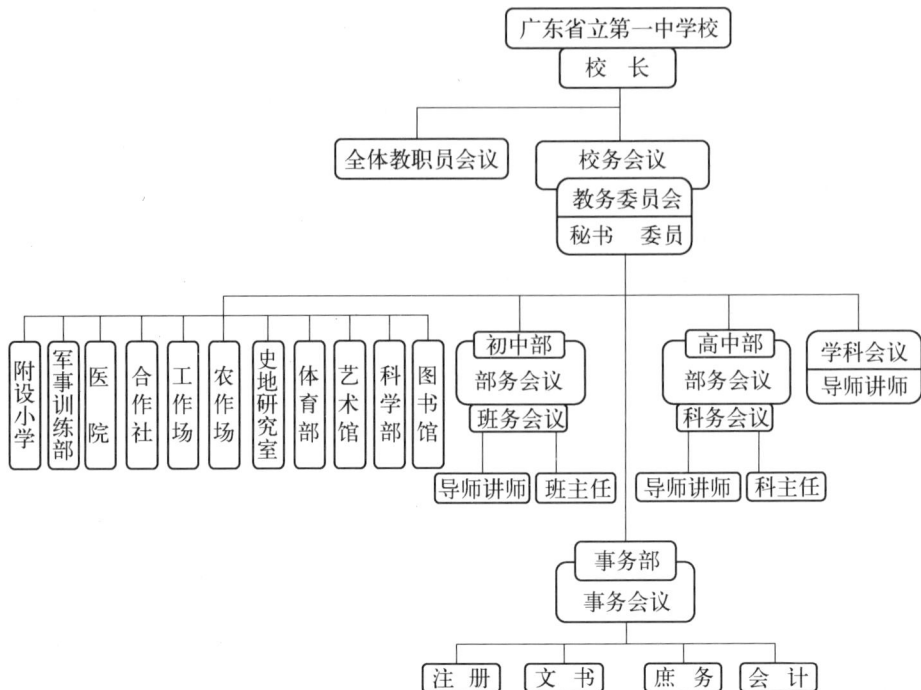

图 2-2 1929 年广东省立第一中学校行政系统图

畿辅中学校》中提道:"职员间联络之方法:据校长云,每星期六日开职员会议一次,讨论学科及管理事项,但未见记录。"①等等。

有据可查的最早明确提出召开各种学校会议的是北京高等师范附属中学校。1918 年的《北京高等师范附属中学校概况》中提道,该校"设中学主任,主持全校事务。分设庶务、训育、教务三课……并组织庶务、训育、教务各会议,订定会议规则,分别定期开会,藉以交换意见而谋统一。另有教员会,集合全体教员协议属于教育或校中兴革大端及学生成绩。"②此外,《杭州教育志》中记载:"民国初年,教育行政部门对学校内部的行政机构及管理人员设置没有统一规定,一般在校长之下设教务主任、庶务、会计、图书管理员、仪器管理员等。浙江省立第一中学校则在校长之下设评议部作为最高议事机关,校长即为议长,评议部由全体教职员参加。另设行政委员会为行政协议机关。校长之下还设有执

① 舒新城. 中国近代教育史资料(上)[M]. 北京:人民教育出版社,1981:322,324,332.

② 李桂林,等. 中国近代教育史资料汇编·普通教育[M]. 上海:上海教育出版社,1995:859.

行部,分教务、训育、庶务三课;各学科分设科主任。"①浙江省立第一中学校的组织行政系统可谓是模仿议会形式的"半成品",依据记载,其最重要的特点就是将学校决策与执行分开。在此意义上,它与东南大学附中、广东省立第一中学校的会议制相似,但与后两者不同的是,它在执行部下又设教务、训育、庶务三课,实质是组织结构中又多加了一个层级。当然,之所以把它放在校长—会议制下介绍,主要是其明确提出"在校长之下设评议部"。

资料显示,20世纪20年代后的中学基本上都设置了各种会议,且大多采用校长—会议制。以下呈现了三个学校的例子。其中,北京平民中学是私立学校(见图2-3),其组织系统比公立学校多了一层董事会,而直隶省立第三中学校

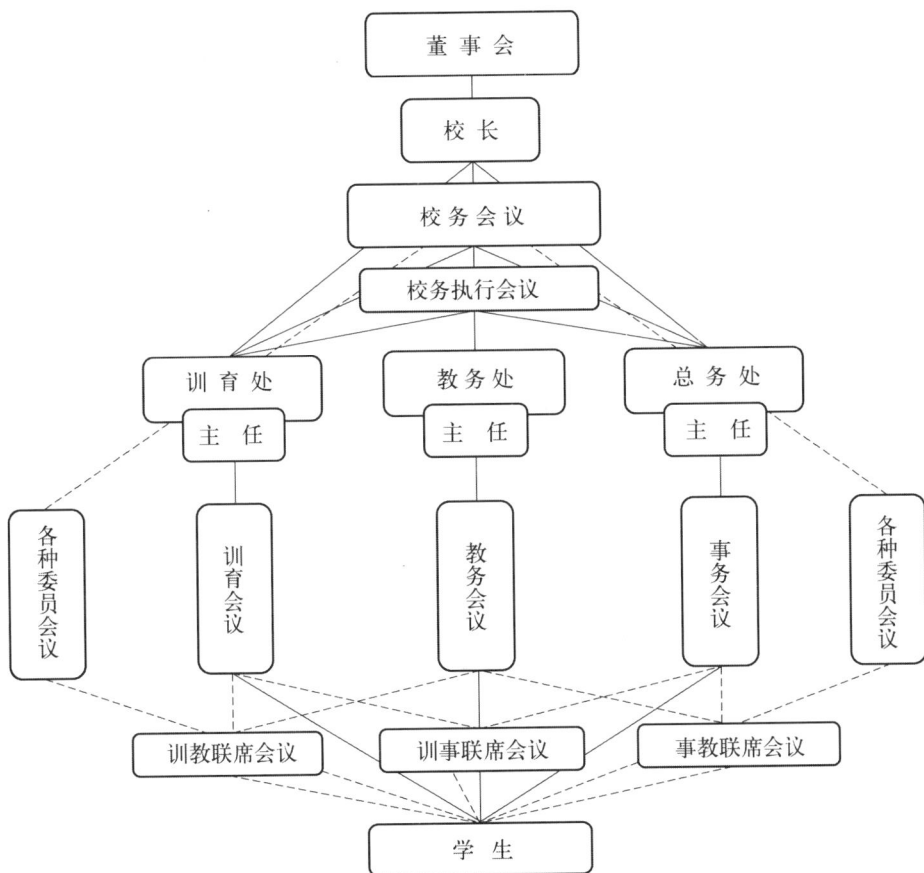

图 2-3 1926 年北京平民中学组织系统图②

① 杭州市教育委员会.杭州教育志[M].杭州:浙江教育出版社,1994:323.
② 该图取自:北京平民中学一览[M].1926.

(见图 2-4)与安徽省立第四中学校(见图 2-5)都是省立。从内容来看,各种会议与委员会名目繁多。

在各种会议中,比较重要的是校务会议与教务会议。校务会议在性质上是议事机构,校长为当然主席;其人员构成,有的由校长室秘书、文牍、校长、各处主任及图书馆主任组成(如南开中学),有的由全体教职员组成(如安庆六邑中学、北京清明中学①),有的由校长、处主任、科主任组成(如保定私立育德中学②),有的由校长、主任、教员、事务员组成(如北京平民中学);在议事内容上,有的学校没有说明(如安庆六邑中学),有的只是概略说"议决重大事项"(如南开中学),有的是处理招生、编级、学生训育、学生学业、学生体育、各课设备及图书购置、学生免减费等事宜(如北京平民中学),有的规定"遇有用款百元以上"时要召开校务会议(如北京清明中学);在会议频次上,常规会议有的是每周一次(如南开中学),有的是每学期三次,有的是每学期两次(学期始末),遇有特别事则召开临时校务会议。

有关教务会议,张文昌在 20 世纪 30 年代初进行过调查研究。他的研究指出,教务会议既有议事性质又有研究性质(与校务会议相比,其研究性更强;与学科会议相比,其议事性更强)。各个学校的教务会议可以分为大小不同的两种组织:第一种是大范围的教务会议,由校长、教务处人员及全体教员组成;第二种则范围较狭,由重要教职员组成,如以校长、教务主任、各科主任为主干,或加入分部主任、其他处主任、校长秘书、体育主任、图书管理员、附小主任、各级级任或教员代表等。在会议的具体规则方面,大多由教务主任任主席(也有极少数由校长任主席),记录人由教务员或全体选定,或由主席指定。会期多数为一月一次,少数为两月一次,但在学期始末,每个学校都会召开一次教务会议。通常有两人以上提议,或者教务主任、校长认为有必要,可以召开临时教务会议。在教务会议的职权范围方面,张文昌综合各所学校的章程,归纳为:课程编订的商定;成绩考察和试验的商定;教法改进的研究与讨论;教学方针和计划的审议;教务规程的订定及修改;标本仪器之选购;图书杂志之选定;教材教本的审查与采取;学生升级及毕业的商定;学生休学、退学的商准;学生转学、转科的商准;教员请假与补课办法的商定;学生缺席旷课事项;选科的开设与指导事项;学生惩励事项;招生事项;校长或教务主任交议事项;各科议决事项;教员提

① 北京清明中学一览[M].1927:23—24.
② 保定私立育德中学校规则[M].1932:29.

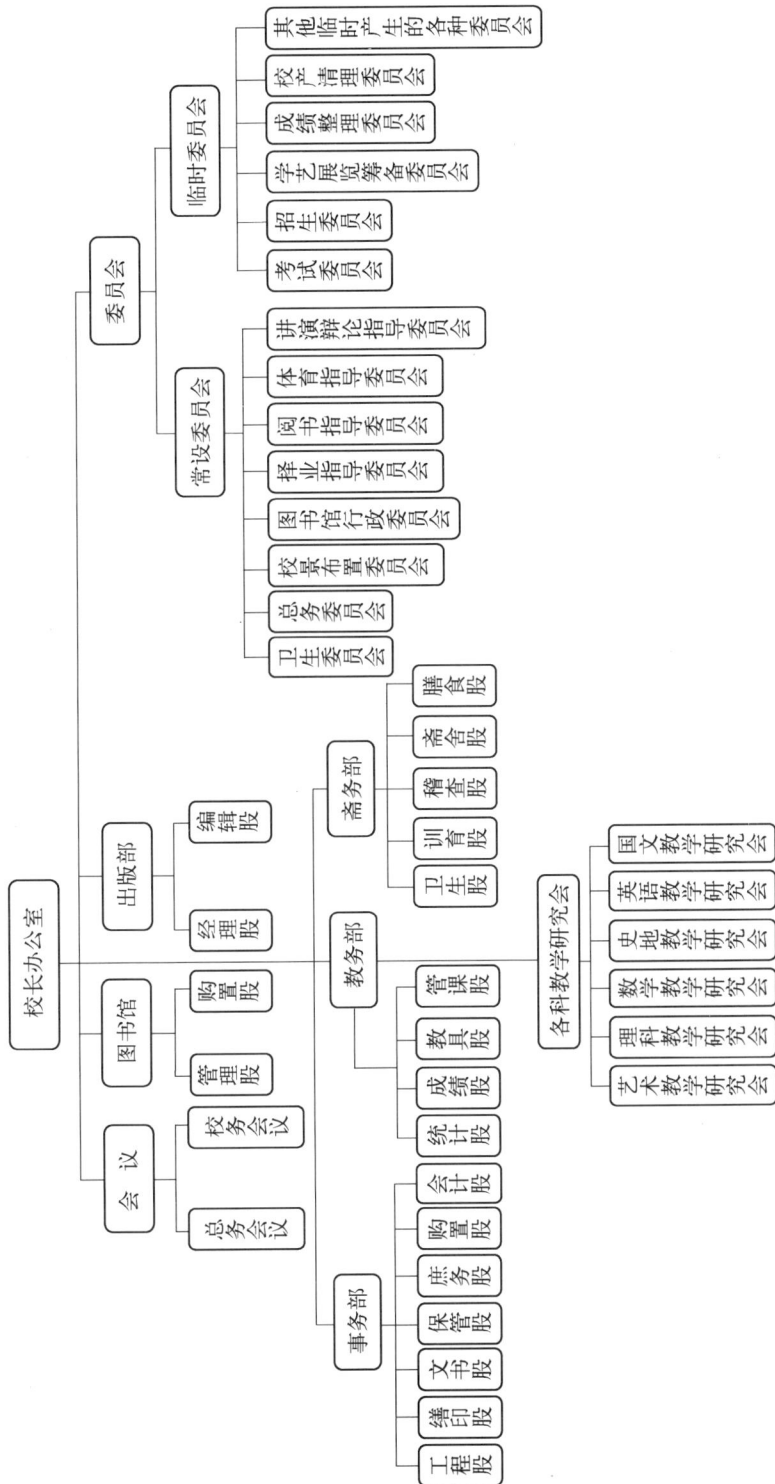

图 2-4　1924 年直隶省立第三中学校组织系统图①

① 该图取自：三年来直隶省立第三中学校（1922—1924）[M]. 1924.“本校概况”：2—3.

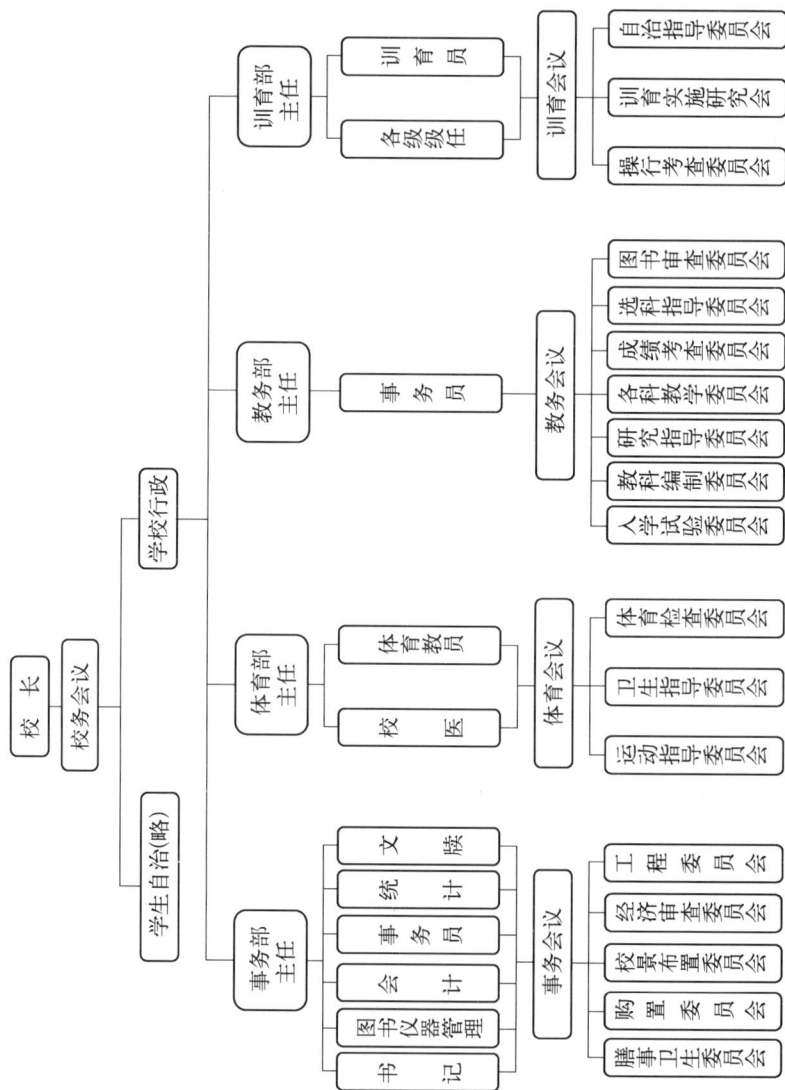

图 2-5 1924 年安徽省立第四中学校组织系统图①

① 该图取自：赵冕. 中等学校行政组织系统之研究[J]. 新教育，1924，10(2).

出事项;学生请求事项;其他关于教务之重要事项。①

　　值得提出的另一种会议形式是安徽省立第四中学校中的"经济审查委员会",直隶省立第三中学校在斋务部中亦有"稽查股"。后者与前者近似,区别主要在于,后者属于固定的职能部门,就制度设计而言,这种稽查职能的固定化存在两个问题:一是可能造成该部门权力过大;二是因该部门独立性不强而丧失监控能力。而采用会议形式的委员会从理论上讲,则可以借助人员构成多样性、流动性更强等特点,尽量回避前面的问题。从原因上看,"经济审查委员会"的设置主要是针对校内腐败,尤其是校长腐败问题。按照民国教育学者萧承慎的说法:"我国中学校长握有全校经济之权,除俸给以外,多有额外收入,久已为公开之秘密……兼他职领双薪,以及兼本校教课,另支薪俸,多公开为之,是为比较合法者。其不合法者,则五花八门,各有其途径。或克扣教员薪俸,或捏造各种'报销',或合班上课,冒领两班经费,或假借名义,征收额外费用。中学校长有'小县长'之称,该有由来也。历来学校风潮澎湃,据各种客观统计,经济不公开是为原因之一,各省教育局有鉴于此,多规定各校设立'经济稽核委员会'。"②

　　就各地情况来看,安徽省的中学校中设置"经济审查委员会"较早。早在1921年第七届全国教育会联合会上,安徽省教育会就提出"学校经济公开案"。该案如下:

　　　　现代教育趋势,多主学生自动,惟各省区各学校凡关于图书仪器模型标本种种不能充分购备,学生自习固感困难,即教授方面亦殊觉不便,主持教育者,辄藉口于经济不充,仰知设备项下,虽多寡不等,苟分年添购,一钱得一钱之用,何难逐渐扩充,万一认为必需购置物品,能得学生同意及学生家属赞成,公同捐助,亦自轻而易举,所以经济公开,最为握要,兹拟办法如下:各学校须组织经济审查委员会,于每学期之终行之。③

显然,安徽省教育会的说法较之萧承慎的解释更为"体面",而且与当时强调学

　　①　张文昌.中学教务研究[M].上海:民智书局,1933:18—23.
　　②　萧承慎.我国中学校长制度之探讨[M]//邰爽秋,等.中学教育之理论与实际.上海:教育编译馆,1935:41."经济稽核委员会"是后来比较一致的名称,此前有的称"经济审查委员会",有的称"经济监察委员会",还有的称"校款稽核委员会"等,其含义相同。
　　③　邰爽秋,等.历届教育会议议决案汇编[M].上海:教育编译馆,1935:"第七届全国教育会联合会议决案",15—16.

生自治的语境契合。不过,由于第七届全国教育会联合会的焦点主要在新学制上,该案虽获得立案,却没有充分展开讨论。此后,安徽省在全国范围内率先由教育行政部门对学校作出设置"经济审查委员会"的强制性规定。譬如,上述安徽省立第四中学校于1924年成立了"经济审查委员会"。1928年第9期《安徽教育行政周刊》中的"关于各校学校行政之厅令"有若干条表明,各中学需组建经费稽核委员会,并将各委员名册送省厅备案,其中有一条厅令还否定了安徽省立第四女子中学校要求在经济稽核委员会中加入学生代表的请求(这意味着"经费稽核委员会"是由学校教职员组成的)。① 20世纪30年代初,不少省份相继出台了教育机关经费稽核制度,如浙江省出台了《全省教育机关教育行政机关及地方教育经济机关教育经济稽核委员会规程》,②河南省出台了《河南省县教育经济监察委员会规程》。③ 1933年《中学规程》颁布,将设置经费稽核委员会的要求提升至全国层面。不过,从现实效果来看,很多时候可能如萧承慎所指出的:"教职员皆由校长聘来,或去或留,悉凭校长主意。入选经济稽核委员会者更多为与校长接近之人。稽核云云,徒负虚名。"针对这个问题,湖南省又出台了《湖南省立各学校会计规程》,希望通过由教育行政部门派任会计的方式来摆脱监督不力的问题。

3. 委员会制

委员会制是就学校领导制度层面而言的,不同于校长—会议制下的各种委员会。如前文所述,委员会制的特别之处在于,它采取的是委员会集体领导,而非校长一人领导的方式。换言之,委员会制中的校务委员会是审议或决策性质的,而校长—会议制中的校务委员会只是议事机构。除此之外,委员会制与校长—会议制的差别不是很大,行政系统也大多采取分部外加各种会议与委员会的方法。

委员会制在民国时期中学的运用主要与国民党的组织原则相关。在南京国民政府成立前,采用此种组织系统的基本上都是国民党统治地区的中学,这些地区的中学之所以采取委员会制,与国民党所选择的政府组织制度及相应的教育行政制度紧密相关。平定了陈炯明、杨希闵和刘震寰等人的叛乱后,国民党中央执行委员会政治委员会于1925年6月14日通过了《国民政府组织大

---

① 关于各校学校行政之厅令[J]. 安徽教育行政周刊,1928,1(9).

② 全省教育机关教育行政机关及地方教育经济机关教育经济稽核委员会规程[J]. 中华教育界,1932(3).

③ 河南省县教育经济监察委员会规程[J]. 中华教育界,1932(10).

纲》,决定改大元帅府为国民政府。该大纲第一条确定:"设置国民政府,掌理关于全国政务,以委员若干人组织会议,并于委员中推定常务委员五人,处理日常政务,并设置军事、外交、财政各部,每部设部长一人,以委员兼任;如将来有添部之必要,经委员会议决。"据此精神,国民党中央执行委员会政治委员会于1925年7月1日公布《中华民国国民政府组织法》,并根据这一法令组建了委员会制政府。具体来说,"国民政府由16名委员组成,常务委员及主席均由委员推选,一切国务由委员会议决定,委员不足半数时,'由常务委员行之'。主席仅为'委员会议'主席,此外别无高于其他委员的职务,地位与一般委员相差无几。这种合议性的委员会制政府制度与此前的大元帅府制度明显不同。至于为何采取这种政府组织形式,研究者认为,这是因为在孙中山逝世之后,国民党内一时还找不出一个能领导全党的人。用汪兆铭在国民党"二大"上的报告的话说:"总理在时,在本党有这个总理,同时在本国有这个元首;总理逝世以后,再无人可继了……本党不复有总理了;推之以党治国的理论,则国家亦不复有元首了。"①

在1925年的《中华民国国民政府组织法》之下,广州国民政府于1926年2月公布了《教育行政委员会组织法》,规定教育行政委员会"掌管中央教育行政机关,并指导监督地方教育行政","教育行政委员会以国民政府所委教育行政委员为干部,下设行政事务厅,依干部会议的议决处理本委员会所辖事务"。似乎是很自然地,国民政府将这种合议制的领导方式运用到学校中。1927年春,私立广东国民大学附设中学改校长制为委员会制,校务委员会设委员7人,委员长1人。② 集美初级中学1927年时亦设校务执行委员会处理校务,并设主席委员。③《江西省教育志》也记载:"1926年,北伐军入南昌,江西省组织政务委员会,省立中学校由政务委员会分别派员保管,改校长制为委员制。"④舒新城在《民国十五年中国教育指南》中指出:"北伐在教育上的影响极大:最显著者在南方有教育行政上之委员制及党化教育之实行。"⑤戴冠峰则接着指出了这种教育行政上的委员制对中学组织形式的影响:"十六年后,中国国民党政治势力推及全国,各省中等教育,得依照新学制作根本之改造;且长江以南各省之中等学校

---

① 袁继成,等.中华民国政治制度史[M].武汉:湖北人民出版社,1991:92,94—95.
② 私立广东国民大学附设中学概览[M]."校史略",1—2.
③ 集美初级中学概况[M].1947:"本校史略",1.
④ 《江西省教育志》编纂委员会.江西省教育志[M].北京:方志出版社,1996:250.
⑤ 舒新城.民国十五年中国教育指南[M].上海:商务印书馆,1927:4.

组织,多改校长制为委员制,学校行政取会议形式以决定一切。"①

委员会制在各地实行的时间非常短。江西于 1927 年 11 月废止委员会制,恢复校长制;私立广东国民大学附设中学与集美初级中学都于 1928 年改行校长制。究其原因,大概如江西教育厅厅长陈礼江所说:"赣省中等学校昔时采用委员制度,学校当局遇事推诿,毫不负责。校务进行的速率,适与委员人数的多寡成反比例。"②不过,在个别学校,委员会制会被作为一种策略性选择加以运用。譬如,太原平民中学校因为原校长辞职,一时无法确定校长,便将原来的校长制组织系统改为委员会制。③

抗日战争爆发之后,为了解决流亡学生的求学问题,践行"战时须作平时看"的方针,国民政府在后方组建了多所国立中学,这些中学起初都实行校务委员会制。1939 年的《修正国立中学暂行规程》中就规定:"国立中学得设立校务委员会为本校审议机关,由部就部派人员及教职员中指定七人至十一人为委员,并指定一人为主席委员",校务委员会的职权范围为:"(一) 关于校政方针之决定事项;(二) 关于校务上应兴应革事宜之审议事项;(三) 关于学校经费预算决算之审核事项;(四) 关于训育工作之研究改进事项;(五) 关于学生重大奖惩事项;(六) 其他临时发生重大事项","国立中学设校长一人,主持校务,分校各设分校长一人,秉承校长主持各该分校校务,校长由部委派;分校长由校长加倍遴荐,由部委派或由部径派之。""国立中学设教导、总务二处及会计室,教导、总务二处各设主任一人,不设分校之中学,其高中、初中、师范(或另有职业及女子)等部分,得各设部主任一人,各主任由校长遴聘,并呈部备案。""校务委员会决议事件,交由校长执行,执行遇有困难时,校长得提请委员会复议"。④

然而,国立中学的校务委员会制度在实施过程中同样出现了 20 世纪 20 年代末陈礼江提到的问题,而且由于国立中学的规模更大,分部较多,且各处不同的校区,问题表现得更为明显。在事权方面,校务委员会与校长常发生冲突,加之学生特别是教职员来自各省各校,各人的性情不甚融洽,派系倾向较重,有的互争权利,有的互诿责任,于是,学校事务的开展极为混乱。在当时经济困难的情况下,教师们又往往利用经济问题,依靠一些学生来排斥不同己见者,从而使

---

① 戴冠峰.十年来我国中等教育之概观[J].教育杂志,1937(7).
② 杜佐周.教育与学校行政原理[M].上海:商务印书馆,1935:101.
③ 太原平民中学校一览[M].1929:4—5.
④ 中国第二历史档案馆.中华民国史档案资料汇编(第五辑)[M].北京:中国档案出版社,1997:576,577.

情形变得更加严重。1938 年一年中,几乎没有一所国立中学不发生风潮,最为严重的便是国立陕西中学和国立甘肃中学。其中,国立甘肃中学一年中更换了四任校长,风潮依旧无法解决,学校几乎一年没有上课。鉴于此,教育部于 1939 年 12 月 17 日颁布《修正国立中学暂行规程》,对国立中学的行政管理作了变通,即原则上规定"国立中学得设立校务委员会为本校审议机关",其职权范围基本不变,但同时允准也可不设这一审议机关,"不设校务委员会之国立中学,应组织校务会议"。校务会议的职权与校务委员会等同。"此项校务会议,由校长、分校长、各处部课主任、会计员、各组长及级任导师组织之,以校长为主席。"①这一调整其实是取消了校务委员会制度,而将校务完全交付校长。此外,为了缓和矛盾,化解冲突,教育部还将一些学校的高中、初中、师范等部设为分校,由原来的各部部长任分校校长,以专责成。②

　　以上从类型的角度对民国时期中学中的各种会议制度作了简要评述。之所以选择类型而非时间这个维度,是因为民国中学会议制度的发展并没有十分明晰的过程或线索。当然,这种寻求线索的思维本身可能并不合理。总体而言,会议制度自民国初年起即被引入中学,其中,占主导地位的一直是校长—会议制。相对而言,会议制与委员会制只是试验性或过渡性的。

　　那么,在实践层面,是否民国时期的中学真的有上文中提到的那么多会议或委员会? 杜佐周曾说:"现在学校采用各种会议及分设各种组股的办法,一日普通一日。"③张文昌更是作出反思:"今日学校中的会议似乎太多了。我并不反对会议制度,按会议制的本身,确有许多利益,也不能一概抹煞","但现在的问题,不是会议制本身的优劣问题,乃在会议的运用得当与否"。"自从国民政府成立以还,会议制度风行一时,上自政府,下至民众,莫不以开会为主要行政,学校当然亦不能例外。不管学校大小、人数多少,会议的名称真是五光十色。重要的教职员,一身为不少会议的一份子,差不多天天要开会,甚至一天要开二三个会,每个会要化上一二个钟头,明天的功课就没有机会准备,遑论精细的改作与专业的进修。"④时人既如是言,大概 20 世纪 20 年代后的中学至少在形式上

---

　　①　余子侠.抗战时期国立中学的创办及其意义[J].近代史研究,2003(3).
　　②　综合参阅:《国立第五中学校长、校委任免的训令及文书》,中国第二历史档案馆档案,全宗号 5,案卷号 7369;《国立第七中学发生学潮的有关文件》,中国第二历史档案馆档案,全宗号 5,案卷号 7446;《国立湖北中学组织设立、调整和人员任免的文件》,中国第二历史档案馆档案,全宗号 5,案卷号 7413.
　　③　杜佐周.教育与学校行政原理[M].上海:商务印书馆,1935:101.
　　④　张文昌.学校行政的效率问题[J].之江学报,1936,1(5).

确是有着各种会议与委员会。

倘若如此,需要追问的可能是这样一个问题:会议制度为什么会运用到民国时期的中学中?在还不能确知会议制究竟是什么时候开始在民国时期甚至是民国之前的中学里出现的情况下,对此问题确实难以回答。所幸有几所中学对本校的行政结构设置给出了一些理由,如前文中的东南大学附属中学校与广东省立第一中学校。其他的如南开中学指出:"本校因系私立,经费竭蹶,用费务求其省,效率务求其高。故组织方面,分部甚简。……惟本校因规模稍大,事务颇形复杂,全校工作之推行,不得不赖于全体师生之协助,于是又有各种会议及委员会之组织,以期实现:(一)校务公开;(二)责任分担;(三)师生合作之三原则。"①直隶省立第三中学校亦解释:"本校行政组织,三年来屡经变更,循其变迁之迹,确有三种趋势。一由简单而趋于复杂;二由混合而趋于分工;三由独裁而趋于合议。"②《同泽学校教育实施统计概况》中也提道:"以校务公开,师生合作企于可能之范围内,力求学校生活的家庭化,并以严格组织分工合作之原则为本校行政之永久方针。"③

透过各中学校对其行政组织结构的说明中所使用的"公开""参与""合作""合议""规模""复杂"等语汇,或许可以就会议制度运用于民国中学的原因作出一些解释。

首先,近代中学组织分化所带来的协调的压力,使得会议被作为一种协调关系、缓解复杂性的手段加以运用。近代中学组织的分化包括多个方面,不仅指学校组织层级上的纵向分化(譬如,以前的监学是直接管理学生,后来的训育主任则更多的是对级任进行管理),还包括同级部门之间(譬如,从监学中分化出教务主任与训育主任)或部门内部的横向分化(譬如,以前的庶务仅一人,后来则成为包括缮印、保管、文书、购置、会计等多股办事人员在内的部门;再如,课程类目的增多、组合方式的变化等),有时还包括学校组织的空间分化(譬如,有的学校出现了分校、分部)。可见,这种分化不只是规模的扩大,更是关系的复杂化。甚至可以说,作为整合各种分化之努力的会议制度本身的出现,仍然在延续着这种分化。相应地,为了实现学校组织的目标,处理规模扩大与关系复杂化带来的问题,更好地调动分散的力量,学校会寻找一种彼此联络的方式。不过,需要指出的是,从组织分化与组织复杂性的角度来解释中学里的会议制

---

① 天津市南开中学.天津市南开中学[M].北京:人民教育出版社,1998:97.
② 三年来直隶省立第三中学校(1922—1924)[M].1924:"本校概况",3.
③ 同泽学校教育实施统计概况[M].1929.

度的思路,未必适合解释所有学校,尤其是在会议制度的运用已经定型之后,新建或改组的学校可能是出于模仿来设置各种会议,而未必全然是出于学校自身的需要,或者说,学校对外所说的各种会议只是虚置的,而不是实际运用的。

其次,我国近代化过程中出现的普泛的民主观念,对会议制度在民国时期中学的运用具有一种广义上的意识形态压力。蔡元培力主北大改革,自有追求学术生产之效率的考虑,但更多的是强调自由、宽容、民主本身的价值。同样,1918 年北京高等师范附属中学校提出的教职员协议制,重点也是彰显一种民主姿态。而诸如浙江省立第一中学校所使用的"评议部""议长""议事机关"等概念,则更明显地表露出对民主合议政治模式的模仿(这里并不是说浙江省立第一中学校的行政系统是直接模仿议会制度,它很可能是模仿大学的行政模式,蔡元培在 1912 年的《大学令》中便提出设立评议会)。正如美国学者内森(Andrew J. Nathan)所言,纵观近代以来的政治思想,虽然不同的思想家在采取何种形式的宪政上持有不同意见,但在坚持宪政这一点上是相当一致的。他们相信:"政府和人民的利益基本是一致的,但中国却是积贫积弱的国家,这要归之于人民的被动状态。对此,只有通过诸如选举、学会及立法机关等参与制度,允许民众直接关心政治,才能克服。"就此而言:"1906 年清帝的立宪诏书,比之辛亥革命更为明确。共和国的理念⋯⋯自 1906 年以来⋯⋯对于这种或那种形式的宪法,从未产生过重大怀疑。的确,自清朝末年起,公众就意识到不仅对国家,而且对政党、商会及各个利益集团,宪法都是必不可少的。"①而 20 世纪头十年中后期的新文化运动与"五四运动"更是将宪政所主张的权利、自由、民主等理念向社会深层扩散。此时,民主本身的确可以称得上是一种意识形态。在此情势之下,无论是个体还是某个团体、党派,即便没有民主意愿,也要摆出民主的样子,否则便会遭遇所谓的合法性危机。民国学校,当情同此理。

再次,诸如东南大学附中、广东省立第一中学校、南开中学等之所以能够就本校的会议制度给出说明,很大程度上是因为这些学校确实是带着某种想法自主构建这种组织系统的,其他学校之所以没有解释,则是因为学校是按照某种外在的规定来设置会议制这种组织形式的,只涉及执行的问题。这便是民国时期中学会议制度形成的政治方式(反过来讲,也不是说没有政府层面的规定,这些学校就不可能产生会议制度。但如果是那样的话,则需要选择另一种解释思

---

① [美]费正清.剑桥中华民国史:1912—1949(上卷)[M].杨品泉,等,译.北京:中国社会科学出版社,1994:249,250.

路。事实上,这里并没有将所有中学分成两类,一是带着明确的意识构建会议制度的中学,二是受制于政府规定而设置会议制度的中学。在它们之外,至少还有既不受政府规制又不带明确的想法去设置会议制度的中学)。譬如,上文提到的国民党统治地区最初所采取的委员会制。又如,安庆六邑中学的《组织大纲》的第一条即是:"本校遵照安徽省政府教育厅颁行之中等学校暂行组织大纲,斟酌本校情形,略加变通,定为本校组织大纲。"①1931 年广西督学视察学校行政的第一条标准便是"依法令组织",而"组织健全""能分工合作"②等标准似乎也给出了政府之所以强调会议制度的一点理由。

以上三种解释或假设可以归纳为民国中学会议制度设置的效率逻辑、民主逻辑与政治逻辑。总体而言,在会议制度建立初期,效率逻辑与民主逻辑更具解释力,1927 年以后,政治逻辑更具解释力。

(三) 分部制

随着教务处与训育处从原来的监学(学监)职能中逐渐分化出来,我国近代中学行政组织的分部制开始形成。③ 所谓分部制,是指学校行政组织的部门化。

上文提到,赵冕于 1924 年整理当年由中华教育改进社和东南大学在南京联合举办的全国教育展览会上的 40 所中学的行政组织系统图时发现,除少数学校组织凌乱不成系统外,不同学校的行政组织结构大致可分为五类:一为五部制,分教务部、训育部、事务部、舍务部、体育部;二为四部制,分教务部、训育部、事务部、体育部;三为三部制,分教务部、训育部、事务部;四为两部制,分事务与教育两部;五为集中制。赵冕所举的是国立东南大学附属中学校的例子。他同时还指出,在这五种分部制类型中,三部制"最为通行"。④

相较而言,张文昌于 1931—1932 年所作的一项涉及学校行政结构的研究更具计划性,研究设计较为严谨,调查对象的数量也尽量做到各地区的均衡。他统计了七省(广东、福建、浙江、江苏、山东、辽宁、湖南)80 所中学(其中,公立 43 所,私立 37 所;初中 23 所,高中及完全中学 57 所)的章程发现,除了一所学校没有实行分部制外,采二部制的学校有 5 所,占 6%;采三部制的学校有 51 所,占 64%;采四部制的学校有 15 所,占 19%;采五部制的学校有 8 所,占

---

① 安庆六邑中学出版委员会.组织大纲[M]//安庆六邑中学一览(1930—1931).1931:1.

② 广西省督学二十年度视察报告书[M].1933:3.

③ 本研究没有对"事务处"(民国时期在较少情况下也称"总务部")的演变过程展开分析,这主要是考虑到事务处基本上不涉及分化的问题,相对而言,其职责比较明确,只是在不同的时期,职能有所增加。当然,这并不是说对事务处的研究没有意义。

④ 赵冕.中等学校行政组织系统之研究[J].新教育,1924,10(2).

10%。从另一个角度,张文昌又统计得出:在具体部门的设置上,除了1所不分部的学校之外,其余79所学校都设置了教务部和事务部(总务部或庶务部),89%的学校设置了训育部(训导部或指导部),[1]25%的学校设置了体育部(或卫生部),16%的学校设置了图书部,3%的学校设置了会计部。[2]

依据以上两位民国教育学者的研究,我国近代中学行政组织结构上的分部制至少在1924年时就已大体形成,而且大多数学校采用的是分为教务部、事务部与训育部的三部制。可以说,此时的中学行政组织结构已经出现了同形的趋势。

为什么会出现行政组织结构同形的问题呢?或者说,一种新的、主导的中学行政组织形式是如何出现的?要回答这个问题,首先需要对赵冕与张文昌的研究加以区别,虽然两者都得出了中学组织普遍采用三部制的结论,但他们所处的背景不同,对现象或问题的解释也有所不同。

张文昌的研究始于1931年9月,止于1932年3月。在此之前,他所调查的不少省份已经出台了相关的政策法规,对中学的组织结构设置进行了规定。其中,湖南省早在1927年11月就公布了《湖南省立中学组织大纲》,规定:"中学设校长1人,下设教务、训育、事务3部,各设主任1人,配有教务员、训育员、校医、庶务、会计、图书管理员等。规模小的中学,只设教务、事务两部。"广东省最晚于1929年时就规定,中学在校长之下分设教务、总务和训育三部;[3]江苏省于1930年颁布《江苏省立中等学校暂行组织法》,规定各校的行政组织分为教务、训育、事务与体育四部。[4] 同样,山东省政府教育厅1930年的视察报告表明,该省约在1928年时就制定了中学校组织大纲,要求学校在校长之下设置教务、训

---

[1] 张文昌在后文中补充道:"训育一部百分数较低,并不是说训育不必注意,却另外有几个原因:规模较小的把训育并入于教务之内,作为一股,因为'训'与'教'本来就是不分开的好;还有若干学校不设训育部而设训育委员会,委员会的构成分子是各级级任或导师。"参见:张文昌. 中学教务研究[M]. 上海:民智书局,1933:14.

[2] 同上:12—13.笔者收集的1932年之前的各种学校介绍资料以及一些中学视察报告所呈现的情况,也基本验证了张文昌的研究结论,这里不一一罗列。

[3] 虽然没有相关的直接材料,但通过对《广东省立第一中学校一览》相关内容的分析,可以得出这一推论。《广东省立第一中学校一览》中指出,该校于1929年1月奉教育厅令改为实验中学,之后才进行了前文提到的学校系统改革,在此之前,学校采用的教务、总务与训育三部制则是遵照厅令设置。参见:广东省立第一中学校教务委员会. 广东省立第一中学校一览[M].1931:5—6,17.

[4] 袁伯樵. 中等教育[M]. 上海:商务印书馆,1949:455;梁兆纯. 中学行政之组织[J]. 国立中央大学教育季刊,1930(1).

育与事务三处;①浙江省在 1931 年 5 月之前就制定了《浙江省省立中等学校行政组织暂行规程》,要求省立中学在校长之下设置教务、训育与总务三部。②

对照来看,张文昌所调查的广东、福建、浙江、江苏、山东、辽宁、湖南七省之中,有据可考的就有五个省对中学校的行政组织结构作出了政策性规定。其中,广东、浙江、山东与湖南都要求在校长之下设置教务部、训育部与事务部(或总务部)。如此,张文昌调查得出有 51 所中学校(占总数的 64%)采用三部制的结论,似乎就很自然了。

问题在于,如何解释此前赵冕的研究结论呢?即在没有政府的规制性政策下,为什么三部制"最为通行"?前文在讨论教务主任和训育主任的产生以及近代中学里的会议制度时,已经给出了一些说明。譬如,在用"附中现象"分析教务主任的出现时提到的模仿问题,在分析训育主任的出现时所强调的训育概念的建构(赵冕的文章发表于 1924 年,而党化教育的影响主要在 1927 年之后,故此时还不能作为解释项),在讨论会议制度时提及的普泛的民主观念的影响。这些因素统合起来,可以称之为观念上的合法性机制,亦即相对于政治或规则上的合法性机制而言,它是一种使得事物或现象在观念上可以被理解的力量。P. L. 贝格尔和卢克曼告诉我们,社会实体的属性是由各种共享的概念、图式、范畴、模式以及理所当然的社会事实构成的,它们以符号体系或知识的方式存在,对事物或活动进行分类与定型。就此而言:"知识可说是制度化行为的动力。它界定了行为之制度化的场域,并派定各种情境,准此,控制与预测所有的行为。"③当教学、自治、训育、民主、合议等成为一种共享的概念与认识时,便会对学校行政结构提出相关的要求。进言之,一旦特定的学校行政结构被视为模仿的对象或相对固定化后,其本身又会成为理解学校的模式,给出学校应该是怎样的定义,从而使得学校行政结构大致以相同的形式被构建。

需要强调的是,这里用观念上的合法性机制来解释的是我国近代中学分部

① 山东省政府教育厅.山东省政府教育厅视察报告第一集:自民国十七年六月至十九年六月[R].1930.除以上提到的几个省份外,据笔者掌握的资料,江西省于 1927 年 11 月颁布《江西省立中学校组织大纲》,安徽省于 1930 年前制定了《安徽省中等学校暂行组织大纲》,广西省于 1931 年制定《广西省中学校组织暂行规程》,陕西省于 1932 年 7 月修正制定《陕西省立中等学校暂行组织规程》,云南省于 1932 年制定《云南省立中等学校组织暂行规程》。

② 中华民国教育部.第一次中国教育年鉴[M].上海:开明书店,1934:171.

③ Berger, P. L. and Luckmann, T. 知识社会学:社会实体的建构[M].邹理民,译.台北:巨流图书公司,1991:82.

制或三部制行政结构的通行问题，也即它的普遍化与同形化问题。也就是说，并不是所有学校的行政结构都必然一样，也不是所有的学校行政结构的调整都直接因为观念上的合法性机制。分析我国近代中学行政组织结构的演变，既不能离开班级授课制这一教育形式的影响，也不能排斥学校规模这一变量的作用。形式与规模等无疑是造成中学行政组织结构演变的重要因素，但在解释结构同形的问题上，它们存在一定的局限性，主要表现为，虽然形式与规模等因素是组织分化与整合的直接推动力，但是在朝什么方向分化以及如何进行整合等问题上，它们难以给出充分的说明。

如果能接受观念上的合法性机制是造成三部制的学校行政组织结构通行的机理所在，那么接着要解释的问题便是，具体的观念或学校行政组织结构是如何形成与扩散的。就教育范围来看，至1924年时出现的中学行政结构同形问题，与各种教育专业团体的工作、活动紧密相关。在这些教育专业团体中，各类教育会的作用与影响最为重要。正如民国教育学者浦漪人所言：

> 至于教育界的活动亦很值得注意，五年中国科学社成立，六年中华职业教育社成立于上海，十一年中华教育改进社成立，十二年全国平民教育促进会成立于北平，十三年全国体育协进会成立于南京，而全国教育会联合会自民元起每年在各省轮流开会，直至民十四年为止。这许多会的成立和新教育的推行与改进，关系是很大的。①

具体来看，首先在人员方面，仅就民国时期的中华教育改进社而言，就有张伯苓、范源廉、汪兆铭、蔡元培、熊希龄、黄炎培、郭秉文、袁希涛、李建勋、陶行知、蒋梦麟、胡适、孟宪承、余日章、俞子夷、陈鹤琴、廖世承等主要领导者，此外还有中等学校教职员116人、高等专门大学教职员87人、省区教育行政人员62人、学术及其他团体人员54人、中等学校校长45人、初等学校校长29人、中央教育行政人员24人、初等学校教职员18人等。② 一方面，像中华教育改进社这样的教育会，其领导者大多具有现代思想（其中，蔡元培、胡适、张伯苓、黄炎培等人横跨教育界与思想界），对教育问题有着自己的看法，为教育领域带来新思想、新观念；另一方面，这些教育会的多数领导者本身也担任或曾经担任大、中、

---

① 浦漪人.我们的教育[M].南京：正中书局，1937：45.
② 孙广勇.社会变迁中的中国近代教育会研究[D].武汉：华中师范大学，2006.

小学的校长,他们将各种教育理念融入办学治校的实践中,并对其他人或学校产生示范作用。更重要的是,像中华教育改进社还吸纳了大量中等学校教职员,他们的加入既扩大了教育思想和专业规范影响中学校的范围与程度,也丰富了学校之间交流、学习的机会。

其次,教育会开展的诸如成立研究会、出版杂志、编写著作与教材、举办各种讲习所、邀请名人演讲、组织各种教育展览会等活动,对于教育观念以及特定的学校组织形式的形成与传播有着非常重要的影响。在这些活动中,最为直接的便是对各级教育行政部门与学校的建议。上文便提到了全国教育会联合会提出了关于自治、训育、召开校务会议等各种议案。据《教育杂志》1924年第10期的刊载:"全国教育会联合会,自成立以来,于今十载。凡全国教育上之大经大法,以及种种教育之实际问题,如新学制、职业教育、义务教育、乡村教育、公民教育、童子军教育等,与夫处置各国之庚款问题,靡不由该会研究讨论,建议于政府及各省教育机关,采择施行。其与全国教育,关系甚巨。"①在出版杂志方面,江苏省教育会出版了《教育研究杂志》,浙江省教育会出版了《教育周报》,湖南省教育会出版了《教育杂志》,广东省教育会出版了《广东教育会杂志》,安徽省教育会出版了《教育报》,江西省教育会出版了《教育杂志》,其他各省教育会大多也办过同类杂志。② 在编写著作与教材方面,江苏省教育会出版了二十多本重要作品,包括《学校卫生讲义》(俞庆恩编)、《教育行政数日谈》(袁希洛编)、《美利坚之中学》(黄炎培、周维城辑译)等与学校管理和中学教育直接相关的著作。③此外,各地教育会还举办了各式各样的教育研究会、教育讲习所与教育展览会。

特别值得一提的是实际教育调查社邀请美国教育学者孟禄(Paul Monroe)来华从事教育调查。对于这一事件,人们更多地关注它对1922年学制改革的影响,相对忽略了他对另一些问题的强调及影响。其中,效率问题便是一个重点。孟禄在与中国学者交流的过程中,经常提到教育效率问题,他说:

中国教育,中学最坏! 方才我们讨论小学种种问题,只要加些经验,就能解决,但中学教育非我们用特别精神注意不可!

第一,学校的组织。

---

① 转引自:孙广勇.社会变迁中的中国近代教育会研究[D].武汉:华中师范大学,2006.

②③ 孙广勇.社会变迁中的中国近代教育会研究[D].武汉:华中师范大学,2006.

第二,怎样能使中学校的效率增高起来办得好?①

在孟禄看来,教育效率包括"教学之效率"与"行政上的效率",评判学校行政的效率有三个标准:"第一种标准,就是学校课程的标准。""第二个标准,就是看学生进步如何。""第三个标准,就是行政本身效率的问题。"②虽然,当时整个教育界已经存在明显的科学主义倾向,但孟禄的观点除了强化了教育研究者进行教育调查的观念外,对后来教育行政与学校管理的效率倾向也产生影响。1923年,盛朗西便参考孟禄提出的三个行政效率标准,进行了实证性的研究。③芮佳瑞也在1924年的《小学行政及组织》中主张,学校组织系统要合于经济原理。④ 而一些学校在论证分部制与会议制度时所强调的正是一种效率主张。这里并不是说所有观点都来自孟禄,而是以此表明教育会的活动以及理论上的取向对于中学行政结构所产生的影响。

此外,诸如《教育杂志》《中华教育界》《新教育》等教育杂志,以及商务印书馆、中华书局、开明书店等出版机构,也为各种教育与管理观念的传播提供了载体。总之,1924年之前出现的中学行政结构趋同的现象,很大程度上可以理解为特定的教育观念与学校行政结构形式被共享的结果,而共享概念与认识的形成,又与各种教育专业团体的活动及相关的传播载体有关。

需要追问的是,为什么早期的中学行政组织结构同形可以用观念上的合法性机制来解释呢? 或者说,为什么当时的各种教育专业团体及相关的传播载体的作用更占优势呢? 回答这一问题,需要了解民国最初十几年的政治格局。

辛亥革命之前,革命者根本没有精力思考和应对旧秩序的衰亡所引起的社会和政治上的公开混乱。士绅阶层的废除使得农村失去了一个主要的安定力量,形成了权力真空,也招致了种种野心。中央政府权力的削弱,再加上一系列革命活动造成的动乱,使得地方势力日渐崛起。袁世凯的帝制梦想也未能长久,在他之后,民国便进入军阀混战时期。由此,就教育问题而言,也形成了两种局面:一方面是中央政府鞭长莫及,地方政府漠不关心,从而造成教育领域的自由余地(这里

---

① 陈宝泉,陶行知,胡适.孟禄的中国教育讨论[M].上海:中华书局,1922:22.

② 同上:50—51.

③ 盛朗西.教育行政效率问题一部分的研究[J].教育杂志,1923(4,5).亦可参见:盛朗西.教育行政效率问题一部分的研究[M].上海:商务印书馆,1925.

④ 芮佳瑞.小学行政及组织[M].上海:商务印书馆,1934:3.芮佳瑞有关学校组织原则的一些主张,后被杜佐周的《教育与学校行政原理》征引,进一步扩大了影响。参见:杜佐周.教育与学校行政原理[M].上海:商务印书馆,1935:95—97.

更多的是指思想上的,在教育经费上则恰恰相反)。袁伯樵说道:

> 自元始创制洪宪以后,全国大小军阀割据一方,政治的局面更形混乱,政府的号令每多不出都门,各部会亦形同虚设,故当日之实际主宰教育方针者,倒不是教育部与教育厅,乃是历届教育会议与各省教育会。自民国四年以来,凡学制之变更、教育宗旨之厘定、课程之增删,无一不出于教育会议之建议,因此中央既失严格之限止,办学者类多藉地方需要之名随意孤行。①

舒新城也讲过:

> 当时之教育部,其政令亦如北京政府,不能出北京城门,各省教育界就其所信而在所主持的学校改订学年期间,实验新训育及教学方法——学生自治及设计教学盛行于八九年之间者更不在少数。在这种自由的空气之中,所谓教育者,如果他也是不满意于现实的一分子,谁都会感着当前的教育有问题,为着要解决问题,谁也会本其自己的理想,假设一些解决的方法。至于这方法是否真正适合当时社会的需要以至是否能解决其所感觉的问题,那是另外一个问题了。②

另一方面则是教育界对政治与政府丧失信心,欲走教育独立和大众启蒙之路。于是便有了许倬云的大骂和知白的高呼:

> 教育部是什么东西?配召学制会议?学制会议是一班什么东西?配定新学制?你们请看这本学制会议的新学制,那(哪)里有革新的意味,全是保存旧制。什么学制会议?明明是和我们教育会联合会开玩笑。现在的教育总长、次长是什么东西?③

> 近来国内教育独立的浪潮,日高一日。这是因为政府把教育看作一件不关重轻的东西,所以各省都想把教育会当作一个教育机关,把全国教育会联合会当作一个教育总机关;绝对不受羁勒不仰声息于教育部,并根本

---

① 袁伯樵. 中等教育[M]. 上海:商务印书馆,1949:77.

② 舒新城. 我和教育[M]. 上海:中华书局,1941:175.

③ 璩鑫圭,唐良炎. 中国近代教育史资料汇编·学制演变[M]. 上海:上海教育出版社,1991:986—987.

不承认有教育部。关于教育,本当属之地方自治范围。以本地人,办本地事,既关心较切,复于地方情形格外熟悉,自然不至把教育付之等闲。①

亦有杨昌济在致章世钊信中坦露的决心:

> 政治漩涡中诚非吾辈所应托足,无补国事,徒有堕落人格之忧。……今日之事当从底下做起,当与大多数国民为友;凡军人官僚政客,皆不当与之为缘。不当迎合恶社会,当创新社会;当筑室于磐石之上,不当筑室于沙土之上也。②

在此一退一进之中,各种教育专业团体及相关者的活动空间自然扩大了不少。

最后,可能还要解释的是,既然赵冕与张文昌的研究结论都认为中学行政组织结构以三部制最为通行,那么是否可以说政府的规制性要求并没有产生什么影响? 可以从两个方面理解这一问题。

其一,政府与教育界一样,共享有关学校教育的认知框架与概念图式,这使得他们的认识与选择会很相似。就中学行政的分部制结构而言,这种认知框架即是对教育内涵或教育构成的理解。③ 所谓教育构成,即通常所言的德育、智育、体育等。我国古代的教学有着明显的德育意向。自进入近代,在西方力量的冲击下,这种意向才发生根本性的变化,转而开始凸显智育,并形成德、智、体三育并立的框架。晚清时期,很多思想家与改革家在强调教育问题时,往往与启发民智相关联。譬如,梁启超提道:"国政者,国民之智识力量的回光也。""有一分之智,即有一分之权,有六七分之智,即有六七分之权,有十分之智,即有十分之权",因而"今日欲伸民权,必以广民智为第一义"。章太炎也认为:"学校者,使人知识精明,道行坚厉……其他学校皆独立,长官与总统敌体,所以使民智发越、毋枉执事也。"④最为耳熟能详的则是严复的话:"夫所谓富强云者,质而言之,不外利民云尔。然政欲利民,必自民各能自利始;民各能自利,又必自皆得自由始;欲听其皆得自由,尤必自其能自治始;反是且乱。

---

① 知白.教育经费独立[J].教育杂志,1922(1).
② 转引自:王荣国.中国思想与文化[M].长沙:岳麓书社,2004:100.
③ 这里的分析很大程度上受到陈桂生关于"教育构成"讨论的启发。参见:陈桂生.教育原理[M].上海:华东师范大学出版社,1993:244—255.
④ 转引自:张汝伦.现代中国思想研究[M].上海:上海人民出版社,2001:154.

故彼民之能自治而自由者,皆其力、其智、其德诚优者也。是以今日要政,统于三端:一曰鼓民力,二曰开民智,三曰新民德。"①这便是一种典型的三育并立观,它也成为后来以至目下我们理解教育的核心框架。而这一框架在很大程度上也影响了对学校工作内容的划分,即由专门部门负责对学生的教育。赵冕在研究中曾说:"如教务部组织完善一些,主任能干一些、热心一些,则关于教务方面完备,学生知识的获得,或者便利些。可是学生的体育训育或者毫未受教育者的注意。"②可以相信,政府部门对教育的理解同样受制于这种框架。国民政府教育部后来曾提出中学教育"三育并进"的工作方针。③

其二,规制性要求或政治合法性机制未必就体现为改变既有秩序的诉求,它也体现为稳固既有秩序的愿望。当然,前者往往更能让人们看到它的作用,这也是下文将要讨论的。

三、 规制下的变化

(一) 教导主任

根据1932年12月颁布的《中学法》第十三条的要求,国民政府教育部于1933年3月颁布《中学规程》,④专设"教职员与学校行政"一章,对中学的行政组织问题进行了规定。这也是民国成立以来第一次在中央政府层面对中学行政组织结构作出规定。相关内容如下:

> 第九十三条　中学设校长一人,综理校务,并须担任教学。其时间不得少于专任教员教学时间最低限度二分之一,并不得另支俸给。
>
> ⋯⋯⋯
>
> 第一百零二条　中学设教导主任一人,协助校长处理教务、训育事项。
>
> 六学级以上之中学经主管教育行政机关之核准,得设教务、训育主任各一人,协助校长分别处理教务、训育事项。
>
> 六学级以上之中学得设事务主任一人,掌理教务及训育以外之事务。

---

① 严复.原强[M]//陈学恂.中国近代教育文选.北京:人民教育出版社,1983:174.
② 赵冕.中等学校行政组织系统之研究[J].新教育,1924,10(2).
③ 教育部.中等教育概况[M].无锡:民生印书馆,1949:3.
④ 1933年的《中学规程》于1935年和1947年进行了修正,但在中学行政组织方面几无改动。倒是1939年时,国民政府教育部制定并颁布了《中等学校行政组织补充办法》,对1933年《中学规程》中有关学校行政组织的规定进行了修正。

第一百零三条　中学设校医一人,会计一人,图书馆、仪器药品、标本及图表管理员二人至三人,六学级以下之中学设事务员或书记二人至四人,七学级以上之中学,每增二学级,平均得增设事务员或书记一人。

……

第一百零五条　中学设置下列二种委员会:

训育指导委员会:以校长为主席,负一切指导学生之责。每月开会一次。

经费稽核委员会:由专任教员公推三人至五人组织之,委员轮流充任主席,负审核收支账目及单据之责。每月开会一次。

第一百零六条　中学举行下列四种会议:

校务会议:以校长,全体教员,校医及会计组织之,校长为主席,讨论全校一切兴革事项。每学期开会一次或二次。

教务会议:以校长及全体教员组织之,校长为主席,校长缺席时,教导主任或教务主任为主席,讨论一切教学及图书设备购置事项。每月开会一次。

训育会议:以校长,各主任,各级任及校医组织之,校长为主席,校长缺席时,教导主任或训育主任为主席;讨论一切训育及管理事项。每月开会一次或二次。

事务会议:以校长,各主任及全体职员组织之,校长为主席,校长缺席时,事务主任为主席,讨论一切事务进行事项。每月开会一次。①

1933年《中学规程》规定的中学行政组织(如图2-6、图2-7所示)中,最为突出的是提出了"教导主任"这一概念或职务,它也是理解政府对中学行政组织的态度以及《中学规程》的主要精神的关键。设置"教导主任"体现出两个主旨:强调"教训合一";注重行政效率。

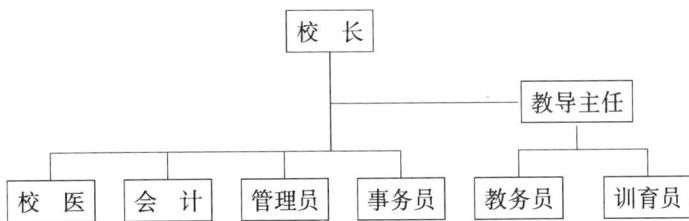

图2-6　《中学规程》中规定的六学级以下中学之行政组织②

---

①　中华民国教育部.第一次中国教育年鉴[M].上海:开明书店,1934:乙编,"中央教育法规",42—43.

②　此图及图2-7、图2-8和图2-9,都未标出各委员会和会议制度。

```
                    ┌─────────┐
                    │ 校  长  │
                    └────┬────┘
         ┌───────────────┼───────────────┐
    ┌────┴────┐     ┌────┴────┐     ┌────┴────┐
    │ 事务主任 │     │ 教务主任 │     │ 训育主任 │
    └────┬────┘     └────┬────┘     └────┬────┘
 ┌───────┴───────┐  ┌────┴────┐     ┌────┴────┐
 │校医、会计、事务员等│  │ 教务人员 │     │ 训育人员 │
 └───────────────┘  └─────────┘     └─────────┘
```

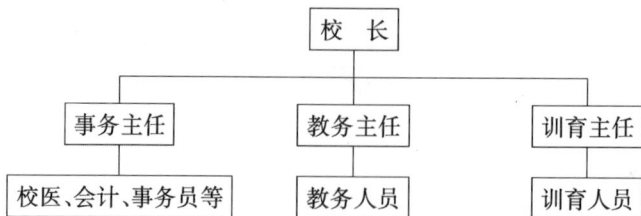

图 2-7 《中学规程》中规定的六学级以上中学之行政组织

首先来看"教训合一"。仅仅依据"协助校长处理教务、训育事项"这一职务描述,似乎不足以判断设置教导主任就是对"教训合一"的强调,毕竟还可以基于"六学级"(学级即班级)这个规模变量来作出解释。需要结合《中学规程》中的其他条款来进行综合理解。譬如,该规程专列了"训育"一章;第三十五条强调"教师与校长要以身作则,采用级任制";第一百条强调"专任及兼任教员均应轮值指导学生自治";第一百十二条更是提出"怠于训育及校务者","不得任用为中学教员"。

其实,无论在理论还是在实践上,"教训合一"都不是一个新的理念。教育部在 1914 年的《整理教育方案》中就提出:"各学校校长教员,务期久任,以完成训育之作用。""若朝退一人,暮进一人,则精神教育必难征诸实现。"①1915 年第一届全国教育会联合会议决了"学校教员宜专任案",强调"教员不仅对于教课负责任,当对于学校负责任。学校事业,三育并重,倘非教员共同负责,收效殊难。……即管理员之职务,亦可以教员兼之,不必多设专任管理之教员。庶几师生多训育之机会,而教授与管理,易得一致之效"。② 其他相关的理论阐述更是难以尽述。20 世纪 30 年代初,国民政府之所以特别强调"教训合一"问题,与当时的社会政治环境以及学校教育秩序直接相关。

南京国民政府成立之后,国民党统治区的社会政治秩序尽管有所稳定,但"五四运动"之后,学生运动的热情并没有消退,意识形态上的争夺也有所加剧。为此,国民政府接二连三发出整顿学风的命令,蒋介石也以国民政府主席的身份,在 1930 年 4 月第二次全国教育会议上提出,"改革教育当用革命手段整顿学风"。是年 12 月,他又以行政院院长兼教育部部长的名义颁发《整顿学风令》,责令学生一意力学,涵养身心,不得干涉政治,并发布《告诫全国学生书》,

---

① 璩鑫圭,唐良炎.中国近代教育史资料汇编·学制演变[M].上海:上海教育出版社,1991:738.

② 邰爽秋,等.历届教育会议议决案汇编[M].上海:教育编译馆,1935:"第一届全国教育会联合会议决案",20—21.

指斥各地学校学风败坏,学潮蜂起,危及国家前途。① 然而,政府与学生之间存在的各种对抗关系并没有因此减弱,在 1931 年"九一八事变"之后,这种对抗更是达到高潮。从当年 9 月下旬开始,大批大、中、小学生纷纷到南京请愿,还有不少地方的学生采取示威、罢课的方式向政府表示抗议,从而形成了南京国民政府成立以来规模最大的一次学潮,并最终导致三十多名学生死亡的南京"珍珠桥惨案"。事后,行政院院长汪精卫和教育部部长朱家骅于 1932 年 7 月联合签署《整顿教育令》,其中写道:"十余年来,教育纪律愈见凌替,学校风潮日有所闻。学生对于校长,则自由选举……对于教授,则任意黜陟……每有要求,动辄罢课以相挟持;及至年终,且常罢考以作结束。""政府有鉴于此,爰议定以最大之决心,励行整顿。""至于学生管理方针,亦决力矫宿弊,不事姑息放任。"②

问题的发现往往是比照性的,学校训育工作重要性的凸显所暴露的正是既有学校训育工作的不力。民国学者欧阳维骕曾指出:"现在一般中等学校的训育部,好像是配偶一样,只求组织系统上的整齐好看,而不管他实际的功效如何,而所谓训育主任者,乃大摆其主任格,平素对于学生,即少有训,更没有育了,只可怜了那被学生称为'饭桶'或'木偶'的训育员,照例的早晚点一下名,或者管理请假的事,除此以外,只好坐在训育部装聋卖哑了。"③与此相关的问题是,教师兼课现象严重。陈养蒙在《上海教育整顿之意见》中甚至提出"取缔兼课太多的教员",他说:"教育事业首重效率,教师职责,在诱导后生,而学校非商场可比,教师亦非负贩之徒,若席不暇暖,兼课太多,姑无论一人之精力有限,难以胜任,而于教育效率上,亦决不能得优良之效果,此在教育行政方面,似宜有所限制,并应严令各校注意聘请专任教师,以免学校化为游戏场之讪笑,而增加教育之效能。"④对于研究者提到的这些问题,国民政府是清楚的:"年来中等学校学风凌替,群责管理训育不得其法,不知实,亦不得其人。"⑤一方面,训育工作虽成为一部分训育人员的专责,但承担训育重任的学校训育人员大多是一些资格较低,不能担任教学工作的人,"学生对之既少信仰之心,纵有良善规约,亦难生效力,而弁髦校章,不受约束,种种不良行为,由之以起,其思想情意,则更受

---

① 孙培青.中国教育史(修订版)[M].上海:华东师范大学出版社,2000:428.

② 中央教科所教育史研究室.中华民国教育法规选编[M].南京:江苏教育出版社,1990:130,131.

③ 欧阳维骕.亟宜解决的学校三问题[J].湖南教育,1929(5).

④ 陈养蒙.上海教育整顿之意见[J].教育季刊,1931(2).

⑤ 中华民国教育部.第一次中国教育年鉴[M].上海:开明书店,1934:乙编,"中央教育法规",44.

第二章　政府、教育与中学行政结构

时代潮流之支配,一任固有气质之反应,激荡演变,莫为指导,教育所以变化气质,克制环境之功效,至是荡焉俱尽。"另一方面,训育工作成为训育人员的"专责"之后,其他教员便有了藉此推诿责任的理由,由是:"今之教员,既只授知识之一端自限,不兼训育之重任,使一般学生亦徒知入学校专为求知识,此外更无所事,积习相沿,学风焉得而不凌替。"①综合这两个方面来看,所谓"不得其法,不知实,亦不得其人"的根结即是教训分离,故摆脱学校训育困境的关键便是更好地促进学校教育的"教训合一"。设置教导主任,正是希望在学校行政组织方面将教学与训育统合起来。②

江苏省教育厅在 1931 年的施政方针中提出了制定"教训合一"实施办法的想法。其中讲道:"为实施人格教育及整饬学风起见,特制定教训合一办法,藉以改革教学与训育分立制度,并矫正教师忽视训育之观念。"作为组织机构上的调整,《江苏省县中等学校教训合一试行办法草案》中规定:"凡高初中合校之中等学校,在校长之下,设教导主任一人,教导副主任二人;原有之高中主任、普通科主任、教务主任、训育主任及师范科主任,一律撤废。""凡高初中分院设立之中等学校,在校长之下,设教导主任一人,高初中各设副主任一人或二人;原有之各主任,除事务主任外,一律废止。"③由于南京是国民政府所在地,江苏省教育厅的做法很有可能会被教育部借鉴。

其次来看行政效率方面。设置教导主任是《中学规程》贯彻行政简化原则的一种体现,即以更少的人办同样的事,甚或以更少的人办更多的事。20 世纪30 年代后,教育行政效率开始成为关注点,无论是教育与学校行政研究者,还是教育行政与学校管理人员,往往都以效率作为相关讨论的出发点。理论上的各种论述暂且不表,仅是各种视察报告中的"以一事权,而弘效率","自应遵照法令,以期行政效率之增进","惟为增进行政效率计,仍应再加简约","事权分散,效率减少"等语,便足资佐证。

所谓教育行政效率,通常即指教育行政的经济原则。常道直在讨论教育设施的"合理化"时便指出:"'合理化'有两个层面的意思:其一,在消极方面,教育上一切设施要不悖于'情理';其二,在积极方面,要合于经济原则。情理二字,

---

① 中华民国教育部.第一次中国教育年鉴[M].上海:开明书店,1934:乙编,"中央教育法规",44.

② 除此之外,为了促进"教训合一",国民政府教育部还于 1932 年颁布《中等学校教职员服务及待遇办法大纲》。这一政策主要是希望改变计时支薪的方式,减少教师兼职现象,解决教师只顾授课不问其他的问题。

③ 江苏教育厅编审室.江苏教育概览[M].1932:21,25.

可粗解为常识的正义观念，也就是人间之公正公非。至于经济原则，则无论在学制结构、教学过程、校舍计划、经费支配等方面，都是不可须臾分离的，其所表著于外者，便是工作效率。""效率既已包含于合理化之中，可见凡是合理的，必然也是合于经济原则的，并且凡是合理的，也是终竟能够实现的，因为寓于群众中之常识的正义观念，便是最有效的推动力。"①袁伯樵也强调，学校行政提高教育效率的一个表现就是要达到经济的目的，"经济之目的者，以最少之人力与物力，达到最高之教育价值之谓"。②

同样，《中学规程》的行政简化倾向所追求的也是一种经济原则。教育部1932年11月颁布的《中等学校教职员服务及待遇办法大纲》所附的训令中有这样一段话：

> 学校行政上一切设施，其惟一之鹄的，即为增进教育之效率，以我国各地教育经费之困难，学校设施，尤须权衡缓急，而采取最节省有效之方法，今日各地中等学校，校长则不兼教学，俨同行政机关之长官，教员则计时支薪，薪金又多微薄，任课时间，惟恐不多，既无从容进修之余暇，而薪给所入，犹不足以赡其家室，事务方面，则滥设职员，虚靡公币，使教员薪给无由提高，一切设备无由举办，此种弊病，公立学校为尤甚，夫欲增进教育效率，而转障碍之、停滞之，此亟应改善者一也。③

国民政府显然明白，"推原学潮发生之因，固有多种关系。迭年以来，政府方面因种种窒碍，致学款常有延稽"，"有鉴于此，爰议定以最大之决心，励行整顿。对于经费决予宽筹，务期不致延欠，并于可能范围内逐渐求独立保障之实现"。④ 然而，国民政府或许想到，中央和地方财政中所能拿出的教育经费不会太多（就在《中学规程》公布的1933年，全国的教育经费支出还少于1932年，见表2-3），于是就省一部分经费，花一部分经费，在一进一出中，实现教育效率的增进。根据《1935年北平市实施中学男女分校及设立第二女子中学史料》记载：

---

① 常道直.教育制度改进论[M].南京：正中书局，1942：前言，1.常道直在后文中强调，凡是合理的，必然也是合于经济原则的。但不能反转来说，凡是经济的即是合理的。

② 袁伯樵.中等教育[M].上海：商务印书馆，1949：432.

③ 中华民国教育部.第一次中国教育年鉴[M].上海：开明书店，1934：乙编，"中央教育法规"，44.

④ 宋恩荣，章咸.中华民国教育法规选编（修订本）[M].南京：江苏教育出版社，2005：117.

"廿二年教育部设置经费标准,对于各类学校之经费比例,均有相当限制。"①

表 2-3 1932 年度与 1933 年度普通中学教育经费支出表②　（单位：元）

年　份	中学(高初中合设)	高级中学	初级中学	总　计
1932 年	20 281 843	1 869 390	17 505 311	39 656 544
1933 年	21 035 832	1 706 844	16 832 870	39 575 546

　　也有论者认为,在学校训育与行政效率问题上,国民政府可能听取了国际联盟教育考察团的意见。譬如,他们认为:"在中国之大学以至于中学,学生之行动太无纪律,学生与教员间之关系,时常成一种不自然的紧张状态,熟谙中国教育情形者,对此每啧有烦言。吾人现在固不能以亲身之经历,证验此说是否真确,但据吾人所得之证据,此种意见似非无稽之谈。"③这便是在说学生纪律与学校训育问题。这是关于教师的专任与待遇问题,他们谈道:"教师方面,因前途既不安定,地位又无任何保障,自觉不过为某一学校之临时雇员,而非教学团体之一分子,故对于教师之一般责任,毫无认识,亦不积极参与教育思想之创造,而为一般教育树立整个之系统。至关于教职员之数目及任务,向无确定之计划,概由校长一人自由处理,以致教师所任工作之多少,彼此各不相等,薪水上亦有毫无理由之差异,而学校教职员及官吏处所用之房舍,均无适当之分配。"④他们还认为:"关于学校行政,就一般而论,其组织皆有过度之弊;此种制度不仅限于省县,即在乡村与各校亦有之。各校行政人员之多,皆超过实际的需要。""中国所有学校皆有职员过多之弊。例如:1930 年中学有 56 所,共计学生仅 25 018 人,教员 5 636 人,而职员则有 2 580 人,平均每学生约 10 人即有教师 2 人,职员 1 人。""就大体而言,此种行政方式,实为国家教育实业之重累;在实际行政工作最少之区,职员之数额反而最多,其弊更大。"⑤这是直接阐述简化学校行政的理由。

　　不过,国际联盟教育考察团也解释道:"因此种批评之大多数,皆系中国教育家所业已确定者,且协助吾人得到此种结论之中国同僚,自有要求吾人将此

---

　　①　乔凌霄.1935 年北平市实施中学男女分校及设立第二女子中学史料(一)[J].北京档案史料,2001(2).

　　②　数据分别取自:教育部统计室.中华民国二十一年度全国中等教育统计[M].上海:商务印书馆,1935:5;教育部统计室.中华民国二十二年度全国中等教育统计[M].上海:商务印书馆,1936:5.

　　③　国联教育考察团.中国教育之改进[M].南京:国立编译馆,1932:120.

　　④　同上:51.

　　⑤　同上:39—40.

类批评忠实记述之权利。"①如此，也不可完全将《中学规程》的主旨归为国际联盟教育考察团的意见，但罗廷光的看法不无道理："国内教育家的言论，似不易为当局所重视，而外国人的建议，则颇有'水到渠成'或'着手成春'的功效。"②

（二）并行系统

1939 年 8 月，按照教育部的说法："查中等学校行政组织之各项人员在修正中学师范及职业学校各规程中已有规定，惟各部分组织名称及范围，尚未规定，致各校于教导、教务、训育等部分，名称不一，内容繁简各异，分歧错杂，殊难增进行政效率。"③于是，教育部规定了《中等学校行政组织补充办法》（以下简称《补充办法》）。这一办法名义上是"补充"，实则可以视作中央政府层面出台的对中学行政组织进行统一规制的第一份专项规定。其要点如下：

一、八学级以下之中学校设教导处，其下分设教务、训导、体育、卫生等组，并得酌设事务处。

二、九学级以上之中学校，得分设教务、训导、体育、事务四处：教务处分设教学、注册、设备三组。训导处分设训育、管理二组。体育处分设体育、卫生二组。如体育卫生合组，得附设于训导处。事务处分设文书、庶务二组。职业学校，得添设营业组。

三、处各设主任一人。组各设组长一人，主任及组长，均由专任教员任之，但文书、庶务及营业组长得不由教员兼任。教务组长由教导处主任兼任。教学组长由教务处主任兼任。训育组长由训导处主任兼任。体育组长由体育处主任兼任。

四、训导处主任（或训育组长）或训导组长由主任导师兼任。体育处主任或体育卫生组长由体育教员兼任。管理组长由军事训练教官或童子军教练员兼任。卫生组长由校医或生理卫生教员兼任。

五、处设组员或干事若干人。秉受处主任及组长分掌或兼掌各组事务。书记若干人，办理缮写等事务。

六、八学级以下之中等学校设会计员一人，九学级以上之中等学校设

① 国联教育考察团.中国教育之改进[M].南京：国立编译馆，1932：6—7.
② 罗廷光.评国联教育考察团报告书《中国教育之改进》[J].教育杂志，1933(11).正如《教育杂志》的编语所言："自国联教育考察团报告书发表以后，各地讨论批评者颇不乏人。"该报告在当时的中国确实产生了很大影响，使得一些教育问题得到集中讨论，有的转化为政策行动。《教育杂志》1933 年第 11 期是评论国联教育考察团报告的专刊。
③ 浙江省教育厅.中等教育法令汇编[M].1944：46.

会计室,置会计员一人,会计助理及书记若干人,秉承校长及法令现有规定之主管长官办理会计事宜。

七、各组之职务如下:

1. 教学组掌管教学实施研究指导(包括教学就业指导、实习指导等,会同训育、管理、体育、卫生等组办理)等事项,本组织掌之指导事项,必要时得另设指导组办理。

2. 注册组掌管课表学籍、登记、成绩考查、出席缺席等事项(会同教学、训育、管理等组办理)。

3. 设备组掌管教学图书、实习劳作等设备及整理保管等事项(会同教学、训育、管理等组办理)。

4. 训育组掌管训育实施及学生生活指导等事项。

5. 管理组掌管军事管理、童军管理等事项(会同训育、注册等组办理)。

6. 体育组掌管体育及体育检查事项(会同教学、训育等组办理)。

7. 卫生组掌管个人卫生膳食、医药、治疗等事项(会同训育、管理、庶务等组办理)。

8. 文书组掌管文书及文件保管事项。

9. 庶务组掌管校舍、校具及庶务事项(会同设备组办理)。

10. 出纳组掌管现金票据、契约、证券保管及移转事项。

11. 营业组掌管工场、农场等生产品之登记销售保管事项(会同各科主任办理)。

八、前条某组会同某组办理某项事务,仅略为举例,各组遇有关系事项,应密切联络,商洽办理,须避免无谓之书面往还。

九、在八学级以下之中等学校第七条1至3三组事项由教务组办理,4、5两组事项由训导组办理,6、7两组事项由体育卫生组办理,8、9、10、11四组事项分别由主管之干事秉承校长或事务处主任办理。①

比较《中学规程》和《修正中学规程》可以发现,《补充办法》所规定的中学行政组织(如图2-8、图2-9所示)坚持了前二者所强调的教育行政的效率原则,主要表现为:其一,依然主张按照学校规模来设置行政结构,而且将原来六学级的界线提高为八学级;其二,各处主任兼任一分组组长,以及将原先的"六学级

　　① 浙江省教育厅.中等教育法令汇编[M].1944:46—47.

以上之中学得设事务主任一人"改为"酌设事务处",也是经济、效率原则的一种体现;其三,更为突出的是《补充办法》在具体的校务分掌规定中所表露出的学校行政"一元化"要求。这是民国建立后第一次由教育部对校务掌管进行划分。1942年2月颁布的《中等学校校务处理办法大纲》中的规定则更加详致。[1] 用教育部的话说,校务分掌是为了做到"员不虚设,事克尽举,俾能增进教育效率"。可见,教育部在考虑中学行政效率问题时,已不再局限于规模或数量,而更突出强调中学行政的整合与协调维度。

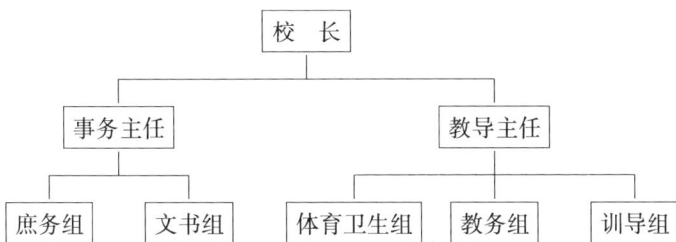

图2-8 《中等学校行政组织补充办法》中规定的八学级以下中学之行政组织

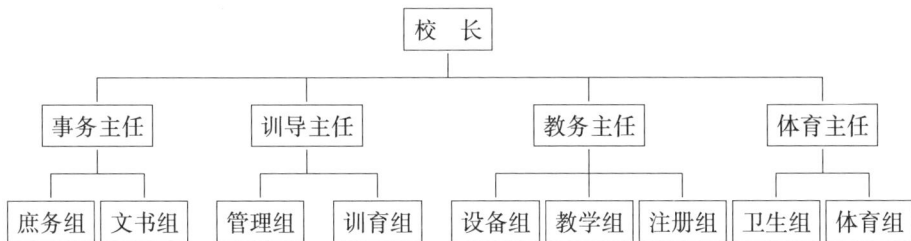

图2-9 《中等学校行政组织补充办法》中规定的九学级以上中学之行政组织

在学校行政分部方面,《补充办法》规定,"九学级以上之中学校,得分设教务、训导、体育、事务四处",而《中学规程》中的规定是,"六学级以上之中学经主管教育行政机关之核准,得设教务、训育主任各一人……得设事务主任一人",在强调教育行政经济原则的情况下,《补充办法》中却多设了"体育"一部,这或多或少与抗日战争全面爆发有关。与此相关,更值得注意的是作为全民备战运动的一部分,又被视为中学校常规训育手段的童子军训练与军训制度,因为随着这一制度在中学的建立,中学(主要是高级中学)的行政组织构成中出现了一种异质性元素,即有童子军团和军事训练团管理与学校管理这两个互有重叠又有所区分的并行系统。

---

① 浙江省教育厅.中等教育法令汇编[M].1944:47—60.

这一并行系统的出现经历了一个长期的历史过程,与民族危机的出现息息相关。在晚清中国不断为列强蚕食的危机之下,一些有识之士提出了军国民教育的主张。其首倡者当推奋翮生,他在1902年的《新民丛报》上发表《军国民》一文,其中写道:"军者国民之负债也。军人之智识,军人之精神,军人之本领,不独限之从戎者,凡全国国民皆宜具有之。"同年,蒋百里也在《新民丛报》上发表《军国民教育》一文,明确主张学校进行军国民教育,并阐述了学校进行军国民教育的一些具体方式。① 1903年,梁启超在其名篇《新民说》之"论尚武"中对武力精神的阐述,更深化了军国民教育的思想,并扩大了其影响。梁启超说道:"罗马文化灿烁大地,车辙马迹,蹂躏全欧,乃一遇日耳曼森林中之蛮族,遂碚蹶而不能自立,而帝国于以解纲。夫当日罗马之智识程度,岂不高出于蛮族万万哉?然柔弱之文明,卒不能抵野蛮之武力。然则尚武者,国民之元气,国家所恃以成立,而文明所赖以维持者也。"②在此基础上,他进一步否定了只讲求武事的做法,"彼所谓武,形式也;吾所谓武,精神也",而强调心力、胆力与体力三方面的训练与教化。③ 在各种舆论之下,军备教育日渐成为清末的一股教育思潮。晚清政府将"尚武"作为教育宗旨之一,并模仿日本的做法,规定了学校进行军国民教育的办法。

在1911年的各省教育总会联合会上,代表们依据《宪法大纲》提出"请定军国民教育主义案":

> 谨案宪法大纲,规定臣民有当兵之义务……请确定军国民教育主义,俾全国生徒作其忠勇之气,仍以严格训练纳诸轨物之中,强国本根,立宪基础……公拟方法如下:
>
> 一、奏请特颁谕旨,宣布军国民教育主义。
>
> 二、通饬高等小学及与之同等以上之学堂,一律注重兵式体操。
>
> 三、通饬中学及与之同等以上之学堂,一律实习打靶(储子弹于巡警局或防营,由该堂监督报明用数,定期具领),并讲授武学。
>
> 四、通饬私立学堂,凡呈报督学局或提学使有案者,准照前二项办理。

---

① 舒新城.近代中国教育思想史[M].上海:中华书局,1928:115.
② 梁启超.饮冰室文集(点校版)[M].昆明:云南教育出版社,2001:615.
③ 同上:620.

五、通饬各种学堂,体操科一律列为主课。①

上述提案虽未具体实施,却因其提倡而使得军国民教育的观念日益得到认同,及至 1912 年教育部征集教育宗旨意见时,时人多以军国民教育为言,而是年公布的教育宗旨中,也有"军国民教育"一项。究其原因,则如蔡元培所言:"军国民教育者,与社会主义僻驰,在他国已有道消之兆。然在我国则有强邻交逼,亟图自卫,而历年丧失之国权非凭藉武力,势难恢复。且军人革命以后,难保无军人执政之一时期,非举国皆兵之制,将使军人社会永为全国中特别之阶级,而无以平均其势力,则如所谓军国民教育者,诚今日所不能不采者也。"②

至 1915 年左右,随着第一次世界大战的爆发,军国民教育思想更显优势。更重要的是,日本强占我国胶济一带,其后又提出了意欲辖制中国的"二十一条",加之袁世凯在武力解决各地分治之愿望的怂恿下,将"尚武"作为教育宗旨之一,因此,国人对军国民教育的重要性有非常高的认同。人们普遍认为,虽然第一次世界大战的爆发使中国深受其害,但这也是祛除中国千余年来"重文轻武"之习、振兴"尚武"教育的大好时机。贾丰臻在 1915 年撰写《实行军国民教育之方法》一文,主张在学校中"增兵式体操时间。无论高等小学及中学校、师范学校,至少须练习兵式体操三小时,或于课外,每日练习半小时","加授军事学。军事内容皆宜授与学生,俾春弦夏诵者克以折冲御侮,亦异日全国皆兵之先声。""学校寄宿舍生活当采军营制。苟能以军营组织寄宿舍,则整齐划一之风自见,所谓共同协和之精神,遵守纪律之习惯,事半于人而功必倍之。""中学学校兵式体操教员由军官任之并兼任舍监。"③

就本部分的讨论而言,贾丰臻提到的"中学学校兵式体操教员由军官任之并兼任舍监"尤为重要,它意味着学校中自此将存在由军事与教育分别辖领的两条行政系统。然而,1915 年召开的第一届全国教育会联合会上议决的"军国民教育试行方法案",尽管分"教授"与"训练"两个方面,就军国民教育的具体实施给出了 21 条办法,但并没有提到军事系统与学校的直接联系,只有"中等以上各学校管理,参用军校规则","中等学校以上之兵式枪操……由教育部会商

---

① 邰爽秋,等.历届教育会议议决案汇编[M].上海:教育编译馆,1935:"各省教育总会联合会议决案",2—3.

② 舒新城.近代中国教育思想史[M].上海:中华书局,1928:120.

③ 转引自:陈建新.民国时期学校军训史述略[J].民国档案,2003(2).

陆军部规定颁布之",云云。① 全国教育会联合会的这一提案得到了教育部的重视。1916年,教育部总长范源廉饬司拟订关于学校实施军事教育与训练的方法,主张"同等小学以上学校,均施行军事教育","各学校既施军事教育,而于文事教育亦须并行,总期文武兼备"。因此,那几年中,学校教学中的军事教育与训练的教学时数有所增加,内容不断丰富,形式亦多种多样。②

在第一次世界大战结束之后的一两年中,知识分子大多讳言军国主义。教育部部长傅增湘在1918年全国中学校校长会议上说:"欧战以后之教育问题已成为全世界之教育家与政治家学术所积年研究之重要问题。吾国之准备若何,实为吾侪教育界所亟应猛醒者。本总长以为,战后之教育主义诚不能无所变迁,而就本国教育现状而言,则整理中学之实际施设以为全国各种教育之中坚。因以适应夫世界战后教育之趋势,此实国内教育家所共信而无疑者。"③不过,在1919年第五届全国教育会联合会上,代表们还是提出了"推广童子军案",该提案淡化了童子军的武力主义倾向,所强调的是童子军训练的知识化、理论化与组织化。同时,该提案中提到的"自童子军倡办以来,各省闻风兴起"也表明,已有不少地方在开展童子军训练。④ 而在此之后,由于"五四运动"的影响,一些中学开始更主动地引入童子军训练。如东南大学附属中学于1921年秋将入学新生全部变为童子军,1922年试行新学制时,将童子军定为初中一、二年级的必修课程,初三为选修,1922年又定为高中选修课。⑤ 又如,集美初级中学于1922年开始童子军训练,并聘江苏省童子军总教练到校主持童子军训练;集美师范设陆军童子军团,水产部设海军童子军团,女师范及中学部之女生设女童子军团,商业部设商团,男女小学则设幼童子军团。⑥

及至1926年之前,尽管各省区有各式各样的童子军联合会,在全国层面有中华民国童子军联合会,但这些都属于民间协会,对学校没有什么强制性的影响。但自1926年3月国民党中央执委会决定由中央青年部组织中国国民党童子军委员会来统辖广州革命政府区内的童子军活动,以及南京国民政府成立

① 邰爽秋,等.历届教育会议议决案汇编[M].上海:教育编译馆,1935:"第一届全国教育会联合会议决案",5—7.
② 陈建新.民国时期学校军训史述略[J].民国档案,2003(2).
③ 训辞[M]//全国中学校校长会录.1919年春刊:2.
④ 推广童子军案[M]//邰爽秋,等.历届教育会议议决案汇编.上海:教育编译馆,1935:"第五届全国教育会联合会议决案",24.
⑤ 王伦信.清末民国时期中学教育研究[M].上海:华东师范大学出版社,2002:179.
⑥ 集美初级中学概况[M].1947:10.

后,在国民党中央训练部下设置中国国民党童子军司令部以后,学校的童子军组织与活动便日益政治化。王伦信认为,国民党之所以要对童子军加以管理,明显是为了将学校中业已存在的这股准军事力量纳入其政治轨道。[①] 而其最初之所以能够得到响应,也是应和了 20 世纪 20 年代后期民族危机感的加剧。1928 年的"五卅惨案"让国人再次意识到武力斗争的重要性。是年第一次全国教育大会上,由军事委员会、外交部、大学院普教处提出的"中等以上学校实施军事训练案",在暗含政治关切、强调学校训育的同时,也表达了民族救亡的意图。

20 世纪 30 年代是民国中学军事训练制度真正确立的时期。在初中,1929 年童子军正式更名为"中国童子军",由国民党中央训练部部长兼任司令,中国童子军总会筹备处于 1933 年 10 月公布了《中国童子军总章》。1934 年 11 月 1 日,中国童子军总会正式成立,蒋介石自任会长。1937 年,国民政府教育部与童子军总部相继颁发《初级中学童子军管理办法》《童子军战时服务大纲》以及《中国童子军兼办社会童子军暂行办法》,以此强化童子军的组织与管理。在高中,1929 年 1 月,教育部根据 1928 年的提案颁布《高中以上学校军事教育方案》后,蒋介石又于 1933 年 3 月命令国民政府军政部、教育部和训练总监部:"凡高中以上学校学生军训不合格者,不得补考、投考大学。"1934 年 5 月,教育部会同训练部总监公布了《修正高中以上学校军事教育方案》。

从考察中学行政组织结构的角度,中学军训制度直接导致了 20 世纪 30 年代中期之后中学行政尤其是训育管理上的并行系统。这一问题在初级中学的表现还不甚明显,因为初级中学的童子军教练员可以由学校聘任,但在高级中学和完全中学就不同了,其训练教官是由国民党军事训练总监处或政治处委派的。由于训练教官的职务任免与迁调与学校没有直接关系,他们的行为可以不受学校约束,加之军训处或政治处往往强调自己对训练教官的直接控制权,而不承认学校的管理权力,如此便带来了学校行政上的不少问题。1943 年各省市教育行政工作检讨会议上,甘肃省教育厅提交"中等以上学校训导机构应如何调整以期集中事权增进效率案",所讨论的就是这个问题。此外,1946 年发生在晏成中学的人事纠纷,也微妙地反映了这个问题。兹为说明,摘录如下:

---

① 王伦信.清末民国时期中学教育研究[M].上海:华东师范大学出版社,2002:181.

中等以上学校训导机构应如何调整以期集中事权增进效率案

理由：

查中等以上学校实际负训导责任者，除训导长、训育主任（或教导主任）及导师外，而有军训教官、童军教练以及党国负责人等，系统分歧，权责不明，时易滋生无谓摩擦，影响业务推进。亟应设法调整，俾事权集中，职掌分明，使训导工作一元化。

办法：

一、学校军训、通讯及党团活动，统归训导处或训育处（或教导处）指挥监督。

二、训导长、训育主任（或训导主任）一律予以六个月之军事（或童军）训练，并参加中训团党干部训练。

三、以训导长或训育主任（教导主任）兼任军训主任，教官（童军团长）及党国指导员分别由军训部及党部团部加委。

四、各校应定期举行训导会议，由训导长或训育主任（或教导主任）担任主席。

五、导师应兼任军训队驻队干事，军训教官及童军教练亦应兼任导师。

六、军训教官、童军教练，应一律予以一年之教育训练。

七、军训教官之薪津，应同归学校转发。

八、由有关机关会订中等以上学校训导工作大纲（包括军训、童训及党国活动）。

通饬遵行。①

晏成中学纠纷案

南京教育部公鉴：据报苏州谢衙前私立晏成中学校长陈毓万并无基督教会事务。自本学期起上校军训教官董达四至该校服务，组织军训团，实施学生军训，校风为之一振，而该校原有教导主任黄铭才向系独揽校务，兹以管教大权旁落，颇忌恨，而校长陈毓万以董达四精明强干，即令其兼任训育主任，而将黄铭才改任专任教员。黄铭才因之忌恨更深，乃向学生肆意攻讦董达四为校方私自雇佣，并非教部委派。因之各学生对于董达四发生

---

① 中等以上学校训导机构应如何调整以期集中事权增进效率案[M]//各省市教育行政工作检讨会议有关文件第二组议案汇编.见：中国第二历史档案馆档案，1943 年，全宗号 5，案卷号 167。

猜疑，董达四为表明其身份乃将其所奉教育部之派令及国防部预备干部训练处之训令揭示于该校布告处。各学生见有证件可凭，乃知黄铭才之恶意诽谤，遂对黄铭才大为不满，一时激于义愤，遂散发油印传单，内多拥护与反对字样，于十一月十八日晨早操前散置校内各处。黄铭才见状，疑为董达四指使学生所为，益深痛恨。其时适因陈毓万去嘉兴视察教会事务。及其返校，乃召集全校学生痛斥，黄铭才亦自知并非董达四所指使，遂向董达四表示歉意，其事乃寝。①

　　1933 年之后的中学行政组织结构，除了以上比较突出的变化之外，便是抗日战争爆发后，在后方建立的国立中学曾短暂地采用过"校务委员会"这种行政制度（这方面内容已在前文分析会议制度时加以讨论）。

　　最后回到本章第二部分结尾处提到的问题，即规制性制度对中学行政组织结构有怎样的影响？换言之，1933 年的《中学规程》（以及 1935 年的《修正中学规程》）与 1939 年的《补充办法》的落实情况如何？所谓的变化是仅仅纸面上的还是现实的？从既有资料来看，它们确实对中学的行政组织设置产生了影响。江西省教育厅 1933 年颁发《江西省中等学校行政组织暂行办法》，规定原有教务、训育、事务、宿舍各主任一律废除，实行教导训育合一制；初级中学设教导主任一人，综理全校教导事宜，设副教导主任一人，协助教导主任分负其责。1940 年起，江西全省中学校实施教育部颁布的《中等学校行政组织补充办法》。② 1934 年，甘肃省教育厅在《各中等学校应行改进事项》中对中学的行政组织作出规定："凡未满六学级的学校，在校长下设教导主任一人，协助校长处理教务训育事宜，原设教务、训育、事务、体育各主任取消。""其时，除省立第一中学、省立第三中学设有训育处、教务处、事务处外，其余中学仅设教导处。"1940 年，该省教育厅又转发教育部颁布的《中等学校组织规程》，并要求各校遵照部令划一学校行政组织。③ 湖南省一些中学也都依照教育部的规定办理。④ 浙江省的中学组织行政设置尽管有所变动，但大体按照部颁规定实施：

---

① 晏成中学纠纷案[M]//浙江省立浙西一、二、三、临中、第十中等校规程、概况、修正学制议案等.见：中国第二历史档案馆档案，1946 年，全宗号 5，案卷号 8283。

② 《江西省教育志》编纂委员会.江西省教育志[M].北京：方志出版社，1996：250.

③ 贵州省地方志编纂委员会.贵州省志·教育志[M].贵阳：贵州人民出版社，1990：206.

④ 参见：湖南省立第七中学概况[J].湖南教育，1941(19)；湖南省立第三中学概况[J].湖南教育，1942(27)；湖南省立第一中学概况[J].湖南教育，1941(18).

钧部颁发中等学校行政组织之补充办法下厅,当时因本省二十二年间经呈准备案之《浙江省中等学校行政组织暂行规程》施行已久,又值各校迁徙靡定,经费紧缩,不得不暂维持现状,奉颁办法,未及实施。嗣于本年四月间续奉钧部普贰18字10815号代电,遵经酌察本省各中等学校情形准备实施,兹经通饬所属中等学校自二十九年第二学期起一律遵办,惟办法第二项,九学级以上中等学校之体育处,暂不设置,于训导处下增设体育卫生组;第六项关于会计员一节,暂以十二学级以下设会计员一人,十三学级以上增设会计助理一人,廿四学级以上再增一人,另室办公。除划分中学区及中学教员检定与进修等方案另行呈请核示,并将浙江省中等学校行政组织暂行规程明令废止外,理合将实施中等学校行政组织之补充办法情形,备文呈报,仰祈鉴核! ①

当然,也有不少学校没有或不愿按照教育部规定的办法设置学校行政结构。1933年,《教育部督学视察山西省教育报告》中就有多处指出,一些学校没有将应该合并的教务主任与训育主任职务合并。② 当时的国立六中在行政结构变更上也不太积极,在教育部的催促之下,才迟迟制定了"漏洞"不少的组织大纲:

奉电饬呈报前颁中等学校组织补充办法遵办情形陈明本校组织系按奉颁修正国立中学规程办理附呈组织系统表请鉴核备案 民国二十九年二月二十日

钧部二十九年二月普壹1字第3561号代电,以前颁中等学校组织补充办法,限自二十八学年起实行,是否遵办,未据呈报,究竟已否实施,并实施情形如何,饬于文到三日内报核,等因。奉此,遵查本校组织,原系依照钧部二十八年三月十七日普十二字第5553号训令办法之《修正国立中学暂行规程》办理,奉颁前项中等学校组织补充办法后,因原组织对于校务进行上尚属适宜,未再变更。兹谨缮具本校组织系统表一份,本文呈送。恭请鉴核备案。

---

① 浙江省教育厅为遵令实施中等学校行政组织之补充办法呈请教育部部长[M]//浙江省立浙西一、二、三、临中、第十中等校规程、概况、修正学制议案等. 见:中国第二历史档案馆档案,1940年,全宗号5,案卷号8283.

② 教育部督学视察山西省教育报告[R].1934:80,90,93.

教育部指令：民国二十九年三月十三日

呈悉。仍应遵照本部颁发之中等学校行政组织补充办法办理，并将遵办情形具报。此令。

遵令呈送本校章则　民国三十一年三月二十五日

案奉 钧部三十一年一月十五日发中字第 02022 号代电，饬将各项章则各检呈一份，等因。奉此，谨将本校章则辑要一份备文呈送。

教育部函电　民国三十一年五月七日

国立第六中学：三十一年三月二十五日呈字第 591 号呈件均悉。据呈送该校章则辑要，仰将组织大纲遵核修改：标题"国立第六中学校组织规程"中之"规程"二字应改为"大纲"。组织大纲第三条应改为："本校及各分校设置班数由教育部核定之。"第六条内："……必要时得增加一二次……"应改为"……必要时得召开临时会……"第八条末句应同样修改。第九条首句应改为"本校于每月召开教务会议，训导会议及总务会议各一次"。末句应改为"各种会议章则另定之"。第十一条内"第一分校组织军事训练分团"一句应删。"二三四分校组织童军训练团"之"二三四"字样，应改为初中各分校。十三条及十四条"本规程"字样均应改为"本大纲"。该组织大纲除遵改订后，应重缮一份呈核。候准备查，并仰遵中字 2022 号代电，将来呈送之各项章则，增订并各检呈一份报核。①

而国立四中则明确向教育部表态，不想按照《补充办法》变更组织行政：

"查本部前为增进中等学校行政效率起见，于上年八月间颁发《中等学校行政组织补充办法》令仰遵照，并限定自二十八学年度起实施在案，现在该校是否遵照规定办理，为据呈报，究竟已否实施，并实施情形如何，仰于文到三日内呈报，毋延。"等因，奉此，查本校前于奉令后，曾召集全校干部人员，缜密研究，咸认为现有组织，已嫌庞大，设再事扩充，运用既难灵活，并有脱节之虞，且某种制度，若非试验相当时间，不易发现其中利弊，再四筹商，不如保持原有机构，于人事及联系上均感便利。遂一仍旧贯，未事更张，本年度经费核减，俸给已不敷分配，倘再增设组处，亏累益巨。奉令前

---

① 《国立第六中学组织大纲、章则及计划》，见：中国第二历史档案馆档案，全宗号 5，案卷号 7411.

因,理合备文呈报。检核查备。①

总体来看,1933年《中学规程》颁布后的几年中,不少地方纷纷修改或废止此前省定的行政组织规程,按照教育部的规定,进行中学组织行政结构的调整。就此而言,《中学规程》这种规制性制度对于当时的中学行政组织结构确实产生了影响,甚至取得了中学行政结构整体性同形的效果。究其原因,则与国民政府本身的管治态度、权力基础以及统制能力息息相关。

进入20世纪30年代,国民政府在教育方面有着明显的加强中央控制的倾向。从1931年国民政府公布的《修正教育部组织法》中便可见一斑。该组织法第二条规定:"教育部对于各地方最高级行政长官执行本部主管事务,有指示监督之职。"第三条则进一步规定:"教育部就主管事务,对于各地方最高级行政长官之命令或处分,认为有违背法令或逾越权限者,得请由行政院院长提请,经国务会议议决后,停止或撤销之。"国民政府之所以会作出这样的规定,并在其后一段时间内取得效果,一方面显示了其扭转分裂、加强中央控制的态度,另一方面也有其统制能力不断得到加强作为基础。正如美国伊利诺伊大学历史教授易劳逸所指出的:"尽管有种种对国家不利的条件,在这10年中还是有进步的。到了1937年中期,中央政府似已稳操政权,从而出现了自1915年以来政治上从未有过的稳定。"②

在政治方面,中央革命根据地在第五次反"围剿"中没有取得最终胜利,南京国民政府的政权得以扩张。"成为共产党革命史传奇的长征,给蒋介石提供了前所未有的机会,把他的军事力量和政治权力打入华南及华西各省。蒋介石装备精良的军队尾追撤退的共产党人,进入湖南、贵州、云南及四川。地方军阀感受到共产党到来的危险,欢迎国民党。""蒋介石充分利用了这一机会。因为蒋介石'剿匪'军一旦进入一个省,他的人员就开始强行实施旨在打破该省隔离状态的改革。例如,在四川,曾作为几个军阀活动的军事及经济基地的防区被废除,开始实行更中央集权化的地方行政制度。一个旨在政治上和军事上把四川与全国结合起来的大规模的公路建设计划也开始实施。"③在经济方面,也"正在好转;政府正在推进种种运输及工业计划;货币比以前更统一了"。例如,美

---

① 呈覆因不便更张,未及遵行中等学校组织补充办法[M]//国立第四中学组织大纲、章则(1938—1942).见:中国第二历史档案馆档案,全宗号5,案卷号7322.

② [美]费正清,费维恺.剑桥中华民国史:1912—1949(下卷)[M].刘敬坤,等,译.北京:中国社会科学出版社,1994:161.

③ 同上:147—148.

国大使内尔森·T.约翰逊在1937年4月写道:"观察家……不会不为中国政府在农业、工业及交通等方面推行经济计划的活力而留下深刻印象。"①

20世纪30年代前几年的民国政治、经济以及相应的国民政府统治权力方面的变化对教育领域的影响,在1934年教育部督学视察山西省教育之后所说的一段话中得到了体现:"年来该省教育行政当局,与中央声息隔阂,中央政令,往往阳奉阴违,部令推行事项,未能一一切实遵行。最近该省人士,深感精诚团结之必要,服膺部令为得计,一切设施,尚能依照部定方针,悉心筹划,以利推行。"②

至于1939年的《补充办法》,虽然收集到的资料表明,一些地方和学校按照教育部的要求进行了行政组织结构的调整,但这一阶段的情况很难用来说明规制性制度对中学行政组织结构的影响,或者说难以确定规制性制度的影响力。首先,虽然有"战时须作平时看""抗战与建国统一"的指导思想,但抗日战争的爆发不仅转移了政府的大部分精力,也冲击了许多地方正常的学校教学秩序,很多学校都停办或转移。此时,更紧要的问题是救济,而非规制。其次,考虑到抗战的特殊情况,较之《中学规程》,《补充办法》在统制学校的倾向上已经明显弱化。《中学规程》第一百零二条规定:"中学设教导主任一人,协助校长处理教务、训育事项。六学级以上之中学经主管教育行政机关之核准,得设教务、训育主任各一人,协助校长分别处理教务、训育事项。"而《补充办法》的第一、二条只是说:"八学级以下之中学校设教导处,其下分设教务、训导、体育、卫生等组,并得酌设事务处。""九学级以上之中学校,得分设教务、训导、体育、事务四处。"这里已经没有"经主管教育行政机关之核准"的字样。

鉴于此,我们认为,1933—1937年政府的规制性制度对中学的行政组织设置产生了很大影响。或者进一步说,此时的中学行政组织结构的设置在规制性制度的影响下,出现了整体同形的迹象。如果这一判断仍有以偏概全的问题,那么,从20世纪30年代后逐渐在中学确立的军训制度,以及军训教官这一职务在中学的固定化与普遍化的角度来看,也能够理解规制性制度对中学行政组织结构的影响。

总之,从清末至民国时期中学行政组织结构的演变过程中可见,政府所代表的规制性制度因素对学校组织结构有着重要的影响。这既表现为1902年至20世纪30年代末,在政府统治力欠佳的情况下,公共领域的各种力量对中学组

---

① [美]费正清,费维恺.剑桥中华民国史:1912—1949(下卷)[M].刘敬坤,等,译.北京:中国社会科学出版社,1994:162—163.

② 教育部督学视察山西省教育报告[R].1934:3.

织形式的建构性影响,也表现为在政府统治力增强的情况下,其对中学行政组织形式的直接规制与调整。

四、 中学行政结构的形式化

清末和民国时期中学组织的行政结构在事实上呈现出一种由简单到复杂、从分化到整合的过程,在观念上也日渐表达了从经验思考到科学组织、从独裁控制到民主参与的追求。那么,不同时期既已确立的学校行政结构的效果如何? 或者说,中学的行政事务实际上是如何展开的呢? 由于资料收集方面的局限,当时学校行政组织的实际状况已很难全面再现,这里只能借助民国时期教育学者和教育管理学者的相关阐述加以讨论。由于理论研究者所讨论的往往是现实中的"问题",因此,他们所看到的大多是学校行政组织结构的不足之处,但这不意味着当时的中学仅此一面,也不意味着所有学校都是如此。

刘百川在其日记中写道:"对于一些学校的组织系统图,有的人认为,'灯笼徒然挂得很多,可惜一个也不亮'(因为组织系统表上每一部画一个方框子,好像一个灯笼)。"其后,他又指出小学组织系统的几个共同缺点:"第一是组织不根据事实,常常拿事实去迁就;第二就是小规模的小学常喜欢抄袭大规模小学的组织系统;第三组织过于复杂,以致纷乱不清;第四组织的系统不严明,各部分的职权,常常互相冲突;第五有些部分觉得终年无工作可做;第六每个人担任的部分太多。"[①]从下面一些研究者的讨论来看,这些缺点大概是中学与小学的通病。

张贻惠批评道:"中等学校一般行政有三个缺点:一是组织机构庞大,而不切实;二是组织机构萎缩,不足应事业需求;三是徒具组织机构形式,而缺少动力,换句话说,校务是在半停顿状态中蹒跚而行。"[②]

余家菊阐述了这样的原理:"组织者将各部分合为一整体以求其活动之顺适而有效也。惟其然也,故学校组织,以简单为要,藉免因组织复杂而生种种由组织而起,乃至为组织而起之问题,于组织之目的反形忘却也。"并在此基础上说道:"从大的学校出身者,无论教师学生,一提及各该校,每皆痛心疾首。此无他,盖皆为形式的、机械的。种种规则多而且烦,于具体事实之应用,自不免削足就履之处。"[③]

---

① 刘百川.一个小学校长的日记[M].上海:开华书局,1933:31,32.
② 张贻惠.中等学校行政的管见[J].中等教育,1932,1(4).
③ 余家菊.教育原理[M].上海:中华书局,1927:118,119.

张文昌认为:"似乎今日的问题所在不是机构如何的求其完整,乃在效能的如何提高。"以此观照:"我国中学过去及最近的以前几年在行政组织上,显然犯着下列几样毛病:一、组织复杂,职员太多,而工作太少;二、会议太多使教职员空忙而妨碍工作;三、公文表格太多,致学校行政忙于官样文章而缺少实际工作;四、校长太专权,使教职员貌合心离,精神涣散,妨碍工作效率;五、校长更换太多,教职员无保障,致都存着'做一天和尚撞一天钟'的态度,自然效能低下;六、事务管理欠合理化,殊多靡费。"①

袁伯樵指出:"在现行(1939年后)中等学校行政之下,至少有下列三个弱点:其一,行政之过分偏于形式的组织;其二,在今日行政组织上,学校的行政不能一元化;其三,行政内容之被忽视。"②在他看来,这种行政组织上的缺陷,给中学组织的运行带来了各种不利的影响:一是,"因学校行政之偏重形式组织,每一学校的行政人员,往往超过实际的需要"。袁伯樵借用国际联盟教育考察团的话指出:"'关于学校行政,就一般而论,其组织皆有过度之弊。此种制度不仅限于省县,即在乡村与各校亦有之,各校行政人员之多,皆超过实际的需要。'其结果浪费了大量教育经费,反无法获得工作上之善果。"二是,"形式化组织的结果,使行政人员与教学人员,判若两层。负责行政的,天天坐办公室,处理行政事务;负责教学的,天天上教室,教其课业,致行政者忘记了教学,教学者茫然于行政,两者间鸿沟的行政,是死的,如何能执行其任务呢?"三是,"学校行政之由于外力之所促成,无异揠苗助长,不予以生根、发芽、长叶的机会。无根叶的行政是死的,如何能执行其任务呢?"③

1933年,国民政府教育部督学视察南京市中小学办学情况后,也概括性地强调:"现在各校组织,大多分设数部,部下并分设多股,互相雷同者,触目皆是。甚至有以六七级学级之小学,而校务分析至三十余股者。此种徒重形式,不务实际之风气,亟宜积极改革。"④

此外,还有一些更为具体的阐述。有关校务会议,甘豫源讲道:"所谓校务公开,只要用几次形式的教职员会议,校长为把持校务计,以一己的意思,在会议席上坚持不变,教职员也为校长情面计,随便举手赞成。所谓经济公开,只要教会计员把账写得清清楚楚,每月教书记填写一张笼统收支报告,张挂起来,就

---

① 张文昌.中学教育[M].上海:中华书局,1938:403.
② 袁伯樵.中等教育[M].上海:商务印书馆,1949:459.
③ 同上:460.
④ 教育部督学视察南京市中小学及社会教育报告[R].1933:30.

算经济公开了。这种自欺欺人的政策,直把校内一切行政状况,将重重帷幕,遮蔽起来,那里配谈刷新校务呢?"①有关训育制度者,如徐侍峰所言:"各校均有堂哉皇哉的训育计划或方案,而似乎又都搔不着痒处,即使能遵照计划真个地施诸实际,亦缺少积极的价值。况且多半是印到纸上就算完事,最大的用处不过是准备着向参观人宣读。或者标榜一种主义,立下一个笼统的目标,而无实现其目标之具体的计划。如以实际的问题相询,其答案多属模棱、含糊,显见缺乏研究和经验;好像是向来未曾发生过有关训育的问题者。"②

以上各种批评性观点虽涉及中学行政组织设置不够的问题,但更多的是反映中学行政组织设置的不妥,即不是因为没有设置而产生问题,而是因为有了设置而感觉到问题,亦即学校行政组织结构的形式化问题。学校行政组织结构的形式化具体可分为两种情况:一是因为行政组织设置没有起到作用,即发挥零功能(事实上是一种不经济);二是行政组织设置起了反作用,即发挥负功能。

那么,为什么会出现结构的形式化问题?

袁伯樵对学校行政组织形式化的表现及后果作了较充分的讨论,但对学校组织行政结构形式化的原因则几无分析。不过,可以从他的相关阐述中找到一些解释。他说:"行政之目的,在执行教育之任务,故行政之组织,须处处顾及是否能执行教育之任务为前提。要行政之能执行此种任务,其组织须切实根据实际之需要而产生。今若有一种陈规加乎其上,无异张冠李戴,甚或削足适履,是不恰当的。""学校行政之由于外力之所促成,无异揠苗助长,不予以生根、发芽、长叶的机会。无根叶的行政是死的,如何能执行其任务呢?"③结合他前面所说的,"政府之改进,多侧重于制度之改订,对组织如何提高教育行政之效率一项,似未有重要措施",④可见袁伯樵认为,学校行政组织形式化完全是政府定制的结果。

问题是,政府为何要对学校行政组织结构作出强制要求呢?迈耶将此看作是集权管理体制下的一种认知方式,即集权管理下的组织更愿意表现出理性的样子。相应地,组织结构就可能是受限的、理性的、高度正式化的。⑤虽然有所

---

① 甘豫源.中学师生的隔阂与消除的方法[M]//邵爽秋,等.中学教育之理论与实际.上海:教育编译馆,1935:9.

② 徐侍峰.中学教育论丛[M].北平:著者书店,1936:50.

③ 袁伯樵.中等教育[M].上海:商务印书馆,1949:459—460.

④ 同上:456.

⑤ Meyer, J. W. Institutionalization and the Rationality of Formal Organizational Structure[M]// Meyer, J. W. and Scott, W. R. Organizational Environments: Ritual and Rationality. California: Sage Publications Inc., 1992:277.

说明,但迈耶的观点并未彻底地解释集权化的管理模式与注重行政组织结构之间的关联。集权管理模式就其本质而言是一种控制方式。然而,控制组织的方式是多种多样的,除了结构控制之外,还有输出控制、过程控制、结构控制等。在不同的控制方式下,人们关注组织的不同方面。譬如,输出控制更多地关注组织的产品及其经济或社会后果;过程控制更多地关注组织的运转状况与活动表现;结构控制则更多地关注组织的部门设置及相关任职人员的资格。同时,各种控制方式往往又与特定的控制对象相结合。输出控制通常是针对可进行数量与质量测量的对象的控制方式,结构控制则更多地用于控制不易测量数量与质量的对象。就学校而言,虽然结合学校规模以及考试制度能够对学校的输出进行监控,但一来,考试主要反映知识的获得情况,二来,教育行政者大多相信,良好的行政组织是保证输出质量的基础,因此,学校组织结构往往被作为不易看见或难以预测的评估对象。

袁伯樵对学校行政形式化的批评主要是针对 1933 年的《中学规程》以及1939 年的《中等学校行政组织补充办法》而言的。在这两份文件中,国民政府教育部对学校的组织结构作了较为详细、明确的规定。然而在此之前,在政府未作出统一或详尽要求的情况下,学校行政组织结构已广泛地存在形式化问题,这又如何解释呢? 可以从三个方面来看:第一,政府可能未对学校的组织结构作强制要求,但或是为实现与教育行政工作的"对应"或"衔接",或是受制于各种评价制度的要求,学校也会"主动"设置一些部门。譬如,为配合各级教育行政部门下属的教育科学研究所(室)的工作,表示对教科研工作的重视,中小学普遍设置了教科室。但"轰轰烈烈开题,匆匆忙忙结题"的现象也表明,所谓的"重视"是给行政部门看的,而不是应自身的实际需要。第二,除了政府之外,学校组织结构的形成也受到社会因素的影响。迈耶和罗万依循帕森斯(Talcott Parsons)的思路指出,学校一方面要在组织目标和使命上与社会规范和价值取得一致;另一方面又要防止这种规范和价值上的调整与学校的技术核心(主要是教学和课程)发生冲突。为了缓冲(buffering)学校技术核心与制度规则之间的紧张压力,学校会采取"去联结"(decoupling)的策略,表面上遵照制度化的规则,依据学校教育的仪式性分类,聘用具有资格证书的教师,将标准化的课程传授给合法注册的学生,而事实上却不会真正地将这些规则付诸行动。[1] 换言之,

---

① Meyer, J. W. and Rowan, B. The Structure of Educational Organizations[M]// Meyer, J. W. and Scott, W. R. (Eds.) Organizational Environments: Ritual and Rationality. California: Sage Publications Inc., 1992: 71-95.

外部的社会规范与价值要求意味着,学校要取得成功,首先就必须在结构上看起来"像个学校的样子"或"像个好学校的样子"。第三,从学校内部来看,也存在"因人设岗"的问题,以致添置了一些没有实际功能的部门。

可以把"因人设岗"现象理解为是学校自身的需要,但结合外部因素来看,各种形式化的学校组织结构其实并不是可有可无的、多余的,它们具有实质性的作用,是学校维持生存与实现发展必不可少的基础。这是因为,学校组织的生存与发展不只是提高教育教学效率和效果的问题,也是获得和增进组织合法性的问题。新制度主义组织理论认为,组织的生存和发展除了受通常所强调的技术环境的影响外,还深受制度环境的影响。技术环境体现的是效率逻辑或合理性逻辑,强调组织必须在结构上与外部的技术要求和内部的工作系统取得一致。① 相应地,因应技术环境而建立的组织结构往往是切实有用的。制度环境则体现合法性逻辑,强调社会中的法律规定、文化期待、观念取向等制度力量对组织形式和结构的影响。学校要获得政府与社会的承认和接受,就要对外部的各种制度力量有所了解,并据此采纳合情合宜的结构与行为。②

因此,单纯从技术环境与合理性逻辑的角度出发,人们会认为学校中的部分行政组织结构是无用的、多余的;但制度环境及合法性逻辑的存在告诉我们,那些看似无用的、形式化的组织结构,恰恰是不可或缺的。从消极意义上讲,形式化的组织结构是学校寻求认同、维持稳定的一种方式,它们向外界传递了"学校正在像个学校的样子做事"这样一种信息,以免被批评或抛弃。譬如,当越来越多的学校特别是好学校成立教研组时,那些没有成立教研组的学校就会产生一种压力,害怕被指责不重视教学。从积极意义上讲,组织结构的形式化是促进学校发展的一种竞争策略。学校之所以要透过组织形式和结构来表明与政府和社会在规则、观念、价值等方面的一致性,寻求认同,不单单是出于权力上的服从,也不只是贪求"虚名",而是为了基于认同以获得更多有形与无形的资源。有些时候,在获取资源方面,积极回应外部的规范与价值,可能比办学效率与教学效果的提升更重要。有关社会价值规范对学校组织结构的影响,下一章将有更多的探讨。

---

① [美]斯科特.组织理论:理性、自然和开放系统[M].黄洋,等,译.北京:华夏出版社,2001:123.

② 陈学军.新制度主义组织社会学视野下的教育组织研究[J].比较教育研究,2008(7).

第三章

传统、新知与中学性别结构

本章所要讨论的是我国近代中学组织的性别结构问题。洛克希德(M. E. Lockheed)和李(V. E. Lee)解释"单一性别教育"(single-sex schooling)时,曾根据学校、教室和教师队伍的性别状况,区分了三种类型的单一性别教育:第一种类型的单一性别教育是指学校的全部学生和教师的性别都相同,这是最纯粹的单一性别教育类型。例如,罗马天主教修道院为女子提供的教育,或者为男孩子提供的传统的精英教育。第二种类型的单一性别教育是指教师中既有男教师也有女教师。第三种类型的单一性别教育是指学校里的建筑是男女合用的,但所有的教学活动是根据性别分开组织的。① 可见,洛克希德和李对学校性别结构的理解是结合了教师与学生两类主体,且更强调根据教学活动的组织方式来界定学校的性别关系。与此不尽相同,本研究中所谓的性别结构主要侧重学生层面,而不是指学校行政人员或教师的性别结构;同时,本研究也不完全依据教学组织方式来界定学校教育的性别类型。这是因为,一方面,从组织形态的角度看,即便男女"同校不同学",但与男女分开的单一性别学校相比,男女合校无疑意味着一种新的学校形式的出现;另一方面,从教育含义的角度看,学校的教育影响也不完全集中在课堂教学,学校中的课外活动以及人际交往同样具有重要的教育意义,由此,将男女"同校不同学"的情况称为单一性别教育,似乎也不甚妥当。

在洛克希德和李的分类基础上,笔者认为,学校的性别结构可分为两大类型、四种形式:一种是单一性别学校,包括师生性别相同、师生性别不同两种形式;另一种是混合性别学校,包括男女学生"同校不同学"与"同校且同学"两种形式。本章对近代中学性别结构的考察,主要集中于学校性别结构的类型转

---

① 洛克希德,李.男女合校与单一性别学校[M]//[瑞典]胡森,[德]波斯尔斯韦特.教育大百科全书(第2卷).张斌贤,等,译.西南师范大学出版社,海南出版社,2006:503—504.

换,对各类型的具体形式不作严格区分和过多阐述。这是需要说明的第一点。

需要说明的第二点是,虽然如本书导论中所交代的,把性别结构纳入中学组织结构的讨论是扩大正统的"组织结构"含义的结果,但也不是说中学组织的性别结构问题与一般理解的正式组织结构没有关系,或者说此种性别结构问题不能从正式组织结构的角度加以考察。事实上,诸如"女子部"(女生部)、"女生指导员"(女生训育员)等部门或职务的出现,便是中学组织性别结构变化在正式组织结构上的反映。

此外,在解释近代中学性别结构变化的原因方面,既有的分析主要有三种思路:第一种思路强调社会的客观要求,倾向于认为,社会经济的发展与劳动分工的加剧,要求越来越多接受过一定教育的女性参与到社会生产活动中,由此提出了发展女子教育的诉求,致使中学性别结构发生变化。第二种思路重视政治斗争的作用,主张无论是单一性别的女子中学的产生,还是混合性别中学的出现,都和革命势力与保守势力,或民主力量与反动力量之间的斗争密切相关,是新制度取代旧制度的结果。第三种思路关注规范转变的意义,认为近代民主观念的引入和传播造成旧道德的崩溃与新道德的生成,而近代中学组织性别结构的变化,正是新规范取代旧传统的结果。

笔者更倾向于规范转变说。这是因为,就第一种思路而言,社会经济发展状况虽是近代中学性别结构变化的重要基础,但这种客观要求往往只能在整体层面说明女子教育产生与发展的动力,不能充分解释女子教育的具体实现形式。推动女子教育的发展,既可以采用增设女子中学的方法,也可以实行男女合校就学的方法。进言之,社会经济与女子教育发展之间的一致性也是值得怀疑的。现今中东地区的一些国家,尽管社会经济取得了很好的发展,但因为观念和信仰上的问题,男女教育的界限与差距仍然十分明显。而就第二种思路来看,它更多地停留在问题的表层。所谓的政治斗争,说到底是观念合法性之争。作为政治斗争结果的新制度能否真正取代旧制度,很大程度上依赖于人们思想观念的支持程度。正如下文的阐述中将要表明的,尽管 1912 年民国成立时,在形式上确立了共和制度,增设了女子中学,但由于传统的规范并没有因为新的制度安排发生根本性转变,女子教育的发展仍然举步维艰,甚至出现了限制女子教育的情况。因此,尽管"客观要求说"和"政治斗争说"对近代中学性别结构演变原因的解释具有一定的合理性,但从观念与规范转变的角度来考察,似乎更合适。不过,要指出的是,与过去较多地将规范转变理解为民主观念战胜传统道德不同,本章的分析力图进一步说明在规范转变过程中现代知识所扮演的角色,并在"民主"的主题之外,关注科学话语对传统规范的冲击。这是需要说明的第三点。

本章将我国近代中学性别结构的演变过程分为三个阶段:(1)从维新运动至"五四运动"前,这一阶段的主要特点是,女子中学教育逐渐在学校教育制度中得以确立。相应地,尽管就单个学校来说,中学仍是单一性别的(或男校或女校),但整体上出现了两类性别不同的学校,即由最初只有单一的男子中学的情况转变为既有男子中学又有女子中学。(2)从"五四运动"发生至20世纪30年代初,这一阶段的主要特点是,在"男女同学"运动的推动下,出现了男女同校的混合性别中学。(3)从1935年左右至新中国成立前,这一阶段虽然受相关因素的影响,部分地区出现了中学男女分校的回流,但总体而言,混合性别中学的发展仍呈稳步推进态势。

一、 女子中学的产生

本书第一章讨论了我国现代学校教育制度以及中学是如何在民族国家的想象下产生的,但当时的学校教育制度中并没有女子教育的位置。这种对女子教育的忽视,在张之洞广有影响的《劝学篇》中已经有所体现。《劝学篇》中,农、工、商、矿、兵等学都有专篇,唯独没有女学篇,即使在"兴学"与"学制"两篇中介绍外国教育制度时,也没有讨论女学问题。在舒新城看来,"他不讲女学并不讲他对于女子有何宿怨,存而不论,乃是男尊女卑数千年来的社会习尚使他不认识女子是有人格的人所致。"①用张之洞等人的话说,便是《学务纲要》中提到的:"惟中西礼俗不同,不便设立女学。"②反过来我们也发现,我国近代女子教育的兴起和发展,正与传统礼俗的转变密切相关。

(一)兴办女学: 民族主义与女权主义

事实上,在张之洞的《劝学篇》问世之时,基于民族主义和女权主义的立场,一些新兴知识分子和锐意社会改革的人士,已经对传统的"男尊女卑"观念提出了批判或重新理解的要求。此后的"庚子事变"又进一步强化了这种要求,并使晚清政府不得不在制度层面作出相应调整。具体来看,首先,民族主义意识形态的生成与传播,修改了传统的性别观念与女性形象,提出了女子教育的要求。

---

① 舒新城.近代中国教育思想史[M].上海:中华书局,1928:390.

② 舒新城.中国近代教育史资料(第1卷)[M].北京:人民教育出版社,1981:200.

正如有研究者所指出的，"晚清以来一百多年间，中国始终呈乱象，似乎没有什么思想观念可以一以贯之。各种思想呈现出一种'你方唱罢我登场'的流动局面，可谓名副其实的'思潮'：潮到即落。但若仔细剖析各类思潮，仍能看出背后有一条线，虽不十分明显，却不绝如缕贯穿其间。这条线正是民族主义"。① 为了摆脱外国列强的歧视与欺压，实现民族独立与国家富强，清末民初的社会精英竭力呼吁在军事、经济、政治等方面进行改革，其中也包括对传统性别观念与女性形象的检审。

美国传教士林乐知在当时影响甚广的《全球五大洲女俗通考》中，直接将各国女性的地位及对待女性的看法与各国的文明层次对应起来，以此区分出"未教化人"（非洲）、"有教化人"（东西亚）和"文明教化人"（欧美），并强调指出："凡国不先将女人释放提拔，而教养之使成其材，决不能有振兴之盼望。"②这是因为，妇女之作用，"大而言之，固将担任国民一分子之义务，小而言之，则亦相夫育子，谋一家之幸福"。"一家之内，男女各半，弃女不教，使为废物，不啻自毁其家。犹一国之内，亦男女各半，弃女不教，使为废物，无异自败其国也。"③

在甲午战败所催生的民族危机感的激发下，诸如上述将妇女问题与民族国家命运结合起来的观点，在立意维新图强的社会精英中得到了普遍认同。他们相信，传统性别观念与女性形象的转变，至少在两个方面对民族国家的振兴至关重要。

其一，可以将女性由食利者变为生利者，从而增强国家的经济实力。康有为强调，中国女子禁学，"是率二万万人有用之才而置之无用之地，弥天憾事，孰有过此！""妇女之中，奇才甚夥，且性静质沉，尤善深思；以之为专门之业，制器尚象，利用前民，其功大矣。"④梁启超进一步指出："凡一国之人，必当使之人人各有职业，各能自养，则国大治。其不能如是者，则以无业之民之多寡，为强弱比例差。……中国即以男子而论，分利之人，将及生利之半，自公理家视之，已不可为国矣。况女子二万万，全属分利，而无一生利者。惟其不能自养，而待养

---

① 罗厚立.从思想史视角看中国近代民族主义[M]//李世涛.知识分子立场：民族主义与转型时期中国的命运.长春：时代文艺出版社，1999：218.需要指出的是，清末时期的"民族主义"并不是一个统一的意识形态与社会运动，它存在两个层面：一是围绕满族与汉族的压迫与解放关系而形成的民族主义；二是围绕外国与中国的侵略与反抗关系而形成的民族主义。这里所讨论的民族主义主要是后一层面意义上的。

② 张素玲.晚清至"五四"时期知识分子的性别话语及其社会文化意蕴[J].妇女研究论丛，2007(3).

③ 林乐知.振兴女学之关系[J].万国公报，1904(12).

④ 杜学元.中国女子教育通史[M].贵阳：贵州教育出版社，1995：290.

于他人也,故男子以犬马奴隶畜之,于是妇人极苦,惟妇人待养,而男子不能不养之也,故终岁勤动之所入,不足以赡其妻孥,于是男子亦极苦。"然而,"国何以强,民富斯国强矣,民何以富,使人人足以自养,而不必以一人养数人,斯民富矣。夫使一国之内,而执业之人,骤增一倍,则其国所出土产作物,亦必骤增一倍,凡所增之数,皆昔日弃地之货也。取弃地之货,而藏之民间,其事甚顺,而其益甚宏"。①

其二,性别观念与女性形象的转变,可以改变中国妇女身体羸弱、无学无识的状况,从而实现保种强国的目的。康有为认为:"盖生人之始本于胎教,成于母训为多。女不知学,则性情不能陶冶,胸襟不能开拓,以故嫉妒偏狭,乖庚愚蠢,钟于性情,扇于风俗,成于教训,而欲人种改良,太平可致,犹却行而求及前也。"②他在批判妇女缠足现象时指出:"试观欧美之人,体直气壮,为其母不裹足,传种易强也;回观吾国之民,尪弱纤偻,为其母裹足,故传种易弱也。今当举国征兵之世,与万国竞,而留此弱种,尤可忧危矣。"正如杨念群所言:"康有为的逻辑是,妇女缠足导致的虽是个体痛苦,但由此达成的行为半径的缩小及造成相关的体质羸弱,却危及群体生存的质量。因此,使妇女从裹脚布中解脱出来就不是一个个人解放的私人领域中的实践行为,而是一个涉及民族生存和国家政体安危的政治设计的一个组成部分。康有为说得很明白,如果'令中国二万万女子,世世永永,婴此刖刑,中国四万万人民,世世永永,传此弱种,于保民非荣,于仁政大伤。'"③

梁启超也表达了与康有为相似的观点。他指出:"西人分教学童之事为百课,而由母教者居七十焉。孩提之童,母亲于父,其性情嗜好,惟妇人能因势利导之,以故母教善者,其子之成立也易,不善者,其子之成立也难。""故治天下之大本二,曰正人心,广人才。而二者之本,必自蒙养始;蒙养之本,必自母教始;母教之本,必自妇学始;故妇学实天下存亡强弱之大原也。"这是就母教而言,说明了提高妇女学识对保种救国的重要意义。同时,梁启超又围绕胎教问题,突出了增强妇女体质的重要性。他说:"西国公理家,考物种人种递嬗递进之理,以为凡有官之物,(人禽虫介草木,为有官之物;金石水土,为无官之物。)一体之中,有其死者焉,有其不死者焉……两种化合之间,有浸淫而变者,可以使其种

---

① 梁启超. 饮冰室文集(点校版)[M]. 昆明:云南教育出版社,2001:45.
② 杜学元. 中国女子教育通史[M]. 贵阳:贵州教育出版社,1995:290.
③ 杨念群. 论戊戌维新时代关于"习性"改造的构想及其意义[J]. 浙江社会科学,1998(5).

日进于善,由猩猴而进为人也,由野番贱族而进为文明贵种也。""各国之以强兵为意者,亦令国中妇人,一律习体操,以为比如是,然后所生之子,肤革充盈……此亦女学堂中一大义也。今之前识之士,忧天下者,则有三大事:曰保国,曰保种,曰保教。"①

1906 年,留日女生孙清如在留日学生创办的《中国新女界杂志》上发表《论女学》一文,亦从体质、德性、家、国和种族五个方面引述中国历代学者讨论教育问题的要点,并明确提出"兴吾女学以端天下母范"的要求。她说:

> 体质何以强,得其养而已,……夫养之之豫,孰有踰于母哉,欲母之能豫养其子,舍学奚由。

> 教子婴孩,德性之贤否,断断乎于胎教及家庭教育为始基也。女学不兴,将何以教。

> 善觇家之盛衰者,于其和与不和卜之,而其和与不和,则由于学与不学,未有不学而能相夫教子,和以成家以致于昌祥者,是故学之为贵。

> 古人言农必及桑,言耕必及织……皆妇人之职,而莫不勤也。后世失学废业,……欲赐民以幸福,必先富之,欲富之,莫如兴学以勤其业。图存者亦知所从事哉。

> 种族何以有胜败……今夫一女不学,则一家之母无教,一家之母无教,则一家之子失教,积人成家,积家成国,有学无学,受教失教,优劣相形,胜败立判矣。②

正是在上述"变分利者为生利者""欲救国,先救种"的理路下,妇女成为民族国家振兴的希望。而要实现这种希望,就必须解除施加在妇女身体与精神上的双重压迫。其中,身体上的解放可以通过"废缠足"等运动来实现,而精神上的解放则端赖女学的兴办。

其三,女权意识的觉醒,批判了传统的性别观念与男女不平等现象,提出了"兴女学"的要求。鸦片战争以后,一方面受外国传教士的影响,另一方面经国内锐意改革人士的主动引介,男女平权观念开始在上海等通商口岸出现,并逐渐影响到内地。1876 年,《申报》先后发表《论女学》《书〈论女学〉后》《再论女学》

---

① 梁启超. 饮冰室文集(点校版)[M]. 昆明:云南教育出版社,2001:45.

② 舒新城. 近代中国教育思想史[M]. 上海:中华书局,1928:398—399.

等文章,在介绍英、美、德等国女子教育的基础上,批驳了"男尊女卑"观念,认为"盖万物先阴后阳,不有女也,男何以生?"①至维新运动前后,康有为等人在强调妇女问题与民族国家建设的关系时,也都表达了男女平权的思想。譬如,康有为相信:"女子与男子同为人体,同为天民,亦同为国民。同为天民,则有天权而不可侵之;同为国民,则有民权不可攘之。女子亦同受天职而不可失,同任国职而不可让焉。"②此后,随着女学会的成立、《女学报》等刊物的创办,尤其是金天翮的《女界钟》出版之后,男女平权观念得到了更系统的阐述和更广泛的传播。在金天翮看来,男女在生理结构、禀赋和能力等方面并无贵贱尊卑之别,因此,他要求恢复女性的权利,并呼吁女性"终不可向圣贤君主之手乞而得焉。自出手腕并死力以争已失之权利,不得,则宁牺牲平和以进于激烈之现象"。③

男女平权最重要的体现是男女教育权利的平等。作为《女学报》主笔之一的康同薇便要求:"遍立小学校于乡,使举国之女,粗知礼义,略通书札,则节目举矣。分立中学校于邑,讲求有用之学,大去邪僻之习,则道德立矣。特立大学校于会城,群其聪明智慧,广其材艺心思,务平其权,无枉其力,则规模大立,而才德之女彬彬矣。"④从争取女权的角度看,女权人士之所以力倡女学,一方面是强调女子应与男子一样享有教育权;另一方面,更为重要的是,教育权还被视为妇女争取其他各项权利的基础。康有为认为,"女智尚未开,女学尚未成","盖皆女权不足故也,足则女学必兴矣"。⑤金天翮却与之相反,呼吁在女性应当恢复的六种权利中,入学权利应是"开宗明义第一者"。在他看来,"不读书则无智识,无智识则不能办事。所谓相夫,所谓内助,皆虚言也。且权利思想之发达,乃藉读书以养成,筐箧之内无权利也"。⑥林宗素在为《女界钟》所作的序言中也指出:"处二十世纪权利竞争之世界,苟不先归重于学问,而徒倡言民权、女权,无当也。"⑦

(二)从天理到公理: 基于知识的转变

值得注意的是,无论是民族主义者还是女权主义者,在修正或批判"男尊女卑"观念,倡导女学的过程中,都逐渐有意识地将西方现代知识作为重

①　熊月之.金天翮与《女界钟》[J].史林,2003(3).
②　康有为.大同书[M].沈阳:辽宁人民出版社,1994:176,153.
③⑥　金天翮.女界钟[M].上海:上海古籍出版社,2003:48—50.
④　康同薇.女学利弊说[J]知新报,1898(52).
⑤　康有为.大同书[M].沈阳:辽宁人民出版社,1994:157.
⑦　金天翮.女界钟[M].上海:上海古籍出版社,2003:序言,3.

要的思想武器。比较之下可见,尽管 19 世纪 70 年代的论者在倡导女学时体现出鲜明的女权意识,但其在论证过程中所利用的主要是两种资源:一是参照西方国家的女子教育实践。1876 年发表于《申报》的《论女学》一文认为:"泰西诸国亦向有女学,而今则日盛一日……万国人民以中国为最多,妇女中不乏天资敏悟之流,惟无以倡之,终归隐没耳。"①因此,作为补救,中国也当向西方国家一样兴办女学。二是援引中国传统的理论资源。仍以 1876 年的《论女学》来看,该文主要基于《易经》来强调"妇女之灵性与男子同",男女当并学并用的观点。作者指出:"天先乎地,男先乎女,为千古不易之经,何以阴阳二字不曰阳阴?意者殷《易》首坤,故相沿如是,从可知阴阳之不可偏重,男女之必需并学矣。"②1878 年发表的《扶阳抑阴辩》也沿用了中国哲学的"气质说",认为"人禀气质而生,为男为女因乎自然之化"。该文亦以《易经》的阴阳说为依据,批评了以往由"扶阳抑阴"说论证"男尊女卑"之天然合理性的理路,而是强调阴阳"两象并蓄""两德互用"的观点,主张男女应当"并重、并用、并生、并育"。③

然而,到 19 世纪末及 20 世纪初,论者在强调妇女作用或地位时,则开始运用西方现代知识作为论证资源。此时对西方现代知识的运用体现为层次不同的两个方面。

一方面是在直接意义上吸收与运用西方现代的伦理学和政治学,基于"人权天赋"的观念反对"尊尊卑卑"的传统规范,强调男女平权。王尔敏指出:"中国近代人权观念之创生,与西方知识输入有极大关系。最早启瀹,多始自西洋教士之介绍,包括基督教义理以至当世西方通行之信仰知识。"④太平天国时期提出的"世界万国之人,在世人所论,虽有上下尊卑贵贱之分,但在天上神父之前,以万国男女之人,就如其子女一般"⑤的观点,就体现出宗教义理影响下的"人权天赋"说。甲午战争特别是维新变法之后,经由严复、梁启超等人对西方伦理学、政治学的译介与传播,"人权天赋"观念由教义信仰变为学理论说,并为国人广泛吸收,而"人权天赋"观念的一个重要内容就是强调男女平权。也正是

①② 高时良. 中国近代教育史资料汇编·洋务运动时期教育[M]. 上海:上海教育出版社,1992:742.

③ 李长莉. 以上海为例看晚清时期社会生活方式及观念的变迁[J]. 史学月刊,2004(5).

④ 王尔敏. 中国近代思想史论续集[M]. 北京:社会科学文献出版社,2005:392.

⑤ 中国社会科学院近代史研究所近代资料编辑部. 近代史资料. 2(总 39 号)[M]. 北京:中华书局,1979:38.

从此时开始，一些有识之士较明确地以现代政治学、伦理学意义上的"人权天赋"观念作为兴女学的立论依据。

另一方面是在间接意义上，为了论证男女平权，论者开始运用现代生理学、生物学等方面的知识。康有为便利用日本东京大学医科所的解剖实验努力表明，尽管"男脑四百二十一，女脑一百七十六"，"男脑重百五十杜廉"，但男脑与女脑质同，并不能说"男子之脑愈用愈智，貌愈文秀；女子之脑多用即竭，貌愈丑恶"。同时，他还从生理学的角度指出："女子既有月经，每月流血甚多，精力自当逊于男子，此为人传种，少受缺陷，实为无可如何。故以任兵事，诚非所宜，若人道平等与否，则不在此。""人之尊卑，在乎才智，不在身体。"①梁启超在论证女学对胎教的作用时，也运用了物种进化论的知识。他说："西国公理家，考物种人种递嬗递进之理，以为凡有官之物，一体之中，有其死者焉，有其不死者焉。如一草木根荄支干果实花叶，其死者也，而常有不死者，离母而附于其子，绵绵延延，相续不断，是曰传种。惟人亦然。"因此，"国乌乎保？必使其国强，而后能保也；种乌乎保？必使其种进，而后能保也"。而"妇学为保种之权舆也"。② 金天翮在《女界钟》中也运用了现代生理学知识来论证男女平等问题。他指出："能力者，智慧之果也；智慧者，脑之花也。"而男女大脑的构成并没有什么不同，无论男女，脑重量均占全身的四十五分之一到四十六分之一。此外，他还用科学家考察记录欧洲和日本男女的两组数据，证明了男女脑围并无明显差别，有些女子的脑围比男子还要大些，以此表明从生理结构上说，女子智力并不比男子差。③

在语言学上，"公理"这一词语的出现及其广泛使用，较突出地表明了现代知识所带来的传统观念的变化。宋明理学成为官方意识形态后，我国传统文化与制度的正当性论证一直以"天理"作为合理性标准。正如汪晖所指出的，此种天理世界观"倾向于把各种物质关系或利益关系看成是一种道德的关系、心性的关系和形而上学的关系，从而用一种道德的知识去理解种种现实关系"。④ 具体言之，宋明之后所构建的天理世界，是以"仁、义、礼、智"为核心价值的儒家道德哲学和伦理规范，将宇宙秩序的合理性标准与社会行动的合理性标准统一起来。⑤

① 康有为.大同书[M].沈阳：辽宁人民出版社，1994：176—177.
② 梁启超.饮冰室文集(点校版)[M].昆明：云南教育出版社，2001：45.
③ 金天翮.女界钟[M].上海：上海古籍出版社，2003：50，25—26.
④ 汪晖.现代中国思想的兴起[M].北京：生活·读书·新知三联书店，2004：50.
⑤ 金观涛，刘青峰."天理"、"公理"和"真理"——中国文化"合理性"论证以及"正当性"标准的思想史研究[J].中国文化研究所学报，2001(10).

自 19 世纪中叶后,中国在西方力量的冲击下开始了防卫的现代化,通过洋务运动逐步引进西方现代科技和政治制度。为了使引入的西方事物和制度在中国生根,必须证明其具有正当性。然而,洋务运动中虽然办起兵工厂,建立现代海军,并引进了西方器物,但引进以西方理性主义为特征的合理性论证结构却十分困难。在文献方面,这直接表现为士大夫们很少使用"公理"一词。这表明他们仍然坚持任何社会制度的正当性都必须从中国传统的个人道德和家庭伦理导出,而不认同从法律和公共领域角度来确立现代政治经济制度的合理性,其结果是拒斥将西方理性主义植入中国传统文化。① 直到甲午战争惨败之后,晚清的革新人士与士大夫们才力图超越中国传统的"天理",承认西学的合理地位,理解并认同更普遍的中国和西方的共同之理,以此来论证政治变革与制度调整的必要性与正当性。

晚清时期"公理"观念的出现存在两个不同的阶段。

第一个阶段是从甲午战争后至 1900 年的"庚子事变"。在此阶段,"天理"向"公理"的跨越主要体现在锐意改革的新式知识分子的论述中。康有为在《大同书》②中论证妇女问题时,便多次使用"公理"这个概念。他强调:"以公理言之,女子当与男子一切同之;以实效征之,女子当与男子一切同之。"③又说:"强抑女子,一切摈斥,仕宦、公民不准预列,科举、议员不准预选,徒凭强势而背公理,徒失人才而遂私心,其无义也。"④并指责针对女性的夫权压迫,认为:"凡此抑慈舍唐,舍己为人,皆夺自立之人权,悖平等之公理者也。"⑤与康有为相比,梁启超对"公理"的推崇更为明确。他直接将"公理"作为变法的依据,强调"故夫变者,古今之公理也","上下千岁,无时不变,无事不变,公理有固然,非夫人之为也!"⑥这种"公理"依据在梁启超论证女学的过程中也体现得非常明显。他说:"公理家之言曰,凡一国之人,必当使之人人各有职业,各能自养,则国大治;

① 金观涛,刘青峰."天理"、"公理"和"真理"——中国文化"合理性"论证以及"正当性"标准的思想史研究[J].中国文化研究所学报,2001(10).

② 《大同书》虽于 1935 年,即康有为去世后 8 年才由中华书局出版,但其基本思想早在 19 世纪 80 年代末 90 年代初期就已基本形成。大约到 1901—1902 年,康有为寓居印度大吉岭期间,已完成《大同书》的初稿。参见:康有为.大同书[M].沈阳:辽宁人民出版社,1994:编序,6—7.

③ 康有为.大同书[M].沈阳:辽宁人民出版社,1994:148.

④ 同上:178.

⑤ 同上:158—159.

⑥ 梁启超.饮冰室文集(点校版)[M].昆明:云南教育出版社,2001:18.

其不能如是者,则以无业之民之多寡,为强弱比例差。"①因此,要将妇女由分利者变为生利者。又说:"西国公理家,考物种人种递嬗递进之理,以为凡有官之物,一体之中,有其死者焉,有其不死者焉。……惟人亦然。"由是应重胎教,增进妇女的学识与体质。此外还说:"吾又闻生学家之言公理矣:凡含生负气之物,倒生者最愚,横生者次愚,若夫躯体峙立,首函清阳者,其聪明必不甚相远,所以生差别者,在智慧之开与不开耳。"以此强调"男女之于学,各有所长,非有轩轾"。②

维新变法时期康有为、梁启超对"公理"的提倡,虽然明显受到西学的影响,但仍以"三世说"为根据,是中国传统的今文经学的创造性转化,在表述上还未能与"天理"的概念严格区分。譬如,康有为批判"抑女"问题时,既指责其"不独背乎天理,亦不协乎人理",又说这是"徒凭强势而背公理"。③ 梁启超在论证女学问题时,前文说"中国即以男子而论,分利之人,将及生利之半,自公理家视之,已不可为国矣",后文又说"妇人之无业也,非天理宜然也"。④ 自1898年严复翻译出版《天演论》后,"在广大士大夫心目中'公理'的意义不仅指涉中西普遍之理,其内容开始越出抽象的变和日新(中国式进化理念),而越来越多地具有'物竞天择,适者生存'的社会达尔文主义"。而且,此时"作为中西公共之理的'公理'较大地偏离了道德定位,具有个人独立、利己争胜、个人权利、强权等含义,它们被用于论证国家富强、个人自主性和市场经济的正当性"。⑤

"庚子事变"之后,对"公理"的接受与运用进入第二个阶段。在内忧外患的情势下,"公理"从个别知识分子的言论上升为知识界与改革精英的普遍观念,并成为政治经济改革的理论根据。1901年清廷推行"新政",1905年宣布预备立宪,西方宪政和各种惯例成为清廷考察和引进的对象,其背后正是"公理"对西方制度的合理性论证。这表明,"公理"不仅是激进的海外留学生的口号,也是清廷实施立宪的理论根据。1908年,章太炎曾如此形容"公理"被官方、民间上下一致推崇的盛况:"昔人以为圣神不可干者,曰名分。今人因为神圣不可干者,一曰公理,二曰进化,三曰惟物,四曰自然。"⑥

① 梁启超.饮冰室文集(点校版)[M].昆明:云南教育出版社,2001:43.
② 同上:45.
③ 康有为.大同书[M].沈阳:辽宁人民出版社,1994:178.
④ 梁启超.饮冰室文集(点校版)[M].昆明:云南教育出版社,2001:43.
⑤⑥ 金观涛,刘青峰."天理"、"公理"和"真理"——中国文化"合理性"论证以及"正当性"标准的思想史研究[J].中国文化研究所学报,2001(10).

（三）从经正女学堂到《奏定女学堂章程》

晚清时期"公理"观念的出现及运用，或者说现代知识冲击传统规范的两个阶段，分别对应了近代女子教育最初发展的不同时期。近代国人创办的第一所女学①——经正女学堂——正是在经元善、梁启超、康广仁、郑观应等维新人士的积极号召与筹备下，于1898年成立的。

经正女学堂的教育宗旨是："以彝伦为本，所以启其智慧，养其德性，健其身体，以造就其将来为贤母为贤妇之始基。"②用梁启超在《创设女学堂启》中的话说，这是为了使妇女"上可相夫，下可教子，近可宜家，远可善种"。③在课程方面，经正女学堂采取中西合璧的方法，西学方面有英语、算术、地理、图画、医学等，中学方面有《女孝经》《女四书》《幼学须知句解》《内则衍义》、唐诗、古文等。此外，学堂章程还特别强调："中国物力维艰，兴家必本勤俭，凡入塾学生，必宜兼习女红、中馈等事。"④而在管理上，经正女学堂坚守男女有别的原则。学堂大门两边有"女学重地""禁止闲人"的牌匾，不准男子进入，而且所有教职员工全由妇女担任。⑤这基本上也符合学堂创办之前梁启超在《女学堂试办略章》中所作的规划："凡堂中执事，上自教习提调，下至夫役人等，一切皆用妇人。严别内外，自堂门以内，永远不准男子闯入，其司事人所居在门外，别辟一院，不得与堂内毗连。其外董事等或有商榷，亦只得在外院集议。"⑥结合当时社会整体风气来看，坚守男女之防似乎是合情合理的，但也带来了一个棘手的问题：师资不足。这是因为，为了坚持男女之防，女校必须聘请女性教师，但当时中国受过正规教育的女性少之又少，且基本上都出自教会学校。经正女学堂刚开办时，6名

---

① 在此之前，我国近代的女子学堂大多是由外国教会组织建立的。根据美国人林乐知所著《五大洲女俗通考》的记载，1902年，在华教会学校中的女生数为：书院12所，有女生96人（学生总数为1 814人）；天道院66所，有女生543人（学生总数为1 315人）；高中等学堂166所，有女生3 509人（学生总数为6 393人）；工艺学堂7所，有女生96人（学生总数为191人）；医学院30所，有女生32人（学生总数为251人）；小孩察物学堂6所，有女生97人（学生总数为194人）；初等蒙学数据未详（参见：陈东原. 中国之女子教育[M]//舒新城. 中国新教育概况. 上海：中华书局，1928：158）。这些教会学校开展的女子教育活动（从统计数据来看，不少教会学校施行男女合校）无疑为当时中国兴办女学提供了可参考的样板。

② 全国妇联妇女运动历史研究室. 中国近代妇女运动历史资料（1840—1918）[M]. 北京：中国妇女出版社，1991：112.

③ 同上：101.

④ 雷良波，等. 中国女子教育史[M]. 武汉：武汉出版社，1993：212；全国妇联妇女运动历史研究室. 中国近代妇女运动历史资料（1840—1918）[M]. 北京：中国妇女出版社，1991：112.

⑤ 雷良波，等. 中国女子教育史[M]. 武汉：武汉出版社，1993：211—212.

⑥ 舒新城. 中国近代教育史资料（下）[M]. 北京：人民教育出版社，1981：791.

教师全为女性,其中 3 名为西方教师,3 名为教会学校毕业的女性。即便得到了外国教会的支持,女学堂教师仍感奇缺。①

显然,经正女学堂力行一种"贤妻良母"式的教育。不过,正如有研究者所指出的,表面上看,此时的"贤妻良母"话语与前清和盛清时期的学者关于女子教育的论述如出一辙,如前清学者唐甄曾说:"人若无妻,子孙何以出?家何以成?孳则孰案?居则孰辅?出则孰守?"但晚清时期"贤妻良母"的形象与此有着本质区别。因为,前清学者与士大夫对妇女问题的论述仍然局限于家庭,到晚清时期,知识分子更关注国家的强盛,妇女不只对家庭,而且对民族存亡有着重要意义。② 诚如教育史学者陈东原所言,"中国良妻贤母的妇人观"是自梁启超发表《变法通议》时才有的,"从前只有'慈母',哪有'贤母'?有一二贤母,如欧母陶母之类,那也是入圣超凡,非一般妇女所可望其项背;试问不学无识的女子,怎么能画荻,怎么能和丸?③ 从前'良妻'的含义,哪有后世'良妻'含义的丰富?中国从前妇女的标准,只要她做一个驯服的好媳妇,并不想要她做一个知情识义的贤妻!"④而上文已提到,妇女之所以要成为贤妻良母,是在民族危机加剧的情况下,世人希望女性能够更好地通过相夫教子服务于家庭和国家。1895年上海科学书局发行的《初等小学女子官话修身教科》的第一课,在解释兴女学的原因时就写道:"女子为国民的母,所以读书识字,比男子更觉要紧;因为要预备将来的母教,必要有了好母,方有好子。这等说起来,女学岂不是第一件要紧的事吗?"⑤经元善等人在向盛宣怀请筹经正女学堂常年经费的文书中亦提道:"伏维治国治要,必本齐家;事理之繁,尤资内助",因此,"图我国自强,女学真不能不急急兴起。"⑥

经正女学堂所确立的"贤妻良母"主义,较为直接地体现了"公理"观念最初的特征。一方面,此时西方知识的引入还相对有限,有关男女平权的观念更多地"系起自人事实例怵目惊心之痛觉,辗转触发其人格之自卫"(如缠足对于女

① 徐宁.近代上海的女学生(1850—1922)[D].上海:上海师范大学,2004:18.

② 张素玲.晚清至"五四"时期知识分子的性别话语及其社会文化意蕴[J].妇女研究论丛,2007(3).

③ 宋代欧阳修年幼时,其母郑氏以获画地教子读书。唐代柳仲郢幼时嗜学,其母韩氏用熊胆和制丸子帮他夜里提神醒脑。后人便用"画荻和丸"来称赞母教有方。

④ 陈东原.中国妇女生活史[M].上海:上海书店出版社影印,1990:323.

⑤ 舒新城.近代中国教育思想史[M].上海:中华书局,1928:397.

⑥ 全国妇联妇女运动历史研究室.中国近代妇女运动历史资料(1840—1918)[M].北京:中国妇女出版社,1991:107—108.

性的伤害），①或是受到西方教义人人平等思想的影响；另一方面，新兴知识分子的常识结构或规范理念也没有因新知识发生根本性转变。尽管他们以男女平等的名义倡导兴办女学，但这只是在民族危亡的境遇下寻找突围之路的一种策略，在其内心深处，"男尊女卑"的观念并未有所消解。有研究者便认为，晚清时期妇女解放问题之所以激起知识分子的热烈讨论，既因应了民族主义的要求，也反映了男性知识分子无意识的身份认同危机。这是因为，西方列强的侵入也制造了一种性别关系的隐喻，即西方代表了男性的权力和力量，而东方国家则是屈服于西方殖民侵略和权力的，它被征服、拥有和占领。在晚清康梁等人那里，女性成了落后软弱、失去主权国家的象征，妇女常常不是作为与男性相对的另一性别，而是作为表征一种需要转变的落后、衰败、丑陋状态的符号。梁启超笔下的中国便是"鬼脉阴阴，病质奄奄，女性纤纤，暮色沉沉"。值此之际，欧美女性正从男权中解放出来，因此中国知识分子也力图挣脱西方男性化的控制。就此而言，新女性实际上是一个隐喻，代表了女性从男性知识分子的从属地位中解放出来的愿望，表达了知识分子在当时殖民主义和帝国主义话语中焦虑的心态。② 如此，所谓的妇女解放，恰恰隐含着男强女弱或"男尊女卑"的观念。

正是在上述两种情况下，甲午战败至维新变法之际的知识分子尽管开始提出"公理"观念，但此时"公理"与"天理"之间的界限并不十分明确。相应地，他们在论证女子教育问题时，虽然开始引用西方现代知识，但这些知识在其论证结构中还没有占据主导地位。很多时候，维新人士仍以传统思想作为论证资源。譬如，经元善在《在上海议设女学堂禀南北洋大臣稿》中说：

> 《白虎通》曰："妇人所以有师何？学事人之道也。"然则不学不可以事人明矣。《诗》云："言告师氏。"《传》曰："国君取大夫之妾士之妻，老无子而明于妇道者禄之，使教宗室五属之女。"此即女教师、女学徒之制也。至于烈烈贞节，刘子政已著《竹书》；蔼蔼善言，曹大姑能为《女诫》，斯又其学成矣。由此观之，我中国岂无女学，岂无道德之女士哉？徒以积习已久，无人振起之耳。③

---

① 王尔敏.中国近代思想史论续集[M].北京：社会科学文献出版社，2005：378.

② 张素玲.晚清至"五四"时期知识分子的性别话语及其社会文化意蕴[J].妇女研究论丛，2007(3).

③ 璩鑫圭，童富勇.中国近代教育史资料汇编·教育思想[M].上海：上海教育出版社，2007：481.

同时,我们也看到,即便立意维新的知识分子,也主要利用中国传统"天理"结构来谈"公理",在倡导、兴办女学的过程中并没有打破传统的性别规范,但这种做法在当时仍然只局限于知识分子和少数先进绅士层面,而难以为清廷及社会大众接受。经正女学堂开办不久,便有人上书弹劾,有人制造舆论,对其大加攻击。一些原本赞成女学者,"一闻朝士不以为然,市中有虎,即相率仰承意旨,噤若寒蝉,避如黠鼠"。甚至一些地痞流氓围着女学生起哄,往学堂内抛掷砖头石块,以致上海知县不得不出示严禁,并派人在校外巡逻。① 作为开放程度最高的上海尚且如此,其他地方更是自不待言。因此,与其说经正女学堂两年后的停办肇因于维新变法的失败,是经元善等人通电反对废光绪帝而遭通缉出逃这一政治斗争的后果,不如说是观念上格格不入的结果。也正是在这种情况下,1898—1901年,国人自办的女学堂几无任何发展。

1902—1906年,国人自办的女子学堂才恢复出现,并逐渐增多。据表3-1,在此期间,可以确定创办时间的女子学堂,1902年有6所,1903年有14所,1904年有14所,1905年有12所,1906年有9所。此间报刊也常有报道女学创办的消息。譬如,《东方杂志》的"各省教育汇志"栏目中,几乎每期都有关于女学的报道。再如《大公报》,1902年已有报道女学创办的消息;1903年,类似"设女学堂""兴办女学""女学日兴"的报道有二十余处;1904年,类似"创设女学""建女学堂"的报道已有三十多处。②

表3-1　1902—1906年女学一览表③

地区	女学名称	创办人	创办时间	性质
上海	务本女塾	吴馨	1902年	
	爱国女学校	蔡元培等	1902年	私立
	宗孟女学堂	陈婉衍等	1903年	私立
	城东女学堂	杨白民	1903年	
	明华女学	秦毓鎏等	1903年	

① 雷良波,等.中国女子教育史[M].武汉:武汉出版社,1993:213.

② 梁景和.近代中国女学演变的历史考察[J].辽宁师范大学学报(社会科学版),1993(6).

③ 此不完全统计表系根据全国妇联妇女运动历史研究室的相关统计整理而成,原有统计材料中还包括1906年之后以及创办年份不详的女子学堂,此表没有录入。此外,所列项目凡无确证材料者,均作空缺处理。参见:全国妇联妇女运动历史研究室.中国近代妇女运动历史资料(1840—1918)[M].北京:中国妇女出版社,1991:341—349.

地区	女学名称	创办人	创办时间	性质
上海	开群女校	张志鹤	1903 年	
	育贤女学校	张竹君	1904 年	
	广东育贤女工厂分院	张竹君	1904 年	
	女子中西医学院	张竹君等	1905 年	
江苏	胡氏女学校	胡和梅	1902 年	私立
	景梅女校		1902 年	私立
	常熟竞化女学校	常熟《女子世界》记者	1904 年	
	明强女塾	周惠莲	1904 年	
	秀野女学校	朱小鹤	1905 年	
	开明女学校	叶润春等	1905 年	
	竞志女学校	侯鸿鉴	1905 年	
	苏州大同女学	张秉生夫妇	1905 年	
	清华女学	夏昕渠	1905 年	
	扬州第一幼女学堂	郭坚忍	1905 年	
	振英女塾		1905 年	私立
	半园女学		1906 年	私立
	辅延学校女学部		1906 年	公立
	粹化女学		1906 年	公立
	争存女学		1906 年	公立
	幼慈女学校		1906 年	私立
	女子手工传习所		1906 年	
	敬业附设女塾		1906 年	公立
浙江	嘉定普通女学校	黄许臣等	1902 年	
	明道女学堂	王某等	1903 年	
	培实学堂(附设女班)	葛瑞生	1903 年	
	民立小学(附设女班)	葛竹书	1903 年	
	潘氏半日女塾	潘性初	1903 年	
	爱华女学	谢飞麟等	1903 年	
	杭州女学校	高白叔夫人	1904 年	

地区	女学名称	创办人	创办时间	性质
浙江	石门文明女塾	韩靖口	1904 年	公立
	杭州贞文女学校	惠兴	1904 年	
	明强女学校	陈梦熊等	1906 年	
福建	福州蚕桑女学堂	陈某	1904 年	
广东	广东女学堂		1902 年	私立
	香山女学校		1904 年	私立
	贞德女学校	徐佩瑶	1904 年	
湖南	第一女学		1903 年	公立
湖北	启秀女学堂		1905 年	初为私立
	幼女学堂	武昌不缠足会	1905 年	
江西	民立女学堂	沈戢时等	1903 年	
	女学塾	康爱德	1903 年	
	民立女学堂	徐庭兰等	1904 年	
安徽	芜湖女子公学		1905 年	
四川	重庆女师范学堂		1903 年	
	隆昌女学堂	黄绍前等	1904 年	
山东	新区女学堂	王绳高	1903 年	
	何氏女塾	何志霄	1905 年	
天津	河东民立第一女学堂		1904 年	私立
	天津女学堂	吕碧城	1904 年	
	京师女学传习所	江亢虎	1906 年	私立

　　1902—1906 年女子学堂的兴起,在其深层意义上,正与前文提到的此间"公理"观念的进一步传播相对应。就此可以发现三方面的重要因素。

　　其一,维新变法的失败产生了一个意外后果,即维新人士为避免清廷的打压而出走海外,这使他们更多更直接地接触到西方现代知识与理论,从而加速了近代中国知识更新的进程,尤其是进化论作为公理被系统引入并广泛普及。蒋英豪说:"要观察晚清时期'天演'和'进化'二词词义的发展、变化及二词间的消长,最佳的平台莫过于 1896 年至 1907 年出版、与梁启超有直接关系的三个在近代史上很畅销并发挥过非凡影响的报刊,即《时务报》《清议报》与《新民丛报》。"①言下之意,即是肯定这些刊物在传播进化论方面的巨大作用。同时,通过比较可以发现,在梁启超于维新变法之前创办的《时务报》中,关于达尔文学说的介绍并不多,而正是在他流亡日本后创办的《清议报》与《新民丛报》中,"天演""进化"成为常见词语。②一如前面的分析,将妇女或女子教育问题与民族主义相互勾连的重要知识基础,正是进化论。

其二,"庚子事变"使清政府陷入严重的统治合法性危机之中,为了应对这种危机,清廷不得不接受"公理",被动地实行"新政",参考和引进西方政治体制与其他制度。就教育领域而言,即有 1901 年的书院改学堂、1904 年的"癸卯学制"、1905 年废除科举等一系列重大的改革措施与制度安排。在此过程中,尽管晚清政府层面仍秉持"教育是男性之事"的观念,但新式学堂的兴办与现代学校教育制度的确立,某种程度上也对女子学堂的创办起到了示范与激励作用。

其三,清廷在军事与政治方面的失败,加剧了激进知识分子对既有社会政治秩序之合法性的批判。他们认为,推翻原有的社会政治秩序是建立现代中国的前提。相应地,他们自然接受"公理"所具有的反对儒家伦理的内容。在他们心目中,不仅进化论是一种公理,冲决罗网的革命也是一种公理;不仅冲决罗网的革命同"天演"并列为公理,一种无差别、绝对均平、道德高尚的社会大同,也同"天演""公理"相联。③而此种"均平"与"大同"的一个重要内容就是男权与女权、男子教育与女子教育的平等。因此,1901 年后,一些新式知识分子更为直接地借助西方知识,并明确地以"公理"来伸张女权,倡导女学。譬如,有论者运用斯宾塞(Herbert Spencer)的理论,批判中国家族制度对女性的压制。④有论者运用赫胥黎(Thomas Henry Huxley)的天演论强调,"以公理而论,一国之男女固宜平权平等"。⑤还有论者阐发弥勒·约翰的《女人压制论》,主张"女人的能力既然是不让男子,他该享的权利自然要与男子一样,方合公理",并相信"今日的女人,虽是没有公权,只受制于父亲、夫婿,一旦公理大明、女学大兴的时候,世上的人都脱去了古时习惯的风俗,洗净了野蛮的污垢,使女人能够与国家直

---

① ② 蒋英豪. 晚清"天演"、"进化"二词的消长[J]. 中国文化研究所学报,2007(46).

③ 金观涛,刘青峰. "天理"、"公理"和"真理"——中国文化"合理性"论证以及"正当性"标准的思想史研究[J]. 中国文化研究所学报,2001(10).

④ 全国妇联妇女运动历史研究室. 中国近代妇女运动历史资料(1840—1918)[M]. 北京:中国妇女出版社,1991:192.

⑤ 同上:193—194.

接担负国民的责任,这也是势所必至的事"。① 同样,我们也看到,1904 年颁布的《香山女学校学约》的第一条便是"明公理":

> 男女平等,乃世界之公理,不可不知。同具神经,同负肢体,神明之裔,国民之母。天赋之权利,尔当享之;人类之义务,尔当尽之;尔当勉为世界之女豪,尔毋复作人间之奴隶。罗兰夫人,若安少女,有为若是,何多让焉!②

当然,我们也要回答另外一个问题:如果说"公理"对"天理"的置换是近代女学兴起的深层原因,那么在 1900 年后"公理"逐渐成为新式知识分子和清廷的普遍观念的情况下,为何 1904 年颁布的《奏定学堂章程》没有在学校制度中确立女子教育的地位?这也是表 3－1 中的女学堂大多数为私立性质的原因所在。解释这个问题的关键在于,要弄清尽管 1900 年之后,"公理"成为一种普遍观念,为晚清士大夫、清廷以及激进知识分子被迫接受或主动认同,但他们对"公理"的理解和运用方式不尽相同。金观涛和刘青峰统计分析了 1895—1905 年间"公理"一词的用法后发现,在一百多个例句中,"公理"有四种不同类型的意义。第一类"公理"代表公共普遍之理,包括两重含义:一是指中国和西方共同之理;二是指西方近代发明。第二类"公理"是利用中国传统天理结构来谈"公理"。第三类"公理"不再等同于道德的正当性,其或用于指涉"物竞天择,适者生存"的社会达尔文主义,或用来代表强权、个人权利、群体自主性、自治等。第四类"公理"用于代表新道德或道德化极强的社会道义,如视平等为"公理",称革命为"公理"。③

清政府所接受和运用的"公理"主要是上述四种含义中的前两类,由此也形成了我们所熟知的"中体西用"的二元论证结构。一方面,清廷贵族和最保守的官员在"庚子事变"之后都意识到,引进西方政治经济制度是大势所趋;另一方面,他们在改革中又竭力维护传统道德和儒家纲常,以确证自己的认同,并保持自己的权力不受损害。如图 3－1 所显示的:"在传统的常识理性结构中,社会公共领域之理是从儒家道德推出,西方公共空间之理和儒家伦常等级不兼容。

① 吴虞.吴虞集[M].成都:四川人民出版社,1985:420.
② 全国妇联妇女运动历史研究室.中国近代妇女运动历史资料(1840—1918)[M].北京:中国妇女出版社,1991:330.
③ 金观涛,刘青峰."天理"、"公理"和"真理"——中国文化"合理性"论证以及"正当性"标准的思想史研究[J].中国文化研究所学报,2001(10).

为了解决这种内在的冲突,唯有将社会公共空间与个人家庭伦理划分成两个不相干的领域。这样,传统儒家伦理仍然维系君权、绅权和族权的合法性,而在社会公共领域,则可用来自西方的公理支持新政和立宪。"①新式学堂的创办与现代学校制度的确立,立意在运"用",而不在革"体"。自然,与传统儒家男尊女卑观念相冲突的女子学堂,最初难以在政府制度层面被确认。

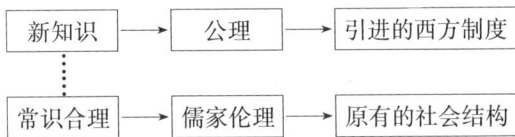

```
┌────────┐    ┌──────┐    ┌──────────────┐
│ 新知识 │ →  │ 公理 │ →  │ 引进的西方制度 │
└────────┘    └──────┘    └──────────────┘
    ⋮            ⋮              ⋮
┌────────┐    ┌──────────┐  ┌──────────────┐
│常识合理│ →  │ 儒家伦理 │ → │ 原有的社会结构 │
└────────┘    └──────────┘  └──────────────┘
```

图 3-1　清末"新政"时期的合理性论证结构②

1904 年"癸卯学制"中与女子教育相关的只有《奏定蒙养院章程及家庭教育法章程》,其中"蒙养家教合一章"中提道:"三代以来,女子亦皆有教,备见经典。所谓教者,教以为女、为妇、为母之道也。惟中国男女之辨甚谨,少年女子,断不宜令其结队入学,游行街市……故女子只可于家庭教之,或受母教,或受保姆之教,……足以持家、教子而已。……故女学之无弊者,惟有家庭教育。……使全国女子无学,则母教必不能善,幼儿身体断不能强,气质习染断不能美。蒙养通乎圣功,实为国民教育之第一基址。"并要求:"各省学堂将《孝经》、'四书'、《列女传》、《女诫》、《女训》及《教女遗规》等书,择其最切要而极明显者,分别次序浅深,明白解说,编成一书,……并选取外国家庭教育之书,择其平正简易,与中国妇道、妇职不相悖者,广为译书刊布。"③据此可见,尽管章程的颁定透露出清廷主动或被动地承认女子教育之重要性的倾向,但无论是从教育形式还是从教育内容来看,蒙养院更接近属于家庭范围的传统女学,而非现代意义上的女子教育。

直到 1907 年《奏定女学堂章程》颁布之后,我国的女子教育才开始在制度上获得正式地位。这并不是晚清贵族和保守官员的观念自觉地发生了转变,而是如舒新城所说,是"因事实的需要"④而不得不作出的调整。结合丛小平的研究来看,这种"事实需要"至少包括两个方面。

---

① 金观涛,刘青峰."天理"、"公理"和"真理"——中国文化"合理性"论证以及"正当性"标准的思想史研究[J].中国文化研究所学报,2001(10).

② 此图引自:金观涛,刘青峰.多元现代性及其困惑[J].二十一世纪,2008(11).

③ 璩鑫圭,唐良炎.中国近代教育史资料汇编·学制演变[M].上海:上海教育出版社,1991:395—396.

④ 舒新城.近代中国教育思想史[M].上海:中华书局,1928:399.

第一，颁布《奏定女学堂章程》是为了规范既有女子学堂的办学行为。前文提及，在1907年前，各地已创办了不少女子学堂，尽管在数量上远不及男子学堂，但足以影响朝野视听，对保守派形成了巨大冲击，使得"癸卯学制"中关于女子教育只能在家庭内进行的规定形同具文。如何管理各地自发创办的女子学堂的问题，也因此提上了议事日程。1906年，工部主事刘寻便上书恳请清廷规范女子学堂。他一方面强调女子教育的意义，认为："摈二万万女子于学界之外，将来幼儿园及家庭教育无人承担，即各学堂之基础无由建立，是筑室而自毁其址也。"另一方面又说："中国女学，今始萌芽，弊端已见。放纵不检为女界之玷者，各报所记已屡见不一矣。"并据此建议政府对女子学堂加以规范，在批准教科书、选定教师方面应注重道德，并严格实行男女有别的政策。学部在制定女学堂章程时也表达了相同的忧虑。学务大臣指出，许多士绅官员和商人都参与开办女子学堂，"若不预定章程，则实事求是者既苦于无所率循，而徒骛虚名者不免转滋流弊"。因此，当务之急应制定章程。

第二，颁布《奏定女学堂章程》是为了应对社会对女性教师的需求。1904年后，清政府面临的一个问题是，如何为蒙养院和家庭进行女子教育提供师资。当时，一般家庭中的妇女并不识字，对儿童进行家庭教育必须雇佣家庭教师。同时，由于各地对私立女子学堂延请男教习有严格规定，基本上禁止男教习任教女学堂，其结果就只能由国家训练并提供女性师资。[1]

（四）女子中学在制度层面的正式确认

正因为传统的男女观念并没有发生根本转变，"中体西用"在另一个层面得到体现，即我国近代女子教育在形式上采用西方现代的女子学堂制度，而实质上却渗透着浓重的儒家伦理。《奏定女学堂章程》规定："女子师范学堂，以养成女子小学堂教习并讲习保育幼儿方法，期于裨补家计、有益家庭教育为宗旨。""女子小学堂以养成女子之德操与必须之知识技能，并留意使身体发育为宗旨。"[2]这与维新人士提出的兼杂"天理"与"公理"观念的"贤妻良母"教育极其相似。相应地，女子学堂的教育内容与组织管理也以此为依归。女子师范学堂章程中言：

> 中国女德，历代崇重，凡为女、为妇、为母之道，征诸经典史册先儒著

① 丛小平.从母亲到国民教师——清末民族国家建设与公立女子师范教育[J].清史研究，2003(1).

② 璩鑫圭，唐良炎.中国近代教育史资料汇编·学制演变[M].上海：上海教育出版社，1991：575,583.

述,历历可据。今教女子师范生,首宜注重于此务,时勉以贞静、顺良、慈淑、端俭诸美德,总期不背中国向来之礼教与懿美之风俗。其一切放纵自由之僻说,(如不谨男女之辨及自行择配,或为政治上之集会演说等事。)务须严切屏除,以维风化。(中国男子间有视女子太卑贱,或待之失平允者,此亦一弊风;但须于男子教育中注意矫正改良之。至于女子之对父母、夫婿,总以服从为主。)①

因此,"凡教修身之课本,务根据经训,并荟萃《列女传》(汉刘向撰)、《女诫》(汉曹大家撰)、《女训》(汉蔡邕撰)、《女孝经》(唐候莫陈之妻郑氏撰)、《家范》(宋司马光撰)、《内训》(明仁孝文皇后撰)、《闺范》(明吕坤撰)、《温氏母训》(明温璜录其母陆氏训语)、《女教经传通纂》(任启运撰)、《教女遗规》(陈宏谋撰)、《女学》(蓝鼎元撰)、《妇学》(章学诚撰)等书"。② 在组织管理上,章程规定:男女小学堂严格分开,女子学堂教习、学监必须为女性。万不得已时,学堂可雇佣 50 岁以上男子为管理人员,但其办公室必须与女子学堂分开,保持距离。女子师范学生必须住校,且不得任意外出,休息或有事请假的,必须有家人来接,才能出校。校外人员若没有公正官绅介绍与总理、监督认可,不能随便参观。校内的教师和学生也不能与亲属以外的人相见,且会客必须得到总理、监督的查实与许可,在学校客厅见面。甚至,学堂教员及学生衣着也一律以天青或蓝色长布褂为宜,"不御纨绮,不近脂粉,尤不宜规抚西装,徒存形式,贻讥大雅"。③

与女子学堂的教育内容和组织管理相比,不大为人们所意识但更为深刻地显露清末女子教育之"贤妻良母"宗旨的现象是,女子学制只到中等教育,且在中等教育中只有初级师范学堂,而无普通中学。这是因为,从培养贤妻良母的角度考虑,只要有女子小学堂以及为女子小学堂输送师资的女子师范学堂即可,没有必要甚至不应该设立女子中学堂。

我国近代女子中学直到 1912 年 9 月 28 日《中学校令》颁布后才出现,其中规定,"专教女子之中学校称为女子中学校"。女子中学的产生表面上是政治斗争后民主共和政体代替君主专制政体的结果,实际上仍受到规范观念的影响。就此,可以从两方面加以考察:从正面来看,民国刚成立时,革命派以平等、人

---

① 璩鑫圭,唐良炎.中国近代教育史资料汇编·学制演变[M].上海:上海教育出版社,1991:576.

② 同上:577.

③ 同上:594,582—583.

权、革命为公理,来论证新的统治秩序的合法性,自然要关注比较敏感的男女平权问题。正如第一批同盟会成员马君武所指出的,"欧洲今日之文明,来自两大革命",即"君民间之革命"与"男女间之革命"。① 因此,中国要改变专制状况,必自革命始,必自革命以致其国中之人若男人、若女人皆有同等之公权始。② 换言之,共和观念与男女平权观念是彼此重合、二位一体的。从反面来看,尽管共和政体在形式上已经确立,但随着民国政权转到北洋政府手上,观念渐趋保守之后,在民国最初的几年内,女子中学并未取得实质性发展。据 1912—1916 年间的统计资料(见图 3-2),女子中学的数量非但没有增长,反而呈逐年减少之势,且总体规模很小,与男子中学数量存在很大差距。

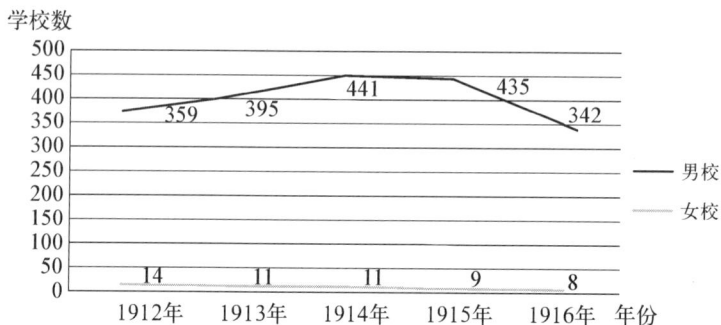

图 3-2 1912—1916 年女子中学与男子中学的数量比较(单位:所)③

在教育宗旨上,如陈东原所指出的:"民国初年女子教育的宗旨,虽不公然否认贤母良妻主义,然亦不敢公然承认,只含糊其词。但男女教育,仍系分立。"④这种男女教育分立的倾向在民国成立初公布的相关文件中便有所体现。譬如,1912年中华民国临时政府教育部颁行的《普通教育暂行办法》及《普通教育暂行课程标准》规定,初等小学男女同学,高等小学以上分校。同年公布的《中学校令施行规则》的第一条规定:"女子中学校加课家事、园艺、缝纫,但园艺得缺之。"第七条规定:"女子中学校数学可减去三角法。"第十二条规定:"女子中学校手工应以编物、刺绣、摘棉、造花等为主。"此外,第十七条规定的授课时间,女子中学较男子中学

① 中国人民政治协商会议广西壮族自治区委员会文史资料委员会,等. 辛亥革命与广西[M]. 南宁:广西人民出版社,1991:7—8.
② 莫世祥. 接合与更替[M]. 广州:广东人民出版社,1997:246.
③ 此图数据来自:王伦信. 清末民国时期中学教育研究[M]. 上海:华东师范大学出版社,2002:236—237.
④ 陈东原. 中国之女子教育[M]//舒新城. 中国新教育概况. 上海:中华书局,1928:159.

也要短。① 这些规定虽不乏对男女之身体、心理等差异的考虑，但对于家事、缝纫等课程的强调，多少透露出"贤良"教育的气息。此后，随着北洋政府宣扬复古，这种气息愈加厚重。1914 年，教育总长汤化龙在谈论女子教育问题时说：

> 考中国女子，本生长于深闺中，多不出门，故其见闻至为狭隘，知识亦颇幼稚，此一缺点，实与今日时势大不相合。……民国以来，颇有一派人士倡导一种新说，主张开放女子之界限，其结果致使幽娴女子提倡种种议论，或主张男女同权，或倡导女子参政，遂至有女子法政学校之设立。虽属一时风潮所驱，为过渡时代势所难免之现象。然以余观之，则实属可忧之事。……余对于女子教育之方针，则在使其将来足为良妻贤母，可以维持家庭而已。②

汤化龙所主张的贤妻良母式的女子教育，在当时并非少数人的想法。他的谈话发表不久，各地政府亦纷纷发表布告，宣扬"中国女教向以端静温淑为宗旨"，"务使养成贤母良妻，庶于道德风俗务有裨益"。与此同时，一些人还于 1914 年12 月专门创办了《女子世界》的刊物，大量刊载贞节烈女事例，颂扬烈女殉夫的行为，并主张男子多妻纳妾而要求女子独守贞操，反对婚恋自由。在这种氛围下，停办女子学校的事情时有发生。如湖北女子法政学校被迫改为私立女子中学，后又因当局与创办人发生矛盾而停办，武昌知县还带领卫队将该校女生逐走。③ 而在既有女校管理方面，也强调端肃风化。1916 年，教育部通令全国："各省女校，往往自为风气，装饰服用，任意自由，若不取缔，不足以昭划一。兹特严定惩戒规则五条：（一）不准剪发，违者斥退；（二）不准缠足，违者斥退；（三）不准无故请假，结伴游行，违者记过二次；（四）通校女子不得过十四岁，如有隐匿冒混者，记过；（五）不准自由结婚，违者斥退，罪及校长。"④

综上，我国近代女子教育及女子中学的产生，其在深层次上与传统道德规范的转变密切相关。当然，这种转变因应了社会现实的变化。社会现实的变化在宏观层面表现为晚清时期民族危机的不断加剧，在微观层面则指西方国家女

---

①　中央教科所教育史研究室.中华民国教育法规选编[M].南京：江苏教育出版社，1990：339—342.

②　杜学元.中国女子教育通史[M].贵阳：贵州教育出版社，1995：389.

③　罗检秋.近代中国社会文化变迁录（第三卷）[M].杭州：浙江人民出版社，1998：171.

④　杜学元.中国女子教育通史[M].贵阳：贵州教育出版社，1995：389—390.

子教育制度的建立以及传教士在中国创办的女子学堂的日益增多。这促使清末维新派和革命派人士思考女子教育的地位与意义,并据此对传统的"男尊女卑"观念进行修正或批判。同时,对于"男尊女卑"观念的修正与批判以及对女子教育的合法性的论证,又不能单纯地依赖于中国的或外国的现实经验,它需要一种理论化的阐述与推导。在这种情况下,知识便成为冲击与调整传统道德规范、论证新制度之正当性的重要因素。最初,一些主张改革的绅士在反思"男尊女卑"观念、论证女学重要性时,所运用的仍主要是诸如《易经》《白虎通》、"公羊三世说"等的中国传统知识。至维新变法失败,特别是"庚子事变"后,由西方传入的进化论、人权理论以及生理学、生物学等现代知识开始取代中国传统知识,成为新式知识分子与改革人士重构男女关系、论证女学的主要资源。吴虞等人便以"伦理—知识"相互转换的论证方式强调,主张女权必须对"世界知识"有全面的知晓,而不可拘囿于中国古代的"四书五经":

> 我们如今主张一件事情,必先要原本世界上大学问家的学说,方有根据、有把握。如只晓得井研人、温江人,你说这样,我说那样,全没有世界知识,岂不成了邹鲁哄一般,没有价值,及被那些腐败不堪,酸溜溜,知东不知西,假头假脑,靠着四书五经骗饭吃的无耻小人,说我们做的事、说的话都是那古来刘向《列女传》、刘开广《列女传》内没有的,摇唇鼓舌生出闲话来。①

正是在内忧外患的形势下,借助西方新知,现代"公理"逐步取代了传统"天理",成为清廷、士大夫以及革命派论证政治体制和社会制度正当性的合理性标准。但对于清廷和大多数秉持改革倾向的绅士而言,"公理"取代"天理"仅仅停留在"用"的层面,而与终极关怀的"体"不甚相干。换言之,社会政治经济制度的正当性是基于新知,儒家伦理的正当性则仍然基于传统常识。由此便形成了清末以及民初袁世凯统治时期的二元论意识形态。这种有意无意②地形成的二

---

① 吴虞.吴虞集[M].成都:四川人民出版社,1985:423.

② 金观涛和刘青峰认为,清末时期的"二元论意识形态并不是中国传统文化有意识理性化的产物,而是清廷和保守的士大夫既要维护自己的权力和既得利益,又不得不改革所造成的非意图结果"。从文化的角度考虑,清廷和保守士大夫自然有一种维护既往认同的潜意识,但如果从利益和权力的角度考虑,则应该是一种有意识的行为。因此,从不同角度考虑,二元论意识形态可以说是有意的,也可以说是无意的结果。参见:金观涛,刘青峰."天理"、"公理"和"真理"——中国文化"合理性"论证以及"正当性"标准的思想史研究[J].中国文化研究所学报,2001(10).

元论意识形态,一方面为我国近代女子教育从无到有、自下而上、从小学到中学的发展提供了可能;另一方面也使得女子教育与女子中学的产生明显滞后于男子教育,且在教育宗旨与组织管理上强调男女有别。

在组织学意义上,近代女子中学的产生,意味着一种新的中学组织种群的出现,它对于社会和其他组织种群有着重要的影响。就女子中学的社会影响来说,首先,它会进一步扭转社会对女性以及女子教育的传统看法。女子中学与社会规范之间存在互动关系。一方面,有如上述,女子中学的最初产生,得益于知识分子与改革精英在规范观念方面所打开的突破口;另一方面,女子中学逐渐出现之后,又会反过来促进原有规范观念的瓦解或转变。汉南(Michael T. Hannan)和弗里曼(John Freeman)便指出,组织数量的增加,本身就可以作为日益制度化的标志,"一种形式上的盛行往往赋予其合法性",即组织在认知上和文化上越来越被承认和理解。① 事实也表明,女子学校出现后,虽然反对与抵制的声音不绝于耳,但对它的认同也日盛一日,甚至一些家庭为了显示自己的开明,或从提高女儿身价以找到条件更好的夫家的角度考虑,积极送女儿入学。② 就此来看,女子中学的出现本身即为以下将要讨论的男女同校问题提供了某种基础。其次,尽管在整体数量和质量上,女学生与男学生存在差异,但女子中学的出现还是开发了社会上一部分女性群体的潜在智能资源,并借此为社会发展作出了相应贡献。据图3-3,诚然,从女子中学毕业的女性主要仍是回到家庭,但还是有相当一部分人成为职业女性,为社会发展尤其是教育和医护事业的发展贡献了力量。

在组织种群层面,女子中学的出现对其他相关组织种群产生了重要影响。首先,女子中学对教会女子中学产生了一定的冲击。一方面,"原有教会女学和新兴的士绅女学、政府女学相比,经费和教学设备等都是弱项";③另一方面,教会女学重在吸收教徒子女入学。这使得女子中学在制度层面得到确认后,不少女学生源流入国人自办的女子中学。为了应对这种情况,教会女学不仅开始关注教学条件的改善,而且逐渐淡化了招生过程中的宗教色彩(当然,教会学校宗教色彩的逐渐淡化也与国民政府对私立学校的管制有关)。其次,女子中学正

① [美]斯科特.组织理论:理性、自然和开放系统[M].黄洋,等,译.北京:华夏出版社,2001:158.

② 徐宁.近代上海的女学生(1850—1922)[D].上海:上海师范大学,2004:15.

③ 朱峰.基督教与近代中国女子高等教育:金陵女大与华南女大比较研究[M].福州:福建教育出版社,2001:59.

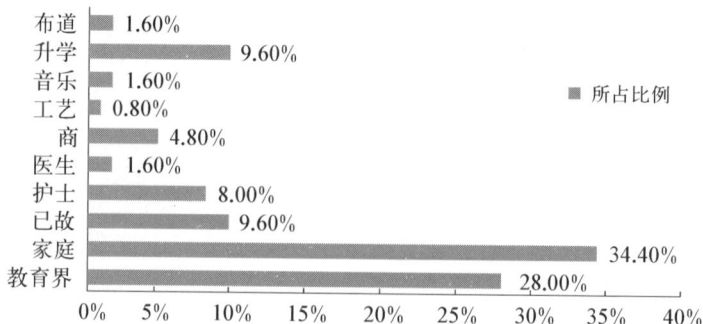

图 3－3　崇实女子中学学生毕业去向①

式地位的确立影响了其他各级女子学校的发展。在小学方面,女子中学的合法化既为女子小学提供了升学的接口,从而在某种程度上推动了女子小学的发展,也使得不少女子小学更改性质,直接升格为女子中学。在师范学校方面,女子中学的合法化,一方面提出了培养女子中学师资的要求,从而强化了女子师范学校尤其是高等女子师范学校的地位;另一方面也引发了一些地方将原来的女子师范学校改办为女子中学的情况。此外,在高等教育方面,女子中学的制度化还推动了近代女子高等学校的发展。虽然 1919 年北洋政府教育部颁布的《女子高等师范学校规程》规定了女子享受高等教育的权利,但从整体上看,民国初期女子高等教育的发展非常缓慢,直到新文化运动之后才有较快发展。这种情况除了新文化运动的观念影响之外,也与女子中学的发展密切相关。正是有了中等教育的机会与基础,人们才会提出让女子接受高等教育的要求。

二、男女同校的出现

陈东原说:"中国妇女能有独立人格的生活,其成就归功于《新青年》的介绍,'五四运动'提供了这项成就的钥匙。"②在他看来,近代中国新妇女运动是一个不断推进的过程,自甲午战争之后至辛亥革命前可称作"新潮之结胎期",在这一阶段,妇女生活有了改变的倾向;辛亥革命之后至 1916 年为"新潮之蠢动期",此间虽有妇女踊跃从军以及热烈的参政运动,但对于新潮尚没有深切的了解;自 1916 年《新青年》讨论妇女问题,特别是"五四运动"之后,才可算是近代

---

① 此图数据来自《崇实女子中学五十周年纪念刊》,"校友概况"部分。

② 周策纵.五四运动:现代中国的思想革命[M].南京:江苏人民出版社,1996:359.

中国妇女运动"新潮之诞生时代"。① 作为妇女运动的一个重要组成部分,我国近代女子教育思想和实践同样是在"五四运动"时期才取得突破性的发展,在内容上表现为女子教育层次的进一步延展和女子教育规模的不断增长,在形式上表现为中学男女同校主张的提出与实现。

（一）从大学开放女禁到中学男女同校

如果说女子小学的发展是"自下而上"地推动近代女子中学产生的一种力量,那么,近代大学女禁的开放则"自上而下"地为中学男女同校问题的讨论做了一个铺垫。清末至"五四运动"前,我国的教育基本上是男女分立的,即便是1912年中华民国临时政府教育部颁行的《普通教育暂行办法》及《普通教育暂行课程标准》,也只是允许初等小学男女同学,高等小学以上则必须男女分校。1915年的《国民学校令》更是规定:国民小学一、二年级男女合班上课,而三年级以上则只可同校不能同班上课。直至1919年第五届全国教育会联合会的议决案"改革女学制度案"呈报教育部获准后,才允许小学阶段实行完全的男女同校,并采用男女教员兼用的制度。② 而此时的中学仍然严格实行男女分校教育;至于国人自办的大学,则完全是男子的天下,不对女子开放。由美国和中国合办的教会学校广东岭南大学虽然在1916年便开始招收女生,但采行男女同校、分地教授的方法,直到1918年才逐渐从中学三年级起实行男女同学,不另设女学。③ 但这只是发生在教会学校的个别现象,总体上看,当时中学和大学的男女教育是泾渭分明的。

尽管1919年前,大学和中学男女同校的实践尚付阙如,但有关男女同校问题的讨论已经出现。据徐彦之回忆,1916年,他在北洋大学听一位美国大学女职员的讲演,题目即是"男女同学好处"。该女士认为,男女同学最主要的一个好处是,"各个男学生都不愿意叫女学生看着他的学问不好,更也不肯叫人家看着他的人龌龊;女学生对于男学生的要求也是如此"。这样,男女同学便"可以

---

① 陈东原.中国妇女生活史[M].上海:上海书店,1984:315—316.

② 结合下文阐述,近代小学实现完全的男女同学之时,也是大学开放女禁与中学男女同校问题讨论兴起之时。在男女同校的具体实现上,近代小学最早,其次是大学,最后才是中学。而且,自小学特别是大学实行男女同学之后,与此相关的讨论几乎没有了,而有关中学男女同学的讨论却贯穿了整个民国时期。这种讨论的有无,也是表征一种观念或规范合法性程度的指标,即当一种观念已经具备比较普遍的合法性时,人们便不会想到讨论此问题,或者认为讨论该问题已经没有必要。

③ 甘乃光.岭南大学男女同学之历程[M]//舒新城.近代中国教育史料.台北:文海出版社,1979:37—40.

增高学艺的成绩，可以修养言行的态度"。① 1917 年 4 月，上海基督教青年会曾就"男女同校问题"举行辩论会，其中，正方的观点与徐彦之所听演讲的主旨如出一辙，认为"西国学校，每多男女同校，良因男女秉智，各有卓识，今使一室同研，则其卓识可以互相疏通，易收事半功倍之效，且彼此多一竞争之心，可免懒学之弊，故欲求我国学生进步之速，当创男女同校"。②

1918 年，王卓民在《妇女杂志》上发表的《论吾国大学尚不宜男女同校》一文也从反面显示，大学男女同校已成为一种明确的要求。文中提出反对大学男女同校的三个理由：其一，女子的主要职能是治家教子，担当好贤妻良母的角色，"尚无进大学修业之必要"；其二，在人口众多、职业鲜少的中国，女子只可从事文学、绘画、医药、音乐等轻便之手工，而农、工、理、矿、法、商等则"非吾国女子所宜学"，因此女子"无需有精深之学问"；其三，大学男女同校会有败风俗，破坏道德。文章刊出后，北大学生康白情随即发表《读王卓民君论吾国大学尚不宜男女同校商兑》一文，反驳王卓民的观点。他指出，我国女子有着接受大学教育的需求，如果政府明令大学男女同校，必将吸引国内外有志之女士"负笈而归""挟篋而至"。在他看来，"贤妻良母"这些"历史上之陈词"，必将为世界"澎湃怒至"之潮流冲决殆尽，而既有的女学亦未脱"固陋自封之特性"，带有浓厚的家塾教育的味道，要真正提高女学水平，"促进社会之文化"，只有实行男女同校。③

1916—1917 年间对男女同校的强调和论证，主要侧重于教育教学方面；王卓民与康白情的争论则更多地触及女性角色与传统道德规范的不同理解。无论是无意识的思维倾向，还是有意识采取的论证策略，藉由教育教学的效果来论证男女同校的必要性，都体现出当时社会的整体氛围及其对男女同校的态度。也正因此，岭南大学 1916 年招生时并未公开宣称实行男女同学，这是"恐怕挂起男女同学的招牌来招女生，招不得学生"。④ 同样，1917 年上海基督教青年会举办的辩论会上，也是否定男女同校的反方获得了胜利。而 1918 年王卓

---

① 徐彦之. 男女交际问题杂感[N]. 晨报，1919 - 05 - 04. 转引自：罗检秋. 近代中国社会文化变迁录（第三卷）[M]. 杭州：浙江人民出版社，1998：389.

② 男女同校问题[N]. 时报，1917 - 04 - 22. 转引自：罗检秋. 近代中国社会文化变迁录（第 3 卷）[M]. 杭州：浙江人民出版社，1998：389.

③ 转引自：陈文联. 冲决男权传统的罗网："五四"时期妇女解放思潮研究[M]. 长沙：中南大学出版社，2003：149.

④ 甘乃光. 岭南大学男女同学之历程[M]//舒新城. 近代中国教育史料. 台北：文海出版社，1979：39.

民与康白情的争论则表明,经过两三年的传播与洗礼,文学革命和与新文化运动有关妇女解放的思想启蒙效应已经开始体现。1919 年 1 月甘肃女青年邓春兰上书北大校长蔡元培,并在报上发表《告全国女子中小学毕业生书》,要求大学开女禁,在大学预科实行男女同班;"五四运动"爆发后,知识界关于解放妇女,实行男女同校的呼声日盛。北京的《晨报》《民国日报》《解放与改进》《新潮》等杂志纷纷发表相关讨论文章,《少年中国》还在 1919 年 10 月出版了妇女专号,《少年世界》也于 1920 年出版了两册妇女专号。

　　1919 年后,有关男女同校的讨论首先集中在大学开放女禁问题上。倡导者以妇女解放、男女平等为价值根底,主要从两方面提出了大学开放女禁的理由。一是较为间接地从男女交际公开的角度,讨论大学开女禁的必要性。认为无论从人格平等的立场出发,还是从婚恋自由的角度考虑,社会都应实现男女社交的公开,而开放男女交际的一个重要途径即是实行男女学生同校。针对当时教育部准备设立北京女子高等师范大学的计划,杨潮声发表《男女社交公开》一文,指出:"与其左支右绌,办两个不完全的男大学、女大学,还是合起来办一个完全合男女的大学。"蔡元培也认为:"改良男女的关系必须有一个养成良好习惯的地方。我以为最好的是学校,外国的小学与大学没有不是男女同校的;美国的中学也是大多数男女同校。"康白情谈及男女交际问题时强调,要适应和缓解女子解放潮流,"不可不逐渐的明开女禁。而明开女禁的第一着,又不可不嘱意于全国最高学府最高修养地方的大学","假使因男女同校,真受了男女交际的德育和美育……自然会都成了完人,还有甚么功夫堕落呢?"①二是更为直接地强调,男女同校本身既是妇女解放、男女平等的表征与形式,也能够促进男女平权。有论者便直言,男女同校是妇女教育进步乃至最终解放的首要办法。"不是男女同校,就不得享平等教育。女子不能自由求学,男女不能生互助的利益。所以男女同校是一件绝对重要应做的事。"罗家伦也指出,"为增高女子知识起见,大学不能不为女子开放";"为增高女子地位起见,大学不能不为女子开放";"为增高自由婚姻的程度起见,大学不能不为女子开放"。② 周炳林亦撰文认为,大学开放女禁对于女性角色的解放有着三方面的作用:第一,可达男女教育平等;第二,可促进女性社会地位的提升和角色的全面平等;第三,可增强女性自我解放

---

① 　转引自:罗检秋.近代中国社会文化变迁录(第三卷)[M].杭州:浙江人民出版社,1998:390.
② 　同上:391—392.

的成效和"速率"。①

尽管有传统力量的坚决反对甚至是诋毁,但在一些锐意改革的知识分子的倡导,以及知识界总体氛围和女界运动的呼应下,大学开放女禁很快成为现实。1919年12月,北京高等法文专修馆率先接受两名女生,成为近代国人自办高等学校实行男女同校的肇端。② 次年新学期开始,北京大学允许王兰、邓春兰等9名女生入校旁听,并于同年暑假正式招收女生,由此引发全国范围内大学男女同校的潮流。据统计,至1922年,全国进入大学学习的女生达到665人。③ 虽然从数量上看,女大学生只占大学生总人数的2.1%,但大学女禁之门已然被推开。

对于中学男女同校的呼吁,几乎是与争取大学开放女禁的努力协同推进的。1919年第五届全国教育会联合会议决通过的"改革女学制度案",正是讨论各级各类教育的男女同校问题:

男女教育,理论上、实际上均不应为严格之区别。况共和国家,男女皆有受平等教育之权利。教育者不宜歧视之。特以社会习惯制度未能骤更,一面遵教育原理,一面应世界潮流,一面酌国内情况。拟改革女学制度数端,谨请大部采择施行:

（一）国民学校:男女应绝对共学。女子国民学校、女子师范附设女子国民学校,及国民学校中之女子班等,分校分班之编制当然废止。

（二）高等小学校:应视地方情形,及学生人数多少,或绝对共学,或同校分班,或部分分班,惟须逐渐废止分校之制。

（三）中学校:应视地方情形,或同校分班,或部分分班,亦须逐渐废止分校之制。

（四）师范学校:同为养成小学教师,不宜有男女之分。但视地方情形,亦得同校分班。其特别关于女子专修学科,可为部分的分班。

（五）高等师范学校:应同校同班,惟须为女子特设家事等特别部门。

（六）大学及专门学校:应同校同班。

---

① 转引自:陈文联.冲决男权传统的罗网:"五四"时期妇女解放思潮研究[M].长沙:中南大学出版社,2003:150.

② 罗检秋.近代中国社会文化变迁录(第三卷)[M].杭州:浙江人民出版社,1998:393.

③ 陈文联.冲决男权传统的罗网:"五四"时期妇女解放思潮研究[M].长沙:中南大学出版社,2003:153.

（七）甲乙种实业学校及补习学校,是为职业目的而设,男女自各不同,宜分校。①

就中学的男女同校问题,该案认为:"中学校一面为升学准备,一面为完成人格并修养社会上必需之智识技能,男子女子正同。"只是"其因分业原则,女子须特修家事科,男子应并修手工及他种职业课程等,部分的分班是最正当的,纵为社会习惯所限,暂行同校分班,亦系变通之良法。必欲分校,不但教育原理、社会经济均不容许,师资问题想亦甚难解决。是提倡中学分校,不啻反对女学也"。"改革女学制度案"转呈教育部后,教育部虽于 1920 年 3 月 24 日批复,"改革女学制度案,应斟酌地方情形,准其试办",②但对男女同学问题,则不置可否。而此时大学女禁的逐渐开放,进一步推动了社会各界对中学男女同校的要求。譬如,1920 年七八月间,以《学生潮》为载体,四川学界对四川全省国民公会公布的反对男女同校启示予以批判与抵制。③ 1920 年 9 月,天津、北京等女子学校学生 500 余人到北洋政府教育部请愿,推举邓颖超、韩恂华、黄英、王孝英四名代表递交了请愿书,提出了保证女子中学课程、经费与男校相同,以及使女生毕业后可直接报考大学等四项要求。④ 广州省立一中校长袁振英与广东教育会会长汪精卫辩论男女同校问题,向警予则要求北京大学设立一个男女共学的中学班,以"做全国中学的楷模"。⑤

在此情势下,1920 年 11 月召开的第六届全国教育会联合会上,代表们针对女子中等教育问题,再次提及上届会议的议案,并用了更能表明议案意图的名称——"促进男女同学以推进女子教育案"。该案指出:

前届本会议决,改革女学制度案。一年以来,各地高等专门以上学校,男女同学颇有遵照试办者。惟女子中等教育,尚未普及,专门大学招考,女生及格者自居少数。兹为增多女子求学机会,促进男女同学起见,拟请大

---

① 邰爽秋,等.历届教育会议议决案汇编[M].上海:教育编译馆,1935:"第五届教育会联合会大会议决案",3—4.

② 《教育公报》,1918 年第 5 期。

③ 中共四川省委党史工作委员会."五四运动"在四川[M].成都:四川大学出版社,1989:518—540.

④ 罗检秋.近代中国社会文化变迁录(第三卷)[M].杭州:浙江人民出版社,1998:445.

⑤ 杜学元.中国女子教育通史[M].贵阳:贵州教育出版社,1995:408—409.

部通令各省区,各级学校,招收学生,或绝对的男女同学,或分部同学,或添设女子班,或附设女校。各就地方情形,酌择办理。庶人才、经济两问题,较易解决。习惯不同之障碍,可以减少。男女共学之目的,亦易达到矣。①

1921年,教育部对该议案给出回复,总体上赞同推进女子教育的主张,但在途径上坚持以增设女子中学的方式发展女子中学教育,要求各省"速设女子中等学校",而认为"中等学校男女同校,现尚未便照准"。② 不过,尽管教育部未对中学男女同校问题表态,但一些中学在大环境的影响下,还是开始自主实行男女合校教育。其中,最早实现男女同校的中学有广州省立第一中学校和江苏省立第一中学校。此后,1921—1922年间,又有北京高等师范学校附属中学校、上海吴淞中学、保定育德中学、南京暨南学校等实行男女同校。虽然在数量上,这两年中并没有真正出现刘薰宇所言的"从北大开女禁以后,各学校相率效尤,由专门而中学"③的情况,但就形式而言,近代中学男女教育分立的壁垒自此已被打破。教育部亦于1922年承认了男女同校的合法性,是年9月27日的《黄报》便记载了当时教育部编订的数条中学男女同校规则:

(一)各中学可以收容女生,惟满三十名以上者,应另设一班,如不及三十人者,男女得以同班分听;

(二)校中寝室、自备室,应行隔离,并聘女教员,兼任管理事项;

(三)所有游戏及运动场,男女生应分别教练;

(四)应注重团体之联合,惟应严制私人之交际云。④

在立论上,倡导者对于中学男女同校的合理性与必要性的论证主要有两种方式:一是"由面到点",在阐述男女平等、男女同校等一般原理的基础上,强调中学男女同校的要求;二是"就事论事",围绕中学教育的特殊地位与作用,说明中学应坚持男女同校的原因。归纳起来,主张中学男女同校者主要提出如下三个理由。

① 促进男女同学以推进女子教育案[M]//邰爽秋,等.历届教育会议议决案汇编[M].上海:教育编译馆,1935:"第六届教育会联合会大会议决案",4.

② 教育部训令速设女子中等学校[J].教育杂志,1921(8).

③ 刘薰宇."五四"以来的教育[J].教育杂志,1926(5).

④ 中国革命博物馆.吴虞日记(下)[M].成都:四川人民出版社,1986:55.

其一,男女是一样的"人"。

"五四运动"之后,"对于从前贤母良妻的女子教育乃从理智上加以反抗,而有人主张女子与男子有同等的人格,对于社会国家亦当与男子负同样的责任"。① 譬如,吴之櫆指出:"人格者乃一精神之个体,具一切天赋之本能,对于社会处自由之地位,故所谓健全人格,即一切天赋本能皆克完满发展之人格。中国昔日妇女不得读书学问,即是一部分人格受委屈;女子若有参预政治事业、社会事业之才能,而不许其发展者,斯亦蔑视妇女之人格也。"在他看来,"社会之间,男女各半","少年中国乃具健全人格之男女国民所共同组合者"。要想实现少年中国的发展,首先就要健全妇女人格,而健全妇女人格的方法"在妇女之受同等教育"。② 李光业也认为:"从前的女子教育,缺乏人格的要素,根本上视为劣弱,即所谓女性劣弱观是。由此观念,而发表奴隶观、方便观、非人格观。妇人非为独立的人格者,而为男子的奴隶方便,并为其子女的奴隶方便。今后的教育,对于此等不合理的观念,当一扫而空,注力于人格的陶冶,图女子人格思想的充分发达;先任自己人格的存在,有独立的价值和权威,更进而把'夫'和'子女'也视为和自己同等的人格者,自行树立自己的理想,自觉自己的价值。""历来的女子教育,偏于家庭主义,而于女子同为社会国家的一员的一点,极其蔑视,……此后当注意……使女子具有男子同样的知识和思想,共同图国家社会的进步发达。"③

同时,在一些人看来,男女一样为"人"不仅体现在价值性的人格上,而且体现在事实性的生理和心理条件上。张若名即呼吁,要"铲除男女心理生理不同的观念"。他说:"男女不能受同等教育的基本观念,从男女心理生理不同发生出来的很多。有许多人说女子天性精细,不能让他作粗重的职业;身体不强健,不能作费力的事,所以女子不能与男子受平等的教育。这话真是很可笑的。"④ 黄日葵也认为:"在生物学、生理学和心理学上看来,男女区别的研究,实在幼稚得很,谁也不敢确定他有什么的区别。除关于生殖的特征以外,谁也不能断定什么是男子的特性,什么是女子的特性,就令男女中有什么特性可以认识,这种特性也不过因受数十百年的遗传或境遇的影响所形成的。比如置男子于女子的境遇和生活,则男子也当然得与女子同一的结果。男女既然没有判然的分

①　舒新城.近代中国教育思想史[M].上海:中华书局,1928:408.

②　吴之櫆.理想中少年中国之妇女[J].少年中国,1919(4).转引自:杜学元.中国女子教育通史[M].贵阳:贵州教育出版社,1995:418.

③　李光业.今后的女子教育[J].妇女杂志,1921(2).转引自:舒新城.近代中国教育思想史[M].上海:中华书局,1928:413—414.

④　张若名."急先锋"的女子[J].觉悟,1920(1).

别。那么什么适合于男子、不适合于女子，什么最适合于女子的话，断断不能说了，我们只能说男女什么都平等。"①化名为"愤涛"者在批驳四川国民公会的男女同校禁令时，引用北京高等师范学校教授刘爽的观点指出：

> 男女于生理、心理两方面，稍有异点，倒是人人都承认的。但是就心理方面言之，和男子不同的地方，不过是感情意志。若智力，不但不比男子弱，恐怕还要比男子强些呢。例如北京高师附小的优等生，若拿人数比较，还算女子为多。美国各男女合班的大学、小学中的优秀分子，也是女生占多数。这都是女子的能力不比男子弱的铁证！
>
> 再就生理方面言之，女子体力的发达，从十二三岁以后，就渐渐和男子有了差别，是很小的，不致有碍于学习，也无妨于智力的发展。②

作为人，男女是一样的，这意味着"对于政治、经济、道德、教育，一切都皆受平等的待遇，如有不平等的事，我们就应当奋起力争！"1922年，女子参政协进会提出的三项参政目的中，最后一项即是"打破专治家政的教育制度以求知识平等"。③ 而女子要成为与男子一样的"人"，在恋爱、婚姻、社交、就业、政治等方面与男子具有平等的待遇，又须借助男女平等的教育来实现。中华教育改进社女子教育委员朱其慧等人指出："在民主国旗之下，男女对于国家，都有应尽之义务、应享之权利。至于义务如何去担负，权利如何去享受，才能致国家于治平，这是要靠着教育慢慢去做成的。"④

在倡导中学男女同校者看来，只有男女同校才能彻底体现男女是一样的"人"；也只有男女同校才能真正实现男女教育及其他各项权利的平等。有论者指出，"我们既认定男女是一样的'人'"，就"要极力研究男女同校的布置、男女同学的教育规则当如何设施。就是中学最困难的阶段，亦要使不致有不规则的行为"。⑤ 亦有论者指出："男女不同校，显然是男女不平等的表示，何以呢？ 你

---

① 黄日葵.何故不许女子平等[M]//中共广西壮族自治区党史资料征集委员会办公室.黄日葵文集.南宁：广西人民出版社，1989：39—40.
② 中共四川省委党史工作委员会."五四运动"在四川[M].成都：四川大学出版社，1989：519.
③ 舒新城.近代中国教育思想史[M].上海：中华书局，1928：415.
④ 同上：416.
⑤ 中共四川省委党史工作委员会."五四运动"在四川[M].成都：四川大学出版社，1989：520.

看现在的女学校，简直把女子当成罪犯，用些'狱吏'的手段，来束缚学生的自由，书信要检查，见客要限制，请假要家信。唉！这些制度，哪样不是蔑视女子的人格！他们的意思，不过防女子发生本性的关系，也来限制束缚学生的言论、交际等种种自由呢。"因此，从打破男女界限，提高女子社会地位，实现男女待遇平等的角度而言，"非男女同校不可"。① 1921 年，广州女界联合会之所以发动男女同校运动，主张所有学校永久地实现绝对的男女同校，也是因为在她们看来，"今日女子解放的声浪，虽是日高一日，然必要先有相当的知识，才可达到真正解放的目的"；"女子被社会排挤"是"因为没有相当的知识"；女子要真正解放，"第一着要经济独立，想经济独立，必要有相当的技能，去操一种职业"；而"想我们女子有相当的知识和相当的技能"，就需要解决男女同校问题。②

其二，中学男女同校有利于两性关系的调和与共学互长。

反对男女同校者最为常见也最为尖锐的批判是，男女同校会滋生和纵容不正当的男女关系，破坏传统的"礼教""纲常"。对此，男女同校的不同主张者给出了不同的回答。一部分较为激进的主张者直接推翻传统道德规范的正当性，强调用新的与现实社会相切应的道德观念来认识男女关系和男女同校问题。譬如，有论者为男女同校辩护时指出：

> 吾国数千年来，素称礼义之邦，男女之间，防闲綦严，如"不同巾栉、不相受授，以及兄妹不同席、叔嫂不通问各礼节"——咳！我要问你：礼是个甚么东西？是不是人造成的？是不是千古不变的？那与现在社会，牛头不对马嘴的礼，我们改了他，与《礼经》上说的"礼从宜"三字有什么违背?③

还有一部分男女同校的主张者在默认男女同校可能会产生流弊的情况下，强调要权衡利弊，不可一噎止食。如有论者说道："男女可以同舟同车，而独谓不能同校已非通论。如以个人之败行，即指为合校之流弊，此等因噎废食之见，更非头脑清晰者所宜有也。"胡适也强调："解放的女子教育是：无论中学大学，男女同校，使他们受同等的预备，使他们有共同的生活。""初办解放的教育一定有危

---

① 中共四川省委党史工作委员会."五四运动"在四川［M］.成都：四川大学出版社,1989：532—535.

② 汕尾市人物研究史料编纂委员会.汕尾市人物研究史料（陈炯明与粤军研究史料)4［M］.1993：284—286.

③ 中共四川省委党史工作委员会."五四运动"在四川［M］.成都：四川大学出版社,1989：519.

险的,但是这种危险没有法子补救,只有多多的解放。解放是消除解放的危险的唯一法子。""解放就是一种教育,而且是一种很有功效的活教育。"①

更多男女同校的主张者则坚持,只要教育得当,管理得法,男女同校非但不会催生男女同学的情欲关系,而且能够促进两性精神上的感化,甚至减少男女间不道德的行为。就前者而言:"男女一同听讲、一同下课、一同游戏,在起头的时候,男女的出处语默,一定谨慎;久而久之,就习为故常,于无形之中,受了许多的感化。这种感化,是相互的作用。就是男子减少粗野的性行,女子减少柔懦的性行,也就是以先说的'男得女之柔,女得男之刚',而起调和作用;且能帮助教育,达他的美满目的。"就后者而言:"因为男女共学,精神上、生理上都受了莫大的感化,就可减少男女间的好奇心,又可以养成互以人格相尊重的习惯。男女间只知是同学、是朋友、是完全的一个人;不觉得有什么差别:这就是男女的'忘形交际'。有了这种'忘形的交际',那些不合理的恋爱、不正当的行为,自然就会减少。"②尽管相较于小学和大学而言,中学男女同校的情况有些特殊,因为"小学生年龄还不大,情欲没有发达;大学生年龄虽已长大,但是道德知识都已发达,有抑制情欲的能力。所以男女虽然同学,可以不必防虑他们发生情欲关系。惟有中学生情欲正在发达时期,而知识道德又觉程度不够"。③但诸如杨冠雄等学者相信,只要中学"积极的从病源上着手",重视性教育,就能在实际上收男女同校与性教育相辅而行的效果。"大凡已经实施性教育的中学校,如果采行男女同校,其结果必不甚恶",而是能够在男女关系上,实现两性的谅解与合作,调和男女双方的性情,避免不自然的社交状态。④

除了上述男女关系及规范方面的针对性辩护外,男女同校的主张者还普遍强调男女同校在教育教学上观摩竞争、共学互长的积极意义。有人便指出,男女同校之后,

> 大家在暗地里,非常的竞争,各不相让,男生笑话女生只会在书本上用死功,笔记抄的整齐干净;女生却对他们在课外活动,组织什么团体,办什

---

① 胡适.女子解放从那里做起?[M]//《民国丛书》编辑委员会.中国妇女问题讨论集(上册1).上海:上海书店出版社,1989:91.

② 刘爽.男女同学问题的研究[M]//《民国丛书》编辑委员会.中国妇女问题讨论集(上册1).上海:上海书店出版社,1989:192—193.

③ 仲九.男女同学和性欲[J].觉悟,1920(7).

④ 杨冠雄.性教育法[M].上海:黎明书局,1930:139—140.

么刊物，开会当主席之类的那些事情，认为是不长进的表示；但如真是有些才能出众的地方，那是要被女生们尊重敬仰的；同样，女生之在功课方面超众者，当亦更得一般男生之崇拜的。

这样的竞争，好强，或者就是男女同学的好处。所以在全校的时候，男女两方面好像是筑成一堵墙来隔开，各有各的阵势，互不相让。就是在一些琐碎的事情上，尤其女生总要比男生好强。像看见男生宿舍的不整洁，女生是要把自己的床铺弄得干净整齐。夏天的时候，你会看见女生们雪白的鞋子和整洁的衣服；但有些男生也因有女同学之故，把自己的好些不良的习惯改掉了的，像暴躁的脾气，他就不会在女生面前发作的；衣服不整洁，他总不好意思去到女生面前。余如什么粗鄙的话，野蛮的举动，他们也差不多慢慢的都改掉了的。①

经亨颐解释春晖中学男女同学问题时，更是明确强调："春晖一校，男女同学，是'一举两得'的意思，并不是提倡什么男女交际公开、两性调和等等。"所谓"一举两得"，一是指男女同校可以使学校为男女两用，"在社会上共同受其利益"；二是指中学男女同校，在教育上是"好学竞争的一种手段"。经亨颐说道："我所知道男女同学良好的经验，如北京美术学校，女生不让男生，男生深恐女生追上前，彼此努力向学，进步都异常神速。我希望本校男女同学的结果，也从这一点表现出来，最为正当！"②

其三，中学男女同校有利于推进女子教育，扩大女子求学机会。

在罗家伦看来："按照中国的情形，谋中国妇女的解放，更非实行男女共同教育不可。"这是因为，"男女不平等对于知识相差，也大有关系"，而"中国的女子，实在没有地方去求学"。"据最近（1919 年左右）全国的教育统计，则女学生在国民小学者仅 149 505 人，在高等小学者 18 729 人，其他初级学校者 3 254人，在中学者 948 人，师范学校者 6 685 人，其他中学者 1 828 人，统共只 180 949人。则学校之多寡，也就可能推见了。凡中国女子想求学的，就只这几个吗？还是学校不够容她们呢？至于说到高等教育，则今年 7 月前一个学校没有，7 月

---

① 血因.北平男女同校之一斑[M]//人间世社.人间特写.上海：上海良友图书印刷公司,1935：17—19.

② 经亨颐.经亨颐教育论著选[M].北京：人民教育出版社,1993：287—288.

后北京才有一个新扩充的女子高等师范;其余如大学教育更不必说了!"①盛绍尧也通过1916年四川全省男女教育状况的细致比较,进一步说明了民国初期女子教育滞后的状况(见表3-2、图3-4)。②

表3-2　1916年四川各级教育中男女学校数与学生数比较

校　　别	学校数(所)		学生数(人)	
	男	女	男	女
初小	13 469	363	415 778	20 239
高小	764	72	41 911	2 367
中学	56	3	9 552	200
师范	10	5	1 458	350

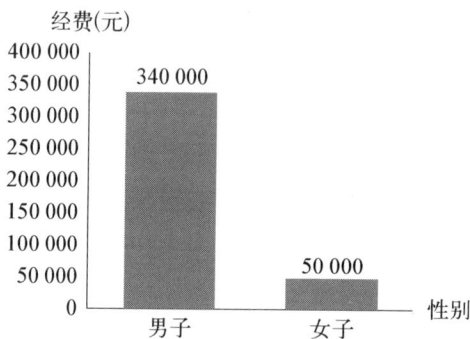

图3-4　1916年四川男女师范与中学教育经费总和比较

　　为解决女子教育发展滞后的问题,1917年的第三届全国教育会联合会曾提出"推广女子教育案"。该案认为:"今日之谋教育者,莫不曰教育普及。所谓普及,盖包括男女而言。我国自兴学以来,学校规程未尝不兼含女学,而各省区情形互异,女子得受教育者尚居少数,设不亟图推广,安有普及之望。"为此,议案的提出者给出了三个推广女子教育的方法:一是培养服务于女子教育的师资;二是增设女子中小学;三是实行劝导。其中,就"增设女子中小学"一项,该案指出:"国民小学本应兼收男女生徒,但有因地方情形不能实行者,

　　① 罗家伦.妇女解放[M]//丁守和.中国近代启蒙思潮(中).北京:社会科学文献出版社,1999:369.
　　② 表3-2、图3-4的数据来自:唐绍尧.振兴四川女子教育的浅言[M]//中共四川省委党史工作委员会."五四运动"在四川.成都:四川大学出版社,1989:529—530.

应另增设女学校。""各省区女子高等小学设立尚少,女生之毕业于国民学校者,逐渐增多。应就各县城镇乡繁盛地点,增设女子高等小学以便升学。""女子有已在高等小学毕业,力能升学者,不可不予以升学之地。应就毕业生较多之地方,从速添设女子中学,俾女子学业有所深造,并注重家事实习,以期适合于女子之生活。"①1918 年的全国中学校校长会议上,北京女师附中校长欧阳晓澜提出"女子中学校已立者宜充实内容,未立者宜扩充校数案"。该案提道:

> 今日女子多深以不学为耻,而每省女校之数决不能与求学之人数相应,每引以为大戚。窃查全国中学校一览表中学校不下四百余,而女子中学合公私立计之才区区十校耳。日言振兴女学,而结果乃如此,是直视女学为无足轻重而已。窃谓各省区凡未设立女子中学者急宜筹办,其已设立者或校舍不敷或学级未齐或设备苟简或科目敷衍,均宜斟酌情形,力求充实内容。②

可见,1917—1918 年间,人们思考女子教育推广问题时,普遍倾向于采用增设女子学校或完善、扩展既有女子学校的方法。但随着此后男女同校问题讨论的展开,大多数倡导者坚信,女子教育的真正发展必须以男女同校为基础。一方面,如杨冠雄所言:"在男女分校的制度下,女校的设备、教学等等,往往较男校为逊,致使女子的教育不能与男子教育均等。"③另一方面,如刘爽所言:"我国今日的小学事业,尚在幼稚时代,所有的学校,尚不能容纳全国学龄儿童数的百分之一;而无论省县,莫不感到教育经费的困难。男校尚且如此,女校的发达,正不知须等到什么时候。所以就我国今日的经济状况观之,非采共同教育制度,男女绝无教育平等的希望。若在这样经济状况的下边,还去主张男女分教,简直和不许女子受教育一样,若男女共学,学生底负担可少,办学底经费也可减轻。这减轻经费的事,在表面上看之,似乎不关重要;但切实说来,实在是女子

---

① 邰爽秋,等.历届教育会议议决案汇编[M].上海:教育编译馆,1935:"第三届教育会联合会大会议决案",13—14.此前,在 1916 年的第二届全国教育会联合会上,会议代表还议决了"请设女子高等师范学校案"。参见:邰爽秋,等.历届教育会议议决案汇编[M].上海:教育编译馆,1935:"第二届教育会联合会大会议决案",6—7.

② 女子中学校已立者宜充实内容未立者宜扩充校数案[M]//全国中学校校长会议录.1919 年春刊:32.

③ 杨冠雄.性教育法[M].上海:黎明书局,1930:140.

教育的生死关头。"①易言之,实施男女同校既是因为女子教育水平的提高依赖于男女同一化的教育,也是因为既有的男子学校能够为女子教育在短期内快速发展提供物质和经费上的便利。一位笔名为"若仙"的主张男女同学者在批判四川国民公会的《告全川女界各父兄书》中回答"我们为什么要主张男女同学"时说道:

> 现在中国女子学校太少,连大学都没有,就是小学、中学都是最少完善的。所以有些求学的女子,也就为此湮灭了。你看这阵经济这样困难,要希望多多办些女子学校,来普及这些女子教育,噫! 我恐怕不能罢。但是我们已经晓得有这种困难,又应该用什么法子补救他呢? 我想最完善而有效力的,莫如男女同校,一则能够免了经济的困难去普及教育,二则使男女有同等待遇的表示。②

同时,正如前文所述,与其他教育阶段相比,中学实行男女同校不仅有利于女子中学教育的发展,而且能够推进女子教育的整体发展。作为承上启下的阶段,中学若能实行男女同校,一方面能够确保更多高小毕业的女学生有继续求学的门径;另一方面,中学男女同校也是提高女子教育程度,培养更多的女中学生,并为女子高等教育的发展打下基础的保障。向警予为争取在北大开设男女同学的中学班,曾借用胡适的话指出:"就是大学公开,也没有女子可以进去(本科),实在程度太低了。甚么缘故呢? 假使中学男女能够同校,还有这毛病吗?所以要求大学男女同学,便当要求中学男女同校。"③

(二) 不坚持中学男女同校的三类主张

民国初年的男女同校是在争论甚至冲突中实现的,中学阶段的男女同校问题更是如此。浙江省立第一师范学校宣布实施男女同学的相关事宜后,该省议员姜恂如等人即向省议会提出议案,要求停办第一师范学校。1920 年 7 月,广东教育会通过"高师男女同学案"后,该省议会的黄佩荃等议员便指出,"这是本省学校破天荒的举动",并向议会提交"请限制男女同校以端风化案"。虽有议

---

① 刘爽.男女同学问题的研究[M]//《民国丛书》编辑委员会.中国妇女问题讨论集(上册1).上海:上海书店出版社,1989:190—191.

② 中共四川省委党史工作委员会."五四运动"在四川[M].成都:四川大学出版社,1989:534.

③ 沈寂.胡适研究(第 1 辑)[M].北京:东方出版社,1996:187.

员指出,在官方和学校皆未切实施行男女同校的情况下,提出"请限制男女同校以端风化案""真是无的放矢",但黄佩荃等人认为,"既有此动机,即应予以禁止"。而广东省省长也主张学校"无开放之必要",最终通过了限制男女同校的议案。同年,江苏与四川也出现了反对和禁止男女同学的现象。在江苏,省议员朱德恒等人针对江苏省立第一中学实行高三男女同校,提议高初小学一律禁止男女同校。在四川,自称在职权上代表全川"一般国民之意思"的四川国民公会,也紧张于男女同校的言论和实践,拟出《告全川女界各父兄书》,并呈文向四川省议会请愿,要求禁止男女同校。据吴虞记载,1923 年 10 月,教育部的人见到吴佩孚时还说:"男女同校,不是开窑子耶? 应当整顿。""我若作教育总长,必大加整顿今日之学风。"而在吴虞看来,刚就任大总统的曹锟也主张维持旧礼教,①自然也不会赞同男女同校。

对男女同校的批评与抵制集中体现出传统观念与现代思想的交锋。除了官方或准官方的言论与行动外,知识界也有不少以传统道德规范为基础,反对男女同校的观点。不过,值得注意的是,在男女同校问题上,"支持—反对"与"现代—传统"并不是简单对应的。各种争论不仅显露出传统思想与现代思想的针锋相对,也包含了现代思想内部观点的矛盾和紧张。一些批评男女同校的观点并不是以传统纲常、礼教为立论依据,而是以现代知识与思想作为支撑。甚至一方面反对传统的纲常、礼教,另一方面也反对男女同校。同时,在对待男女同校的态度上,也不是只有笼统的"赞成"与"反对"两种立场。譬如,有的人赞成小学与大学实行男女同校,却反对中学实行男女同校;有的人尽管在理论、价值或情感上不反对男女同校,却强调现实情况的适应性,认为男女同校未必是合乎时宜的或推进女子教育的唯一选择;有的赞成男女同学,却反对男女同教。②

近代中学男女同校问题出现之初,不主张中学男女同校的主要有三类:第一类侧重于为传统价值辩护,坚决反对中学男女同校;第二类侧重于科学知识的论证,强调女子教育的独特性;第三类侧重于对事实情况的适应,倾向于中学

---

① 中国革命博物馆.吴虞日记(下)[M].成都:四川人民出版社,1986:138—139.

② 在近代关于男女同校问题的争论中,"男女同学""男女同校"与"男女同教"是运用较为广泛的词语,尤其是前两个。这些词的指代往往不太固定,在不同的语境中会有不同的意思:有时"男女同学"是作为与"男女同校"相对的概念来使用,指男女学生同校且同班上学;有时两者是同义词,指男女在同一所学校接受教育。相应地,"男女同校"的概念也是如此,有时指只同校不同班,有时则指同校且同班。如无特别说明,本研究是在相似的意义上使用"男女同校"与"男女同学"这两个概念的,指男女同校且同班的教育形式。

男女分校教育。

　　持第一类主张者坚持传统道德与价值规范的恒久性与正当性。他们指出："我们中国数千年是个著名的礼教之邦，一般人是最讲究廉耻的，最尊重节义的，所以男女之间防闲非常之严。""《礼记》上所说的男女不亲授受，男女不同巾栉，兄妹不同席，叔嫂不通问，那几句书的讲法就是男女有别、杜渐防微的意思。"说到教育，"自古以来就男子有男子的学校，女子有女子的学校。女子学校，如古时教于公宫、教于宗室之类是。男子学校，如夏校殷序周庠之类是。这就是中国男女学校的制度，万不容混淆的。"①而对于这种男女有别的礼教之大防，"侈谈新文化者，必欲破坏之以为快。仅于寻常社会间破坏之，犹嫌力不足而势不广也，于是从全国所视为重要之教育事业，以提倡破坏运动，而有男女合校之举。""教育者操改变风气之权，今于施行教育之地先示以男女无别之鹄，使一般青年，自幼即深印于脑筋，则孳乳流传，可随教育而普及，不患其不成为全国之风气。"因此，在反对者看来，男女合校不仅是对我国传统礼教的破坏，而且"为根本上之破坏"。②

　　以男女有别的传统礼教大防为价值依据，批评与抵制中学男女同校者普遍强调这样几个论点。

　　一是围绕学校、家庭与国家的关系，认为男女同校既会破坏传统的家庭教育，也会危及民族和国家的存亡。"男女共同教育，则社会内部的事业，将无人去做。"这就是说，"女子所受的教育，只要能做贤妻良母就够了，不必使他们研究高深的学问，若使和男子一样去研究高深的学问，他们就要好高骛远，不肯去担那些琐碎的家政，和那烦难的育儿事实了。"③在江苏省议员朱德恒看来，如果说清末民初之际，在"体用两分"的二元意识形态下所进行的教育改革且算应时之变，是一种进步的话，那么，文学革命特别是"五四运动"之后，强调"体""用"皆变的教育改革则是一种倒退，其对家庭和国家而言，都是一种破坏力量。他说：

　　　　自科举废而为学堂，肄业其中者，虽所造深浅不同，均无迂腐空疏之

　　①　中共四川省委党史工作委员会."五四运动"在四川[M].成都：四川大学出版社，1989：540.

　　②　陈望道.和时代思潮逆流的江苏省议员"禁止男女同校"提案[M]//陈望道.陈望道文集（第一卷）.上海：上海人民出版社，1979：174.

　　③　刘爽.男女同学问题的研究[M]//《民国丛书》编辑委员会.中国妇女问题讨论集（上册1）.上海：上海书店出版社，1989：184.

弊。由是而兴实业，入专门，以顽古不变者为经，以适于时用者为纬，进而益上，未始非我中国一大转机也。乃忽而变本加厉，倒行逆施，创为男女合校之说，以蛊惑少年子女，破败家庭教育。上无礼，下无学，国家之亡，可立待也。……吾不知创此议者，其家有无子女，其子女应否求学。其家之子女，或因此而荡检逾闲，以为文明乎，抑引为耻辱乎？①

四川国民公会也说："实行男女合校，把中国数千年来一般人所尊重的廉耻啊、节义呀，一概打消，使男女自由混杂处一校，这还成甚么体统！"他们认为，男女平权的潮流已经造成"现在的女子、学生，也就子不认父，妻不认夫"，"若来男女合校，那个时候，恐怕还有不堪想的行为！"②此外，还有一种观点认为："男女共学，将有男子尽化为女性之患，这是说：女性的感化力甚大，而男子很容易受感化；所以男女共学以后，恐怕男子尽成女性化，因而生出灭种弱国的大危险。"③相应地，在阐述男女同校之于家庭与国家的危害的基础上，反对者也极力呼吁家庭和政府要行动起来，共同抵制男女同校。如朱德恒强调，对于男女同校，"政府不思禁止，不成为政府；学部不予驳斥，不成为学部；议会不力陈其谬妄，亦安用有此议会？"④四川国民公会《告全川女界各父兄书》的主旨则倡议：

> 各位有姊妹和妻女在各级女子学校读书的，趁这个潮流酝酿中就要把自己的姊妹和妻女从严管束，不可一意姑息使他误入那恶潮的漩涡中，并还要各位声言反对。若闹到那反对不了的时候，还有一个最好的法子，就是把自己的姊妹和妻女喊回家来，另请良师教读。不把自己的姊妹送往他男女合校的学校内去……若贫家不能延师教读的，宁肯不读书，不能受此污点！将此潮流打消，然后再读不迟，就是一个釜底抽薪的好妙法。总望各位女界的父兄把这个法子记到，拿定反对的主义。⑤

---

① 陈望道.和时代思潮逆流的江苏省议员"禁止男女同校"提案[M]//陈望道.陈望道文集（第一卷）.上海：上海人民出版社，1979：172—173.

② 中共四川省委党史工作委员会."五四运动"在四川[M].成都：四川大学出版社，1989：540—541.

③ 刘爽.男女同学问题的研究[M]//《民国丛书》编辑委员会.中国妇女问题讨论集（上册1）.上海：上海书店出版社，1989：187.

④ 陈望道.和时代思潮逆流的江苏省议员"禁止男女同校"提案[M]//陈望道.陈望道文集（第一卷）.上海：上海人民出版社，1979：173—174.

⑤ 中共四川省委党史工作委员会."五四运动"在四川[M].成都：四川大学出版社，1989：541.

　　二是以中国与外国的风俗差异为依据,强调不可用外国的理论和事实来推导中国的男女同校实践。无论是在思想背景还是在具体主张上,我国近代的男女同校运动都深受国外理论与实践的影响。正因如此,有关男女同校的争论尽管主要表现为"传统与现代之争",但从另一个角度看,实质上也是"中国与外国之争"。反对者主张禁止男女同校的一个重要理由即是,"中外风俗习惯之不同,而归其本于礼教"。① 他们认为,"男女有别"是中国礼教的一大根本,在这个问题上,中国不能与外国比,更不该向外国学。譬如,朱德恒对于男女合校之说充满"担忧":"吾恐稍存道德思想,略知廉耻范围者必望而却步;反是者趋之如鹜。将见怨女旷夫群以学校为集会之所。不解倡此议者,具何心肝,有何理解?彼即生长异邦,亦不应如此背谬。此不独孔孟所不及料,抑亦盗跖所不肯为。"② 这事实上是指责新文化论者脱离自身传统和风俗,用"异邦"的思想来理解、规划中国的实践。他还进一步说:"若谓中国伦理狭隘,不如欧西之开通。其人自为之,则亦无责;必欲簧鼓一世,断不至举国皆狂。其害较洪水猛兽而尤深,其祸比张李黄巢而万倍。"③ 这话是说,即便中国伦理较之西方伦理有所欠缺,我们也应在整体上坚持中国伦理,至多只能将西方伦理作为私己的信奉,而不能加以社会化、潮流化,来取代中国传统伦理。

　　三是在价值与实利的比较上,坚持男女有别的传统道德,并据此主张男女分校教育。譬如,在男女同校的知识传授功能与道德防范效果的权衡上,有论者便说:"吾人所鳃鳃过虑者,知识之灌输固无分彼此也,道德之防闲究略有出入,设因脱略过度,稍涉于不规则之举动,非特酿教育之污点,抑且贻风俗之隐忧。恐热心提倡者,将追悔于始谋之不臧也。"④ 针对一些主张男女同校者提出的男女同教可利用男校资源以节省经费的观点,朱德恒也提出了反对意见。一方面,他认为男女分校或男女分教虽存在"分级分组,用费滋多"的问题,但这个问题可以通过"并数女校为一校"加以解决;另一方面,他认为即便男女分校会增加教育经费负担,也不得"因惜费而去此大防,胥天下而入于禽兽之域"。⑤ 在此道德规范的原则下,反对者认为,青年学子尚未完善的道德心,使得男女同校不仅缺乏道德观念的基础,而且会进一步恶化学生的道德意识与行为,尤其是

---

　　① 陈望道.和时代思潮逆流的江苏省议员"禁止男女同校"提案[M]//陈望道.陈望道文集(第一卷).上海:上海人民出版社,1979:175.

　　②③⑤ 同上:173—174.

　　④ 陈文联.冲决男权传统的罗网:"五四"时期妇女解放思潮研究[M].长沙:中南大学出版社,2003:151.

"中学生正当身心发育最盛之时,知识未充,意志未定,感情又富,如男女同学,朝夕相处,接触过密,难免不发生问题"。① 四川国民公会向省议会提交的请愿书中便提道:我国数千年来,真正"知礼之所在"者甚少,青年学子"奚敢云道德之观念? 既无道德之观念,则伤风败俗,无所不为。即以省中现象观察,男女之闲尚未公然打破,或男女相遇于街衢场市之间,犹不免时露轻薄之态度。倘一旦男女同校,同居、同游、同出、同入,以致同寝、同食,势逼处此,其能无情欲之感触,而为肉体之恋爱乎? 就吾国社情及一般国民之程度观察,男女合校实足以助长其一般学子之兽性"。②

四是以男女智识与能力的差异为基础,用男女同校实践上的不合理性强化其道德上的不正当性。四川国民公会认为,主张打破防闲的男女合校学说"荒诞不经",其坚持反对的两个主要理由便是"男女智识不平等"与"男女能力不相敌"。就前者,该会指出:"男女学校之设施既有优劣,则即受之教育不同,而智识不无高下之别。智识既有高下,强之同校,无论其学问之道,不可□等,而智识上之接触,则女不如男,胜负几成天演之公例。"并在道德维度作补充:"且朝夕相见,易于设计诱惑,一念之差,即误入邪路之途而不觉,其流弊何堪设想。"换言之,智识上的平等既已不可能,还不如一心一意做好道德上的事情。就后者,该会称:传统的"三从四德"习惯,已经使女子"养成一种依赖寄人生存之性质"。进入共和时代,"此种遗传习惯自应打破,然欲打破此种习惯,必先考察女界中之智识之能力能否独立生存? ……即以各学校女子生而论,其具独立自卫之能力者,究有几人? 既无种种之能力而强使之与最有能力之男子同校……势必为男子所凌弱、所欺压,所至于强暴胁迫,略诱以不规则之行为,构成堕节毁名之事实"。"譬犹置孺子于虎穴,必欲使之与虎相抗,以自全其生命。""此男女能力之不相敌,万不可强使同校者也。"③这一理由表面上是强调男女能力上的差异,且体现出对女子的关切,实质上仍是在宣扬"三从四德"的观念。

民国以后逐渐出现的女子教育思想,在强调男女差异这点上,与四川国民公会存在一致的地方。不过,两者的根本性区别在于:后者强调男女差异主要是为了重申并坚守传统的男女有别、"男尊女卑"观念及其教育实践的正

① 舒新城.我和教育[M].上海:中华书局,1941:226.

② 中共四川省委党史工作委员会."五四运动"在四川[M].成都:四川大学出版社,1989:543.

③ 同上:542—543.

当性;前者"既不把女子当作男子看待,也不专重她们底(的)国民责任方面,更不视为男子附属品的妻与母,只从女子底(的)特质及其对社会应负的责任上施以特殊的教育"。① 女子教育思想是清末兴起的男女教育平权观念,发展至民国则形成一种新的认识。这种新的认识在某种程度上表现出人们对男女教育平等理念的深层思考,它一方面反对传统的"男尊女卑"观念,强调女子的"独立性";另一方面反对用一个总体的或大写的"人"将男女简单等同起来,而强调女子的独特性。换句话说,同样强调女子是人,女子教育与清末民初时期占据思想主流、要求男女全面等同的"男女平等教育"思想,在对"平等"含义的理解上却有所不同。女子教育主张在"男女一样是人"与"男女是一样的人"这样两种观念之间进行严格的区分,强调在坚持"女子一样是人"的前提下,更关注"女子是什么样的人",关注女子教育的目的、内容和方式的特殊性。

据舒新城分析,早在1913年,正值"女子须与男子受同样的教育、治同样的职务"的男女平权思想的盛时,陆费逵撰文力辩"男女平等教育"观念之非。他说:

> 女子之性质柔弱而优美,限于生理的作用,无可如何。吾岂不欲吾国骤增加倍之政客与军人(意谓女子能之则倍于现有之男子也),而必窒遏之。无如实际不能;犹之牝鸡不能司晨,无可讳饰也。若天下女子,竞为男子事业,则妻之持家,母之育儿,将令孰人,如激烈者所主张,岂果强令男子为之,以洩数千年女子之愤耶! 岂果舍吾文明而效西藏之陋俗耶! 况就生理而论,激烈之政争,极剧之工作,女子万不能堪,即使能之,而一遇胎产,则一年数月之光阴,消于无形,政争必难持久,工作势必中止。②

在此基础上,陆费逵主张女子教育"第一当养成贞淑之德、和易之风,并授以家政之智能,期可以为人妻";"第二当养成慈爱之性、高洁之情,并授以育儿教子之技能,期可以为人母";"第三当设女子师范学校,女子裁缝、刺绣、蚕业、图画、音乐等学校,期可以习一业以生活"。"五四"之后,当男女平权学说再次兴起高潮时,陆费逵又撰文重述原先的主张,强调女子教育目的有四:

---

① 舒新城.近代中国教育思想史[M].上海:中华书局,1928:417.
　② 同上:418—419.

"第一,健全女子的人格;第二,养成贤母良妻;第三,在男子能养家的时代从事无害生理无妨家庭的职业;第四,预备充足的实力于必要的时候代男子做国家社会一切的事。"①可见,陆费逵的主张充满"中和"的味道,他既不曾与保守主义者完全站在一起,固执地守旧,推崇"男尊女卑",也没有亦步亦趋跟随激进主义者的步调,一味地求新,呼吁男女的完全等同,而是在传统与现代相糅合的原则下,从兼顾女性家庭角色与社会角色的角度出发,提出了新的"男女有别"观。

陆费逵"虽然极力主张女子教育的女子教育,但其立脚点都本于事实之观察而来,尚未找出科学上的证据","只是一种常识的考察"。随着科学思想渐进,"五四运动"之后,"女子教育思想亦从科学上着眼而立了较稳固的基础"。②

姜琦在《女子教育问题之研究》一文中,从女子生理和心理等方面的特质出发,科学地阐述了女子教育不可等同于男子教育的理由。③ 他指出,在生理方面,女子的特质有:"一、身体之发达,女子比男子早达成熟期;二、身体之构造孱弱,肢体之运用细致;三、营养装置之活力微弱;四、神经作用锐敏,且易于疲劳;五、因生殖作用,在生理上牺牲较大;六、生殖能力之始终期都较早,因之生殖能力期间较短;七、生殖力之丧失期之生活较长;八、有哺乳能力;九、在生殖能力期间,每月生活,必有一次之生理的变化。"在心理方面,女子的特质有:"一、在智的活动上,发达之型式,较为早熟,而偏于狭小;二、记忆及想象锐敏,而短于推理和商量;三、感情作用较强,而意志作用不很发达。"此外,在社会分工方面,姜琦援引国外社会学者的观点指出:"'女子之社会的天分,是宇宙现象上男女两性对立并存之大事实,和女子之生理的心理的天分所化成的。'大凡社会协同生活,是拿分业协力来做个必须的方式。……所以,男女从经济学方面观之,应该都要有独立自营的职业。"基于这些理由,姜琦认为:"男子有男子特殊的教育,女子也有女子特殊的教育。"要"养成完全的女子人格(包括良妻、贤母、公民而言),详细的说明:是在于使女子成为真女子,开发所有天赋的诸种本分,以遂圆满的、调和的发达之一种作用"。

---

① 舒新城.近代中国教育思想史[M].上海:中华书局,1928:419.
② 同上:420,429.
③ 姜琦.女子教育问题之研究[J].教育杂志,1921(5);姜琦.女子教育问题之研究[M]//教育杂志社.女子教育之问题及现状.上海:商务印书馆,1927:1—14.该文原是作者1921年3月在浙江省立女子师范学校所作的演讲。

　　以女子教育思想为基础,在男女同校的争论中还形成了第二类反对中学男女同校的主张。此类主张强调女子在众多方面具有不同于男子的独特性,因此在教育上,男女要分而教之。姜琦依据上述理由说道:"我要主张男子有男子特殊的教育,女子也有女子特殊的教育。就是今后男女同学完全成为事实的时候,也不可对于一切男女施以完全同一的教育。"①他指出:

　　　　女子教育的目的,不可和男子教育的目的互相混同,万一混同,就灭却男女的个性,失掉"两性协力"及"雌雄淘汰"的作用,是大背于人道的。所以,我对于男女同学是赞成的,但是对于男女同教是反对的;换一句话说:就是男女同学的学校,论目的,应该有两种;论方法,有时也必须分作数团教授。犹之一大学,论目的,有文科、法科、农科、工科等之区分;论方法,同是一科,也有数学级之区分,才算是对的。②

　　显然,在男女教育问题上,姜琦反对那种一元化的思路,而强调基于男女性能、需要及关系,实施针对性、差异化的教育。他所赞同的男女同校更多的是形式上的,只是将男校与女校简单地合并起来;在教育内容和组织方法上,则坚持男女有别、分而教之的原则。按照姜琦的思路,较为理想的男女同校是在一个大的学校中分设男女两个小的学校。从另一个角度看,姜琦在伦理和价值层面坚持男女同校,因为"女子人格与男子人格是平等的,应该一样是要尊重的";在知识和科学层面,则倾向于男女分校,因为"男女各有特别的性向"。就此而言,尽管同样是强调男女有别,但姜琦与四川国民公会在论证立场和重点上是截然不同的。

　　与陆费逵的主张一样,陈东原也反对在"新""旧"之间作非此即彼的选择。他指出,近代中国女子教育的历史,"维新时代和民国初年是'贤母良妻主义'的,现在呢,是没有主义的。这现象多延长一天,女子生活就多迷惘一天;这教育不独不能帮助女子,反倒在牺牲女子了"。"'女子治内'的思想,断然不适于今日社会,但断没有谁主张把女子天赋的才能、精神的特质,及其特殊兴味、感情,一笔抹杀而使之以男子为人生极则的。妇女主义者也绝不要求免除母性之责任、光荣和困苦的。所以女子除受'人的教育'外,还应有伊自己应受的教育。

---

　　① 姜琦.女子教育问题之研究[M]//教育杂志社.女子教育之问题及现状.上海:商务印书馆,1927:3.
　　② 同上:10.

新时代的女子,如果以为家政一类东西完全可以不学,这似乎和从前纯以贤母良妻为目的有一样的错误罢?"①与此相应,在男女同校问题上,陈东原也反对一概而论,主张区别对待大学与中学的男女同校问题;在论证上,陈东原与姜琦一样,比较重视从科学知识的角度分析男女同校问题。只是姜琦的分析侧重点在"女子",陈东原的分析侧重点则在"知识"。他说:

> 高等教育是造就专门学问的,专门学问有什么性的分别? 所向目的既同,所用教材又同,即不说男女同校还有别的益处,已应该男女同校了。至于受中等教育的女子,我的意思,无论伊将来是升学是谋职业,都应在与学制衔接的功课外授以一种女性特需的教育,以别于男子。②

虽然没有明言,陈东原的主张仍然非常明确,即大学阶段的知识没有性的分别,男女无须分校;中学阶段的知识则有性的分别,男女不应同校。

比较来看,尽管上述两类强调中学应男女分校的主张在价值立场与论证资源方面存在较大的差异,但它们在分析思路上都主要是从"应然"的角度出发。除此之外,还有第三类反对中学男女同校的主张,主要是从"实然"的角度出发,强调结合现实的情况,思考男女同校问题。

1921年孟禄来华访问,他在回答保定第六中学校长周苣澧提出的"中学男女共学,男女都在少年,血气未定,不识有无危险"的问题时强调,男女同校"得看社会情形。社会情形允许共学,则共学之后,即无危险。可共学与否,是实际的问题,不是理论的问题"。他说:

> 在理论上,欧美教育家议论纷繁,言各成理。共学可,分学亦可。从智力方面说,女子不必劣于男子,不过男子间的彼比差异量(Variation),比女子间的彼比差异量较大。即以若干女子与同数的男子比,但女子中聪明者少,而糊涂者亦少。男子聪明者多,而糊涂者亦多。去长补短,男女之智力惟均。至于中材,男女一样,并无区别。所以从智力方面说,男女共学,只要编级合宜,并没有程度不合适的危险。惟从道德一方面说,如儿童由小学起,即分学,社会上男女的界线亦严,忽然共学,社会上既不放心。而男

---

①② 陈东原.中国之女子教育[M]//舒新城.中国新教育概况.上海:中华书局,1928;
164.

女青年,亦没有那种忘却自己性属的习惯,就保不定没有什么妨碍了。①

因此孟禄主张:"若是共学,应当从小学起天天共学,到中学自可习惯成自然,免去妨碍道德的危险了。"这事实上是强调,中学男女同校不可急于求成,而要根据社会实情循序而进。

廖世承应《生活》杂志主编邹韬奋之邀,回答读者提出的中学男女同学问题时也认为:"中学应否男女同学,讨论此问题,须从学理、习惯及事实三方面着想。"②他指出,就学理而论,赞成者与反对者都"各有相当的理由",因此,在男女究竟是分校还是同校问题上"不能使我们作一句肯定的话"。以习惯而言,各国情形又有不同。"美国中学校内男女同学,由来已久";"日本向来只有小学前数年男女可以合校,高小则绝对分开";英国的公学、德国的文科中学和实科中学、法国的国立中学,"绝无男女合校的事实"。"总之,中学男女同学,在欧洲尚属例外,所以从习惯方面,也不能使我们作一句肯定的话。"唯此,中学男女同学问题,"只有就事实上说"。③

在事实层面,廖世承指出,尽管中学男女同学自20世纪20年代初开始试行,并于1926年后风气大开,但从实施的利弊来看,中学男女同学颇有值得商讨的地方。在他看来,中学男女同学并没有发挥多少实际效果,还引起了不少问题,或造成了一些奇怪的现象。就前者而言:"现时单独设立的女子中学校,已比从前加多,女子进大学读书,不一定须藉男子的中学校为阶梯。因此男校招收女生,人数往往不甚踊跃。有时一校男生人数在五六百以上,而女生只有二三十人。人数少,则对于社会的贡献不大。"就后者而言:"有的学校,名虽同学,实则不同班上课,男女生相见,避道而行(北高附中初办男女同学时有此现象)。实则此种现象,亦非怪特,青年富有自觉心及害羞的表示。苟环境一不自然,同学时相嘲狎,即易造成此境界。有的学校,交际又太过分了。学生名虽求学,实则心驰鸿鹄,意在他方。学校当局怕学生的荡检逾闲,想出种种方法来监视束缚,结果于事无补,徒伤师生间的情感。"④

廖世承主张,讨论中学男女同学问题,"不必谈学理,不必谈实习,只须问社会上的需要如何,办学者的动机如何,学生的心理如何,学校的准备如何。

① 杜学元.中国女子教育通史[M].贵阳:贵州教育出版社,1995:399.
② 邹韬奋.韬奋全集(4)[M].上海:上海人民出版社,1995:371.
③ 同上:371—372.
④ 同上:373.

如利多于弊,行之无害,否则似以郑重为宜"。① 尽管与陈东原一样,廖世承没有明言自己对中学男女同校的态度,但从他的叙述来看,他显然不支持中学男女同校。

较之廖世承,陶行知对于中学男女同校的态度更为明确。他说:"我并不是主张中学男女同学的人。我对于中学男女同学的疑问上所得到的答复,还不能叫我十分满意。但是在这个时候要反对中学男女同学,我有些不忍。"②不过,尽管陶行知在情感上比较明确地支持中学男女同学,但基于事实分析,他更明确地指出,男女同学只是不得已的选择,发展女子教育的最好措施是设立充足的女子中学。

在小学和大学男女同学的反对势力已经薄弱的情况下,"中学男女同学还是我们社会吞不下去的一根鱼刺"。对此,陶行知告诫人们不要过分害怕。他类比了男女同学与男女同工,指出:"男女工人的道德程度比我们的学生如何?工头的道德程度比我们的教职员又如何?男女同学之纵有危险,总比男女同工要轻得多。""我深信学校里教职员和同学相互的制裁,可以把诸君所顾虑的一万个危险无形中消灭去九千九百九十九个了。况且学校不是别的地方……诸君所怕的,未必发见;万一发见,纵使不男女同学也是会发见的。"③他呼吁不要害怕中学男女同学,并不是要表达一种积极的支持中学男女同学的态度,而是表达一种无奈的同情,因为还没有足够多的女子中学。他举例说明了中学男女同学值得同情的原因:

> 人饿了要吃饭,没有饭吃的时候,树皮草根都是好的,甚么糟糠当然是欢迎了。看见人家逼于饥荒而我只管储蓄米粮,不加救济,心肠似乎太硬了。精神上对于学问的饥荒是一样的难忍。现在小学女毕业生一天多一天,一部分是一定要升学的。若不许男女同桌吃饭,是不是看他们饿死呢?我以为与其反对中学男女同学,不如积极的去提倡多设女子中学,方为真正负责之人。④

这是说,一方面,女子小学教育的规模在不断扩展;另一方面,女子中学校数量的增长却有限。如此,自然要通过男女同学来解决女子教育的问题。从"饭"

---

① 邹韬奋.韬奋全集(4)[M].上海:上海人民出版社,1995:373.

② 董宝良.陶行知教育论著选[M].北京:人民教育出版社,1991:122.

③④ 同上:122—123.

"树皮草根""糟糠"这些比喻的使用和对比可以看出,陶行知更倾向于设立女子中学,而不是实行中学男女同学。他归纳指出,在实践中,做父母的对于中学男女同学有三种态度:"一是赞成男女同学;二是不赞成男女同学;三是不赞成男女同校,但因为没有相当的女子中学,不得已送女儿到男女同学的学校去求学。"基于这种现实情况,陶行知相信:"我们如果设立女子中学,可以应济第二、第三种需要,我觉得这的确是一种推广女子教育机会的办法。""中学男女同学是教育界不得已的办法,决不能单靠他来解决女子中等教育问题。"①

（三）从公理到真理： 作为常识的新知

或许是得到了上述不同意见者正面的或侧面的支持,20 世纪 20 年代中后期,政府对于中学男女分校的态度也变得较为明确。有如前述,1923 年,教育部虽然在组织与管理上作出了多种限制,但还是认可"各中学可以收容女生"。然而在此之后,一些地方政府没有跟着教育部表态,反而对本地的中学男女同校现象加以禁止。② 1925—1928 年的《申报》和《教育杂志》等刊物上多次出现这样一些消息:"豫教育厅通饬各校实行男女分校","广西省不准八中招女生","粤中学将实行男女分校","广东实行男女分校,教厅呈报省政府分校手续",③"湘鄂政委会对于高小中学男女同校之取缔",④等等。

及至 1928 年南京国民政府成立后的第一次全国教育会议上,中央层面也开始明确支持中学男女分校。在这次会议上,有两个涉及中学男女分校的重要提案。一个是国立中山大学、广东教育厅和广西教育厅联合提出"确立教育方针实行三民主义的教育建设以立救国大计案",其中要求"中等女子学校应独立设置";另一个是大学院高等教育处处长张奚若提出的"实行中等男女分校制案"。前一个提案以国民党中央执行委员会会议提出的"女子教育须确认培养博大慈祥之健全的母性,为救国保民之要图,优生强种之基础"的宗旨为依据,认为"女子在文化上之天职,不尽同于男子",并结合民族、国家以及社会的要求,指出女子的贡献在于保育幼儿和建设良好家庭,这样两种

---

① 董宝良.陶行知教育论著选[M].北京:人民教育出版社,1991:122—123.

② 从教育行政管理的角度看,这种现象的出现至少可以从两方面加以解释:一方面,它与教育部本身的态度有关,因为教育部对中学男女同校只是"认可",并不是"倡导",更不是"要求";另一方面,在中央政府的权威与能力较弱的情况下,即便教育部想"倡导"或"要求"中学男女同校,地方教育行政部门也未必能够实施。

③ 凌兴珍.清末民初"男女同学"的争论与实现[J].四川师范大学学报(社会科学版),2003(4).

④ 教育界消息[J].教育杂志,1928(5).

目的要求"女子教育应有特殊的设施",特别是"中等女子教育,必须独立设置"。具体在学校设置方面,"女子高初级中学,以特别设置为原则,各地方因经济力及教授人材之缺乏,不能分设者,得于男子中学中,特设女子部,专收女生,为特殊之训育"。① "实行中等男女分校制案"则提出了三个理由。一是在生理上,中学适当青春发轫时期,男女同校易引起性的纠纷问题。这既会妨碍学业,也会造成未成年者的生育问题。二是在事实上,男女合校会使一些父母拒绝送子女入学,让一部分女子失去教育机会。三是从比较的角度,中国与欧美情形不同,不可援引他们的做法。譬如,"欧美男女社交公开,已成习惯,而中国则否";"欧美中学多属通学,而中国之中学则多系寄宿"。据此,该案主张:第一,"中学以男女分校为原则,由大学院通令全国实行中等男女分校制";第二,"同城如无独立女子中学,得于男子中学内另设女子部。现行之合班教授制,应一律革除"。②

以上两个提案经大会合并讨论后通过,只是将"确立教育方针实行三民主义的教育建设以立救国大计案"中的"独立设置"修改为"特殊设施"。会间,虽有浙江代表以"男女分校有违男女教育机会均等"和"已开放女禁之中等学校的女生难以处置"为由,对上述提案的通过表示反对,③但大会主席提出,"有特殊者,当可变通办理","众无异议"。④ 1928 年 9 月,何香凝等人又以类似理由请求国民党中央执委会:"如政府实行中等教育男女分校,则现在女校数太少,不敷收容女生,亟宜增设,与男校相等。但在未增设女校以前,务须将中等教育男女分校一案取消。"⑤但这一请求没有得到国民政府的明确应答。

需要指出的是,虽然同样是对中学男女同校表示异议或反对,但 20 世纪 20 年代中后期与"五四"时期的情况有一个重要区别:"五四"时期的异议或反对更多的是"预防性"的,是事情出现苗头时的"免疫",而 20 年代中后期的情况主要是"补救性"的,是既成事实后的"诊治"。上述反对中学男女同校的言论和规定的增多,恰恰从另一个方面表明,1925 年后实施男女同校的地区与学校越来越多。1930 年的教育统计资料表明,即便政府层面并不支持,中学男女同校的情

---

① 中华民国大学院. 全国教育会议报告[R]. 上海:商务印书馆,1928:乙编,44—46.
②③ 同上:乙编,63—64.
④ 中华民国大学院. 全国教育会议报告[R]. 上海:商务印书馆,1928:乙编,46.
⑤ 国民政府秘书处抄送何香凝等提议取消中等学校男女分校案致大学院函[M]//中华民国史档案资料汇编(第五辑第一编,教育).南京:江苏古籍出版社,1994:119—120.

况仍然比较普遍(见表3-3)。① 就连《全国中等教育统计十九年》的编者也在报告中强调,"各省市中学初中、师范、职业兼收女生者计共721校。各省市男女同学之风气甚盛由是可知。如各该校未能照部定中学、师范、职业各规程,男女分班教授,其影响及成绩如何,实至可研究之问题也"。②

表3-3　1930年与1931年各省市普通中学兼收女生的学校数　（单位：所）

年份 性质 地区	1930年						1931年					
	国立	省市立	县市立	已备案私立	未备案私立	合计	国立	省市立	县市立	已备案私立	未备案私立	合计
全国	6	90	193	96	155	540	7	107	258	160	130	662
江苏		10	28	12	9	59		14	33	15	11	73
浙江		12	18	8	1	39		11	17	12	6	46
安徽			10	3	2	15			8	5	1	14
江西		9	5	14	1	29		9	4	17		30
福建		10	15	1	22	48		8	20	8	15	51
广东	1	5	55	8	38	107	1	11	58	9	45	124
广西		10	23	1	2	36		14	32	7	2	55
湖南			2			2		3				3
湖北		6	1	2	5	14		4	1	2		7
四川	1	1	14		7	23	1	1	21		9	33
西康												
贵州		2			1	3		2			1	3
云南			2			2			6			6
辽宁												
吉林												
黑龙江												
河北		3	2	5		10		3	4	8	1	16

---

①　数据来自：教育部普通教育司.中华民国十九年度全国中等教育统计[M].南京：南京京华印书馆,1933：104—105；教育部普通教育司.中华民国二十年度全国中等教育统计[M].南京：南京大陆印书馆,1935：56.
②　教育部普通教育司.中华民国十九年度全国中等教育统计[M].南京：南京京华印书馆,1933：59.

年份	1930 年						1931 年					
性质\地区	国立	省市立	县市立	已备案私立	未备案私立	合计	国立	省市立	县市立	已备案私立	未备案私立	合计
河南		2	3		4	9		4	18	3	2	27
山东		13	15	4	11	43		14	24	8	7	53
山西				6	9	15		2	8	10		20
陕西		1				1		2	1			3
甘肃												
宁夏								1				1
绥远								2			1	3
察哈尔			1			1				1		1
南京		1		3	8	12	1	1		7	2	11
上海	2	2		13	28	45	2	2		17	22	43
北平	2			16	6	24	2			30	5	37
青岛	2					2	1					1
威海卫	1					1	1					1
备注	1. 上海未备案私立女子初级中学道德、振德、道中等三校兼收男生。未备案私立初级中学民治、协进、怀恩、广东四校,兼收女生数超过男生。 2. 福建龙溪乡江女子初级中学附设男子师范班。 3. 山西未备案私立尚志女子初级中学兼收男生。						1. 山西太原私立尚志女子初级中学兼收男生。 2. 上海未备案私立道中女子初级中学兼收男生。 3. 湖南长沙县立一中附设之师讲科兼收女生。					

　　是什么原因造成"五四运动"至 20 世纪 30 年代初,中学男女同校既受阻止但又有所发展的状况呢?

　　首先来看中学男女同校能够实现并获得发展的原因。舒新城倾向于认为,中学男女同校的出现是农业社会发展到工商业社会的一种要求。他指出,中国从前不重视女子教育,如陈独秀所说儒家思想的流弊自然是一种原因,然而最大的原因还是社会组织变更问题:

前清自鸦片战争而后,世界工商业社会组织的潮流,渐渐传到中国小农制度的旧社会了,旧的组织渐渐动摇,新的要求渐渐随各国传教权与内地通商权而渐渐起来。甲午庚子而后,旧组织之不适于生存更增加了明显的实证,新的要求也更迫切。于是光绪二十八年有新教育制度之制定,以增高男子的知识,以后国人与列强的交往渐多,列强在国内经济的势力渐大,国内交通渐便,社会组织亦逐渐工商业化,要想在都市谋生活的人无论是男是女,都有识字的需要;乡间的男子亦因中等以上之学校集中都市,初在都市就学,继在都市谋生,而对女子知识的要求上,发生重大的影响。因为无论如何,女子因生理上的关系,总须有一个时期依赖男子为生,男子底(的)要求变了,女子的需要,也自然要受其影响而改变……所以庚子而后,中国男子底(的)生活既趋于都市化(不论是实际在都市谋生,或受过都市教育之后而回乡间去生活),女子也非有相当的知识不能得到适当的生活,于是女子教育逐渐成为问题。①

按照舒新城的思路,社会组织变更不仅提出了发展女子教育的要求,而且意味着女子教育的推进需要采用男女同校的形式。这是因为,一方面,男女同校被视为发展女子教育,以满足社会组织变更要求的便利途径;另一方面,社会组织变更本身也会逐渐淡化男女之间的界线,为男女同校创造了条件。他说:"男女隔绝的社会习惯,在工商业社会之下,终于不能永久保存,终于要打破,则小学及大学既经打破,中学何以不可打破。"②

舒新城对女子教育以及中学男女同校原因的阐述,夹杂着较浓厚的唯物论意味。尽管当时直接从社会转型的角度来分析女子教育及中学男女同校原因的观点并不多见,但与此相似的强调客观因素的观点却不少见。如前所述,推崇中学男女同校的一个重要理由便是,在经费短缺的情况下,男女同校有利于发展女子中学教育,增加女子的受教育机会。关键是,同样存在女子教育经费短缺的问题,为何1917年的第三届全国教育会联合会和1918年的全国中学校校长会上,与会者在考虑女子教育推广问题时,只提出增设女子学校或完善、扩展既有女子学校,而没有主张男女同校,到1919年后,男女同校却被视为发展女子中学教育的根本途径?陶行知认为,中学男女同学是教育界在女子中学设立不足的情况下不得已的选择。据此,似乎可以这样理解:增设女子中学本是

---

① 舒新城.近代中国教育思想史[M].上海:中华书局,1928:425—427.
② 舒新城.我和教育[M].上海:中华书局,1941:226.

发展女子教育的首选,但由于存在经费与设施上的困难,因此不得不通过男女同校来解决女子教育问题。但即便如此,也存在一个问题:既然以发展女子教育为共同旨归,为何一些男女同校的主张者在支持男女同校的同时,却反对单独设立女子中学?事实上,尽管教育经费一直是困扰女子教育以至教育整体发展的现实问题,但教育界关于女子中学教育经费问题的讨论,更多地集中在1919年之后,主要是在男女同校问题的争论中出现的。换句话说,在某种程度上,不是现实的经费问题引发了男女同校的要求,而是论证男女同校的需要引发了对经费问题的关注。

正如多数研究者所认同的,近代中学男女同校的讨论和实现,主要是妇女解放、男女平权等的意识、价值、规范不断推广与渗透的结果。也正因此,在女子中学发展不力的情况下,中学男女同校不仅具有促进女子教育的工具性价值,而且这种共同教育的形式本身即体现了某种价值观念,具有本体性价值。据此也可以解释,为什么一些人虽竭力倡导女子教育,却反对单设女子中学,主张男女同校,因为他们看重的是中学男女同校的本体性价值。同时,也只有从观念性的因素出发,我们才能合理地解释,为什么1919年前人们普遍倾向于以设立女子中学的方式推进女子教育,而1919年后,则聚焦于男女同校问题,因为正是自1919年始,近代社会的观念转换与思想解放运动达到一个新的高潮。

值得注意的是,尽管大多数教育研究者肯定妇女解放、男女平权等观念,但对于近代中学男女同校现实的重要影响,既有的阐述也存在一些不足,举其要者,有三点:其一,较多地关注观念影响的结果,缺乏对观念影响形成机制的深入追问;其二,着重从民主话语更新的角度来考察中学男女同校问题,忽略了对科学话语的分析;其三,对观念影响的层面与程度缺乏细致的区分。

我们普遍认为,就价值规范而言,中学男女同校之所以在"五四运动"后提出并实现,是因为此时出现了全盘反传统的思想。事实诚然如此,但也需追问,近代的全盘反传统思想是否自"新文化运动"才开始出现?如果不是的话,为什么此时的反传统思想能够催生男女同校的出现和发展呢?

正如金观涛与刘青峰所指出的:"只要我们稍稍放宽历史视野,就可以发现在新文化运动前20年,由甲午战败引发的批判思潮,也具有全盘反传统的性质。""甲午后反对儒家伦理的代表作是谭嗣同的《仁学》,它把包括社会、家庭、个人道德规范在内的整个天理世界看做一张大罗网,主张毫不留情地冲决之。

而新文化运动中,陈独秀的'最后之觉悟'、吴虞的'非孝'、鲁迅的《狂人日记》和砸烂孔家店,只是这种冲决罗网之精神之再次爆发而已。"①在女权及女子教育方面,金天翮在1903年出版的《女界钟》中便将矛头直指传统的专制制度,大呼20世纪是女权革命的时代。他说:"女权之剥削,则半自野蛮时代圣贤之垂训,半由专制世界君主之立法使然,然而终不可以向圣贤君主之手乞而得焉。自出手腕并死力以争已失之权利,不得,则宁牺牲和平以进于激烈之现象。"②同时,金天翮也提出了包括教育权利在内的为后来的新文化运动所普遍强调的六种女子权利:入学之权利,交友之权利,营业之权利,掌握财产之权利,出入自由之权利和婚姻自由之权利。③ 1912年,经吴虞修改后发表的《弥勒·约翰女权说》一文,也对传统的专制思想与纲常礼教进行了彻底的批判。

> 大凡这一国,若是专制国,他这国内的一家,必定也是专制的;这一国的人民若是君主的奴仆,他这一国的女人必定也是男子的奴仆。这两样事好像那影子随着形体一样,不能分开的。因为古来那些谄媚君主,栖栖皇皇穷斯滥矣的人,他主张专制,必要先从祖先家族制度着手,提倡孝弟(悌)二字。……讲忠、讲孝以便专制外,又把女人加入里面,凑成三纲,流毒万世。……这一国里头的人民是君主的奴仆,女人又是男子的奴仆,男男女女尽都是些奴才,还算得有人吗?……若要成为一个完全独立的新国家,先要有堂堂正正的真国民。所以必要由革命为起点,必要由革命使一国的男子、女人都有同等的公权为起点。④

由此看来,尽管"五四运动"时期的全盘反传统思想是推进女子教育和男女同校实践的重要因素,但如果仅仅停留在表面,就难以说明为何"五四运动"时期的思想主张推动了实践,而清末民初时期的思想主张却没有。金观涛和刘青峰的研究提醒我们,对问题的充分解释,需要探究思想主张与文化意识形态背后深层结构的转变。⑤

我国教育史学界普遍持这样一个共识:民主与科学是新文化运动借以全盘

---

① 金观涛,刘青峰. 新文化运动与常识理性的变迁[J]. 二十一世纪,1999(4).
② 金天翮. 女界钟[M]. 上海:上海古籍出版社,2003:48—49.
③ 同上:50—52.
④ 吴虞. 吴虞集[M]. 成都:四川人民出版社,1985:422—423.
⑤ 金观涛,刘青峰. 新文化运动与常识理性的变迁[J]. 二十一世纪,1999(4).

反对传统思想、倡导女子教育的两大支柱，尤其是民主。然而，前文关于清末民初女子教育发展状况的分析同样表明，当时女子教育倡导者的观点与论证中已蕴含民主与科学的诉求。因此，在依靠民主伦理与科学知识倡导女子教育这一思路上，"五四"时期与清末民初并没有差异，真正的差异在于民主与科学在不同社会情形中的影响程度与地位。

金观涛等人运用计量方法，系统地统计了"民主"和"科学"这两个关键词在《新青年》中的使用。研究发现：第一，《新青年》很少使用"民主"这个词，用于批判儒家伦理的大多是"人权"和"个人独立"概念；第二，"科学"除了用来与迷信对立之外，主要用来表示物质、进步、伦理建设等含义，很少直接用于批判儒家伦理。那么，《新青年》在批判、否定传统文化伦理时最常用的是什么词呢？他们发现，用的最多的是"常识"一词。① "常识"概念多于"民主""科学"，成为新知识分子论证新文化与新制度合理性的重点，但这并非意味着"科学""民主"概念的式微，而恰恰从另一个方面表明了它们的深入发展与普泛化影响。因为此时的"常识"本身即是科学与民主的代名词，或者反过来说，科学与民主成了一种"常识"。金观涛等人对《新青年》中的"常识"一词进行统计分析后发现，"常识"毫无例外有三重用法：第一，孔孟学说、节烈观、古代的学问被认为是不符合常识的，常识包含了民主、平等、自由等现代伦理观念；第二，"常识"在绝大多数情况下同"科学"混用，在少数情况中，在将"常识"与"科学"相对时，是把常识看作科学的最初阶段；第三，政治家、新闻记者必须具有常识，儿童必须学习常识，常识可以通过教育获得。常识不仅是行动的根据，而且成为判断事物合理性的最终标准。②

一如有研究者所言，"五四"时期，"再没有人敢公开非难和反对民主与科学"。③ 就民主而言，知识界对民主的公开反对自是少见，就连强调专制独裁的北洋军阀也不得不在表面上保留中华民国的"共和"招牌，所制定的宪法也不得不承认人民享有各种民主自由的权利，而且，每当统治出现危机时，往往在口头上许诺实行所谓民主或"还政于民"，作为挽救危机的一种手段。显然，民主已经成为一种统治合法性论证的力量。就科学来看，一如胡适所言："这三十年来，有一个名词在国内几乎做到了无上尊严的地位；无论懂与不懂的人，无论守旧和维新的人，都不敢公然对他表示轻视或戏侮的态度。那个名词就是'科

①②　金观涛，刘青峰.新文化运动与常识理性的变迁[J].二十一世纪，1999(4).

③　郑大华."五四"新文化运动与近代中国人对民主与科学的追求[N].光明日报，2006－09－18.

学'。这样几乎全国一致的崇信,究竟有无价值,那是另一个问题。我们至少可以说,自从中国讲变法维新以来,没有一个自命为新人物的人敢公然毁谤'科学'的。"他接着指出,即便在梁启超 1918—1919 年旅欧期间发表《欧游心影录》后,"科学方才在中国文字里正式受了'破产'的宣告",但他仍不忘加上"读者切勿误会,因此菲薄科学,我绝不承认科学破产,不过也不承认科学万能罢了"的附注。①

我国近代的民主与科学观念,主要是借由现代西方知识的引入与传播得以形成的,因此,近代民主与科学的常识化亦即新学的常识化。熊月之讨论近代西学东渐问题时提道:

> 对中国知识界来说,三十年前,八大行星之说,地层构造学说,还被视为玄之又玄、高深莫测的新学;二十年前,化学元素之说,万有引力之说,还只有少数学者能够理解;十年前,自主自由之说,反对缠足之说,还被视为洪水猛兽。到 20 世纪初,这些都已经变成童蒙教科书的内容,成为任何一个有文化的人都必须了解的知识和道理。二三十年光阴,新学已成常识,这是西学东渐的明快节奏,是西学已被中国社会广泛认同的鲜明标志,也是西学输入由局部介绍迈向全面涌入的转变象征。②

特别要指出的是,在近代中学男女同校问题上,一般研究者往往强调"民主"的影响,关注西方现代政治学与伦理学知识所倡导的人格独立精神,而相对忽略"科学"的作用。事实上,如果说清末民初在倡导和论证女子教育的过程中,现代民主伦理话语要超过科学话语,且两者的关系不甚紧密的话,那么,随着民国以后唯科学主义的逐渐形成,在女子教育与男女同校问题的论证与争辩中,"民主"与"科学"不仅很大程度上是同一的话语,而且科学话语成为民主话语的基础。当时很多人都相信,科学既能认识自然、发明技术,更能论证道德、增进民主。影响甚广的《科学》月刊的发刊词明确宣称了科学对道德的促进作用:

> 不宁唯是科学与道德,又有不可离之关系焉。……人之为恶,固非必以是为乐也。辨理之心浅,而利害之见淆;故有时敢为残贼而不顾。自科

---

① 胡适.科学与人生观(序)[M]//亚东图书馆.科学与人生观.上海:上海书店,1926:2—3,6.

② 熊月之.西学东渐与晚清社会[M].上海:上海人民出版社,1994:671—672.

学大昌，明习自然之律令，审察人我之关系，则是非之见真，而好恶之情得。人苟明于经济学之定理，知损人之终于自损也，必不为以邻为壑之行，明于社会学之原理，知小己之不能独存，而人生以相助为用也，而人偶共作慈祥岂弟之心油然生矣。又况以科学上之发明，交通大开，世界和同；一发全身之感，倍切于畴昔，狭隘为己之私，隐消于心曲。博施济众，泽及走禽，恤伤救难，施于敌土。四海一家，永远和平，皆当于科学求之耳，奚假铄外哉。……为芸芸众生所托命者，其唯科学乎，其为科学乎！①

之后，唐钺在该杂志上发表的《科学与德行》一文，可视为上段发刊语的扩展版。他详述了科学"有裨于进德"的七个理由：其一，科学之潜移默化，能使恃气傲物之意泯灭于无形；其二，科学使交通、卫生、通商、惠工诸政之条理粲明，进而增进道德；其三，科学能让人为真理而忘其身；其四，科学可避免以私见为公理，促进社会团合；其五，科学可杜绝苟得幸免之心，而养躬行实践之德；其六，科学根据可让人循理处善出于心悦诚服，而非由外铄我；其七，科学能养高尚情操，使学者发民胞物与之情。② 相较而言，任鸿隽的论述尽管没有唐钺"全面"，却抓住了与其相似的主要论证逻辑，即将客观性与合理性（正当性）等同起来。他说，"合理"的意思"完全属于客观的结果，明白事物的关系"，至于这事物的关系，唯有科学方法才能明白。在他看来，诸如古代思想中所倡导的圣、勇、智、知、仁的美行，都是由推理得来的，是靠不住的，不能拿来作善恶的判断；要真正判断善恶，追求"合理"，只能依靠客观的科学，反对迷信，不盲从古说，也不任用感情。③

还有学者则更明确地突出科学与道德在本质或精神上的一致性。譬如，杨铨指出："科学者其原理应用一本大同主义者也。吾人有近世文明，实科学共和寡战三物之功。科学与吾人共和，而寡战乃得实行……科学者，人类平等之基也。"④他相信，科学的人生观不仅是实事求是、自甘淡泊的人生观，而且具有天然的德谟克拉西精神，因为，科学"无强弱，有是非……其拥护真理也，无宗教，

① 转引自：汪晖.现代中国思想的兴起[M].北京：生活·读书·新知三联书店，2004：1171.

② 唐钺.科学与德行[M]//中国科学社.科学通论.上海：上海书店出版社，1992：289—298.

③ 任鸿隽.说"合理"的意思[M]//任鸿隽.科学救国之梦——任鸿隽文存.上海：上海科技教育出版社，2002：206—209.

④ 转引自：汪晖.现代中国思想的兴起[M].北京：生活·读书·新知三联书店，2004：1172.

无阶级,无国家,惟知有真理而已……可知科学的人生观无阶级,无虚荣心,至平等,至高尚也。"①胡明复则将归纳的科学方法等同于"求真"的精神。这种"求真"的精神不但对"排除迷信与盲从"具有重要的批判作用,而且在结果上可以伴随科学的发展而使得"风俗道德与宗教"更加纯粹,以达到一种"真境"。② 因为,"知"真,则事理明(认知),是非彰(判断),而廉耻生(道德);知"真"则不复妄从而逆行。③

反观上文关于近代中学男女同校的论争可以发现,虽然争论的焦点涉及道德问题,但论证的理据与方式充满了科学的味道与精神。而且,较之清末民初,"五四"时期运用科学知识论证女子教育或男女同校问题时,出现了几种重要的变化:其一,在主张者运用科学知识论证中学男女同校必要性的同时,反对者或持不同意见者也申述了男女不可同校的科学理由。如四川国民公会对男女智识和能力差异的强调,尤其是女子教育思想对于男女生理、心理等差异的细致论述。其二,在中学男女同校的争论中,除了运用生理学、心理学等知识外,还出现了专门的与性别相关的性科学。杨冠雄便坚信,性教育的合理展开可以化解男女同校所可能产生的各种不良影响。其三,论争的参与者越来越多地强调事实的重要性。如罗家伦用数据论证,男女同校是解决女子教育的必然出路;廖世承、陶行知则以为,无论理论、习惯抑或情感上有什么理由,对中学男女同校问题的思考,都必须以事实为基础。这里的"事实"即体现了科学意识中的客观追求与求真精神。

在语言学上,新文化运动兴起时,"公理"与"真理"概念的重新界定及运用,既体现了科学的深入影响,也说明了新知的常识化状况。金观涛和刘青峰认为,随着辛亥革命后引入西方民主政治的失败,以及达尔文主义不再时兴,"公理"迅速变为道德的代名词。④ 他们统计了《新青年》《每周评论》《新潮》《向导》《少年中国》五种杂志中"公理"和"公例"两词的用法后发现,尽管"公理"仍有多

---

① 转引自:汪晖.现代中国思想的兴起[M].北京:生活·读书·新知三联书店,2004:1188—1189.

② 同上:1156.

③ 同上:1157.

④ 当第一次世界大战结束,协约国战胜德国的消息传到北京时,中国的知识分子曾上街游行,欢呼公理战胜强权。本来,在清末至辛亥革命之际,"公理"的重要内涵即指物竞天择、弱肉强食的进化论。相应地,在社会达尔文主义语境中,强者生存,强权本身就代表公理。"五四"时期,将强权与公理对立,本身也说明公理的意义已经悄悄地改变。参见:金观涛,刘青峰."天理"、"公理"和"真理"——中国文化"合理性"论证以及"正当性"标准的思想史研究[J].中国文化研究所学报,2001(10).

种含义,如指物竞天择、适者生存,指数理、几何逻辑之理,指与强权对立的自由、平等、正义等现代伦理和道德,指来自西方的普遍公共之理,但其主要的含义是指涉道德和社会正义的。① 一旦"公理"主要指涉道德和正义,而现代知识的深入传播又要求"理"的正当性必须以现代常识为论证依据时,"理"是否和现代常识一致就分外重要了。易言之,"理"原本是正当性的最终根据,而现在与现代常识相符,则成为正当性的根据。这就要求新知识分子必须对"理"作出鉴别并重新论证。相应地,反映在合理性指称的变化上,代表西方公共之理的"公理"便不再具有最终的合理性。一个代表与现代常识相符合的新词出现了,并成为合理性的最终判据,这就是"真理"。②

　　"真理"一词在汉语中早已有之,只是其含义与今天不同。过去,大多数语境中的"真理"一词是用于表达宗教观念以及文学作品是否反映生活真相。直到新文化运动时期,源于合理性标准的变化,才使"真理"获得今天的含义。金观涛等人的研究表明,一方面,总体上看,在新文化运动中,"真理"一词除了泛指正当性外,还有六种意义:一是来自科学、逻辑之理;二是文学、美学所代表的生活之真实;三是宗教之理;四是指新文化、文明;五是指道德正义,如自由、平等、人道、人权等;六是新道德在社会制度上的投射——社会主义和共产主义。这六类含义实际上可以归为真实、真相之理和道德正义两大类。另一方面,1915—1918年,在《新青年》中还可以看到"真理"用于表达宗教义理和文学、美学的用法与表达科学逻辑的频度旗鼓相当,而1918年后,"真理"除了作为道德和一般正当性的最后根据外,在"真实之理"这一项,它主要用于指涉科学和逻辑。③ 这样的前后变化,既意味着科学话语地位的确立,也说明"真实之理"的判断必须依赖现代常识。

　　据上观之,"五四"时期的思想特征不仅在于其全盘反传统的主张,更在于这种反传统主张的背后,中国知识分子常识理性的变迁。尽管清末民初时期引入了西方的现代知识与制度,甚至实现了国体上的现代转变,但在意识形态上,仍维持着知识系统与道德价值二元分裂的状况。而"五四"时期,新知的常识化以及新的"真理"概念的广泛使用,表明新知识分子倾向于用科学知识与现代常识来推出新道德和宇宙观。这意味着,过去二元化的合理性论证结构已经转为一元论的合理性论证结构(见图3-5),④即新知识分子以现代常识作为合理性

---

　　①②③　金观涛,刘青峰."天理"、"公理"和"真理"——中国文化"合理性"论证以及"正当性"标准的思想史研究[J]. 中国文化研究所学报,2001(10).

　　④　金观涛,刘青峰.多元现代性及其困惑[J].二十一世纪,2008(11).

标准,迅速建构了新的意识形态,并用它作为政治制度和社会行动正当性的最后标准。

```
                    ┌→  社会制度
新知识 ──→ 现代常识理性 ┤
                    └→  道德规范
```

图3-5 "五四"时期的合理性论证结构

因此,虽然全盘反传统思想是近代中学男女同校在"五四运动"后出现并实现的原因,但其深层前提则是"五四运动"时期的新知识分子基于现代常识理性对晚清后形成的二元论意识形态的否定,是新知常识化并作为一元化合理性论证依据的结果。正如前一部分的分析所指出的,正是意识形态上的二元论,形成了清末民初女子教育既有发展,又具有强烈的贤妻良母色彩的特点。而意识形态的一元化则意味着,女子教育要在科学与民主等现代常识的导引下,摆脱过去"体用"两分的状况,一方面在实质上实现女子教育规模的增长与教育内容的更新,另一方面在形式上争取让男女接受同样的教育。这两方面的要求都有可能提出中学男女同学的诉求。刘爽在1923年讨论男女同学问题的文章中便提及,自由、平等、男女平权的西洋新空气,已经改变了穷乡僻壤的妇女的思想。"比方在十几年前,若对乡下缠足的妇女说,'你的脚是……应该放的',他们不但不信这'脚应该放'的话,还要说是侮辱他们的体面。……现在却不是这样了,这不是此种空气弥漫了全国的铁证吗?"因此,"男女共学的事情,到了现在,似乎就可说是不成问题了。但一般办教育的人和那些无知识的家庭,还是抱着十分怀疑的态度,在那里大张反对的论调。"[①]针对朱德恒禁止男女同校提案,发表于《民国日报》的《不配笑骂的苏省议员提案》一文也说道:

> 几个提议案满口胡柴,说的是甚么话,我要驳斥他们吗?我太浅薄了。譬如在今日和人辩驳复辟的是非,不是太浅薄了吗!然而民众中也有不少迷信他们的咧,迷信以礼教为魔术的人咧;所以我至少须讲一句话。至于省议会通得过这种提案不能,是省议会全部的知识问题,由省议会自己决

① 刘爽.男女同学问题的研究[M]//《民国丛书》编辑委员会.中国妇女问题讨论集(上册1).上海:上海书店出版社,1989:182—183.

定去吧!①

这些表述皆表明,中学男女同校的实现与思想观念的转变紧密勾连,而"无知识的家庭""全部的知识问题"等话语,则交代了思想转变的知识基础,即现代常识理性的形成。

从知识社会学的角度,新知识分子之所以将现代常识作为合理性的最终根据,有着相互关联的两方面原因。其一是社会面貌的变化。1901年至新文化运动期间,中国现代意义上的城市化进程开始出现,现代通商口岸代替了原先郡县城市的中心地位,民间工业迅速成长。社会的改革促使大量绅士从农村迁移到城市,城市替代农村成为广大知识分子活动的中心。诚然,我们不可高估早期城市化的速度与程度,但生存和生活环境的巨变,还是塑造了新一代知识分子与传统文人对常识和人之常情理解的巨大差异。② 其二,更为重要的是,新文化运动时期的新知识分子与清末民初的维新人士、革命人士有着不同的教育经历。"梁启超这一代人在15岁以前读的是四书五经,成年之后才知悉西方科学,或到日本政法学堂接受速成教育。儒家伦理所根据的传统常识及思维模式,是这一代人文化传统的根底,而现代科学和西方政治经济思想在他们头脑中则是新学,是同常识无关的专门知识。但对于1895年前后出生的新一代人,情况就截然不同了。他们接受教育是在1900年后清廷"新政"实行教育改革以后,学校规定修身和经学课之外,西方科学、社会政治经济知识也占了相当大的比重。"③可以发现,从清末到"五四",刚好是新一代知识分子成长的时期。新式教育本身作为一个重要的变量,成为新知识分子常识理性转变的重要影响因素。

同时,就现代常识理性的生成与近代中学男女同校的关系,还需要回答另一个重要问题:如果上文的阐述合理,那么,为何在现代常识理性已经生成的情况下,还会出现反对中学男女同学的主张与实践呢?可以从四个方面解释这个问题。

第一,前文所说的现代常识理性的生成,主要是针对新知识分子群体而言的,除此之外,"五四"时期仍有不少旧式绅士存在。随着清末现代教育的

①　陈望道.和时代思潮逆流的江苏省议员"禁止男女同校"提案[M]//陈望道.陈望道文集(第一卷).上海:上海人民出版社,1979:175.
②　金观涛,刘青峰.新文化运动与常识理性的变迁[J].二十一世纪,1999(4).
③　金观涛,刘青峰.多元现代性及其困惑[J].二十一世纪,2008(11).

确立与发展,新知识分子的规模一直处于增长之中,到 1909 年,新知识分子在数量上已超过传统士绅。1912 年新学堂在校人数达 300 万,是传统士绅总数的 2 倍。1919 年,据北洋政府公布的数据,在校学生数已经达到 450 万人。然而,尽管旧式士绅的人数在不断减少,是正在消亡的群体,但 1919 年时,他们的总数仍有 70~80 万人。① 这些旧式士绅中的大多数人仍坚持以儒家伦理为根底的传统常识与思维模式,对于男女同校的主张自然有所抗拒,以致要站出来反对。

第二,总体来看,政府或掌权者对中学男女同校,不仅在价值规范上难以接受,而且在管理控制上也不想放松。一方面,"五四"时期既是我国现代思想与现代事物大量涌现的时期,也是军阀混战、武夫当道的时期。军阀的文化程度普遍不高,对现代知识与伦理谈不上有多深的了解和多大程度的接受。他们对教育本就不甚重视,对男女同校在道德规范上亦难以适应。舒新城回忆 1918 年左右湖南的教育状况时曾说:"张敬尧(当时湖南省督军兼省长)是一位纯粹的武人,根本不懂教育,更以为许多乱子都是学校所造成的,而痛恶学校,痛恶教员,所以他到长沙的第一着,就是逮捕教育界所谓滋事分子。"②对教育本身既已如此,对女子教育更不会放在心上。另一方面,不准中学男女同校也是为了控制与管理上的方便。实行男女同校不仅意味着中学组织结构与管理任务发生变化,也会给教育行政带来诸多变化。已经习惯了原来的教育管理方式并相信其效果的管理者,自然不愿意轻易加以改变。更重要的是,已经见识了学生运动所带来的影响的掌权者担心,实行中学男女同学会给本就不太稳定的学校管理秩序增加新的致乱因素。而这种担心因为最初个别中等学校实行男女同学所产生的一些问题,而被证明是十分必要的。

第三,知识界与社会大众常识理性结构变化的步调是不一致的,新知识分子的思想尽管在社会上产生了广泛的影响,但这种影响还不足以实现社会观念的整体转变。譬如,北大女禁虽然开放,但敢于进男校读书的女学生却很少。有论者便指出,女生不敢进男校的原因有两种:一是自己虽愿意,但得不到家庭的准许;二是自己愿意,家庭也不反对,但唯恐不得好结果,被人讥笑,所以暂作观望,不敢随便来。③ 林砺儒等人在阐述北京高师附中的男女同学状况时也提

① 金观涛,刘青峰.新文化运动与常识理性的变迁[J].二十一世纪,1999(4).
② 舒新城.我和教育[M].上海:中华书局,1941:140.
③ 罗检秋.近代中国社会文化变迁录(第三卷)[M].杭州:浙江人民出版社,1998:443.

道:"(男女同学)自实行迄今,尚觉无碍,惟此举与社会风俗相去太远,故一般家庭仍不甚乐其女儿与男子同校。"①而能够接受男女同校的,往往都是更多地接触新兴思想与观念的家庭(见图 3-6)。②舒新城同样相信,青年期男女不宜接触过多这一观念,是受了当时社会习惯的影响。③而《北平弘达中学十周年纪念刊》中亦有这样的记载:"本校中学,男女合级,行之有年,教官方面,未感若何不便,女校分设,似非急务,然终以社会旧习太深,家庭对于女子,仍多不欲送入男女合级之学校。"④诸如此类的言论都表明,当时社会大众的常识结构以及相应的对男女同校的理解,还没有发生根本性的转变。也正因如此,有人呼吁,实现男女同校要发扬"三不怕"的牺牲精神:一不怕同校后所产生的一时的恶结果、恶影响;二不怕惊世骇俗,受群众的阻力;三不怕特立独行,与俗不同,受人讥诮。⑤

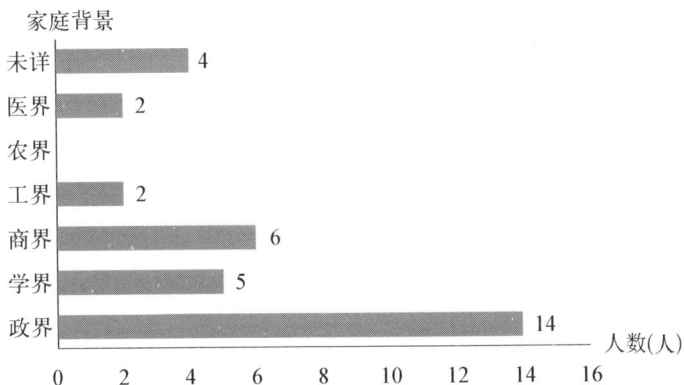

图 3-6 1922 年北京高师附中实行男女同校时的女生人数及家庭情况

第四,即便在新知识分子内部,对现代常识的运用与理解也并非铁板一块,这造成他们对中学男女同校问题的不同态度。正如金观涛等人所指出的,作为

① 林砺儒,程时煃.中国之中等教育[M]//舒新城.中国新教育概况.上海:中华书局,1928:108.

② 此图数据引自:王伦信.清末民国时期中学教育研究[M].上海:华东师范大学出版社,2002:222.当然,这些家庭之所以能够送女儿入学,也有经济因素。但仅凭这一点并不能否认观念因素的影响,因为在具备经济实力的情况下,如果不接受男女同校,是可以选择将女儿送到女子中学学习的。

③ 舒新城.我和教育[M].上海:中华书局,1941:226.

④ 北京弘达中学.北平弘达中学十周年纪念刊[M].1933.

⑤ 中共四川省委党史工作委员会."五四运动"在四川[M].成都:四川大学出版社,1989:524.

合理性的最终根据，"真理"与"天理""公理"有微妙的差别。传统的"天理"强调"天不变道亦不变"；"公理"是公共之理，被视为是近代发明的，是立足于人类认识世界的进步，公理一经发现，往往具有永恒的意义；唯有"真理"虽推崇普遍之理，但强调必须为科学事实所检验和证明。① 由此，一方面，基于不同的事实便会有不同的真理；另一方面，真理必须随时代与情境的变化而有所改变。科学知识的普遍传播虽是近代中学男女同校得以实现的一个重要前提，然而，有一种重要的反对中学男女同校的观点恰恰也是以科学知识为依据的。这表现出科学知识或现代常识内部的不同认识及其争论对男女同校的影响。更为重要的是，随着现代常识的形成与传播，人们的理解也更加深入，甚至会运用现代常识理性的思维对现代常识本身的合理性提出质疑。这一点集中表现为"五四"时期的文化论战，以及由此发展出的 20 世纪 20 年代的"科玄之争"。这些论争中提出的"古今之别"与"中外之异"、"弃旧图新"与"新旧杂糅"、"文化取代"与"中西调和"、"科学"与"人生观"、"科学"与"玄学"等的对立的观点与主张，显露出时人对于现代常识之意义的不同理解和态度。诸如陆费逵、陈东原等反对中学男女同校的人所持的正是文化差异论、中外调和论或新旧调和论。

正是由于上述四方面的情况，现代常识理性尽管在新知识分子中已经生成并普遍化，但在整个社会范围内，其合法性地位并不稳定，与其他价值和观念的合法性处于竞争之中。相应地，也就形成了中学男女同校既有发展又受阻止的状况。

（四）中学男女同校的组织与教育影响

作为一种组织类型与结构的变化，中学男女同校的实现较之女子中学的产生，所形成的组织管理与教育教学方面的影响更为直接和明显。

首先来看男女同校对学校教育者组织关系的影响。中学男女同校给学校组织带来的第一个变化是，男女教师开始普遍地出现在同一所学校中。对此，有人认为是妇女地位进一步提高的证明，而另一些人则忧心忡忡。齐默恩（Zimmern）便说，男女同校或同一结构之下同时开办两种单一性别学校，是人们无法摆脱的忧惧。这种忧惧的一个重要方面是，本来女子学校的校长都是由女子担任的，合校之后往往要"废除女校长而让男校长同时管理男女学生"。②

---

① 金观涛，刘青峰."天理"、"公理"和"真理"——中国文化"合理性"论证以及"正当性"标准的思想史研究［J］.中国文化研究所学报，2001(10).

② ［英］德拉梅特.性别角色与学校［M］.李文，译.成都：四川人民出版社，1988：235.

戴尔的研究也发现,正是混合学校的女教师,对自己的前途忧心忡忡,或者说,她们根本就没有升迁的机会,因此,她们对男女同校最怀有敌意。① 这种敌意的情绪,在戴尔有关男女混合的教员休息室的实地研究中得到了验证。在男女混合的教员休息室,存在三种小团体:男性团体、女性团体和男女混合团体——最后一种仅由青年教师组成。他发现,在混合教师休息室中,教师之间的关系是不融洽的。当询问他们对男女同校的看法时,一位男教师声称:"如果学校只有一种性别的人,则无论是在课堂上或在教员休息室里,生活都会更加平静,也会更少分散精力。"而另一位女教师则写道:"只有那些在男人学校里站不住脚的男人才可能到混合学校去申请工作。至于希望去混合学校的妇女,其主要目的是希望在那里找到合适的丈夫!"②戴尔的研究发现是否言过其实或是否具有普遍性是另外一回事,但他的研究至少说明了男女同校对学校组织成员关系的影响。

更多有关男女合校制的实践影响的研究集中在学生身上。相关研究普遍发现,在管理学生的方式上,单一性别的女子学校更强调控制和规则,而男女学生混合学校的气氛更为轻松和友好。③ 而在学业成绩方面,不同的研究有不同的结论。"一些研究者发现,女子学校表现出更明显的学业倾向,而另一些研究则发现,在单一性别类型和学业倾向之间并没有显著的正相关关系。运用国际教育成就评价协会(IEA)1970 年的统计数据,芬恩(Finn)对美国和英国单一性别与男女合校中 14 岁儿童的科学和阅读的态度、成绩进行了一项跨国比较研究。在对美国单一性别学校的小样本(样本为 8)和男女合校进行对比时并没有发现显著差异,但是英国的样本(包括 47 所单一性别学校)却出现了明显的不同。英国男女合校中女生的科学和词汇成绩比她们的男同学差,而单一性别学校里的女生,其阅读和科学成绩却遥遥领先。"④斯特赖特马特(Streitmatter)的研究似乎能够部分地说明英国的情况。他的研究表明,较之单一性别课堂和学校里的女生,男女合班的女生不大爱提出问题和回答问题,更少地担任领导角色,且较少地参加科学和数学课程,对自我学习的控制感也更差。⑤

---

① ［英］德拉梅特.性别角色与学校［M］.李文,译.成都:四川人民出版社,1988:236.
② 同上:181.
③④ 洛克希德,李.男女合校与单一性别学校［M］//［瑞典］胡森,［德］波斯尔斯韦特.教育大百科全书(第 2 卷).张斌贤,等,译.西南师范大学出版社,海南出版社,2006:504.
⑤ ［美］费德恩,等.教学方法——应用认知科学促进学生学习［M］.王锦,等,译.上海:华东师范大学出版社,2006:227.

此外,还有一些研究比较了男女合校与单一性别学校对于学生尤其是女学生心理与态度的影响。有研究发现,与男女合校中的同龄女生相比,女子学校的女生对妇女角色的看法较少受刻板印象的影响,并且在高中的后两年,性别角色的刻板印象会减弱。单一性别学校里的高中女生,对女性主义运动表现出更强的兴趣,而男女合校中同龄女生这方面的兴趣则少许多。男女合校中的女生比女子中学的女生更惧怕成功,而那些连小学也就读于单一性别学校的女生,对成功的恐惧要轻得多。还有研究者通过实验发现,当在单一性别的条件下进行游戏时,青春期女孩的参与率和领导行为会增加。在认知和情感领域,单一性别群体的积极影响已经在一年级的女生中得到了证实。①

尽管上述研究发现更多的是从单一性别学校的角度切入的,注重不同学校组织形式对女学生的影响,且有反对男女合校的倾向,②但他们仍从侧面反映出男女合校对学生管理、学业成绩以及心理与态度的影响。

有关我国近代中学男女同校的实践影响的史料与研究并不多,但即便是通过一些间接的材料或零星的记载,我们也能够体会到男女同校这一新的学校组织形式所产生的影响。就中学男女合校对教师的影响来看,最为直观的是,女性教师的数量在20世纪20年代增长非常快,其增长速度甚至超过男性教师(见表3-4)。③尽管这种增长与女子中学数量的增加有较大关系,但无疑也与男女合校制学校开始使用女性教师有关。再者,中学男女合校也在一定程度上促进了女子教育整体规模的发展。根据表3-3中1930年的统计,该年实施男女合校教育的学校有540所,即便估计平均每所学校招收女学生20人,总数也达到1万多人,而当年全国中学的女学生总数是59 939人,④由此可见男女合校对女子教育整体发展的作用。

---

① 洛克希唐,李.男女合校与单一性别学校[M]//[瑞典]胡森,[德]波斯尔斯韦特.教育大百科全书(第2卷).张斌贤,等,译.西南师范大学出版社,海南出版社,2006:505.

② 我国近代关于男女合校的争论中存在"男女平等"与"女子教育"两种不同的观点。从历史发展的角度看,对男女合校的认识也存在时代的差异。早期的女权主义者根据性别平等的原则,要求男女合校式教育,而现代的女性主义者则从性别公平的观点出发,倾向于单一性别的学校。参见:史静寰.妇女教育[M].长春:吉林教育出版社,2000:155—159.

③ 此表数据引自:王伦信.清末民国时期中学教育研究[M].上海:华东师范大学出版社,2002:222.

④ 王伦信.清末民国时期中学教育研究[M].上海:华东师范大学出版社,2002:222.

表 3-4　1912—1929 年中学教师的数量及性别比较

年份	教师总数（人）	男教师数（人）	女教师数（人）	女教师百分比
1912 年	3 639	3 533	106	2.91%
1916 年	4 418	4 320	98	2.22%
1929 年	20 002	18 671	1 331	6.65%

此外，就男女合校对学生学习与交往的影响，前文描述北平男女同校情况时便指出，男女同校确实在一部分男女生之间形成了一种互不相让、暗地较劲的良性学业竞争氛围，也对男女生的日常习惯与性情修养起到了促进作用。但同时，在男女同学的学校里，也出现了选皇后、校花之类的事，好些女生荒废了功课，专在修饰上用功夫，画眉、擦粉、涂口红、烫发等。[①] 还有人描述了在男女同校的不同阶段男女学生的不同反应。最初，当女生监学第一次带女生走进教室时，有的男学生"顿改其昔日议论风生之常态，均相顾无言，一举一动不能任意，故视女生如赘疣，多远避之"；有的男学生则因好奇，在相隔百码外的宿舍里用望远镜偷窥女生宿舍。到后来，随着"女生日多，交际日密"，尽管学校对男女学生的交往严格限制，但学生仍是"上有政策，下有对策。'男女学生，或托词打电话，而在电话间谈天者；或假名为藏书室内读书，而对坐言情者；或藉词组织音乐团，而藉以聚首者。诸如此类，不胜枚举，而校中亦防不胜防矣。'男生给女生的情书，有的从邮局寄，以避免监学的检查，有的甚至'将信夹在图书馆之大字典内，以咳嗽为号，而令女生前往领取者，此则藉字典为红娘，乃寄信中之别开生面者也'"。[②]

三、　男女分校之回流

进入 20 世纪 30 年代后，中学男女同校的合法性地位仍然不甚稳定。1933 年，国民政府教育部制定颁布的《中学规程》第二十二条规定："中学学生以男女分校或分班为原则。"这一政策规定较之 1928 年第一次全国教育会议上通过的"实行中等男女分校制案"虽有所松动，但总体上仍对中学男女同校

---

①　血因. 北平男女同校之一斑［M］//梁国健. 故都北京社会相. 重庆：重庆出版社，1989：27—28.

②　王立诚. 美国文化渗透与近代中国教育：沪江大学的历史［M］. 上海：复旦大学出版社，2001：122.

持不支持态度。与此同时,社会上和一些地方政府也出现了非议中学男女同校的言论以及取缔男女同校的活动,从而在 20 世纪 30 年代前期形成了一股中学男女分校的回流之潮。这一时期中学男女分校情况的抬头,与文化价值与规范观念上的争议有关,具体表现为两个方面,一是强调本土文化的知识分子对于代表西方价值的现代常识理性在中国的适应性提出质疑;二是国民政府以一种盗用科学的方式,对中国传统思想和道德伦理进行“现代”阐述,以此否定现代常识的价值。

(一) 本位文化: 学术政治化与政治学术化

“五四运动”前后的文化论战与“科玄之争”,虽伴随着国内战争的日益激烈而逐渐消逝,但作为一种思想潜流,中国还是外国、西化还是保守、传统还是新知等不同的价值取向,依然存在于社会深层,其内在的对立与冲突并没有停止,至 20 世纪 30 年代初期,又再次积聚为“本位文化”与“全盘西化”的文化论战。胡适在 1929 年发表的《今日中国的文化冲突》一文中曾提出“全盘西化”(wholesale westernization)与“充分现代化”(wholehearted modernization)的口号,但在当时还未引起知识界的热烈争论。1934 年 1 月广州《民国日报》副刊“现代青年”专栏发表岭南大学教授陈序经的《中国文化之出路》一文后,在广州思想文化界引发了一场规模不大的文化论争。接着,王新命、何炳松等十位教授针对“全盘西化”论,联名发表《中国本位的文化建设宣言》,文化论战在全国展开。

论战中的本位文化派强调,作为中国人,我们要“格外尊敬我们自己的民族”。① 这是因为:②第一,中国文化的落后和中国社会的落后是中国自身文化的丧失造成的。王新命等人在《中国本位的文化建设宣言》中写道:“中国在文化的领域中是消失了;中国政治的形态、社会的组织和思想的内容与形式,已经失去了它的特征。由这没有特征的政治、社会和思想所化育的人民,也渐渐的不能算得中国人。”在他们看来,“中国在文化的领域中”之所以会“消失”,原因就在于,近代的几次文化运动特别是“五四”新文化运动,“轻视了中国空间时间的特殊性”,其结果不仅未能解决中国文化的存在问题,相反导致了中国文化的失落。第二,绵延千年的中国传统文化尽管有其不足和糟粕,但精华是主要的,而被西化论者视为精华的西方文化,同样有其糟粕,譬

---

① 赵立彬.陈序经与 1934 年广州文化论战[J].广东社会科学,2000(5).
② 郑大华.30 年代的“本位文化”与“全盘西化”的论战[J].湖南师范大学社会科学学报,2004(3).

如历史的"惰性""拜金主义""性史、春药、洋八股"等。因此,在吸收西方文化时,应"取长舍短,择善而从"。

在胡适看来,十位教授提出的本位文化建设的原则是早年张之洞的"中学为体,西学为用"主张"最新式的化装"。① 就文化主张来看,胡适的判断不无道理。但从论证思路与理论资源的角度看,本位文化派非但不是意识形态二元论的拥护者,反而深深地表现出一元化的现代常识思维。这也正如金观涛等人所指出的,由于强调客观性、可变性与验证性,真理的常识合理性结构具有一种解构的内在力量。② 首先,本位文化派强调文化的选择要基于"中国空间时间的特殊性",其所运用的原则即是"真理"的客观倾向与求真精神。《中国本位的文化建设宣言》明确提出,文化选择要"不守旧,不盲从,根据中国本位,采取批判态度,应用科学方法来检讨过去,把握现在,创造将来"。③ 叶青亦赞扬《中国本位的文化建设宣言》"完全立足于科学之上"。④ 其次,一些本位文化论的主张者正是依据"真理"来反对"全盘西化"论的。张磐用以反对"全盘西化"论的理论基础即是在当时被视为"真理"的马克思的经济史观。他指出:"人类的生活,既建筑在经济基础上头,无论谁,都跳不出经济的圈子,而受所支配。而文化就是人类的生活表现。所以,文化当然要受经济势力所决定。"⑤其言下之意,新旧文化的选择要就社会经济基础的强弱而定,中国经济基础尚且薄弱,不宜盲目高唱西方文化。

20 世纪 30 年代前期文化本位论的兴起,与当时民族危机的加剧以及西方文化本身的分裂有密切关系。"九一八事变"后,日本侵略中国的野心与军事行动不断升级,《中国本位的文化建设宣言》的提出,某种程度上正反映了民族危机来临时的焦虑。萨孟武强调:"所谓中国本位的文化,就是以谋求中国民族利益为前提,以复兴中华民族为目的。"⑥樊仲云亦说,提出建设中国本位文化的主张,是"为了恢复中华民族的自信力"。⑦反过来讲,文化本位论者不相信诸如陈序经所说的"全盘彻底的西化的中国是自信心最强的民族"⑧的观点。因为在他们看来,当时的西方文化本身亦处于分裂之中。张磐即指出,西

---

①③　郑大华.30 年代的"本位文化"与"全盘西化"的论战[J].湖南师范大学社会科学学报,2004(3).

②　金观涛,刘青峰."天理"、"公理"和"真理"——中国文化"合理性"论证以及"正当性"标准的思想史研究[J].中国文化研究所学报,2001(10).

④⑦　赵立彬.本土、西化与 1935 年文化论战[J].福建论坛·人文社会科学版,2004(5).

⑤⑧　赵立彬.陈序经与 1934 年广州文化论战[J].广东社会科学,2000(5).

⑥　尤小立.20 世纪 30 年代文化论战的现代思考[J].江海学刊,2000(5).

方文化向"左"变成社会主义文化,向"右"变成法西斯文化,在这种现实下提倡"全盘西化",必然导致青年们"目眩心迷,应接不暇。全盘接受,无异吞了矛盾的炸弹。年来中国文化界的混沌、紊乱,就是如此"。① 王峰也强调,因为资本主义社会内部的矛盾,西洋文化本身已在不断地接近没落,中国社会又不可能走上资本主义道路,因而西洋文化既"不可以移植于中国",同时又"不能移植于中国"。②

除了民族危机与西方文化状况之外,文化本位论的兴起,更重要的是出于政治方面的支持。一如有研究者所指出的,在文化论战表象的背后,可以看到对中西文化的态度与当局的思想控制之间存在一种明显的联系,即在相对自由的环境中,"全盘西化"的主张较容易受到影响;而在当局控制相对严密的氛围中,"全盘西化"的主张较易受到攻击。③1924—1927年的大革命以及南京国民政府成立后在经济、军事方面的努力,尽管提升了国民政府的统制能力,但社会矛盾依然突出,尤其是国共两党的对抗与斗争,日益激烈。为巩固、强化国民党在意识形态的支配地位,国民政府自20世纪20年代后期起,其政治上的独裁倾向日益明显,对思想方面的控制极其重视。譬如在教育领域,为推行"党义",国民党中央制定了《各级学校党义教师检定委员会组织条例》《检定各级学校党义教师条例》等文件,从组织上规范党义教员任教资格。④ 在教科书方面,南京国民政府教育部于1929年1月公布《审查教科图书共同标准》,其第一项即要求,教科书必须满足"适合党义、适合国情、适合时代性"三项精神。⑤

文化本位论强调保存中国"固有的优良文化",如"世界许多学者所称道"的文学、历史学、哲学和艺术学,"忠孝仁爱信义和平"的道德,"宫殿式美观的建筑,调味素备的饮食",古时"很好的政治哲学"等,⑥反对欧美的自由主义与苏俄的社会主义,这与国民党强化意识形态与思想控制的意旨十分投合,自然得到国民政府的力挺。事实上,从郑大华等人的研究来看,十位教授的宣言所体现的正是国民党官方的政治意图。在知识界的文化论战全面展开之前,国民党中已开展了"民族主义文艺运动",借民族主义之名,为国民党的文化政策进行铺垫。1932年"中国科学化运动"的推进与1934年"中国文化建设协会"的成

①②③⑥ 赵立彬.陈序经与1934年广州文化论战[J].广东社会科学,2000(5).
④ 顾树森.中国历代教育制度[M].南京:江苏人民出版社,1981:280.
⑤ 中国第二历史档案馆.中华民国史档案资料汇编(第五辑第一编,教育)[M].南京:江苏古籍出版社,1994:92.

立,都是希望以中国本位的文化建设主张来统一整个思想文化界。而《中国本位的文化建设宣言》无论是在酝酿、发表还是在随后的宣扬、讨论阶段,都得到了国民党的大力支持。①

因此,从文化本位论的角度来看,20世纪30年代的文化论战不仅是一场学术争论,更是一场政治辩护。而与文化论战的"学术政治化"倾向相呼应的是,政治领域也出现了"政治学术化"的意识形态修饰现象。

20世纪二三十年代科学思想的广泛传播,也"招致了一个奇怪的哲学客串者"——国民党哲学。"虽然这位客串者假借科学的流行及其现代性、可敬性和适时的开放意识,但其哲学根本没有建筑在科学之上。"②1934年,蒋介石在南昌发起了"新生活运动"。这场运动名为"生活运动",实为政治归化、军事动员与思想统制。正如费正清等人所指出的,"新生活运动"是希望创造一个像德国一样"具有严格纪律和无条件服从领袖意志的军事化的社会形象"。蒋介石曾自问自答地解释:"什么是我现在提倡的新生活运动?""简单地说,就是把全国公民的生活彻底军事化,以便他们能够培养勇敢敏捷、吃苦耐劳,特别是一致行动的习惯和能力,以便能在任何时候为国家做出牺牲。"③

为了培养民众的纪律意识、勇敢精神与服从意愿,"新生活运动"竭力推崇传统的儒家伦理,提出要"重新估定人生价值",复兴以礼义廉耻为核心的道德问题。④ 有意思的是,尽管国民政府强调传统道德文化的重要意义,但在政策论证过程中,却充满了附会"科学"的味道。

> ……这大学一书,不仅是中国正统哲学,而且是科学思想的先驱,无异是开中国科学的先河!如将这大学与中庸合订成本,乃是一部哲学与科学相互参证,以及心与物并重合一的最完备的教本,所以我乃称之为"科学的

---

① 郑大华.30年代的"本位文化"与"全盘西化"的论战[J].湖南师范大学社会科学学报,2004(3);赵立彬.本土、西化与1935年文化论战[J].福建论坛·人文社会科学版,2004(5).

② [美]郭颖颐.中国现代思想中的唯科学主义(1900—1950)[M].雷颐,译.南京:江苏人民出版社,1998:153.

③ [美]费正清,费维恺.剑桥中华民国史(1912—1949)(下卷)[M].刘敬坤,等,译.北京:中国社会科学出版社,1994:145.

④ 谢早金.新生活运动的推行[M]//张玉法.中国现代史论集(第八辑).台北:联经出版事业公司,1982:255.

学庸"。①

> 本来现在所谓科学,就是我们中国以前所谓格致之学;而"格致"两个字,又是根源于大学"致知在格物"这句话而来的。可见中国在二三千年前,就有科学了;既然有了科学,当然就有科学方法。因此,科学方法也并不是现代才发明,更不是只有外国才有的。在孔子时代就已经讲得很明白,他所谓"物有本末,事有始终,知所先后,则近道矣"。②

一如郭颖颐所言,"致知格物"可能是十分科学的,但历史上它指的是为道德的完善而从古书中寻求真理,而不是探索一种严密的知识或为解释资料而创造一种新语汇。国民党强调"格物致知"的主旨是"乞灵于古典经籍",为"新生活运动"和思想统治服务,又要"盗用科学以使其哲学成果变得尊贵"。③这也从另一个角度反映了当时科学话语的流行。

蒋介石有关科学与中国传统思想的言论还相对零散,缺乏推论,陈立夫则把科学融进了国民党的理论,创建了为唤起被蒋介石称为"无精神"的人民的努力提供玄学依据的哲学——唯生论。唯生论以《易经》《大学》《中庸》等中国传统思想为基石,认为宇宙能够永远变化而不中断,这种本质称为"生元",具有物质力量和精神力量,是"生生不已"的能力。为了论证唯生论的合理性,陈立夫一方面注意与现代科学知识作类比,另一方面援用了西方生命哲学的主张。他试图运用爱因斯坦的相对论为"生元"所兼具的功能作用和实体作用作科学论证。他认为,《中庸》中的"诚"是与杜里舒(Hans Driesch)的"生之原理"和柏格森(Henri Bergson)的"生命冲动"一致的概念。④

然而,陈立夫"对科学的运用充其量是折中的,目的在于支撑他的体系。……他随便用'能量'和'物质'来意味'灵魂'和'意志',并不精确地用'惯性'表示能力未解放的状态,所有这些词都用来服务于非科学目的。""他的哲学的根本目的明显是为国民党的行动服务的。""根据他的哲学,他要向人们提供一种'意志'(精神力,在他的哲学中,物质从个人的存在变成集体的存在)。这种意志将使他们首先作为个人行动,然后,更重要的是,作为有能力的公民,在'诚'中达到顶点。他的哲学便成为一种对思想体系、心理学和

---

①②③ [美]郭颖颐.中国现代思想中的唯科学主义(1900—1950)[M].雷颐,译.南京:江苏人民出版社,1998:154.

　　④ 同上:155—156.

传统的操纵器。"①

　　基于学术与政治有意或无意的共谋，在"礼义廉耻"的行动总纲下，随着"新生活运动"的推行，20世纪30年代前期的社会中开始涌动一股复古的思潮，"妇女回家"的论调越喊越高，"贤妻良母主义"也被重新提起。正如时人所言："妇女回到家庭里去，三从四德抬头了！新生活运动竟被人误解作复古运动，竟被人用做压迫妇女的工具，未免太可惜了！""提倡礼义廉耻的新运，足以助长复古的心理，一切压迫妇女的势力，日渐伸张。更加上希特勒的妇女须回到家庭、回到厨房、回到摇篮的主张等，无不表示妇女今日环境的恶劣！"②譬如，李赋京认为："女子生育，就是社会的起始，女子养育孩子，就是为社会服务尽责任，其他的都是次一等的。"金铎在国民党刊物《正论》中也大讲："一个妇女，能叫一般人对她油然生尊敬之心，一定是一个尽了责任的女子，或是孝女，或是良妻，或是贤母。""出嫁是女子最好、最相宜、最称心的职业。"还有一些人说得更直接："原来男女之间是不能讲平权或平等的，既然讲了，结果自然难免是一种'乾纲废颓'与'坤纪荡驰'的局面。""在政治上最出风头的女性最是坏蛋，但他们是不足以代表新女性的。"③除此之外，诸如《妇女共鸣》等杂志社还出版专号，鼓吹"新贤良主义"。而所谓"新贤良"，其实仍是在复述晚清时期的"天职论"与"家国说"。

　　"女子回家"与"贤妻良母"的复古思潮，在教育领域表现为对现代女子教育的怀疑，特别是反对男女平等教育。1935年，国民党"五大"宣言便公开强调，女子教育要"培养仁慈博爱、体力智识两俱健全的母性，以挽种族衰亡之危机，奠国家社会坚实之基础"。④吴兆洪在《贤妻良母的女子教育》一文中亦说道："把贤妻良母教育看做是一种不平等的教育，是一种浅薄而显著的误解。女子在家庭里工作，与男子在社会上工作，是各就不同的天赋的体力脑力，对于人类社会作一个适当的贡献。……这是一种内外的分工。"⑤发表于1935年9月署名"何子恒"的《中国女子教育问题之商榷》一文则指出，都市知识妇女生活"骄奢淫逸，靡丽纷华"，"除消费外，无所事事"。至于"家庭之如何管理，子女之如何教

---

　　① ［美］郭颖颐. 中国现代思想中的唯科学主义(1900—1950)[M]. 雷颐，译. 南京：江苏人民出版社，1998：155—156.

　　② 夏蓉. 20世纪30年代中期关于"妇女回家"与"贤妻良母"的争论[J]. 华南师范大学学报(社会科学版)，2004(6).

　　③④ 中华全国妇女联合会：中国妇女运动史(新民主主义时期)[M]. 北京：春秋出版社，1989：340—341.

　　⑤ 杜学元. 中国女子教育通史[M]. 贵阳：贵州教育出版社，1995：540.

养",则"往往毫不措意,悉以委之仆佣保姆之手",这是女子教育错误之结果。"女子之将来,无论学问知识若何,结果不过生儿育女",又"何必立极大之志愿,从事于某种专门科学之研究?"此外,山东省教育厅厅长还明确提出:"今后女子教育方针,趋重贤妻良母,陶养安定家庭社会。"1936 年 4 月,广东省在取缔妇女奇装异服之令难以实行的情况下也进一步认定,这是妇德缺乏修养,妇女缺乏贤妻良母教育的结果,并据此提倡贤妻良母运动,还指派女子师范学校校长等人到日本考察贤妻良母教育。①

(二)男女分校: 政治的力量与规范的影响

有如前述,20 世纪 20 年代末期,从中央到地方就已出现实行中学男女分校的倾向,但在当时,中学男女同校基本上还处两可的状态,没有强为划一。随着 20 世纪 30 年代复古思潮的出现以及贤妻良母教育主张的提出,中学男女同校问题再次受到关注。不仅这一阶段有关男女同校问题的理论讨论自"五四"时期的热潮稍微沉寂之后又有所集中,甚至出现了一些专门的译著(如刘清泰翻译的《关于男女同校理论之探讨》);诸如北平、广州等地区还出现了比较激烈的将既有男女合校的中学强行分校的运动,并在全国范围内形成了广泛影响,成为整个社会一时的焦点。② 以下以北平自 1935 年 4 月开始发起的取缔私立中学男女同校运动为例,阐述 20 世纪 30 年代中学男女分校之回流的基本情况与影响因素。

1935 年初,北平市政府第 246 次会议决议通过市长袁良交议的"取缔本市私立中等学校男女同校一案"。③ 同年 4 月 25 日,市政府发出训令,将前项决案交北平市社会局拟订方案。有关实行中学男女分校的理由,该训令的附案中是这样说明的:

> 查整顿男女风化,本为推行新生活之主要条件,前奉蒋委员长电,以"繁荣北平须先从整顿男女风化入手",……惟查本市内男女学生在校之风

① 夏蓉.20 世纪 30 年代中期关于"妇女回家"与"贤妻良母"的争论[J]. 华南师范大学学报(社会科学版),2004(6).

② 北平广州男女分校问题[J]. 中华教育界,1935(4).

③ 乔凌霄.1935 年北平市实施中学男女分校及设立第二女子中学史料(一)[M]//北京市档案馆.北京档案史料(2001.4).北京:新华出版社,2001.关于北平市实施中学男女分校情况的另一部分档案是:乔凌霄.1935 年北平市实施中学男女分校及设立第二女子中学史料(二)[M]//北京市档案馆.北京档案史料(2001.3).北京:新华出版社,2001.以下关于此事件的阐述,如未特别标注,均来自这两份资料。

化,除专科以上学校前已由府函请教育部严令整饬外,关于中等学校,虽由社会局责令各该校长严切执行,但迄未规定切实执行办法。故数月以来,收效甚微。兹查中学男女学生,多数年龄皆在十六岁至二十岁之间,正血气未定之时,同室教授,同校居住,影响学生修身向学之心甚大。现在除市立中学、师范皆男女分校外,其余私立中学约六十余校,大多皆男女生兼收,殊于学生学业造诣、身心修养,均有妨碍。

此训令要求,自 1935 年下年度起,北平市私立中学男女学生一律分校教育。在具体办法上,一是各男子私立中学新招生时不得再招收女生,二是要对既有的男女合校之私立中学中的女生进行转学。同时,为了解决私立中学男女合校女生转学的问题,北平市政府一面扩充当时的北平第一女中班数,一面着手在该市党部所遗留房屋的基础上,开办市立第二女子中学。

然而,对于市政府取缔私立中学男女合校的训令,很多私立学校并没有严格执行,也不想执行。一方面,一些私立学校的招生广告中仍称招收女生(按当时北平市社会局的观点来看,这些私立中学虽以分校或分班的名义登载招生广告,其实学生仍在同一校舍中学习。后来社会局又提出,以"分校"名义招生与 1933 年 10 月教育部颁布的《修正私立学校规程》中所规定的"私立学校不得设分校"的要求不符);另一方面,很多私立中学还团聚在私立中学联合会这一组织下,以各实行男女合校教育的私立中学已经教育部备案为由,认为北平市取缔男女合校的做法不甚妥当,甚至有歧视教育之嫌。因此,他们呈请教育部出面处理这个问题(北平市社会局后来通过阅览报纸得知此事)。

教育部亦于 1935 年 5 月 9 日指令北平市社会局,要求呈核关于取缔私立中等学校男女合校的方案。但由于北平市社会局没有公布教育部的指令,也没有给出具体的答复,于是,私立中学联合会再次呈文教育部,详细申述了招收女生的如下理由:

（一）男女同学互相观摩,盖所以调剂刚柔,平均动静,用意至深,为功亦巨。

（二）查中学规程第二十三条有"新开办之中学第一年不得招收二年级以上学生、第二年不得招收三年级学生"之规定,则被停之二三年级之女生将无处收容。因新开办之市立女二中,遵守规程,即不能招收二年级以上之编级生。

（三）查部令一再修正，而通行全国之中学规程，平市既为国有直辖市，当不能擅自变更……

（四）查私立学校规程第四条有"私立学校不得设立分校"之规定，究竟解释若何，究竟取缔男女合校之意，持何理据何法理与事实，迄无明文之颁布，惟就报载平市当局之言论，谓为"男女同学有伤风化"，则风化云者。凡影院茶园，以及公园游泳池等处，无往而不与风化问题攸关，此而不禁……

（五）查男女合校举世通行，平市为吾国中央直辖市，更为文明古都……

（六）查各校课本与进度，均不相同，勒令数十校课本不同、进度各异之女生，聚于一校授课，……必不相合。

（七）查通学生（即走读生——著者注）距校过远，在家食宿，极感困难，如在校食宿，需费较多，经济问题，亦足以迫令失学。

（八）查本会各校，内有免收学费及代筹食宿费办法，盖为救济勤苦及流亡子女，今一旦中途迫令转学，试问此项贫苦女生，是否能予以免收学宿膳各费。

（九）查本会各校内有职业科、商科、师范科之女生，学力不同，志愿不同，必迫使归入普通女校，对于课程实难曲就。

（十）查本市私中立案者六十余校，除单独女校及少数特殊男校外，均属男女合校，……今骤令离校转学，各校必有不成班者，值此人心不定之北平，不加限制，学额既已锐减，况又加此挫折……①

与此同时，在相关报刊对北平市取缔中学男女合校行为进行报道之后，不少妇女组织纷纷开展活动，发表言论，对北平市政府当局的做法表示反对。②1935年6月5日，上海市中华妇女运动同盟会、妇女协进会等四个妇女团体联合发表宣言，斥责北平市市长提议取缔私立中学男女同学是一种"极端反潮流反时代"的举动。南京妇女会也于同年6月10日通过了反对北平市中学男女分校的决议，并呈送教育部，希望其令饬北平市社会局维持中学男女同学原案。

---

① 北平广州男女分校问题[J]. 中华教育界，1935(4).
② 杜学元. 中国女子教育通史[M]. 贵阳：贵州教育出版社，1995：541.

镇江、北平、天津等地妇女界也先后发表了类似的宣言。

受到社会舆论的压力,教育部收到私立中学联合会的呈文后,批令北平市社会局"取缔男女合校,影响教育前途,殊与规程不合,应予制止以维法令",①并在1935年7月10日致北平市社会局的函中提道:"查中学男女生虽以分校分班为原则,但仍以男女教育机会均等为大前提。如因事实上之困难,在分班肄业之后,有妨女生受教育之机会,自应予以变通办理,以应需要。此后各私立中学招收新生,应遵照上述原则办理。"其后,教育部又于7月17日回复北平市社会局的函中说道:"查中学教育应兼顾管训之便利,与男女教育机会之均等。就管训一方面言,则男女生分校或分班教学,自有优点,故中学规程有'中学以男女分校或分班为原则'之规定。其所以不强为划一者,虑有妨男女教育机会之均等,且兼为实验教育留余地。……兹据呈称,所拟方案业已着手实施,按其内容,限制不免过严,特此电仰该局,即便详核该市兼收女生各校情形,其成绩尚优而其力亦堪增设女生班级者,或其校址附近域内无女生可往肄业之中学者,可责令增设女生班,或责令改良管理等事,不必遽然禁其收受女生。"②

教育部的意见与态度无疑对私立中学联合会更为有利。但北平市政府也没有就此停止或修改此前的方案。一方面,北平市社会局于1935年7月20日复电教育部:"此次本局处理此案,一方面固系就分校分班管训之优点,以作实施之根据,而排除万难决定实施,亦欲以此案作实验之研究,……至私中方面,或于本身之利益,呈请钧部加以阻扰,并请勿置议,俾减纠纷。"另一方面,又于7月22日训令各单列中学:"案查本局前为取缔各私中男女合校,经令在办法未公布以前,凡刊登兼收女生各校,应即撤销女生字样在案,该校自应遵照办理。兹查关于取缔办法,业经通饬知照,该校犹未取消招收女生字样,似此玩延,殊属不合,合亟重申前令,……倘再玩忽,本局当即予以制裁。"

同时,作为中学男女分校方案的发起者,北平市市长袁良也努力通过各种途径,希望获得支持,改变教育部的态度。他致电蒋介石叙述此事(应该是指以"整顿风化"为由,在早先社会局回复教育部的电函中,他要求该局"照录蒋委员长整顿风化电文"),后者于8月3日回复:"已电教部,力予维持原案矣。"(后来,袁良在与私立中学校长的谈话中,两次亮出蒋介石的电文)其后,他又密电

① 北平广州男女分校问题[J].中华教育界,1935(4).
② 北京市档案馆.北京档案史料[M].北京:新华出版社,2001:132.

教育部部长王世杰。王世杰的回电虽然表达了与此前大致相同的观点,但态度不大一样,解释也更为实际。

几番交涉之后,私立中学联合会自然也不愿保持与市政府的对立态度。于是在1935年8月19日"因恐市长阅报有所误会",主动"晋谒市长,解释一切",并最终与袁良协商得出如下方案:其一,"关于高、初中一年级新生,各男女合校之私中不招收女生;已招收者,呈报钧局设法安插"。其二,"关于旧生,凡男女合校之私中女生,二、三年级旧生仍留原校毕业,逐年结束,至二十五年度终了。但每级女生在二十五人以上者,应另班上课;在二十五人以下者,仍准随班上课,本年度不再招收编级女生"。

就上述北平市的中学男女分校运动来看,事件的发端以"整顿男女风化"为由,似乎传统道德规范是推动男女分校的主要影响因素。袁良决心将解决私立学校女生转学问题的市立女子二中树立为"母性教育"的样板,也似乎表明了这一点。他对学生说:"你们来这里读书的目的,是要学一个标准的贤妻良母,所以要你们学习家事和劳作。"①在管理上,女子二中也定有谨严的校规:平时,住校生不准出校门,若是家在市内,周末课后方准离校,且星期天的下午5点以前必须返校,出入校门时还要交验一块特制的"门牌"。走读生较为自由,但规定每人持一个"通知簿",对何时离校、何时返校,均有记录,家长须逐日检验盖章。学生不准与外校的男同学单独会面,不准谈恋爱,等等。②

然而,与清末及"五四"时期不尽相同的是,对于袁良等人而言,传统道德规范未必是坚持中学男女分校的"真心实意"的理由,而更多的是修饰政治意图的借口。易言之,20世纪30年代中学男女分校回流的真正推力是政治性的,这在北平的案例中体现为两点:第一,北平市政府最初议决的训令中说得很清楚,之所以实行男女分校,是为了推行"新生活运动"。袁良后来会见各私立中学校长时的谈话,再次强调了这个原因。他说:"余深信中学男女合校办法之不妥,故主张分校。初以风化问题而言者,盖根据蒋委员长电令,繁荣北平必须由整顿风化入手。"而蒋介石在回复袁良的电函中表现出的支持态度也确证了这一点。第二,教育部部长王世杰给袁良的密电中提道:"对于原案取缔私中主旨,预防管训疏忽情形,均已力予维护。"据此可见,坚持男女分校有着强化学校和学生管理的意图。强调学校与学生管理既是出于教育教学的考虑,更有着与"新生

---

① 杜学元.中国女子教育通史[M].贵阳:贵州教育出版社,1995:540.
② 北京市妇女联合会.巾帼春秋[M].北京:中国妇女出版社,1988:104.

活运动"一致的强化思想和意识形态控制的目的。前面的章节中提到,南京国民政府成立后,虽然社会经济、政治秩序有所稳定,但学生运动的热情并没有消退,且意识形态上的"党争"色彩日益浓重。为此,蒋介石以国民政府主席的身份,在1930年4月第二次全国教育会议上提出,"改革教育当用革命手段整顿学风"。是年12月,他又以国民政府行政院院长兼教育部部长的名义颁发《整顿学风令》,责令学生一意力学,涵养身心,不得干涉政治,并发布《告诫全国学生书》,指斥各地学校学风败坏,学潮蜂起,危及国家前途。[①] 此后,随着"九一八事变"的爆发,政府与学生之间的对抗更是达到高潮,各地学潮蜂起。有鉴于此,国民政府于1932年7月颁定《整顿教育令》,"爰议定以最大之决心,励行整顿","至于学生管理方针,亦决力矫宿弊,不事姑息放任"。[②] 而在国民政府看来,实行中学男女分校无疑更有利于学生的管理与思想的控制。

因此,20世纪30年代北平市中学男女分校的出现,与其说是传统道德规范和男女观念影响的结果,毋宁说是政治合法性以及政府强制控制的结果。当然,这也不是说当时所有反对中学男女同校的主张都是基于政治目的的。与20年代的"女子教育"思想一脉相承,此时仍有一种主张认为,男女的生理、心理等特质不同,需要施以不同的教育。袁良为支撑其男女分校主张,便运用了这一观点。他说:"中学男女学生,多数年龄皆在十六岁至二十岁之间,正血气未定之时,同室教授,同校居住,影响学生修身向学之心甚大。"相较而言,郑惠卿在区分"形式平等"与"实质平等"(即我们现在讲的"平等"与"公平")的基础上,更真实也更深刻地阐述了因男女有别而需分而教之的现代理解。他说:

> "男女教育机会均等"这句话,凡是稍具有新思想的人,谁也不会反对的。不过,一般讨论男女同学者,大多将"均等"(equality)二字误解作"同一"(identity)的意义,以为在教育方面,凡是男子所有的,女子也应该有……于是反对男女同学的以为男女教育机会无一可均等,而赞成男女同学的则以为男女教育机会无一不可均等……真正的男女教育机会均等应是实质上的均等而非数量或形式上的均等。[③]

---

① 孙培青.中国教育史(修订版)[M].上海:华东师范大学出版社,2000:428.
② 宋恩荣,章咸.中华民国教育法规选编(修订本)[M].南京:江苏教育出版社,2005:117.
③ 郑惠卿.我国中学男女同学问题之探讨[J].教育杂志,1937(7).

同时，郑惠卿还指出了中学男女同校不受支持的另一个理由："中学男女同学所以受人攻击之故，虽由于社会上几千年来的礼教和保守思想，但一部分还是由于过去一般男女同学的中学教育未能积极表现其教育功能所致，因此人们对于它失却信仰。"①他具体提出了中学男女同校的五大缺点：②其一，师资人选不慎重。"一般男女同学的中学的教师，往往不合良好的标准，不能明悉两性青年的心理，或性教育的知识；不能谨守职分，保持公正坦白的态度，甚且对于女生另有企图，因此在举动上表现种种不正当的行为，……发生种种的纠纷。"其二，课程编制不适应。"不是'女生须学男生之所学'，即是'男生须习女生之所习'，以致彼此迁就，酿成不能适应的毛病。"其三，训育实施不得法。"过去一般男女同校的中学训育或管理人员，对于男女两性的问题，不是采取严格的禁止，即是采取放任的态度，毫未注意到一种积极的代替或升华作用，或加以直接或间接的指导和处理。"其四，学校设备不完备。"关于女生方面的设备非常简陋，致使学生失却很多有效的教育环境。"其五，男女学生数目不平等。郑惠卿依据童润之 1933 年的一项关于初中概况及课程实施情况的调查指出：

> 调查 371 校，其中男女兼收者有 139 校，而所谓男女同校，实际上在一校内，男生多于女生若干倍。往往一校之内，男生 300 余人，女生只 20 余人。表面上系男女同校，实际上与男校无异。……中学男女兼收尚系近来之事。男女同校中，女生人数占全校人数三分之一以上者，于 139 校中只有 21 校。其余皆在三分之一以下。③

如此，"从学生方面说，往往造成不能安心工作的现象，因而妨害学生的学业；从学校方面说，往往增加行政上的困难，无形中使学校酿成一种不安的局面"。④

总体来看，即便是反对中学实施男女同校的，到 20 世纪 30 年代时，知识界也很少有人以传统的"男女有别"的道德规范作为立论依据。这显然是现代常识理性进一步确立的结果。事实上，前文阐述 20 世纪 30 年代中学男女分校回流的思想与政治背景时亦已表明，无论是文化论战中的本位派，还是作为"新生活运动"之哲学基础的唯生论，尽管它们唱着保守或复古的调子，

 ①②③④　郑惠卿.我国中学男女同学问题之探讨[J].教育杂志,1937(7).

却处处援引、附会现代常识,以此强化观点与政策的合法性。即使这样,文化本位论也"得不到思想文化界绝大多数人的同情和支持,再加上胡适等人对它大张旗鼓的批判,它的影响日益缩小⋯⋯到 1936 年春夏之交就草草收场了"。①

在北平市私立中学男女分校事件中,同样可以看到现代常识理性或新规范的影响。首先,几乎所有私立中学都招收女生,且能够招收到不少女生(见表 3-5),②已经说明当时的家庭与社会在男女观念方面的转变,以及对中学男女同校的接受。胡忠智曾在《中学男女分校问题之认识》一文中认为,所谓男女合校有利于两性合作、体现男女平权等都是一些似是而非的观点,"目前各中学,多男女生合校,实另有其原因在:私立中学多实行男女合校,因某种原因,学生人数必然增加,而学校收入,自亦必因此增多"。③ 与此相似,北平市社会局回复教育部的电文中也说道,男女合校"至私中方面,或于本身之利益"。可见,在他们看来,经济利益驱动是中学男女同校现象渐多的一个重要原因。但深入地看,利益驱动其实只是表面现象,更关键的问题是"市场"的存在。换言之,只有人们愿意进入男女同校中学,形成需求"市场",办学者才可能"有利可图"。

表 3-5　1935 年北平市男女合校之私立中学女生数统计表　　（单位:人）

年级\校名	高一	高二	高三	初一	初二	初三	合计
大　同	11	5	6	13	13	4	52
孔　德				14	11	12	37
今　是			2	4			6
三　基				7	2	4	13
汇　文	1			13			14
精　业	1	6		4	6	1	18
立　达				8	5	6	19

①　郑大华.30 年代的"本位文化"与"全盘西化"的论战[J].湖南师范大学社会科学学报,2004(3).
②　此表数据引自:乔凌霄.1935 年北平市实施中学男女分校及设立第二女子中学史料(一)[J].北京档案史料,2001(2).
③　胡忠智.中学男女分校问题之认识[J].四川教育通讯,1936(27).

年级\校名	高一	高二	高三	初一	初二	初三	合计
山 东	2		3	2		5	12
嵩 云	3			9	3		15
念 一	20	3	2	11	13	3	52
人 右				1	3		4
艺 文	2	1		4	3	5	15
成 城		1	3	10	6	4	24
镜 湖	10	5	3	9	18		45
文 治				3	2		5
北 方		7	1	15	18		41
中院附中	18	6	12	12	16	5	69
弘 达	9	10	3	1	5	2	30
成 达					2	1	3
孔 教				6	2		8
华 北		2	4	4	2	2	14
中 华	10	11	7	42	44	21	135
东 北	6	6	2	23	12	3	52
五 三				50	18	1	69
燕大附中				10			10
求 知				29	27	15	71
大 中	8	6	2	7	3	1	27
进 德	3			5	2		10
求 实	5	4		1			10
总 计	109	73	50	317	236	95	880

其次,社会各界对北平市男女分校事件的批判以及对私立中学联合会的声援也表明,在中学男女同校的问题上,新的道德规范的合法化状态。有如上述,北平市取缔中学男女合校行为一经报道,北平、镇江、天津等地妇女组织即发表宣言,对市长袁良取缔私立中学男女同校的提议表示强烈抗议和斥责。而教育

部部长在回复袁良的电文中提到,政府之所以在中学规程中以男女生分校分班为原则,没有强制划一,有一个重要的考虑就是希望"可藉以消除社会争议"。这也从一个侧面反映了社会对男女同校的接受程度。

再次,学生对于男女分校及"母性教育"的反对,也在很大程度上说明了贤妻良母主义的不合时宜。譬如,北平师大附中的学生极力抵制市长取缔男女合校教育的决议。为了恢复女生班,学生专门成立了"复班运动委员会",向校内外呼吁,并致函北师大学生会和北平妇女救国联合会,请求声援。1936 年 5 月,学校全体学生还推举代表,要求校长对恢复女生班问题作出答复。校方迫于势众,不得不应允:请示教育部后,再行办理。① 而在袁良精心筹设的市立女子二中,作为"母性教育"核心课程的"家事"也引起了学生的不满,她们认为:"我们是为求学而来,不是来学做饭的。""国都要亡了,哪有安稳的家? 还给谁去做贤妻良母?"② 为了反对学校的家事课程,学生不仅在课堂上表现出心不在焉的情绪,甚至还集体罢课。校长为了维持家事课,不得不作出妥协,将课程改为小组辅导,时间也减少了三分之二。而到 1936 年春新学期开始时,女子二中的课程表上已经看不到"家事"二字。③

总之,20 世纪 30 年代,在中学男女同校问题上,并没有出现价值规范的真正逆转,文化本位论与复古思潮非但没有瓦解和颠覆"五四"时期新知识分子所形成的现代常识理性,甚至在很大程度上利用、体现并强化了现代常识理性及其规范的影响。也正因此,这一时期尽管在北平、广州等地出现了较为激烈的、局部性的中学男女分校运动,但就全国范围来看,男女同校实践并未发生整体性的转变。当然,一些局部性的中学男女分校运动也表明,即便价值规范和观念不发生变化,政府也能够利用强制性的力量来改变中学的组织形式。随着抗日战争的全面爆发,国民政府无暇顾及社会事务,在中学男女同校的管理上也相对放松;抗日战争结束之后,国民政府对中学男女同校的限制便有所加强。1947 年 2 月,国民政府教育部即发布训令,要求中学厉行男女分校制度。该训令称:

> 查中等学校学生以男女分校为原则,乃民国十七年第一次全国教育会议之决议,且在中学师范职业各类中等学校规程中,均有明确规定。男女分校,因材施教,于适应个性差异之中,原寓力谋机会均等之意。……是男

---

① ② ③ 北京市妇女联合会. 巾帼春秋[M]. 北京:中国妇女出版社,1988:103—105.

女分校之措施，法令理论悉有依据，自应切实遵行，至小地方及穷僻区域限于经费、限于设备，其男女分布或分班者，自属权宜一时不得已而为之例外，绝不可援引成风，故事迁就，有违男女分校之原则。……各地中学不惟不能认真实行男女分校，甚至不分部不分班者，……应由各该校切实负责，依照之原则办理，不得再事姑容。①

依据此训令的原则，1947年4月，教育部再次修正《中学规程》，明确规定"中学学生以男女分校为原则"，由是，中学男女同校分班似乎也不合法了。

四、 价值规范与组织

如果说在理论上，"价值是教育管理的焦点"②是一种晚近的发现，那么，我国近代中学性别结构演变的过程告诉我们，在实践中，价值问题从来都是教育管理的焦点。如今，几乎任何一位从事教育管理的研究者或实践者都不会轻易否定这样一种观点："一个管理者所面临的几乎所有问题都是有价值基础的：所有的问题和行动都有伦理的和道德的含义。"我们相信："关于主要的道德问题的信念，通常是在我们成为成人时就已牢固地形成了，而且我们并不总是有意识地理解纲要或问题。这些道德问题的信念，形成了我们关于如何对待他人和其他地方的观点。"③正因为人们意识到，价值或道德问题既是重要的又并不总是为自身所意识，所以，近年来有关教育管理中的价值或道德问题的探讨日益增多，以期将隐性的、深层的问题显性化、具体化。

然而，综观相关的言论与研究会发现，不少人讨论教育管理价值或道德问题时存在一种倾向，即更关注目的、目标，而较少关注方式、方法。换言之，一旦涉及价值或道德问题，人们往往更多地强调"为什么"，而不深究"怎样做"。譬如，在倡导教育管理中的人本理念时，将精力放在"为什么要以人为本"上，却很少追问"以谁为本""如何以人为本"。又如，当下的新课程改革提出，教育行政与学校管理应追求多元、放权与自主等价值，但正如不少教育实践者所"质疑"

---

① 王伦信. 清末民国时期中学教育研究[M]. 上海：华东师范大学出版社，2002：244.

② Greenfield, W. Moral Leadership in Schools [J]. *Journal of Educational Administration*, Vol. 42, No. 2, 2004：174－196.

③ ［美］威廉·G. 坎宁安，保拉·A. 科尔代罗. 教育管理：基于问题的方法[M]. 赵中建，译. 南京：江苏教育出版社，2002：21,20.

或"抱怨"的,新课程改革实施与推进的方式本身是一元的、自上而下的,甚至是强制的。

　　人们通常习惯于将"价值"与"规范"等同起来理解,但确切意义上的规范系统应该是"价值＋规范"。价值是涉及喜好或者意愿的概念,它构成比较与评判既存的组织结构或行为的标准;规范则具体地指明事情应该怎样做,它所定义的是实现特定价值目标的合法的方法。结合这两个方面来看,所谓价值规范,既包含目的与目标,也规定了方式与方法。对近代中学性别结构的梳理与分析,一方面体现了价值规范对教育宗旨与取向的影响,另一方面即重点体现了价值规范对学校组织形式与管理方法的影响。譬如,清末民初时期在二元化的意识形态下形成的贤妻良母主义,不仅将女子教育的内容限定在家庭范围内(这里的教育内容既涉及女子教育的层次,如只有女子小学和女子师范,也指具体的教育内容,如家事、母训、女训等),而且在组织形式上坚持男女分校,在管理方式上亦强调男女之防。同样,当"五四"时期民主与科学成为一元化的合理性论证依据,男女平等成为新知识分子的常识后,一方面会在实质上要求实现女子教育规模的增长与教育内容的更新,另一方面也会在形式上争取男女同校。

　　那么,价值规范通过何种机制发挥作用呢? 如果说上一章提到的规制性因素影响中学组织结构是依靠强力政府的权力控制,那么价值规范对中学组织结构的影响则诉诸一种认同机制,即价值规范通过内部生成自律意识或外部强加舆论压力的方式,促使组织或个体去思考,在特定情境下,自己被期望做什么、不能做什么、应该怎么做、不应该怎么做等问题,从而影响个体与组织的选择,使组织及其结构成为人们所希望和期待的。结合上述分析,价值规范最基本的作用在于区分"常识"与"非常识"或"常规"与"非常规",它界定了什么是可以理解并能够接受的,什么是难以理解并不能接受的。一旦人们的行为与选择有违"常识"或"常规",就会在观念上面临合法性危机。在近代女子教育和中学男女同校的问题上,清末民初时期新兴知识分子所采用的附会说和二元化的合理性论证方式,以及 20 世纪 30 年代知识界的文化本位论和国民党的唯生论哲学中所渗透的"科学思维",事实上都是在为其主张寻求一种观念上的合法性。由此也可以看出,价值规范因素与规制性因素不同的地方在于,它的影响更多的是"构成性"的,而不是"规定性"的。所谓"规定性影响",主要是通过强制性的命令来规定和指导行为;"构成性影响"则聚焦于具体行为之后的思想依据与观念认同。一旦人们对某种观念有了理解和认同,行为便是自然而然的事。而且,基于特定观念的行为会进一步强化原有的观念理解与认同。

同时,正如本章的论述所力图说明的,价值规范本身也处在历史的变动中。从不同角度或层次分析,引发我国近代社会价值规范变化的原因是多样的,如民族危机的加剧、社会组织的变更、人口流动的加强、政治体制的转变、世界文化的影响、现代教育的建立、传播媒介的发展,等等,但深入地看,或是作为上述影响因素的载体与条件,或是作为它们的影响后果与体现形式,现代知识在近代社会价值规范转变过程中,无疑担当着甚为重要的角色。

晚清以前,国人对社会生活、世事际遇以及人生意义的理解,主要是建立在整体性的文化价值与制度性实践之上的,并以儒家学术为核心资源。然而,随着晚清国势的日渐衰弱,不断遭受西方国家凌辱,儒家思想的合法性地位也遭到怀疑。与之相应的是,一些学人开始相信并尊崇西方现代知识。用钱穆的话说:"盖自道咸以来,内忧外患,纷起迭乘,国人思变心切,旧学日遭怀疑,群盼西化,能资拯救。"[①]可以说,中国近代化、现代化的过程,也是不断引入西学并建立现代知识体系的过程。而各种现代知识的引入与不断扩散,也带来了社会意识形态的分裂与竞争,即人们认识、解释或说明社会秩序与万物现象时,不再诉诸传统思想资源或某一种思想资源。这一点既体现为清末民初时期传统与新知的紧张所形成的意识形态的二元论证结构,也体现为"五四"时期新知的常识化,以及在取代传统思想与规范后所形成的新知识分子的一元化合理性论证结构,还体现为"五四"时期以及20世纪30年代,基于对现代知识的不同理解与运用所形成的意识形态竞争状况。正是在新知的影响下所生成的近代社会不同时期的价值规范与意识形态的竞争状态,催生了时人对女子教育以及中学男女同校的不同立场与态度,进而形成了不同阶段中学组织的性别结构。

需要指出的是,当我们拓宽历史的视界,会在价值规范、现代知识与学校组织的关系的认识上,发现一个耐人寻味的摇摆或循环现象。作为一种现代组织,我国现代学校的最初出现,很大程度上正是突破传统价值规范的结果。而早期学堂,特别是女子学堂的组织形式与管理方式,则体现了价值规范与道德观念的具体影响。这些都表明,在学校组织形成早期,人们更注重从价值与道德的角度来衡量学校组织的价值,思考学校的组织与管理。然而,一方面,随着学校组织的体系化和复杂程度的日益增强;另一方面,随着知识在社会中的地

---

① 转引自:李刚.知识分类的变迁与近代学人治学形态的转型[J].福建论坛·人文社会科学版,2005(5).

位的不断上升，尤其是随着学校管理知识的诞生与科学化，学校组织也逐渐被视为应当用知识加以处理的对象。因此，学校组织的管理渐渐成为一种专业、一门科学、一项技术。要进入这个专业，掌握这门科学，领会这项技术，就必须具备相应的知识基础。换个角度说，有了相应的知识基础，就能够有效地管理学校。这样的渐变体现了"知识遮蔽价值"的过程。这个过程既让人们意识到效率的可贵与理性的力量，也使学校组织的管理处于客观性、可视性与操作性的一端。作为对这种倾向的调校与纠偏的努力，自 20 世纪中后期起，学校管理领域出现了"回归价值"的声音，强调"价值是教育管理的焦点"，"价值是第一位的问题"。① 由此可以看到，在大约一个世纪中，对学校组织的认识与理解经历了从价值规范到现代知识再到价值规范的摇摆或循环。或许，这也正是笔者为何侧重于从价值规范的角度来考察近代中学组织性别结构的深层原因。

最后要交代的是，尽管前文处处将价值规范与现代知识对立起来讨论，但这种对立只是相对的、分析性的。从近代中学性别结构演变的过程可以看到，价值规范与现代知识之间存在相互转化的关系。一方面，价值规范可以以成文的、知识的形式加以阐述或论证；另一方面，现代知识一旦常识化，就成为一种不成文的、意会的价值规范。或者从另一个角度说，随着知识的不断增殖与分化，以及社会发展对于知识的日益信任与依赖，知识本身即构成一种规范。而能够掌握并利用这种规范的人，则是相关的知识分子与专业群体。有关专业群体对学校组织结构的影响，是下一章的重点。

---

① 霍基金森.领导哲学[M].刘林平,等,译.昆明：云南人民出版社,1987：7.

第四章

时势、业群与中学科部结构

除了行政组织的建立与完善、性别结构的变化与发展外,学校科部结构的设置与调整也是我国近代中学组织结构演变的一个重要内容。如果说前面有关行政组织和性别结构的讨论分别是围绕近代中学的"组织管理"和"组织主体"展开的,那么,科部结构则是与近代中学的"组织目的"或"组织任务"密切相关的问题。所谓"科部结构",是指学校由于采用不同的分科(如文科、实科或文科、理科)与分部(如普通部、师范部、职业部)方式,①从而相应形成的不同的组织形式,它在逻辑上包含"分科不分部、分部不分科、分科且分部、不分科不分部"四种亚型。

与前几章的思路一致,本章将在整理我国近代中学科部结构演变脉络的基础上,重点探析不同历史时期科部结构转变的原因。在这方面,民国和当代的大多数学者普遍关注这样两种原因。一是社会经济、政治以及教育发展的实际情况。如将"癸卯学制"独立设置实业教育而一改"壬寅学制"在中学内设置实业部的做法,解释为晚清时期农工商资本主义经济发展的要求;将 20 世纪 30年代初期逐渐取消中学普通部与职业部合并设置的做法,解释为救亡图存、促进生产的努力。二是社会思潮或教育思潮的总体状况。如将 1922 年的"新学制"主张在高中设置职业部、师范部的原因,归结为是当时职业主义、实用主义

---

① 清末民国时期,分科、分部的用语有点模糊和混乱,使用最多的是"科"这个词,但其指代的含义比较复杂。一方面,"科"有时等同于"科目",即具体的某门课程;有时则是指"科类",即数门相应课程组成的不同的学习方向,譬如,1922"新学制"提出的"分科选科"主张中,前一个"科"通常指的是"科类",后一个"科"有时也指"科类",有时却指具体的科目和课程;另一方面,即便是指代"科类","科"有时被用来区分普通教育中的文实、文理之别,即文科与实科,或文科与理科;有时又被用来区分中学中的普通教育与职业教育、师范教育,如普通科、商业科、师范科、农科、家事科等。因此,为了避免论述的混淆,保证解释的统一性,在本章中,"分科"专指中学普通教育内部的文实或文理之分,"分部"专指近代普通中学中普通教育与职业教育、师范教育之间的划分。当然,这样的处理完全是为了归纳与理解的方便,在引述相关历史材料时,本书仍采用当时的表述。

等思潮影响的结果。

上述两种原因可以概括为"时势"，即基于特定的时代背景所形成的力量或趋向。无疑，在解释近代中学科部结构演变的原因时，首先必须考虑时势及其影响，但同时也要注意，单纯诉诸时势是不够的，它仅仅是近代中学科部结构变化的必要条件，而非充分条件。时势往往只能说明"为何变"，却难以解释"怎么变"。譬如，同样是为了促进职业教育的发展，20世纪20年代初期强调在中学设置职业部，到20世纪30年代初期，则倡导普通教育与职业教育分设；同样是为了促进师资的培养，既有强调中学与师范合并的，也有主张中学与师范分校的。那么，如何在说明近代中学科部结构"为何变"的基础上，更深入地解释"怎么变"呢？依循组织制度理论，本章力图表明，在时势之下，中学科部结构的变化往往是与近代教育专业群体的影响直接相关的。近代教育专业群体主要包括教育研究者和教育实践者，①他们对于我国近代中学科部结构的影响，主要借助于以专门的学科知识或实际的教育经验为基础，通过组建教育会社、召开教育会议等方式所形成并传播的相关专业性准则与规范化主张。

为了更好地梳理我国近代中学科部结构的历史演变过程，考察在特定的时势下，相关教育专业群体如何影响中学科部结构的变化，本章的讨论将把近代中学科部结构的发展分为三个阶段：第一个阶段从1904年"癸卯学制"颁布至1915年前后，此阶段的主要变化是文实分科办法的提出与改定；第二个阶段从1916年前后至1930年左右，在此阶段，合校分部制成为新的选择，并以学制的形式得以确立；第三个阶段从1931年左右至1948年，该阶段的主要特征是质疑分部制，倡导分校制。

一、 最初的分科制

我国近代中学的普遍出现是从1901年光绪的谕令发端的，是年八月初二，光绪谕于"各省、府、直隶州及各州、县分别将书院改设大、中、小学堂"，②但对于中学堂的宗旨、性质、类型以及如何办理等问题，清政府和办学者都没有清晰的

---

① 有必要指出的是，在清末和民国时期，教育研究者与实践者之间的界限并不分明，当时的不少教育研究者同时也是教育实践者，有着教育教学和学校管理的经历。譬如，廖世承、陶行知、舒新城、李建勋、林砺儒、俞子夷、刘百川、程时煃、张文昌等接受过系统的教育专业知识训练的学者，都从事过中学教学或管理实践活动。

② 璩鑫圭，唐良炎.中国近代教育史资料汇编·学制演变[M].上海：上海教育出版社，1991：5.

认识。这些问题是在正式学制系统的拟定与颁布过程中进行讨论和规定的。对中学堂的宗旨、性质及类型等问题的不同认识，直接影响了中学的科部结构。在清末民初，这种影响集中体现为中学文实分科办法的提出与改定。

1902年的《钦定中学堂章程》规定："中学堂之设，使诸生于高等小学卒业后而加深其程度，增添其科目，俾肄力于普通学之高深者，为高等专门之始基。"① 据此来看，《钦定中学堂章程》将中学堂定位在普通教育，是为升学服务的。不过，结合该章程的其他条规来看，中学堂的任务又不完全是为升学服务的。譬如，章程"全学纲领"的第七节规定："中学堂内应附设师范学堂，以造成小学堂教习之人才。"第八节又规定："中学堂第三年、第四年得于本科设实业科，以教授欲就实业者，俾卒业后可入一切高等专门实业学堂。"② 从这两条规定来看，中学堂应是综合性质的，而不是普通性质的，其在结构上采取的是分部制，即分为普通部、师范部和实业部。

作为对《钦定中学堂章程》的修订，1904年的《奏定中学堂章程》在中学的宗旨与结构之关系的处理上，并没有对前者作出改良，而是同样存在内在的矛盾。有意思的是，《钦定中学堂章程》是在单一的升学教育的宗旨下设置了综合的结构；而《奏定中学堂章程》是在宣称实现综合目标的宗旨下采用了单一的结构。

一方面，《奏定中学堂章程》将中学的办学宗旨从《钦定中学堂章程》的"纯为升学之准备"，发展为"为仕""升学"和"实业"三者。③ 该章程的第一节规定："设普通中学堂，令高等小学毕业者人焉，以施较深之普通教育，俾毕业后不仕者从事于各项实业，进取者升入各高等专门学堂均有根柢为宗旨，以实业日多，国力增长，即不习专门者亦不至暗陋偏谬为成效。"④ 另一方面，《奏定中学堂章程》在性质和形式上努力将中学堂"普通"化。这首先表现为学堂名称上的变化。《钦定中学堂章程》中使用的是"中学堂"，而《奏定中学堂章程》中特别使用了"普通中学堂"的字样，以示与学制中处于同等层次的中等实业学堂、初级师范学堂等区别开来。⑤ 其次，正如陶行知所指出的，在组织方面，《奏定中学堂章程》改变了《钦定中学堂章程》"同时采用分校制和分科制"（即在中学堂与实业学堂独立设置的同时，又在中学堂中分设师范科和实业科）的设想，取消了中学

---

① ② 璩鑫圭，唐良炎. 中国近代教育史资料汇编·学制演变[M]. 上海：上海教育出版社，1991：263—264.

③ 袁伯樵. 中等教育[M]. 上海：商务印书馆，1949：65.

④ 璩鑫圭，唐良炎. 中国近代教育史资料汇编·学制演变[M]. 上海：上海教育出版社，1991：317.

　　⑤ 王伦信. 清末民国时期中学教育研究[M]. 上海：华东师范大学出版社，2002：21.

堂中的实业科,完全采用分校制(即独立设置普通中学堂、优级师范学堂和中等实业学堂)。①

显然,《奏定中学堂章程》所构建的分校制是不能同时实现"为仕""升学"和"实业"等多重目标的,尤其是难以培养实业人才。正如方惇颐所言,《奏定中学堂章程》"照条文上看来,似乎升学和职业兼顾了,实则还是偏于普通教育"。②这一点在 1906 年 3 月学部奏陈的教育宗旨折中也体现得较为明显。学部的陈折虽奏请将"忠君、尊孔、尚公、尚武、尚实"等明定为教育宗旨,看似比较全面,兼顾了各种要求,但该折又开宗明义地指出:"考之东西各国之学制,其大别有二:曰专门,曰普通,而普通尤为各国所注重。普通云者,不在造就少数之人才,而在造就多数之国民……今中国振兴国务,固宜注重普通之学,令全国之民无人不学……"③

与偏于普通教育的宗旨相对应,在我国正式学制系统初创的几年中,中等教育所承载的升学、就业等功能,主要是通过分校制的方式实现的,普通中学内部既不分科,也未分部;直到 1909 年学部奏请中学实施文实分科时,才有了最初的分科制尝试。

根据 1909 年 5 月 15 日"学部奏请变通中学堂课程分为文科、实科折",学部基于这样几个理由提出实施文实分科:

其一,"窃维治民之道不外教养,故学术因之有文学与实学之异。特是教养两端,分之则各专一门以致精,合之则循环相济以为用。……至中学堂之宗旨,年齿已长,趣向已分;或令其博通古今,以储治国安民之用;或令其研精艺术,以收厚生利用之功,于是文科与实科分焉。"④这是说,治民之道在于教养,而教养有两个方向:一是博通古今,二是研精艺术。就个体而言,应当努力兼备这两方面的能力;就国家而言,应当储备具有治国安民之能和拥有厚生利用之质这两类人才。对中学生来说,由于其志趣已分,很难做到兼顾"博通古今"与"研精艺术",因此只能通过文实分科来顺应其既定的志趣。

其二,"伏查从前奏定中学堂课程,凡分修身、读经讲经、中国文学、外国语、历史、地理、算学、博物、物理化学、法制理财、图画、体操十二门,五年毕业,普通

① 陶行知.中国建设新学制的历史[M]//舒新城.中国新教育概况.上海:中华书局,1928:15.

② 方惇颐.我国中学教育宗旨[J].中等教育月刊,1943,1(9,10).

③ 璩鑫圭,唐良炎.中国近代教育史资料汇编·学制演变[M].上海:上海教育出版社,1991:534.

④ 同上:552.

学科大略皆备。果使教者善教、学者善学，五年毕业之后，其不再升学之学生，于普通智识、道德当足应用；惟学生毕业有志升学者，其所志既有殊异，而所升之学堂亦有文科、实科之不同。以分科大学言之，则经科、法政、文学科皆文科也；格致科、农科、工科、医科皆实科也；商科课程略与法科相似，实业之近于文科者也。以高等专门学堂言之，高等学堂之第一类，优级师范学堂之第一二类，高等法政学堂、高等商业学堂、方言学堂，亦与文科为近；高等学堂之第二三类，优级师范学堂之第三四类，高等农业学堂、高等工业学堂、高等商船学堂，亦与实科为近"。① 这是说，中学堂的学生分为两类：一是不能升学的；二是能够升学的。对前者而言，施以普遍的智识自是非常必要和有益的；但对后者来说，则需要根据学生的志趣，实行文实分科教学，这是因为学生所升入的高等学堂有文实之分。由此可见，中学进行文实分科是为了更好地与高等学堂衔接。换句话说，中学的任务是为升学作准备。而这在某种程度上又背离了文实分科方案所宣称的兼顾"储治国安民之用"与"收厚生利用之功"的目的。

其三，"学文科者当求文学之精深，学实科者尤期科学之纯熟。中国文学既难，加以科学又极繁重，果能于五年之内二者兼通，岂非甚善？无如近日体察各省情形，学生资性既殊，志趣亦异，沈潜者于实科课程为宜，高明者于文科学问为近，此关于天授者也。志在从政者则于文科致力为勤，志在谋生者则于实科用功较切，此因于人事者也。本此数因，遂生差异。窃查近日考试，各省中学堂学生毕业分数，或文学优于科学，或科学优于文学，则以平日用功有畸重畸轻之故。至若天资颖异，各科俱优，则一堂不过数人，未可以常例绳之也"。② 这是说，从实际情况来看，繁重的课业负担以及学生天资殊异等原因，已经造成绝大多数学生学业不良的问题。从改进中学堂教学状况的角度考虑，不如因势利导，施行文实分科，一来可以减轻课业负担，二来能够适应学生的资性，从而提高中学堂的教学效果。

上述三个方面理由尽管反复说明文实分科是为了适应学生天资，尊重学生志趣，体现出较强的合理化论证倾向，但也交代了1909年方案出台的一个总体原因，即清末新学制建立后，中学堂的办学状况不尽如人意，除了学生负担繁重、学业成绩不良等问题外，更突出地体现为当时的中学堂侧重于普通教育一端，未能发挥"厚生利用"的功能。

①② 璩鑫圭，唐良炎. 中国近代教育史资料汇编·学制演变[M]. 上海：上海教育出版社，1991：553.

晚清的新式学校制度是怀着"教育普及，则中国可强"的愿望建立的。然而，这种美好的愿望在新教育实施后不久便遭到质疑，甚至有言者认为，"教育愈普及，则中国愈危"：

> 吾则谓教育愈普及，则中国愈危，非教育之不足致富强也。教育既普及，在创设学校者，初无培植人才之意，不过借创设学校之名，以博当道者之奖励，或借以广通声气，以异日招权纳贿之基。在肄业学校者，亦非以求学为宗旨也。不过缘学级以迁升，以冀毕业证书之幸获，是则学校者，人人视为利禄之途者也。既视学校为利禄之途，则学校无殊于科举。……故今日之学，均趋时之学也。今日之学生，均溺于俗尚之士也。既溺于俗尚，则所志必卑，所志既卑，安能具高尚之宗旨。……呜呼！学校者，教育英才之地也，今也视为终南之捷径，即使人人均入学，亦不过养植数百兆喻利之小人，何益于学术？何益于国家？①

可见，新教育之所以为人诟病，在于其未能摆脱原本欲图改变的旧教育的功利化追求。这种功利化的教育是"虚浮""伪饰"的，只能为投机取巧之人提供便利，而不能实现社会的进步与国家的富强。因此，时人提出，要实现教育强国，就必须矫正新教育的功利化弊端，"于入学之童，均宜先定其趋向。然定其趋向仍属空言。必也广兴实业，以富庶民，使家给人足，庶出而求学，不致持速成之见，以自锢其心"。② 事实上，尽管 1904 年确立的现代学校制度在某种程度上是为了扭转此前只重视专门教育或实业教育而忽略普通教育的问题，但教育的实用性一直是清末教育的重要诉求。正如舒新城所指出的："甲午以后之言变法，言新政者莫不极力抨击八股之不当，亦莫不推崇教育之裨实用。"③上文提及的1906 年的学部奏折，更是将"尚实"定为教育的五大宗旨之一。

那么，教育的实用性为何在清末受到重视呢？舒新城认为，实利主义教育思想的产生是出于三种原因：一是旧教育之空疏虚浮，二是国际资本帝国主义之压迫，三是新教育之不切实用。他说道：

---

① 李桂林，等.中国近代教育史资料汇编·普通教育[M].上海：上海教育出版社，1995：401.

② 同上：402.

③ 舒新城.近代中国教育思想史[M].上海：中华书局，1928：137—138.

这样的教育(宋代以来的教育),这样的治学问,根本上不会与国计民生发生关系,所以拳匪之乱,有大吏为倡,八国联军入京,南方反宣布中立。然而,千余年来竟能相安无事,大家不独不感觉这种教育与学问之无用,反以为有大用,而谓治国平天下之道均不能不出此范围,则由于闭关自守,不与他人接触可以墨守祖宗之成法,独行其是。海通以来,这种迂阔腐朽的教育,绝不能与欧西之实事求是的教育争衡,于是外交无不失败,内政亦因外侮所逼而无所适从。故庚子而后,极力推行新教育制度。只因八股及理学的种种遗毒深入人心,新教育既无显著的效力,而国际资本帝国底压迫日甚一日,国计民生亦日蹙一日,在此紧张生活之下,自然无力专为怡情遣日的玩意而不得不努力于生存之道。①

透过舒新城的话可以看出,在清末,倡导实利主义教育成为一种时势要求。而1909年文实分科方案的出台,很大程度上是因应这一时势要求的结果。然而,问题在于,除了改进专门的实业学堂的办学状况之外,即便是在普通教育领域,提高教育实用性的途径也有很多种,为何采用了文实分科的办法呢? 1909年的奏折中提到,施行文实分科是"远稽湖学良规,近采德国成法"。② 显然,所谓"远稽湖学良规"更多的是一种附会之言,实际上是模仿了德国。至于为何从甲午战争以后的倾心模仿日本,转而热衷于效仿德国,主要是因为在"择善而从"的口号之下推动的清末五大臣出洋考察宪政之事,使人们认识到:"日本维新以来,事事取资于德,行之三十载,遂致勃兴。中国近多歆日本之强,而不知溯始穷源,正当以德为借镜。"③同时,非但"日本自政治、法律、风俗习惯,无一不描摹德派",而且"学堂尤其显著者已",④"再加上当日的新教育的成绩不良,对于仿学日本的学制又加多了一层失望,……不若仿德则恐是一条新路"。⑤

不过,一方面,对德国的考察包括议院、工厂、医院、教堂、邮政局、电报局、监狱、裁判所、百兽园、博物院、化学馆、市长署、公坟、印务局等众多内容,教育只是其中的一个部分,而中学堂则仅参观了3所;⑥另一方面,对中学堂的考察

① 舒新城.近代中国教育思想史[M].上海:中华书局,1928:137.
② 璩鑫圭,唐良炎.中国近代教育史资料汇编·学制演变[M].上海:上海教育出版社,1991:553.
③ 故宫博物院明清档案部.清末筹备立宪档案史料(上)[M].上海:中华书局,1979:9.
④ 戴鸿慈.出使九国日记[M].长沙:湖南人民出版社,1982:137.
⑤ 袁伯樵.中等教育[M].上海:商务印书馆,1949:68.
⑥ 戴鸿慈.出使九国日记[M].长沙:湖南人民出版社,1982:31—35.

也没有特别注意文实分科问题。① 因此,清末赴欧五大臣对于"德国之设施称颂备致",催生国人普泛"慕德之心",②这虽是文实分科方案出台的重要推力,但赴欧考察本身不是实施文实分科的直接原因。1909 年的奏折中曾有"近来言者条陈学务,亦颇有以文、实分科教授为言者"③一语,若非政策修辞,这句话便表明,文实分科方案的提出还受到相关人士言论的影响。这其中即可能包括两类教育人士:一是留学海外特别是德国的学生,二是从事教育或对教育有所研究的人。当然,即便受到这些教育人士言论的影响,从当时的情况来看,文实分科方案总体上仍是清政府主动发起的政策调整。

文实分科方案以提高中学堂的"厚生利用"为背景和目的,但正如廖世承所指出的,其虽名曰"实科",却并不是职业科,也是升学预备科。④ 方案通过区分通习课与主修课的方式,将中学课程分为文科和实科。其中,文科的主修课包括读经讲经、中国文学、外国语、历史、地理等,实科的主修课包括外国语、算学、博物、物理、化学等;文科的通习课包括修身、算学、博物、理化、体操、法制、理财等,实科的通习课包括修身、读经讲经、中国文学、历史、地理、图画、手工、体操、法制、理财等。⑤ 由此可见,所谓的"文、实分科",更接近于"文、理分科"。这也恰如袁伯樵所言:"随分科而起更张者则惟课程。"⑥不过,表面上虽然只是课程调整,但真正实施起来,文实分科必将引致中学组织结构的相应变化。首先,文实分科意味着中学的班级组织不仅仅依据学生的年龄、智力或性别等因素加以编排,更重要的是依据学生选择的科类,这不仅使中学出现了两类性质有所差别的班级,也影响到学生之间的关系与交往。其次,文实分科也会带来中学教职员数量及构成的变化。一方面,图画、手工、法制、理财等新课程的添加,提出

---

① 譬如,戴鸿慈参观中学堂时,仅仅作了这样的记录:"此校外观甚壮阔,树木清疏。其内附设预备科,教法略如小学堂。其中学堂学生,年自十六岁以上,凡四百五十八。在学堂住宿饭食者,学费每年九百马克;其不寄宿附食者,年二百五十马克。观生徒卧室。室或十人,或十二人,均止陈一榻,他无长物。……观礼拜堂、盥洗室、饭厅、庖丁室、浴室、浴池、藏书楼。观宗教教室,教员方授约翰书,各守课本,随问而笔记之。德国最重宗教,常列此为教科之首,每星期授二小时云。"此外,五大臣考察回国后所奏《考察各国学务择要上陈折》中,也没有提及文实分科问题。详见:故宫博物院明清档案部.清末筹备立宪档案史料(下)[M].北京:中华书局,1979:961—974.

② 袁伯樵.中等教育[M].上海:商务印书馆,1949:68.

③ 璩鑫圭,唐良炎.中国近代教育史资料汇编·学制演变[M].上海:上海教育出版社,1991:553.

④ 廖世承.中等教育[M].上海:商务印书馆,1947:8.

⑤ 璩鑫圭,唐良炎.中国近代教育史资料汇编·学制演变[M].上海:上海教育出版社,1991:554—559.

⑥ 袁伯樵.中等教育[M].上海:商务印书馆,1949:69.

了配备相应师资的要求,从而改变了中学原有师资的数量与类型;另一方面,在文实分科的情况下,不再是所有教师面向所有学生,而是一部分教师面向一部分学生,这意味着共同负责同一科类下几门课程的教师之间的互动次数更多,时间更久,由此改变了原有教师亚群体的类型及关系。再次,文实分科还会影响教师与学生之间的互动与关系。这既是因为,课程的组合方式和学时安排,决定了师生互动的可能性与频率,也因为将不同课程区分为主修或通习,会影响学生对待相应教师的态度。

从最初的情况来看,清政府对于实施中学文实分科的方案有着十足的决心。奏折一经批准,学部便通咨各省提学使,限三个月内筹定、上报通省中学文实分科办法与办理情形。1910 年 1 月,学部又行文催促,要求各省"所筹办法如何,应于年底一律详报,以凭核夺"。① 然而,各省实施文实分科的情况不太理想。云南总督李经羲在《奏改良滇省中学堂暨初级师范学堂办法》中说道:"滇处边陲,开化最晚,人款两绌,筹办困难,各府初级师范暨中学堂虽经勉力办成,而按之实在情形,往往因经费不敷,教员难聘,率不免因陋就简,至中学一堂之内,未能设文、实两科办理,已多迁就,加以学生人数又少,程度不一,就编制、教授困难尤多,自非设法变通,终恐难收实效。"②而直隶提学司更直接地对学部的文实分科办法提出了质疑,并奏请直隶总督对其加以变通。

在陈述变通文实分科办法的理由时,直隶提学司提到了三个原因:③第一,"伏以中学者,造育普通完全之人格者也。学科之程度,原不必过高,要以毕业能接入高等各学堂而止。惟德国之文、实中学……具有高等学校之课程,与寻常普通中学有别。……大抵为将来必升大学与高等、专门学堂之人,其分科程度较高,有由然也。吾国中学……普通学校只此一途,而应升之高等各堂,重实重文,复不一类。今若分科肄习,于普通预备之中,复得升学分途之便,法固无善于此者。然节取德制分科之法,置之吾国小学、高等之间,必较原定中学程度加高,而有羼入高学堂分际之弊。夫学问不厌其详,程度亦岂嫌稍过。惟分科之利在升学,故课程虽偏重而不害。若仅至中学毕业而止,则学益趋于专一,即于普通之学识,益缺欠而不完,是与中学宗旨尚有间也"。这主要是说,尽管专

---

① 李桂林,等.中国近代教育史资料汇编·普通教育[M].上海:上海教育出版社,1995:287.

② 蔡寿福.云南教育史[M].昆明:云南教育出版社,2001:351—352.

③ 朱有瓛.中国近代学制史料(第二辑上册)[M].上海:华东师范大学出版社,1987:410—411.

门的学习有其益处,强化课程的程度也不会嫌过,但中学堂的宗旨与高等学堂是有所区别的,其应当教授学生以普通的学识,造就他们的完全人格,我们不能把中学堂当作高等学堂来办理。第二,"又查文实分途,取便将来之升学,则入堂伊始,自必门径攸分。乃查德制分科,……虽云程度具有高等之课程,而分科之相去并不甚远,益学生之入学也。……设中途少有不便,仍可由此科转入彼科,……兹奉中学新章,主课与通习,时间既有不同,而文实相差多至四、五、六、七时间之数。如是分科逾远,改学逾难,所升入之学堂,益不能出部定近文近实之类。是一入中学,而终身求学之局定矣。吾国教育萌芽,学生父兄,未必具择别识力,而少年趣向,亦难必非求学中道,始识指归。……择述不慎,一误终身,是不可不预为筹及者"。这是强调,在学生趣向未定、学生家长又欠缺选择能力的情况下,过于拉大文、实两科的差异,过早地对学生进行分科教育,可能会贻误学生的一生。第三,"直属官立中学堂原有税契加征之定款,而各地多寡不同,其能文实并设者,除津、保外,恐不多见。且直省设学以来,每苦学堂多而学生少,若两科并设,则来学者势不成班。即令只设一科,本府之学生,又难强为就我。若间年分招文实,则又不便于升班留级之学生"。这主要是从现实条件来看,全面实施文实分科的可能性也不大。基于这些原因,直隶提学司本着"一则程度酌减,一则分科改近"的原则,对课程及钟点进行变通,并"拟于津、保等处学堂,常款足设两科者,每年分招文实各一班;其常款稍逊者,则并二三府或直隶州合设文实完全之中学"。

鉴于文实分科方案在各地实施困难重重,1911 年 1 月,学部又奏请改订中学文、实两科课程。学部奏折中提到的改订文实分科的原因,大致也反映了上述各省的情况:一是"分科程度骤高,上之则艰于得师,下之则难资升学";二是"分科设备较旧加繁,理化实验消费尤伙,必欲照章准备,非惟财力不足,且虞校室不敷";三是"一经分类,后日之转学为难;骤语专精,普通之知识转略"。[①] 经过改订,"文科读经起初每星期十小时的,后改为五小时;实科外国文每星期十小时的,改为八小时。这样,名虽分科,实际上仍没有多大差别"。[②] 因此,所谓的"改订",其实是"取消"了文实分科。

1911 年改订之后的数年中,人们对于中学文实分科的态度又几经反复。首

① 璩鑫圭,唐良炎.中国近代教育史资料汇编·学制演变[M].上海:上海教育出版社,1991:560—561.

② 廖世承.中等教育[M].上海:商务印书馆,1947:8—9.

先是民国成立伊始，几位教育家便将文实分科彻底除掉了。① 一是因为在他们看来，中学校的主要任务既不是为升学作预备，也不是训练专门技能，而应是"完足普通教育，造成健全国民"。二是因为，"对于分科制觉有事实之困难"，于是"仍用从前之普通制"。② 然而，意在实行双轨制的袁世凯政府，在1914年12月拟定的《教育部整理教育方案草案》中，一方面声称，"中学校宗旨在完足普通教育，非专为大学专门之预备而设也"；另一方面却认为，"中学之旨趣有二：一以中学教育为一阶段，养成克自树立之人才；一以中学教育为对于高等专门教育而言，所受教育适为其预备"，并以"现今中学制度，欲求其注重所在，不复可得；一炉熔冶，相抵必至于相销"的理由，主张参仿德制，或于一校中有偏重文科者，准予变通增加文科钟点；偏重实科者，准增加实科钟点，或分立两校，区别文、实两科。③ 这一意见在次年2月的《特定教育纲要》中被进一步提及，其文指出："现行中学校学制，各科并重，自初小、高小以至中学课程，迭次圆周，即嫌复泛，而于造就社会中坚之人物与高等教育之预备，均有不能独到之处。现宜取法德制，分为文科、实科二种，或分校，或一校兼备二科，视生徒之志愿以入学，不特适于天性……自足为社会之中坚人物，即升入专门大学亦易深造，较现制实为便利。"④ 与北洋政府的态度相对，1916年全国教育会联合会议决通过的"中学教育改良办法案"，重新强调"中学校本以完足普通教育为原则"，文实分科有"预备教育之意，与中等社会普通应用相去更远"。⑤ 而1918年召开的全国中学校校长会议上，代表们在讨论教育部交议的"中学毕业生有志愿升学者有从事职业者教授上有无双方并顾之法"一案时，尽管就应否分科问题互有争论，但最终的议决案仍主张实行文实分科，具体的办法，或可分校办理，或可一校兼备文、理两科。⑥ 针对这一议案，蔡元培专门发表了《德国分科中学之说明》一文，较为详细地论证了德国的分科制度是以充分的

① 陶行知.中国建设新学制的历史[M]//舒新城.中国新教育概况.上海：中华书局，1928：15.

② 训辞[M]//全国中学校校长会议录.1919年春刊：2.

③ 璩鑫圭,唐良炎.中国近代教育史资料汇编·学制演变[M].上海：上海教育出版社，1991：738，742—743.

④ 同上：749.

⑤ 邰爽秋,等.历届教育会议议决案汇编[M].上海：教育编译馆，1935："第二届全国教育会联合会大会议决案"，7.

⑥ 议决案[M]//全国中学校校长会议录.1919年春刊：7—10.

普通教育为基础的,以此说明当时的中学校不宜采用文实分科。①

随着 1922 年颁布的"壬戌学制"对"分科选科"的认可与倡导,此前关于文实分科的争论也告一段落。但由于在实施"新学制"的过程中,"各地高中普通科竞采文、理分组办法,忽略基本训练,滥设选修科目,往往重文、轻理,致高中毕业生基本学识不足,理科成绩尤其低劣"。因此,教育部于 1929 年颁布《中学暂行课程标准》,意在停止中学分组办法,"免致青年分化过早,且陷重文、轻理之弊"。② 1932 年,教育部又公布《高中初中教学及自习时数表》,详细订定各科课程标准,这使学分制和选科制完全废止。③ 有意思的是,在 1939 年的第三次全国教育会议上,又有国立西北农学院代表周厚枢以"高中课程太多,学生精力,每苦不足,为经济起见,应实行学术之文、理分科,或文、理分校,俾各生得注重专长,庶天才可以发展,而学生负担可以减轻"等理由,提议"高中实行文、实分科,提高基本科学"。④ 次年,教育部便修订"三三制"中学课程,初级中学分甲、乙两组,甲组作就业准备,乙组作升学准备;高级中学分甲、乙两组,甲组侧重理科,乙组侧重文科。⑤ "这样一来,昔年文、实分科之议事实上已复活,只是避名用实,叫做甲、乙分组,而且把多习算学的乙组定名为甲组,以示重实、轻文之意。"⑥

二、 分部制的实行⑦

与文实分科问题相比,自民国初年开始,人们讨论更多的是中学校的分部问题。同时,如果说分科问题主要讨论中学到底是为培养学生健全人格服务还是为预备升学服务,没有突破中学的"普通"性质,那么分部问题则讨论了中学

---

① 璩鑫圭,唐良炎.中国近代教育史资料汇编·学制演变[M].上海:上海教育出版社,1991:810—813.

② 教育部中等教育司编印.中等教育制度与设施[M].1941:11.譬如,1930 年广西省立第四高级中学便"将以前所分之文、理科取消,一律改为普通科"。参见:广西省立第四高级中学.广西省立第四高级中学校概览[M].年份不详:"校史",2.

③ 林砺儒.从批评中学新法令说到未来的改造[M]//中央教育科学研究所.林砺儒教育文选.北京:北京师范大学出版社,1984:43.

④ 教育部.第三次全国教育会议报告[R].1939:153—155.

⑤ 中华民国教育部教育年鉴编纂委员会.第二次中国教育年鉴[M].上海:商务印书馆,1948:345.

⑥ 北京师范大学校史研究室.林砺儒文集[M].广州:广东教育出版社,1994:531.

⑦ 本章的"分部制"与第二章讨论的"分部制"虽然名称相同,但指涉的内容不同,前者指中学校中的普通科、职业科与师范科之分,后者则是指中学行政组织结构中的教务处、训育处、事务处等管理部门的划分。

为职业作预备的任务,涉及中学究竟是"综合"性质还是"普通"性质的争论。

(一)基本过程及状况: 1917—1930 年

上文提及的 1916 年全国教育会联合会议决的"中学教育改良办法案",其反对中学文实分科的理由是,北洋政府的改革"误认"了中学的宗旨,偏于预备教育性质,这使得中学校"毕业生之位置,除升学外,将一无所有矣"。而"中学毕业后升学者,大都仅十分之一,或不及十分之一。其不升学而无事可就者,又居大多数。办学者断不宜以极少数人之升学,牺牲多数人之生计"。因此,中学校宗旨当"以完足普通教育为主","以职业教育预备教育为辅"。相应地,该案建议:"中学校得自第三学年起,就地方情形,酌授职业教科,并酌减他科时间。"①

1916 年 11 月,全国教育会联合会将当年年会的各项议决案以建议书的方式呈送教育部,"中学教育改良办法案"得到了采纳。1917 年 3 月,教育部据此出台了《酌定中学增设第二部办法》,其中讲道:"查近年中学校卒业之升学人数,远不及不升学之人数,则在完足普通教育之时,于不求升学之学生,酌授以裨益生计之知识技能,自无不可。兹酌定中学校增设第二部办法五条,先以草案通行各省区。"具体的五条方法如下:

一、中学校自第三学年起,得设第二部。

二、中学校第二学年修业生志愿于中学毕业后从事职业者,得入第二部。

三、第二部应节减普通学科,视地方情形,加以农业或工业、商业。

四、第二部每周授课时间及实习时间之总数,得视中学校令施行细则表列之时数,增加五小时以内。

五、中学校请设第二部,须先开列志愿入第二部之学生数,并条拟办法及科目,呈候本省区长官许可,并报部备查。②

"自教育部采全国教育会联合会之议决案,发布中学校设第二部之计划后,各地中学校当局者,皆从而注意研究是项制度之得失。"③是年,即有几所中学进

---

① 邰爽秋,等.历届教育会议议决案汇编[M].上海:教育编译馆,1935:"第二届全国教育会联合会大会议决案",8.

② 李桂林,等.中国近代教育史资料汇编·普通教育[M].上海:上海教育出版社,1995:796—797.

③ 黄炎培.三中学加设职业科之调查[M]//中华职业教育社.黄炎培教育文集(第 2卷).北京:中国文史出版社,1994:213.原载:教育与职业[J].1917(2).

行了分部的尝试。其中,南京高师创办附属中学,设置了农、工、商科,被视为我国近代中学举办职业教育的先声。① 该省的南菁中学和省立第五中学也于校中增设第二部,前者依据本校便利条件,设置了农业科;②后者鉴于"洋瓷盛行,国中陶业,日见衰弱",在校中试设陶业科为第二部。直隶省立第一中学则"因调查历届毕业生之从事商业者,学生父兄之从事商业者,皆甚多",在"第四学年开双级,于普通学级外设一商业科,令学生志愿习商业者入之"。商业级与普通级的科目"大略相同而内容异。如商业科英文、英语注意应用,而经济学尤特别加重之类,外加打字、簿记等特设之科"。天津南开学校亦将"第四年生八十余人,分为文、理、商三科",其中,"修身、国文、英文、历史、地理为五科相同者,⋯⋯商科则添授簿记、商学、珠算、商业英文、文牍、经济学,而簿记以英文为主体、中文为参考。至打字科尚待调查其家庭状况,如志为银行业者则授之,小商店则不授。教授时讲及邮政,教师带至邮局参观,银行亦如之。并于第一年起,设职业顾问教师"。③

1918 年的全国中学校校长会议上,就教育部交议的"中学毕业生有志愿升学者有从事职业者教授上有无双方并顾之法"一案,南师附中校长陆规亮依据该校经验提交了一个具体办法:"(1) 对于志愿升学之学生,分设文、实两科,明定主要科目;(2) 对于不升学而从事职业之学生,设第二部,职业科如农工商类,亦分主要次要科目。"这一办法受到与会的江苏各中学校校长的积极赞许,被大会决议通过,并建议教育部采纳。教育部根据会议结果,咨请各省转各地中学斟酌地方情形,增减科目及时间。④ 虽然没有形成为正式的法规,但陆规亮的提案还是对当时的中学教育产生了颇大的影响。⑤

1919 年以后,伴随着教育界的视线逐渐聚焦到学制改革上,中学分部问题也受到更普遍的关注,只是在概念上由"增设第二部"转换为"分科"。1919 年 10 月,在太原举行的全国教育会联合会第五届年会上,各省教育会代表提出并通过了"普通教育应注重职业科目及实施方法案"。该案要求各地切实关注和解决普通学校中职业科目的设置问题,并针对男女生的差异,建议各普通学校设置农科、工

① 方惇颐.我国中学教育宗旨[J].中等教育月刊,1943(9,10).

② 黄炎培.南通、苏州农业教育调查报告[M]//黄炎培.黄炎培教育文选.上海:上海教育出版社,1985:63—65.

③ 黄炎培.三中学加设职业科之调查[M]//中华职业教育社.黄炎培教育文集(第 2卷).北京:中国文史出版社,1994:213—214.原载:教育与职业[J].1917(2).

④ 袁伯樵.中等教育[M].上海:商务印书馆,1949:75.

⑤ 王伦信.清末民国时期中学教育研究[M].上海:华东师范大学出版社,2002:30.

科和商科等职业教育学科供男生学习,设置家事园艺、手工及缝纫等职业教育学科供女生学习。① 而从 1921 年的全国教育会联合会上各地教育会提交的改革学制系统草案来看,主张中学分部几乎成为一种共识(见表 4-1)。

表 4-1　各省区学制系统草案关于中学教育的主张②

省　区	主　　　张
广　东	初级三年,高级三年,用选科制。中学设一年限、二年限、三年限之完全职业科,更设渐减普通、渐增职业之四年限、五年限之职业科。
黑龙江	中学六年,前四年普通,后两年分升学、预备及职业各科。
甘　肃	中学六年,初级三年分普通与职业各科,高级三年分普通与农、工、商、师各科。
浙　江	中学六年。
湖　南	中学初、高两级,各三年,参用分科及选科制。
江　西	初级四年,高级两年。
山　西	职业教育、国民师范教育、预备教育均列入旁系,六年。
奉　天	中学五年,预科两年,本科三年。中学注重职业教育。
云　南	中学预备两年,本科采分科制四年。
福　建	中学普通四年,分科两年。
直　隶	中学普通四年,分科两年。

也正是在第七届全国教育会联合会之后,各地在试验"新学制"的过程中,有更多的中学开始实行分部制。譬如,陈时代表湖北教育界参加第七届全国教育会联合会后,与恽代英一起在中华大学附中进行了学校改制试验,基本方法是:"在四年制的现行中学体制中,头两年依照'通才教育'理念施教,注重基础知识和基本能力的培训;第三年实行文、实分科,分编为甲、乙组,侧重于专业知识和技能的培训;第四年复合甲、乙两组,再依据学业成绩或职业意向分编为普通、农、工、商、师范等若干组,为升学或就业进行定向培养。"③南京高师附中于1921 年春季"重订学则及课程,以升学预备、切实应用为目标。召集全体职教员会议及各科分科会议,经若干次讨论,规定学分数目,除一部分必修科外,余均

---

① 邰爽秋,等.历届教育会议议决案汇编[M].上海:教育编译馆,1935;"第五届全国教育会联合会大会议决案",27—30.

② 参见:第七届教育会联合会纪略[J].教育杂志,1922(1).

③ 马敏,汪文汉.华中师范大学百年校史(1903—2003)[M].武汉:华中师范大学出版社,2003:128.

274

为选修学分"。其中,"为预备升学专门起见,设文理农工商业升学预备组","为毕业后服务社会起见,设职业教育及师范组"。① 广东省也为了推行新学制,将当时的执信学校作为试点,"其组织分高级中学、初级中学各三年。高级先办普通、家政、师范三科"。②

江苏省立一中校长陆殿扬曾对 1921 年和 1922 年中学实施分科选科制的情况进行统计与归纳。他指出,1921 年时,实施分科选科制的中学大体有两类:第一类是在分科之后再实行有限制选科,学生在大的分科中还有若干学程可以自由选择,但须接受学校行政的有关指导。这种办法较适合学生个性,但对学校的经济条件、教师、教材等要求较高,因此采用此类办法的学校不多,有南京高师附中、江苏一中、江苏一师附中、上海公学中学部、上海浦东中学、河南二中等。第二类只能算是分科制,在第一、第二或第三学年结束时分成若干科,各科的学程是固定的,学生不能选择学程,只能选择与个性相近的分科进行学习。照此法办理的学校有成都高师附中、江苏二中、三中、四中、八中,浙江八中,安徽三中、四中等。至1922 年"新学制"颁布之前,各省区实施分科选科制的中学有所增加(见表 4 - 2),其中,符合本部分所讨论的分部制形式,③设置农科、工科、商科、教育科、艺术科和职业预备科的中学分别有 7 所、8 所、11 所、10 所、4 所、2 所。④

表 4 - 2 1922 年各省区中学分科选科统计表　　　　(单位:所)

省区	校数总计	文科	理科	农科	工科	商科	教育科	艺术科	升学预备科	职业预备科	略有偏重之甲乙组	选科不分科
江 苏	14	10	11	1	1	6	3	4			1	1
直 隶	8	6	6	3	1	3	2					
浙 江	5	4	4		1						1	
山 东	5	3	3	1	1		1					2

① 南师附中.南京师大附中[M].北京:人民教育出版社,1996:44—45.

② 璩鑫圭,唐良炎.中国近代教育史资料汇编·学制演变[M].上海:上海教育出版社,1991:888.

③ 正如本章开头的注解所指出的,民国时期的"分科选科"概念比较模糊,如果"分科"仅仅是指分为文科、实科或文科、理科,其应当是上节所讨论的"分科制"。只有当"分科"中包含了农、工、商、家事等职业科和师范科时,它才是本节所讨论的"分部制"。

④ 陆殿扬.民国十年之中学教育[J].新教育,1922,4(2);陆殿扬.民国十一年之中学教育[J].新教育,1923,6(2).转引自:王伦信.清末民国时期中学教育研究[M].上海:华东师范大学出版社,2002:66—67.

省区	校数总计	文科	理科	农科	工科	商科	教育科	艺术科	升学预备科	职业预备科	略有偏重之甲乙组	选科不分科
安　徽	4	2	2		1				1	1		1
湖　南	2	2	2		1		2					
山　西	2	2	2							1		
福　建	2	1				1						1
京　师	1				1	1			1			
京　兆	1		1						1			
河　南	1	1	1									
江　西	1	1	1									
四　川	1	1		1	1							
奉　天	1	1	1			1						
黑龙江	1	1	1			1						
总　计	49	35	34	7	8	11	10	4	3	2	2	5

无论是1917年开始出现的中学增设二部制的尝试,还是1919年后由试验、宣传新学制所推动的分科制改革,基本上都属于教育界及中学校的自我革新行为。在此过程中,各级教育行政当局发挥的作用较小,甚至处于被动的位置,或是对各教育团体和学校的观点与行为采取听之任之的态度,或是仅仅充当"意见转达者"的角色。到1922年时,面对势不可当的学制改革浪潮,当时的教育部坐不住了,也不能坐了。尽管仍然是迫于教育界的改革压力,但这一次,教育部想做得更"主动"点。于是,抢在第八届全国教育会联合会决议学制改革问题之前,教育部召开了学制会议,提出新的学制改革方案。为了显示"主动",教育部只是解释,"民国元年曾有一次教育会议制定学制,现在隔了十年,已有修正的必要,所以提出这个学制改革案",却未提及广州第七届全国教育会联合会的新学制草案这个背景。这被第八届全国教育会联合会的与会代表认为是在"打官话"。一些代表提出,"教育部既打官话,不睬联合会,联合会本也可以打官话,装作不知道有学制会议的一回事"。在双方对立情绪浓重的情况下,教育部也意识到,想要"维持学制会议的原案,不要大更动"的想法不可能实现,教育部的学制方案"是不能不改动的了",只能"希望改动越少越好"。因此,教育部请倾向于调和主张的胡适出面调停。胡适指出,"彼此打官话,终不成事体。

我们为的是要给中华民国制定一个适宜的学制,不是彼此闹意气。所以我希望联合会的同仁,千万不要再打官话了。还是老老实实的根据广州的议案,用学制会议的议决案来参考比较择善而从,定出一个第三草案来,把学制问题作一个总结束,呈请教育部颁布施行。"①胡适的意见得到大部分代表的赞同,联合会遂推选胡适和北京代表姚金坤执笔起草"第三草案",这一草案后被称为"审查底案",其最后通过时基本保留了联合会所议定的广州草案的原貌,而教育部提交的学制改革原案的内容在后来一轮轮的会议讨论修改过程中,被不露痕迹地去掉了。②

依据第八届全国教育会联合会上决议的学制系统改革方案,北洋政府于1922年11月公布了《学校系统改革案》,其中涉及中学教育的有如下规定:

> (1)中学校修业年限六年,分为初、高两级;初级三年,高级三年。但依设科性质,得定为初级四年、高级二年,或初级二年、高级四年。
>
> (2)初级中学得单设之。
>
> (3)初级中学施行普通教育,但得视地方需要,兼设各种职业科。
>
> (4)高级中学分普通、农、工、商、师范、家事等科。但得酌量地方情形,单设一科,或兼设数科(附注:依旧制设立之甲种实业学校,酌改为职业学校,或高级中学农、工、商等科)。③

1922年的"新学制"改革与留美学生的宣传、推动以及杜威、孟禄等美国教育学家的访华密切相关,其在整体上学习了美国的教育制度。具体到中学方面,即由上列规定所体现的中学由"普通性"向"综合化"的发展。美国于1914年和1917年通过了两个法案,要求在全国建立中等职业学校系统,同时在中学设职业科和开设各种职业选修课,把普通中学办成综合中学。④ 1918年,美国中等教育改制委员会发表的《中等教育的基本原理》报告,更是明确提出,"综合的中学是标准的中学",因为其"赋予学生以多种经验,为选择职业与升学的基础",具有"职业教育的效率、统一化,非职业的目标、入学的便利、

---

① 柳芳.胡适教育文选[M].北京:开明出版社,1992:102—104.

② 王丽.温故壬戌学制[N].中国青年报,2009-01-21.

③ 中央教科所教育史研究室.中华民国教育法规选编[M].南京:江苏教育出版社,1990:43.

④ 成有信.现代教育的特点及其本质[M]//孟宪范,冯小双.中国社会科学文丛(综合卷).北京:中国政法大学出版社,2005:457.

有效的课程组织"等优点。① 1922年的"新学制"虽然从头至尾没有提及"综合中学"这个词,但其主张的"分科选科""纵横活动"原则,实与综合中学的精神一致。

回过头来说,尽管1922年"新学制"的出台主要是教育界人士受到美国的影响而积极推动的不折不扣的"自下而上"的教育改革,但政府在推进1922年后的中学分部制中的作用是不能忽略的。从直接意义上讲,政府以正式法规的形式认可与采纳教育群体的主张,使得中学采用分部制成为一种外在的准硬性要求;从间接意义上讲,政府的认可与采纳还会强化中学分部主张本身的合理性,制造出"大势所趋"的局面,无形中对各地的教育管理与实施机构产生影响。

也正是在政府公布学制改革案之后,不少省区在施行新学制的过程中,纷纷采取改办、归并、新建等方式组建综合中学,由此出现了更多的分部制中学。② 譬如,浙江省教育厅计划将第二至第十一省立中学、师范中学对应合并,改组为第二至第十一区高级中学,各设初级中学、高等师范科及普通科,并酌量地方情形,设女子师范科;将县立女子师范学校及县立中学校,均酌量归并或改为初级中学;将省立各甲种实业学校,一律改为高级中学农、工、蚕、商科。安徽省决定"在安庆设立规模较大之试验式高级中学一所",并要求"试验式之高中,应分预备升学与职业两种课程,职业科内暂分师范与商业二种"。吉林省也提出,中学"高级分文、理、工、商、师范等科,单设一科或设数科,由省教育行政长官定之",同时规定,"原有之省立中学及甲种农、工、商业各校,一律改称中学校"。此外,还有一些省份虽然坚持中学校、师范学校、职业学校分立,但也鼓励中学校采用分

---

① 邱椿.中等教育基本原理[M]//邰爽秋,等.中学教育之理论与实际.上海:教育编译馆,1935:23—27.《中学教育之理论与实际》所选的署名为"邱椿"的《中等教育基本原理》一文,译自1918年美国中等教育改制委员会发表的报告《中等教育的基本原理》。在此之前,有胡忠智翻译的版本。参见:美国中等教育改制委员会.中等教育的基本原理[M].胡忠智,译.北平:文化学社,1927.

② 也有一些省份不倾向于组建综合中学的形式,而是采用普通中学、职业学校与师范学校分立的方式。譬如,山东省坚持"师范学校仍应独立",而职业教育也一仍其旧。甘肃省原有的实业学校、师范学校基本上也暂照旧制办理。江西省同样强调中学校、师范学校和职业学校独立设置原则。湖北省在采用中学校、职业学校与师范学校分立的总体结构的情况下,还规定"初级中学如并设各种职业科,须将学科性质、授课时数、设备状况,呈请教育厅报部核准";高级中学"单设一科者,至少须有三班;兼设数科者,每科至少须有三班","每科三班,经常费至少须有一万五千元"等附加条件,这实际上是对中学分科持比较谨慎的态度。参见:璩鑫圭,唐良炎.中国近代教育史资料汇编·学制演变[M].上海:上海教育出版社,1991:1030—1031,1037,1043,1047—1048.

部制。如奉天省强调,"中学校以养成国家社会实际应用之人材为原则,由普通而进于分科",具体可分为"文科、工科、商科、其他特殊各科"。①

在职业科方面,根据中华职业教育社的调查,1925 年时,全国设有职业科的中学校有 42 所(见表 4-3),②1926 年时,设有职业科的中学校有 57 所。③ 在师范科方面,1922 年时,全国有师范学校 385 所,到 1925 年时,减少至 301 所,④这种数量上的减少,一个重要的原因是师范学校改组或归并为中学师范科。与此同时,1925 年全国中学校的总数是 687 所。⑤ 考虑到分部制主要在高级中学实行,而高级中学的数量(包括独立设置的高级中学与高、初合设的中学)往往只占中学校总数的三分之一左右,因此可以说,尽管新学制颁布后的几年中,实行分部制的中学在数量上没有占据主导地位,但已经成为当时中学的一种重要办学样式。

表 4-3　1925 年设有职业科之中学校统计表　　　　(单位:所)

省　　区	校　　数	省　　区	校　　数
京　兆	9	安　徽	3
直　隶	2	福　建	1
吉　林	2	湖　北	3
山　东	4	山　西	2
河　南	3	四　川	2
江　苏	10	广　东	1

南京国民政府成立后,在以蔡元培、李煜瀛等教育界人士为首的中央教育行政委员会的推动下,决定在教育管理体制上采用大学区制,并在江苏、浙江等省试行。实施学区制涉及学校的改组、归并等问题,顺此形势,并藉以"节省经费,集中学校行政"⑥的理由,江、浙两省试行"中师合并"制度。此后,又有"他地

---

① 参见:璩鑫圭,唐良炎.中国近代教育史资料汇编·学制演变[M].上海:上海教育出版社,1991:995—999,1009,1033—1034,1020.

② 秦翰才.民国十四年之职业教育[J].教育与职业,1926(71).

③ 孙祖基.十年来中国之职业教育[J].教育与职业,1927(85).

④ 教育部统计室.中华民国二十二年度全国中等教育统计[M].上海:商务印书馆,1936:30,31.

⑤ 同上:31.

⑥ 郑西谷.中师分合与师范教育[M]//邰爽秋,等.中学教育之理论与实际.上海:教育编译馆,1935:"本篇",1.

群相仿行"，①从而使得"壬戌学制"出台后出现的中学分设师范部的情况进一步扩大。譬如，1927年时，福建省教育厅将办在福州的第一师范学校、省立福州女子师范学校、省立女子职业学校、省立一中、省立二中、甲种商业学校等合并建立，省立高级中学。② 同年，江西省教育厅将江西省立第一师范、第一女师和省立一中、二中、女中五所学校合并为省立南昌中学。

　　虽然在1928年5月大学院召开的第一次全国教育会议期间，国立中央大学、广东省教育厅、广西省教育厅、南京特别市教育局、江苏大学区师范科联合会等机关团体以及陶行知、黄琬、欧元怀、李相勖、程时煃、孟宪承等人提案，批评"师中合并"后的师范科"经费既不独立，设备又不完全，师范生难得特殊之训练"，并以"保存师范教育尊严、适合师范生需要、三年师范教育年限过短、师范生待遇不同"等理由，主张"师范学校应单独设立"，但各项提案只得到部分支持，大会的最终决议并没有同意完全将中师分离开来，只是强调"为促成义务教育起见，应于高中师范外，由各省多设独立之师范学校或师范讲习科，特别训练师资"。③ 根据当时教育部的整理、统计，至1930年，全国各省市立中学有中师完全合并者，有中学附设师范又独立设置师范者，亦有中师完全分设者（见表4-4）。

表4-4　1930年全国各地中师分合情况④

设置情况	地　　　区
中师完全合并者	江苏、广西、东省特区、青岛等省市
中师合并复另设独立师范者	浙江、安徽、江西、湖北、湖南、陕西、云南、四川、福建、广东、辽宁、上海等省市
中师完全分设者	河南、山东、察哈尔、贵州、绥远、宁夏、山西、河北、黑龙江、吉林、甘肃、热河、北平、新疆、西康、威海卫等省市

　　大学院于1928年3月公布的《中学暂行条例》，在中学分部方面也基本延续了1922年"新学制"的精神，规定"初级中学实施普通教育，但得视地方需要，

---

　　① 罗廷光.教育概论[M].上海：世界书局，1933：343.除了趋附"大风向"外，其他地方仿行"中师合并"也是出于实际情况的考虑。譬如，按照保定私立育德中学的解释，之所以设师范科，是因为"本校历年毕业生，升学者约占百分之六十四。不能升学者百分之三十六，则就各种职业，其中以任小学教员者为最多；只以未曾受过师范训练，自然不免有多少贻误"。参见：保定私立育德中学.保定私立育德中学校规则[M].1932：19—20.
　　② 福州市教育志编纂委员会.福州市教育志[M].福州，1995：226.
　　③ 参见：中华民国大学院.全国教育会议报告[R].上海：商务印书馆，1928：乙编，139—150.
　　④ 中华民国教育部.第一次中国教育年鉴[M].上海：开明书店，1934：丙篇，190.

兼设各种职业科","高级中学分设普通师范、农业、工业、商业、家事各科,但得依地方情形,单设一科或兼设数科"。① 在时隔两个月后的全国教育会议上所议决的"中华民国学校系统案"中,这一规定得到进一步确认。

正是在上述背景下,南京国民政府成立初的三年中,尽管中学分部制本身的合理性及实施的可行性遭到一些质疑,但中学分部制的实行总体上承续了前几年的发展态势。这一点,借助国民政府教育部 1930 年的相关教育统计数据也可以加以说明。从表 4-5 中,我们首先能够发现,除了宁夏、青海、新疆、热河、西康、威海卫等省市外,其余有据可查的全国各省市中,仅有甘肃、吉林、黑龙江、绥远等地的中学不存在分部的情况。其次,在数量比例方面,师范科与职业科学生合占中学校学生总数的 8.62%,看似很少,但考虑到当时的中学中,普通科学生数通常要远超过职业科或师范科学生数,可以推定,当年实行分部制的中学的比例要远远高于 8.62%。

与分科制相比,中学分部制作为一种组织结构形态变革,显得更为具体。这首先表现为中学行政组织方面的变化,出现了此前没有的师范科主任、职业科(具体为农科、商科、工科等)主任等管理职务。譬如,1928 年浙江省立第一中学便设有多部,其中第一部设主任一人,下设高中、初中学长及秘书各一人,高中又分设文科、理科、师范科三科主事各一人。② 1930 年,江苏镇江中学设有师范科主任,苏州中学设有师范科主任、乡村师范部主任各一人,上海中学设有师范科、商科首席教员各一人以及乡村师范部主任一人,无锡中学设师范科主任一人,等等。③ 这种行政组织的变化一方面是学校应对组织构成与规模的变动而作出的自我调整,另一方面也有来自各地教育行政部门的相关要求。1923 年,浙江省教育厅公布的《施行新学制省立各校改组办法》便规定:"学校中设有中学部与师范部的,则各设部主任一人。校长须兼任其一。"④1927 年,江西省教育厅颁布的《江西省立中学校组织大纲》亦要求:"完全中学高中部每科设主任一人,初中部每年级设级主任一人,……分别襄理各科、各年级有关事宜。"⑤ 试行大学区制时期颁布的《国立中央大学中学校组织暂行条例》也规定,中学师范科、商科等应设主任一人。至于师范科主任、职业科主任等职务的职责,《国

① 河南教育厅.河南教育特刊(全一册)[M].1929:34.
② 杭州市教育委员会.杭州教育志[M].杭州:浙江教育出版社,1994:324.
③ 梁兆纯.中学行政之组织[J].国立中央大学教育季刊,1930(1).
④ 杭州市教育委员会.杭州教育志[M].杭州:浙江教育出版社,1994:323.
⑤ 《江西省教育志》编纂委员会.江西省教育志[M].北京:方志出版社,1996:250.

表4-5 1930年各省市中学学生数科别分析表①

（单位：人）

省区\数量\科别	总数	普通科			师范科				职业科				
		总数	高中	初中	总数	高中师范	乡村师范	短期师范	总数	农业	工业	商业	职业
全国	179 081	163 642	44 439	119 203	11 575	10 606	747	222	3 864	151	674	2 537	502
江苏	16 500	13 712	4 147	9 565	2 213	2 101	112		575		165	410	
浙江	5 877	5 333	1 786	3 547	392	375		17	152			152	
安徽	4 626	3 562	774	2 788	996	983		13	68				68
江西	8 208	7 269	1 684	5 585	841	770		71	98			5	93
湖北	6 942	6 418	1 566	4 852	207	207			317		173	144	
湖南	8 052	6 868	1 135	5 733	1 008	808	79	121	176		154	22	
四川	9 096	8 130	2 908	5 222	636	636			330	76	63	145	46
福建	7 786	7 579	1 974	5 605	207	207							
云南	1 705	1 307	128	1 179	267	91	176		131				131
贵州	888	796	259	537					92	53	39		
广东	33 763	31 101	3 101	28 000	2 452	2 072	380		210	20		190	
广西	4 489	3 785	678	3 107	704	704							

① 此表根据1930年全国中等教育统计数据整理而成。参见：教育部普通教育司. 中华民国十九年度全国中等教育统计[M]. 南京：南京华印书馆,1933：75—77.

续　表

数量\科别\省区	总数	普通科			师范科				职业科				
		总数	高中	初中	总数	高中师范	乡村师范	短期师范	总数	农业	工业	商业	职业
陕西	1 113	1 067	889	178					46			46	
山西	4 041	4 029	1 000	3 029	9	9			3			3	
河南	1 752	1 458	905	553	31	31			263			109	154
河北	7 932	7 727	2 045	5 682	102	102			103			103	
山东	4 468	4 299	1 129	3 170					169			169	
甘肃	430	430	136	294									
辽宁	4 369	4 254	2 605	1 649	115	115							
吉林	362	362	128	234									
黑龙江	304	304	96	208									
绥远	238	238	112	126									
察哈尔	548	539	65	474	9	9							
东省	1 525	1 109	221	888	207	207			209			209	
南京	5 313	5 163	1 779	3 384	140	140			10				10
上海	23 168	21 837	7 411	14 426	548	548			783	2		781	
北平	14 033	13 441	5 411	8 030	463	463			129		80	49	
青岛	1 553	1 525	367	1 158	28	28							
百分比	100%	91.38%			6.46%				2.16%				

立中央大学中学校组织暂行条例》中概要地规定：师范科主任"秉承校长，掌理师资训练，支配该科课业，并应与试验小学及乡村师范科切实联络，而指导其工作"；商科主任"秉承校长，掌理商业训练，支配该科课业，并指导青年职业"。① 上海中学所拟的《各部科主任各首席教员服务规程》规定得更为具体。该规程指出，各部科主任或首席教员的工作包括：

（1）拟订各该部科进行计划；

（2）建议各该部科进行事项于校务会议、教务会议或校长；

（3）执行校务会议或教务会议议决及校长指定或委托关于各该部科进行事宜；

（4）秉承校长处理各该部科事宜；

（5）召集各该部科务会议；

（6）执行各该部科务会议议决事项；

（7）规划各该部科课程；

（8）与教务主任商定课务上之进行事宜；

（9）接受教员及学生关于各该部科课务上之接洽；

（10）与各学科会议审定各该部科各学科教本及学程纲要；

（11）审核各该部科学生成绩；

（12）布告学生关于各该部科进行事宜；

（13）代表各该部科对外接洽。②

其次，实行分部制所造成的学校组织分化，还直观地表现为物理空间上的变化，出现了一些多校区中学。譬如，1923 年夏，浙江省立第一师范与省立一中合并为浙江一中，合并后的校舍分为两处：贡院前原一师校舍为校本部，设师范部和高中部；大方伯原一中校舍为分部，设旧制中学（原一中未毕业学生）和初中部。1927 年，浙江一中又与省立女中合并，贡院前校舍为一中一部，横河桥及西大街校舍为一中二部，一部及二部均设有高初中及附小。③ 又如，1927 年南京实验学区制，改组学校，建立综合性中学时，将原来的省立南京中学、省立第四师范学校合并，同时将前省立工业专门学校及省立第一农业学校的中学部并

---

① 唐钺，朱经农，高觉敷.教育大辞书[M].上海：商务印书馆，1930：978.
② 江苏省立上海中学.江苏省立上海中学一览[M].1930：9—10.
③ 周峰.民国时期杭州[M].杭州：浙江人民出版社，1997：553.

入,定名为第四中山大学区立南京中学,邰爽秋任校长,改组后的学校,以原来的第四师范校舍为高中部,称第一院,分为普通科、师范科及商科,校址在门帘桥;以原来的第一中学校舍为初中部,称第二院,校址在八府堂。同时,大学行政院还将前江苏省立第一女子师范改组为省立南京女子中学,分设初中部、高中部。高中部分普通科、师范科与幼稚师范科,校址则分处马府街、细柳巷等地。① 再如,1927 年 6 月,河南省实行《河南教育行政大纲》,将河南省立第四师范学校与省立第八中学合并,称河南省立洛阳中山学校。该校下设中学部和师范部。其中,校本部地址设于原第八中学,而师范部地址则设在洛阳东关迎恩寺。②

上文述及,当时"中师合并"主张者强调的一个理由是,可以"集中行政"。但从中学采用分部制而产生的中学组织分化的角度看,所谓的"集中行政"只是对教育行政部门而言。相关统计数据表明,1922 年、1925 年和 1928 年三年间,随着一些师范学校、职业学校并入中学,师范学校和职业学校的数量分别为 385 所、301 所、236 所和 164 所、154 所、149 所,呈逐渐减少的趋势,③这意味着以前需要布置三所学校完成的任务,现在可能只要交给一所学校就可以了,自然可称得上是"集中行政"。然而,对于学校而言,实行分部制非但不能起到"集中行政"的效果,反而会增加组织的复杂性,加大学校管理的压力。这是因为,以分部的形式将各科教育整合到中学校中,造成学校规模的相应扩大,从而产生加强组织沟通协调以及增设相关管理人员的要求。上面提到的多校区中学的存在以及不少中学设置师范科、职业科主任或首席教员,便体现了这一情况,而校区的分散与新的管理人员的出现,既加大了学校组织部门的分化程度,也增加了学校组织的管理层级,势必影响中学组织管理的合理性与有效性。有关实行分部制给中学管理带来的各种问题,下文会继续讨论。

（二）职业教育与民主教育潮流的影响

1912—1930 年中学分部制的出现与发展,从大的方面看,有两个重要的背景:一是发展职业教育的要求,二是推进民主教育的潮流。

首先来看发展职业教育的要求对中学分部制的影响。

---

① 南京市地方志编纂委员会,南京教育志编纂委员会.南京教育志[M].北京:方志出版社,1998:367—368.

② 叶鹏.洛阳师范高等专科学校志(1916—1995)[M].郑州:中州古籍出版社,1996:2,12.

③ 教育部统计室.中华民国二十二年度全国中等教育统计[M].上海:商务印书馆,1936:30,31.值得指出的是,1929 年的统计数据显示,师范学校和职业学校数量有较大幅度的增长,这与 1928 年起开始强调师范学校与职业学校独立设置有关,关于这一点,下文有相关讨论。

晚清时期，人们对于教育一直怀着经世致用以达富国强民之鹄的想象，但19世纪60年代至1902年，占据新式教育主流地位的实业教育却存在严重脱离实际生产和生活的倾向，不切实用。而现代学校制度建立之后，实业学堂既无设备，又无师资，徒具"虚名"；①普通学堂虽力图改革，但并未跳脱"升学预备"的宗旨。用《教育杂志》主编陆费逵的话说："满清时代，愈兴教育而人民愈贫、道德愈下者，即以不注重实际教育，不能裨益于生活，而子弟谋生之能力愈薄弱也。"②

有鉴于此，民国成立之际，陆费逵便反对蔡元培所提"五育并举"的教育方针，言称"兼采多数方针，实不啻无方针"，而主张"今日教育方针，亟采实利主义以为对症之药"。在他看来：其一，实利主义教育可以"立国"。他说："吾国大患尤在夫贫。苟一旦民穷财尽，则国与民皆不免于破产。国家破产，外辱立乘；国民破产，盗贼愈甚，而皆不免于亡。况吾国人之习性，下等社会虽能耐劳，而知识缺乏，生活之力遂以薄弱；上等社会文弱优柔，既无耐劳之筋力，又无谋生之能力。若长此以往，恐全国皆游民饿莩矣。"而且，"实利主义非惟药贫，实足以增进国力、高尚人格"。其二，实利主义教育可以"立人"。他说："夫教育宗旨，以养成'人'为第一义，而人之能为人否，实以能否自立为断。所谓自立者无他，有生活之智识、谋生之技能，而能自食其力不仰给于人是也。欲达此目的，非采实利主义为方针不可。"③

民国最初的教育方针是蔡元培提出的"五育并举"，而在中小学方面，则偏重于普通教育。其最初的想法是健全学生人格，培养合格国民，但在实施过程中，却蜕变成为"预备升学教育"。然而，能够最终升学之人又属少数，遂使"学生毕业无出路"成为"教育上亟待研究之一问题"。根据黄炎培1915年的考察，"初等小学毕业，舍升高小无他路，高小毕业，舍升中学无他路，等而上之，莫不如此，而以中学为最甚"。天津公立中学校"毕业生升学者三分之一，谋事而未得者，占毕业总数二分之一"。而江苏公私立各中学校，"就所报告统计之，大约毕业生升学者百分之二十五，谋事而不得事者三十。夫毕业者百人，失业者三十，似未为多。然即此比例，他日中学教育益发达，此无业之民，从而增益。观其揭橥，在养成社会中坚人物，究其结果，适产出若干高等游民，其将何以自解"。④ 而且，正如黄炎培所言："况各地中学毕业生失业者，或且不止此数耶。"

---

① 袁伯樵.中等教育[M].上海：商务印书馆，1949：66.

②③ 陆费逵.民国教育方针当采实利主义[J].教育杂志，1911,3(11).

④ 黄炎培.考察本国教育笔记[M]//中华职业教育社.黄炎培教育文集(第一卷).北京：中国文史出版社，1994：49—50.原载：教育杂志[J].1915,7(5).

第二届全国教育会联合会提议的"中学教育改良办法案"便指出:"中学毕业后升学者,大都仅十分之一,或不及十分之一。其不升学而无事可就者,又居大多数。"①

同时,专事职业教育的实业学校、专科学校办理不善,表现为:其一,"设置拘统系而忽供求";其二,"功课重理论而轻实习";其三,"学生贫于能力而富于欲望"。缘此数因,实业学校或专科学校毕业的学生,"有以毕业于纺织专科而为普通小学校图画教员者矣,有以毕业于农业专科,而为普通行政机关助理员者矣;甚有以留学欧美大学校专门毕业,归而应考试于书业机关充普通编译员者矣。所用非其所学,滔滔皆是"。② 通常是"舍登政界任教师二途外","谋事匪易"。③

如此情境,使人又想起清末时期的那个论断:"教育愈发达则国家愈贫,教育愈普及则国家愈弱。"④而"民国成立,民生凋敝甚于前清"⑤的社会现实,以及强敌入寇与"一战"爆发所激发的民族前途之危殆感,更强化了这种感觉。于是,以黄炎培为代表的一部分教育界人士,以刊行论著、发表演讲、建立专业团体、创办专门刊物以及提交教育改革方案等方式,力陈现实教育的不当,对职业教育问题进行了比较集中的呼吁和讨论,从而使得"中等学校当重视职业之培养"在 20 世纪前十年的中后期"成为不可忽视之定论"。⑥

与重视职业教育相比,更为重要的问题是如何发展职业教育。当时教育界对此存在两种不同的意见。一种意见主张建立与普通教育并行的、自成系统的职业教育制度。蔡元培在 1915 年提交万国教育会议的论文中便提道:"中等教育,常含有三种作用:(一) 高于小学教科之普通性;(二) 应用于职业之能力;(三) 高等教育之预备是也。现今各国中学校之组织,多兼此三作用有之,故科目不能不繁重;而毕业以后,例必匀狗其一部分,则前日修此一部分之日力,均为徒费。且缘此而使他部分之课程不得不有所减杀,此诚不经济之尤者也。"若"建设之始,各种机关,不能同时并举,以一机关兼种种之作用,可也"。然而,"今则分工之义大著","中学校当纯然为高等普通教育之机关,……其应用于职

① 邰爽秋,等.历届教育会议议决案汇编[M].上海:教育编译馆,1935:"第二届全国教育会联合会大会议决案",8.

② 中华职业教育社宣言书[M]//黄炎培.黄炎培教育文选.上海:上海教育出版社,1985:54—55.

③④ 朱有瓛.中国近代学制史料(第三辑上册)[M].上海:华东师范大学出版社,1990:385.

⑤ 张大军.新疆风暴七十年[M].金华:兰溪出版社,1980:788.

⑥ 袁伯樵.中等教育[M].上海:商务印书馆,1949:76.

业之作用,悉让诸职业教育"。反映在制度方面,亦即"中等教育宜分别普通与专门二种,前者专为较高之普通,后者属于职业"。① 湖南省教育会提交第一届全国教育会联合会的"改革学校系统案",被舒新城称为学制改革之嚆矢,该案为解决学校"不能得具足之生活力者,而毕业反为社会之累"等问题,也以德制为样板,主张同时发展国民教育与人才教育,但两者须"并立",自小学以至大学与各高等教育机关之紧相衔接,中学之分立数种,补习与职业学校之分立数种,师范学校之分立二部。②

另一种意见则以黄炎培为主要代表,主张将职业教育纳入普通教育加以发展。黄炎培说,欲实施职业教育,"须确立职业教育之制度",而欲解决制度问题,又"不宜沾沾于各国制度利害得失之比较,必一以吾国历史与现状为根据而研究之"。从其他国家的情况来看:"若德、若日,判划职业教育于普通教育之外;若英、若美,参加职业教育于普通教育之中。盖前者列职业教育于旁系,而后者列之正系。"③但在中国国情方面:

> 依教育统计,全国中学四百有三所,而甲种实业学校仅九十有四。高等小学七千三百一十五所,而乙种实业学校仅二百三十。夫中学毕业力能升学者,或不及十分之一;高等小学毕业力能升学者,或不及二十分之一。数若是其少,谋生者数若是其多,乃为学生升学地之中学、高等小学数若是其多,为学生谋生地之实业学校数若是其少,供求不相剂若此,职业教育之推广,其可缓耶?④

所以,"今一时欲仿德、日,于中学、高等小学外广设种种包含职业性质之学校,俾适合乎十分之一、二十分之一中学、高等小学毕业生升学者与谋生者之比,不惟财力将有所不胜,即进行亦无乃过骤。若采英、美制,于高等小学、中学各酌设职业科,其设置本偏于郡邑市乡,则因地制宜,尤为利便"。⑤

1917年,中华职业教育社成立后,教育界、实业界名流马相伯、蔡元培、张元

---

① 高平叔.蔡元培教育论集[M].长沙:湖南教育出版社,1987:82,90.

② 璩鑫圭,唐良炎.中国近代教育史资料汇编·学制演变[M].上海:上海教育出版社,1991:532—542.

③⑤ 黄炎培.职业教育实施之希望[M]//中华职业教育社.黄炎培教育文集(第一卷).北京:中国文史出版社,1994:314—315.原载:教育杂志[J].1917,9(1).

④ 戚名琇,钱曼倩.中国近代教育史资料汇编·教育行政机构及教育团体[M].上海:上海教育出版社,2007:446.

济、宋汉章、聂云台、穆藕初、黄炎培等48人联名发表的《中华职业教育社宣言书》中主张,发展职业教育有三端:"曰推广职业教育;曰改良职业教育;曰改良普通教育","一方推广职业学校、职业补习学校,一方于高等小学、中学分设职业科"。① 这一主张反映了当时在发展职业教育思路上的主流选择,实际上也是综合了上述两种不同意见。不过,一方面,由于受社会现实以及教育基础的限制,一时还难以建立合理的自成系统的职业教育制度,通过改造和利用数量上占绝对优势的普通中小学来发展职业教育,似乎是更为明智的选择;另一方面,人们也普遍认识到职业教育不良的部分症结,"实于受普通教育时代种之",要改良职业教育亦须同时改良普通教育。②加之1917年后,随着大量留美学生回国以及美国学者访华,美国对中国教育制度的影响日益加深,融普通和职业于一体的综合中学制度受到越来越多的推崇。因此,在发展职业教育的两种不同意见中,"于普通教育中渗入职业教育"的美国模式逐渐占据主导地位,并最终以学制改革的方式加以确定,而中学校遂相应采用分部制形式,于普通教育之外,添置各种职业科。

其次再看推进教育民主的潮流对中学分部制的影响。

无论在思想言论还是在制度实践上,清末时期的教育基本上没有跳出国家主义与军国民主义的框子。1912年,蔡元培将"养成共和国民健全之人格"定为民国教育的旨归,他说:"民国教育与君主时代之教育其不同之点何在? 君主时代之教育方针,不从受教育者本体上着想,用一个人主义或用一部分人主义,利用一种方法,驱使受教育者迁就他之主义。民国教育方针,应从受教育者本体上着想,有如何能力,方能尽如何责任,受如何教育,始能具如何能力。"③正如前文提到的,这种"养成共和国民健全之人格"与"从受教育者本体上着想"的观点,可以视为中国近代民主主义教育的先声。不过,由于旧风余存、政局混乱等因素,这种思想在民初并没有得到很好的发展。虽然1914年教育部公布的《整理教育方案草案》中强调,"学生禀赋不同,个性各异,苟不审其短长,因材陶冶,则教育实效终不可期",因此"各学校宜注重学生之个性陶冶",④但结合北洋政府推行复古教育的总体意图来看,上述主张不会是"真心实意"的表达,而更多

---

①② 中华职业教育社宣言书[M]//黄炎培.黄炎培教育文选.上海:上海教育出版社,1985:54.

③ 璩鑫圭,唐良炎.中国近代教育史资料汇编·学制演变[M].上海:上海教育出版社,1991:638.

④ 同上:737.

的是一种论证上的合理化策略。

近代民主教育思想盛行并产生实际影响是在 1919 年左右。究其原因,按照舒新城的概括,有以下三个方面。[①]

其一,对"一战"的反思。很多人认为,"一战"的爆发是德国实行的军国民主义教育作祟的结果,而德国的战败充分说明了军国民主义教育的不当。"一战"之后,作为战胜国领袖的美国总统威尔逊大力倡导国际和平,1918—1919年,世界上充满了国际和平的声浪。这种外在的氛围,使得国内教育界纷纷否定军国民主义教育而倡导民主主义教育。1919 年 4 月,在北京教育调查会召开的第一次会议上,会员沈恩孚、蒋梦麟便提议,将民初确定的"注重道德教育以实利教育军国民教育辅之,更以美感教育完成其道德教育"的教育宗旨,改为"以养成健全人格,发展共和精神",这是因为:

一、……自欧战终了后,军国民教育一节,于世界潮流容有未合。余亦似太复杂,未易适从。不如出以单纯,俾一般国民易于了解。

二、民国成立以来,祸患迭乘,究其原因,实由国民缺乏共和精神所致,故宜发展之,以固国本。

三、共和国民,必具有健全之人格,方足以担负社会国家之义务,故养成健全人格实为共和国之基础。

四、欧洲教育,可分两派:曰条顿派,注重军国民主义,德国是也。曰盎格鲁撒逊派,注重人格主义,英国是也。美国教育,为人格主义所推衍,故能产生共和精神。法国自共和成立以后,国中主持教育者,极力发挥共和精神,国基因以巩固。吾国以共和政体应世界潮流,当采英、法、美三国之长,故拟以养成健全人格,发展共和精神为教育宗旨。[②]

在 1920 年 10 月召开的第五届全国教育会联合会上,又有"请废止教育宗旨宣布教育本义案"之提出。该案指出:"新教育之真义,非只改革教育宗旨,废止军国主义之谓。若改革现时部颁宗旨为别一种宗旨,废止军国民主义为别一种主义,仍是应如何教人问题,非人应如何教之问题也。从前教育,只知研究应如何教人,不知研究人应如何教。今后之教育,应觉悟人应如何教,所谓儿童本

① 舒新城.近代中国教育思想史[M].上海:中华书局,1928:232—234.
② 璩鑫圭,唐良炎.中国近代教育史资料汇编·学制演变[M].上海:上海教育出版社,1991:843—844.

位教育是也。施教育者，不应特定一种宗旨或主义，以束缚被教育者。盖无论如何宗旨、如何主义，终难免为教育之铸型，不得视为人应如何教之研究。"①如果说此前北京教育调查会会议上的提案重点思考的是如何通过教育促进社会民主，那么，第五届全国教育会联合会上的提案在民主教育问题上则思考得更深入，涉及教育本身的民主。

其二，文学革命的影响。舒新城认为，表面上看，文学革命似乎与民主教育思想没有什么关系，但实际上，近代中国民主教育思想的发展，大半靠的是文学革命。旧文学的目的是载道，其内容是尊故。自清末实行新式教育制度并废除科举之后，古文的地位逐渐被打破，但文言仍然没有改成白话，社会上仍然存在"说两种话"的人：一种是说文言的读书人，另一种是说白话的社会上的普通人。语言上的隔阂使得知识分子的思想难以准确、普遍地传递给社会大众。正是胡适、陈独秀、钱玄同等人在《新青年》上倡导的文学改良主张，使知识分子意识到，要想更好地传播新思想，就必须改变自己的言说方式。于是，1919—1920 年间的《新教育》《建设》《新潮》《解放与改造》《少年中国》《星期评论》《每周评论》《学灯》《觉悟》《晨报副刊》等三四百种刊物都采用白话文发行，对于新事物、新思想，它们尽量介绍，对于旧现象、旧观念，它们竭力批评。虽然此时对新思潮的介绍未必系统，但旧有的束缚因此而被打破，各种新思想的研究变得"无所顾忌"，这为"一战"后民主教育思想的引入和传播打开了道路。

其三，"五四运动"的推动。尽管文学革命对旧思想展开了无情的批判，并希望以亲近大众的工具与方式做好思想启蒙，但其思想传播的范围仍限于一部分知识分子，属于上层知识精英的局部运动，而且这种运动更多地停留在言论层面。而"五四运动"则以波及整个社会的实际行动，使旧思想的见弃和新思想的迎受变得更为彻底与自由。一方面，旧思想束缚的解除使人们可以自由地接触各种新兴思想；另一方面，正统观念的瓦解又使思想的评判失去了标杆，一切皆可以接受。因此，"五四运动"之后，国际上流行的各种思想，如共产主义、无政府主义、工团主义、实验主义、新唯实主义、不抵抗主义等，同时泛呈于中国学术界。也正于此时，②杜威来华访问，宣讲其民主主义教育哲学，在其学生胡适以及蒋梦麟、陶行知等留美学生的鼎力造势下，民主主义教育思想盛行。1919

---

① 邰爽秋，等. 历届教育会议议决案汇编[M]. 上海：教育编译馆，1935："第五届全国教育会联合会议决案"，2.

② 杜威于 1919 年 4 月 30 日抵达上海，三天之后，"五四运动"爆发。

年9月,《教育杂志》出版"德谟克拉西专号";①10月召开的第五届全国教育会联合会上,又议决通过了"革新学校教育方法案",其要旨即是强调学生的自治与自主。②

民主教育思想对中学实行分部制产生了间接的和直接的影响。间接的影响表现在,民主教育思想的广泛传播使"以学生为本,尊重并适应学生个性"成为判断教育优劣与否的基本准则,它也成为中学采用分部制的一个价值前提。通过比较可以发现,1917年全国教育会联合会提议"中学增设第二部"时,主要强调的是中学升学者居少数而不升学者居多数的事实依据,而1919年之后,人们在讨论中学分部问题时,除了陈述一些事实根据之外,更突出"适应学生个性"这一价值依据。最明显的例子是,1922年"壬戌学制"所确立并影响此后中学分部的"分科选科"与"纵横活动",正是为了"谋学生个性之发展"。直接的影响体现在,一方面,民主教育思想改变了传统的教育行政观念与方式,为教育团体赢得了更大的活动空间,使得他们所提议的有关中学采用分部制的方案能够形成正式的法规;另一方面,也调动了中学校的主动性与积极性,使一些学校能够甚至愿意投入到分部制改革中。

(三) 作为变革主导者的教育群体

尽管职业教育的要求与民主教育的潮流作为时势所趋,对中学分部制的实行具有重要影响,但这种影响的形成及其具体实现,又与以教育团体等形式加以组织的教育群体自身的努力密不可分。

受清末"新政"之后兴起的"自治"语境的影响,同时因应如何在社会政局不稳、新旧教育交替之际处理"教育应如何普及、教科应如何划一、学费应如何补救、学制应如何改良"③等问题的要求,伴随着新式教育的展开,在一些新兴知识分子的推动下,各种现代意义上的教育团体开始形成,它们对近代教育思潮和实践产生了极其重要的影响。

1905年11月,张謇、黄炎培、沈恩孚等人在是年成立的江苏学会④的基础上筹建江苏学务总会,这应该是我国近代成立较早、影响最广的教育团体。同

---

① 即《教育杂志》1919年第9号。

② 革新学校教育方法案[M]//邰爽秋,等.历届教育会议议决案汇编.上海:教育编译馆,1935:"第五届全国教育会联合会议决案",21—22.

③ 上学部设江苏学务总会呈[M]//江苏学务总会文牍初编,1906.转引自:郑新华.近代中国教育如何可能——以江苏省教育会的实践为例(1905—1927)[D].上海:华东师范大学,2006:8.

④ 江苏学会由阳湖县绅士恽祖祁于1905年9月发起组建。

年,福建省也成立教育会。① 有鉴于此,学部也认识到:

> 中国疆域广远,人民繁庶,仅恃地方官吏董率督催,以谋教育普及,戛戛乎其难之也。势必上下相维,官绅相通,借绅之力以辅官之不足,地方学务乃能发达。现在学堂教育方见萌芽,深明教育理法之人殆不数觏,是非互相切劘、互相研究,不足尽劝导之责,备顾问之选。②

1906年7月,学部奏请颁定《各省教育会章程》,以期对各省教育会的权限与义务加以规定。尽管该章程的出台对既有的各省教育会而言意味着某种程度的约束与限制,但从另一个角度看,也是对各省教育会设置之合法性的确认。于是,在该章程出台后,有更多的省区成立了教育会。在此基础上,江苏教育总会(根据1906年的章程,江苏学务总会于1906年9月更名为江苏教育总会)于1911年发起联络,邀请广西、安徽、江西、山东、湖北、直隶、福建、湖南、浙江、河南、山西等教育总会或学界代表,组织召开各省教育总会联合会。后因政体变动的缘故,各省教育总会联合会未能形成定制。但各省教育会依然存在,为了加以规范,北洋政府教育部于1912年9月公布《教育会规程》。③ 至1914年,直隶教育会向教育部申请召开全国教育会联合会,这一申请既得到教育部的批准,也得到了各省教育会的赞成。1917年后,随着教育事业的推进以及新的教育思想的涌入,教育团体组织进一步扩大,其中,影响较大的团体有1917年5月成立的中华职业教育社、1919年成立的中华新教育共进社、1921年成立的实际教育调查社、1921年组建的中华教育改进社、1923年成立的中华平民教育促进会等。

在教育团体的成员方面,一来由于社会惯性的影响,二来因为新教育实施不久,从事教育思想研究与实践活动的人员队伍还比较单薄,清末时期成立的教育团体中不乏各类行政人员、绅士阶层和实业人士。但至民国以后,各种教育团体的主体成员是从事实际的学校教育工作、具有办学治校经验或掌握相关教育学识的教育群体。譬如,1908年修订的《江苏教育总会章程》规定,学会会

---

① 朱有瓛,等.中国近代教育史资料汇编·教育行政机构及教育团体[M].上海:上海教育出版社,1993:309.

② 陈学恂.中国近代教育史教学参考资料(上册)[M].北京:人民教育出版社,1996:598.

③ 1919年11月,教育部又对此规程加以修订。参见:朱有瓛,等.中国近代教育史资料汇编·教育行政机构及教育团体[M].上海:上海教育出版社,1993:252—255,197.

员包括两类：一是"各厅州县以本地方学务之关系公举赴会代表者"，其资格为，"甲、劝学所总董或教育会会长；乙、学堂监督或堂长；丙、曾任上二项之职务，解职后于本地方学务仍有关系者"。二是志愿入会者，其资格为，"甲、劝学所职员或教育会职员或学堂职员；乙、在本国或外国中学堂或与之同等或以上之学堂毕业者；丙、上二项以外之士绅于业务有关系者；丁、兴办实业能助教育之发达者"。1907 年的《河南全省教育总会简章》规定会员资格为："一、会长副会长须由会员公推，禀明提学司，照章以三年为期。二、书记与会计由会长副会长择人委派，视事之繁简酌定人数。三、凡本地绅董，各学堂之管理员、教员，有志教育者，自具入会愿书，皆得列为会员。四、凡各属之劝学所总董、县视学、教育会会长，皆得列为会员。五、外籍旅居官绅，有第三条资格，得本地绅董为介绍者也得列为会员。"1912 年的《浙江省教育会章程》则规定："凡师范毕业、中学以上，或受于中学程度相当之教育及向任各学堂教科与主要职务者，由会员介绍，均得入会。"同年制定的《安徽教育总会简章》与《北京教育会章程》规定的会员资格主要有三类：一是"现担任教育事业者"，二是"于教育上有专门学识者"，三是"于教育上富有经验者"。①

换言之，上述教育团体是伴随着新式教育的创建而制度化生成的教育群体组织。它们的出现是教育群体依靠团结自身的力量来促进教育发展的努力。从各地教育会的入会资格要求可以看出，在当时的教育界看来，教育的良序发展至少需要两个条件：一是"经验"，二是"学识"。前者侧重于认识的广度，即不能限于一时一地的教育经验，而要将此地的经验与彼地的经验、政府的经验与学校的经验联结起来，才能形成对教育现实较为整全的认识；后者则侧重于认识的深度，即对教育活动加以细致研究，因为"教育事业极为重大，非萃集全国教育家，各执疑难，逐项剖析。凡夫社会教育、家庭教育、各种学校教育，必须如何计划，始合进化之趋势，如何布置，始免不完备之指摘，如何教诲，始得收良好之结果，此中头绪纷歧，差毫厘而谬千里"。② 据此，教育界认为，仅仅依凭政府的一己之力，断难实现教育的合理发展，教育群体必须利用自身的经验与研究能力，通过互联互助的方式，

---

① 朱有瓛，等.中国近代教育史资料汇编·教育行政机构及教育团体[M].上海：上海教育出版社，1993：272，311，318，314，322.
② 同上：197.

集思广益,补助行政。①

1917—1930年中学分部制的实行,很大程度上正是近代教育群体发挥自身经验与学识的优势,集思广益、积极努力的结果。这首先表现为职业教育与民主教育两大潮流的兴起,其本身就与各省教育会、全国教育会联合会、中华职业教育社、新教育共进社、教育调查社、中华教育改进社等教育团体的积极推动紧密相关。正如卢绍稷所指出的,职业教育之所以在20世纪头十年的后期成为一个不可阻止的潮流,正是由于黄炎培创办的中华职业教育社在理论研究与实践改革方面的积极推动。② 1919年成立的新教育共进社以"联络国外教育团体或教育家,输入新教育"③为主旨,为"五四运动"之后民主教育思潮的兴起与传播作出了重要贡献。用美国学者基南(Barry Keenan)的话说,该社创办《新教育》杂志,就是为了欢迎杜威。④ 其次,近代教育群体对中学分部制的影响更直接地表现为,分部制的实行直接源于相关教育团体的议案。这一点在上文已有陈述,以下略加补述。

在制度层面,确认并推动中学分部制改革的主要有两项决定:一是1917年教育部出台的"中学增设第二部"方案,二是1922年北洋政府颁布的《学校系统改革案》。"中学增设第二部"的方案直接来自1916年第二届全国教育会联合会上的"中学改良办法"议决案。尽管没有相关的史料表明"中学改良办法案"是由谁最先提出的,但依据一些史实可以推断,该议案的提出与江苏教育会有紧密关联。江苏教育会副会长黄炎培在考察美国、日本、菲律宾等国的教育后认识到,中国的教育"乃纯乎为纸面上之教育",改良之道"不独须从方法上研究,更须从思想上研究"。他得出的结论即是采用实用主义,发展职业教育。⑤回国之后,黄炎培竭力宣传职业教育思想,以他为主要领导者的江苏教育

---

① 这一点体现在各学会的宗旨上,譬如,1905年成立的江苏学会定宗旨为,"专事研究本省学务之得失,以图学界之进步,不涉学外事";1907年成立的河南全省教育总会定宗旨为,"集思广益,补助教育行政,联络各属劝学所、教育会";1912年成立的浙江省教育总会定宗旨为,"以研究教育原理及普及方法并补助教育行政";1912年成立的安徽教育总会定宗旨为,"研究全省教育事项,力图教育发达"。参见:朱有瓛,等.中国近代教育史资料汇编·教育行政机构及教育团体[M].上海:上海教育出版社,1993:269,310,317,314.

② 卢绍稷.中国现代教育[M].上海:商务印书馆,1933:14.

③ 中国第二历史档案馆.中华民国史档案资料汇编——教育[M].南京:江苏古籍出版社,1991:835.

④ 璩鑫圭,唐良炎.中国近代教育史资料汇编·学制演变[M].上海:上海教育出版社,1991:1077.

⑤ 王桧林,等.中国通史(第十二卷):近代后编(1919—1949)[M].上海:上海人民出版社,1999:1276—1277.

会亦以此为重任。在1916年8月召开的江苏教育会第十二次常会上,与会代表重点讨论了倡导实施职业教育方法一案,并决定在总会下成立职业教育研究会,对职业教育实施办法进行详细研究。是年9月,以黄炎培为主任的职业教育研究会成立,并拟定职业教育研究会推动职业教育的办法,通告全国:

　　第一,介绍各地已办之职业学校或设有职业科之学校,劝各地办学者前往参观;

　　第二,通告各地拟办职业学校或小学拟设职业科者,将其办法报告本会,以便转知各地,以资取法;

　　第三,由小学教育研究会将小学校设职业科后,其学程及时间若何支配分设,并拟具办法,通告各地;

　　第四,各地有欲设职业学校或小学拟设职业科者,如有疑问,得函告本会,当代为研究,或访问答复;

　　第五,请省立各师范学校斟酌地方状况,于附属小学设职业科,以为模范;

　　第六,请师范学校从速筹划加授农、工、商科,以预储师资;

　　第七,由本会于明年度设职业学校成绩展览会,请省公署派员评判,择其成绩优异者,厚给该校以奖励金,以后每年举行一次,暂以三年为期;

　　第八,由本会函请省视学随时注意督促,实施职业教育,并就已办之职业学校或设有职业科之小学校,将其状况通知本会。①

可见,尽管职业教育研究会提出的办法更多地集中在小学阶段,但在普通学校中添设职业科则是其发展职业教育的主要思路。因此,在一个月后召开的第二届全国教育会联合会上,以黄炎培、沈恩孚等人为代表的江苏教育会即便不是"中学改良办法案"的提出者,也一定是该案的鼎力拥护者。

与"中学增设第二部"方案相比,《学校系统改革案》的筹议、出台过程中,教育群体参与的范围更广、时间更长,程度也更深,用法国比较教育学者巴斯蒂(Marianne Bastid)的话说:"1922年的改革,与其说是由政治家进行的,倒不如说是

---

① 江苏省教育会研究职业教育[J]. 教育杂志,1916(10);朱有瓛,等. 中国近代教育史资料汇编·教育行政机构及教育团体[M]. 上海:上海教育出版社,1993:261.

由教育家进行的。"①

在 1915 年的第一届全国教育会联合会上,湖南省教育会提议改革学制,联合会认为,学制"问题重大,其应否改革,欲期解决适当,宜以郑重之手续处之",因此主张,"函请各教育会,召集教育家,共同研究。约以三个月为期,详析备具意见书,送由教育部解决"。② 但三个月后,原定的意见书并没有形成,一是因为湖南省教育会出现了人事变动、组织溃散的问题,未能继续跟进学制改革一事;二是因为袁世凯的"中华帝国"运动造成了社会动荡;三也与"壬子癸丑学制"确立没有几年,人们的认识需要一个过程有关。

1919 年后,一方面,"壬子癸丑学制"存在的问题进一步暴露出来;另一方面,受到"五四运动"与教育新思潮的影响,教育界再次提出修改学制的问题。③
1919 年第五届全国教育会联合会上,基于浙江省教育会提议的"改革师范教育案",大会决议将革新学制作为第六届大会的提案方针之一。于是,次年的第六届大会上,安徽、奉天、云南、福建等省提出学制改革议案五件。如此集中的提案,使得学制问题成为关注的焦点,大会决议:"一、请各省区教育会于明年本会开会两个月以前,先组织学制系统研究会,以研究之结果制成议案,分送各省区教育会及第七次全国教育会联合会事务所。二、第七次全国教育会联合会应先将学制系统案议决,再议其他各案。"1921 年的第七届大会表明,这一决议得到了各省区教育会的积极响应,在该年的联合会上,由各省区提交的学制改革议案增至 11 件。正是在此情势下,第七届全国教育会联合会以广东的提案为基础,审议通过了"壬戌学制"的底案——学制系统草案。④

第七届全国教育会联合会之后,国内兴起了一阵讨论新学制的热潮。这既得益于大会"将草案函寄全国各报馆、各教育杂志社",扩大了学制改革问题的影响范围,更得益于各省区教育会在草案决议前后的研究与推广活动。譬如,

---

① [法]巴斯蒂.是奴役还是解放——记 1840 年以来外国教育实践及制度引入中国的进程[M]//[加]许美德,[法]巴斯蒂,等.中外比较教育史.上海:上海人民出版社,1990:12.

② 邰爽秋,等.历届教育会议议决案汇编[M].上海:教育编译馆,1935:"第一届全国教育会联合会大会议决案",31.

③ 不少学者在讨论"壬戌学制"时,往往将此次改革的源头溯及 1915 年湖南省教育会在第一届全国教育会联合会上的提案。从历史事件发生的角度看,确实如此,但笔者想指出的是,不能将这种时间上的先后关系理解为思想上的关联或承续。其实,比较一下便可发现,1915 年的提案与 1922 年的"壬戌学制"是相互对立的两种模式,前者仿德国,趋向双轨制,后者学美国,坚持单轨制。

④ 第七届教育会联合会纪略[J].教育杂志,1922(1).

广东省教育会在第六届全国教育会联合会之后,组成了一个阵营庞大的学制系统研究会,其中包括省教育会正副会长及评议员 30 人、小学校以上各校长 18 人、大学及专门学校毕业曾研究教育者 9 人、教育行政人员 14 人。研究会分初等教育部、中等教育部、师范教育部、高等专门大学部四组,分别参酌各国情况,对本省的学制草案进行了有针对性的研究。① 1921 年的学制系统草案决议之后,广东省教育会又组织新学制实施研究会,讨论小学、初中、高中、职业教育的宗旨、课程、教材、实验方法以及专门大学的教育问题。② 而江苏教育会在第七届全国教育会联合会之后,也积极投入到新学制草案的研讨与宣传活动中。1922 年 2 月 23 日,参加第七届全国教育会联合会的江苏教育会代表沈恩孚和袁希涛在南京公共演讲厅召开新学制草案讲演会,对新学制草案的决议经过、主要精神以及新学制草案与其他国家学制的比较作简要介绍。参加讲演会的有省教育会代表、教育行政人员及各学校校长等共 138 人。在此基础上,与会者于 24 日、25 日召开讨论会,对新学制草案提出相关意见。3 月 14 日,江苏教育会又组织新学制学程研究委员会,设初等、中等、高等、师范、职业五部,围绕新学制草案讨论课程与教法问题。③ 正如有研究者指出的,教育会的上述行动起到了很好的动员作用,使得更多的地方教育行政人员以及基层教育人士参与到新学制改革的讨论中。④

除了全国及各省区教育会,其他教育团体也对新学制的颁定起到了重要的推动作用。一方面,其他一些教育团体也直接参与到新学制改革的讨论中,并对新学制的形成产生了重要影响。用舒新城的话说:"新学制之职业学校系统与课程标准,几完全为中华职业教育社所主持。"⑤而另一个有影响的教育团体——中华教育改进社,在新学制的研讨与宣传过程中也有高度的参与。该社创始于 1921 年 12 月,由原来的中华新教育共进社、新教育杂志社、实际教育调查社合并而成,⑥其成员主要分为两类:一是团体性质的成员,如全国的各级学校以及全国、省、县各级教育团体;二是个体成员,如专事研究的学者或办理教

① 广东省提出学制系统之经过及其成立[J]. 新教育,1922,4(2).

② 璩鑫圭,唐良炎. 中国近代教育史资料汇编·学制演变[M]. 上海:上海教育出版社,1991:883.

③ 同上:883—885.

④ 孙广勇. 社会变迁中的中国近代教育会研究[D]. 武汉:华中师范大学,2006.

⑤ 舒新城. 民国十四年中国教育指南[M]. 上海:商务印书馆,1926:10.

⑥ 杜威访华过程中,中华新教育共进社起到了很好的组织与宣传作用,孟禄访华则是受实际教育调查社之邀,他们两人的思想与建议对新学制的产生有着巨大影响。由此可见教育团体在推进新学制形成过程中的关键作用。

育有成绩者。中华教育改进社的领导者和主要成员大多是新教育的倡导者,其中,黄炎培、袁希涛等人还直接负责了新学制草案的起草工作,因此,该社也成为新学制改革的一个窗口,加快了新制度与新思想的传播。另一方面,各教育团体所办的刊物也为新学制改革的宣传与交流提供了很好的平台。如在新学制研究草案研讨期间,中华职业教育社的《教育与职业》和中华教育改进社的《新教育》以专刊及其他形式,刊载了大量与学制改革相关的文章,这些文章大大促进了改革精英与基层教育者、教育群体与行政人员以及不同改革主张者之间的沟通,助长了学制改革的声势。

正是在教育群体的上述努力下,既有学制的合法性逐渐丧失,由此形成了一种强烈的、自下而上的学制改革压力。迫于此种压力,北洋政府最终以第七届全国教育会联合会决议的学制系统改革方案为底本,颁定了《学校系统改革案》。教育总长马叙伦后来也说道:"中等教育'三三制'的改革,我也不过随同'画诺',因为这个制度是黄炎培先生们研究好了,汤尔和赞成,我只觉得旧的'四二制'是有弊端的,也需要改革罢了。"[①]这也充分说明,1922年的"新学制"及其所倡导的中学分部制改革,完全是教育群体主导的结果。

三、 从分部到分校

当然,教育群体中对中学分部制的态度也并非异口同声。就在1917年教育部出台"中学增设第二部"方案不久,京师中学会便提出了反对意见,其理由可归纳为三点:第一,在理论上,"普通教育与职业教育有别,其宗旨本不相同","普通教育意在树人,是以重陶冶而轻近利;职业教育意在应时,是以重实际而忽远功。要之,各有特至,即各有相需。教育者不能一出一入,意有所偏,亦不得混为一谈,致淆学制。即如教部所订二部草案办法第三条,第二部应酌减普通学科,视地方情形,加习农业或工业商业",那么,"谓尚可以名中学乎? 名不正言不顺,是在理论上绝难认其并行不悖也"。第二,在事实上,增设第二部非但不能起到推进职业教育、帮助学生谋生的作用,反而会适得其反。因为,"查今制甲种实业学校,四年毕业,依理言之,毕业于此种学校之学生受四年之职业教育,当可营生于社会。然按诸实际,惟独毕业此等学校学生,即毕业高等实业,而不得营适当生活者,所在多有,此虽或出于社会之不信任,或出于学生实

---

① 马叙伦.我在六十岁以前[M].上海:生活书店,1947:81.

力之不充足,然亦足证以中学四年之年限,半从事普通教育,半从事职业教育,而谓可适应社会需要,可营适当生活,诚属一大疑问也"。第三,从中学校实际情况看,也难以增设第二部。"京中各中学,所有班级多者不过六级,余率四级而已,而中学至第三学年一级人数,率不逾三十余人,苟依二部办法,则此三十余人约成十五人一部,姑勿论此十五人中有欲工业农业或商业者,即使由校审酌指定一部,而教授上经济上与夫教室支配教员聘请均有至难之处。"①

1922年"壬戌学制"出台之际,同样有人对中学实行分部制表示质疑。其中,历来反对学校规模过大的余家菊便指出:"如欲打破中学现状,以求综合的中学之现实,其手段之卤莽,亦无与伦比。……吾所反对者,在因创设综合中学之故,而将原有之单一中学一齐打破也。单一中学,规模较小,办理者易于关注,其利一;性质单一,校风易于纯正,其利二;各校分立,个性易于发展,其利三。精神此三者皆为不可轻视之点,吾人又何必以无谓的改革而遽失此良好之利益乎?甚愿主张中学之必为综合式者之一思吾言也。"②

不过,一方面,由于"新学制"本身具有"弹性",注意"视地方需要","酌量地方情形",没有强制要求所有中学必须施行分部制;另一方面,因为"新学制"实践未深,即便有问题也没有显露出来,因此,在"新学制"出台的前后几年中,大部分教育者与教育行政人员对中学分部制持肯定态度。直到20世纪20年代中后期,鉴于中学分部制在实施过程中产生了各种不良后果,人们的质疑才逐渐增多,并提出将中学里的普通、职业、师范等部分校设置的建议。

(一) 对中学分部制不满的原因

中学分部制之所以引起不满,主要出于以下几个方面原因。

其一是普通教育的不良。

普通教育的不良集中表现在两个方面:一是普通教育偏于预备升学,学生出路难寻。就此问题,江恒源曾较为感性地描述了20世纪20年代末的情况:

> 无如事实告诉我们,中学毕业生,真能毕入大学的,却又很少很少。五年前江苏省教育会调查江苏全省中学毕业生,统计起来,升学者还不到百分之四十,近年情形,虽不可知,但推想起来,恐怕也未必能增多吧!那末,这每年一批一批中学毕业不升学的学生,怎样去安排呢?欲就农工商界各

---

① 朱有瓛.中国近代学制史料(第三辑上册)[M].上海:华东师范大学出版社,1990:387—388.

② 余家菊.进一步讨论学制[J].教育杂志,1922年"学制课程研究号".

业,而所学的,又系普通学科,与农工商无关,而且所谓农工商界的小事,亦未必能肯去屈尊相就。结果,惟有下列几条路可走:(1)趋集都市,向党政方面谋工作;(2)在本县本乡,谋政治工作;(3)到小学校去教书;(4)在家闲住。谋工作,未必即有工作,于是社会方面,乃感觉人浮于事,失业者日多,以致倾轧之象,排挤之风,悲愤之气,嗟怨之声,到处皆是。①

二是即便就升学预备而言,也存在学生学业程度低下的问题。江恒源指出:"现在中学学生程度,比较很差,初中毕业,未必及得上旧制中学的三年级,高中毕业,比较前清高等学堂毕业生,以及民国初年国立大学的预科毕业生,差的很远。"也有人用大学生的表现来指责当时中学的学业成绩:"近年政局不定,经费竭蹶,士习嚣张,学风败坏,大学学生,至不能缮写寻常交际信札,专门出身,至不能了解普通自然现象,此无他,中学教育退步故耳。吾人以分析眼光观察今之中学,教科设备,自有许多超越二十年前学校之处;顾就一般言之,十年以来,似属退步多而进化少。"②林砺儒则说道:"至于中学时的学业程度怎样呢? 这虽不能寻出确实的数字的证据,但据所闻各大学及各省教育厅升学考试之成绩报告,差不多都是说每况愈下。1931 年及 1932 年度广东省教育厅举行联合初中升高中的升学考试,其取标降至各科平均 30 分之下,仍取不足预定名额,可见落第不是额满见遗,乃是程度太劣。教育界人士异口同声地叹息中学程度低落,十多年来如生一日,往往有中学毕业而本国语文还写不通顺的,这也是不可讳的事实。"③

虽然由于仍然存在许多普通中学,不能把问题完全归结于分部制中学,但普通教育不良还是引起人们对中学实行分部制的质疑。这是因为,首先从整体上而言,学生出路以及学业程度等问题让人们感觉到,新学制并未收到预期的效果,相应地,其所倡导的"分科选科""纵横活动"理念的吸引力也会下降。其次,就分部制中学本身而言,也存在两个问题:一是,尽管分部制中学兼设职业、师范等科,但与普通科相比,它们的比例往往小,而普通科又完全以升学为目的,因此,分部制中学本身并未扭转其意在克服的偏于升学教育的局面。二是,中学实行分部制在某种程度上也影响了学生的学业程度。从学校的角度来说,兼办其他科类,一定程度上会造成目标分散,使教学管理难以集中,进而影响教学质量;从学生的角度来说,实行分部制也会造成"选科太多,分科太专,科目太

---

①② 江问渔(江恒源).我国中学教育的前途[J].教育与职业,1931(120).
③ 北京师范大学校史研究室.林砺儒文集[M].广州:广东教育出版社,1994:528.

深,致生滥选学分(贪易读好新奇),分化太早与食而不化之弊",①学生成绩自然难以提高。

其二是职业教育的不力。

无论是"中学增设第二部"方案的出台,还是《学校系统改革案》的颁定,其主要目的都是以中学分部的方式推动职业教育的发展。但实践的结果恰恰相反,中学的分部制改革不仅没有促进反而削弱了职业教育的发展。

分部制改革对于职业教育的削弱,首先体现为职业学校整体规模的滑坡。1922年,全国有中等职业学校164所,学生20 360人,至1928年,中等职业学校为149所,学生16 641人。② 可见,几年间,职业学校的规模非但没有常规性的增长,反而缩水了。职业学校规模滞长的一个原因可能是:"大学行政院令各县添设初中,各地教育当局,藉口职业学校成绩不良,即乘机撤销,惨淡经营,略具规模之职业学校,改办初中,或恢复高小。"③除此之外,更重要的原因则是,一些职业学校以分部的形式并入了中学,或者是用设置中学职业科而不是独立设置职业学校的办法来发展职业教育。正如韦捧丹(韦悫)在1928年9月所言:"从前是甲种农工商业学校,乙种农工商业学校很多,但现在都关门了,他们统统改办中学,用分科制度。"④

如果确能把普通中学的职业科办好,职业教育自然也能发展。然而,普通中学的职业科大多办理不善。一来,无论是学校还是学生,"仍注全力于普通中学,求升学",⑤通常是将职业科作为次选,或是为了升入专门大学,或是视作不能升学的退路。1922年,南开中学分有文、理、商三科。其中,文理科均从第三年分起,至第四年于文科之中又分商科。但按照该校校长张伯苓先生的说法:"中学虽分文理商三科,但并非施以职业教育,目的在于升学预备之中稍分门类,以谋学生升入专门或大学之便利。"而"北高附中于第四年分第一部、第二部,所谓第一部者即升学准备,第二部分工业科与商业科,注重职业教育;但据

① 张文昌.中学教育[M].上海:中华书局,1938:29.林砺儒也曾说:"模仿选科制以来,只把课程弄得乱杂无章、支离破裂,徒然便利了,无心读书的纨绔子弟滥凑学分,而滥竽充数的教师尸位素餐,弊端毕露。"参见:北京师范大学校史研究室.林砺儒文集[M].广州:广东教育出版社,1994:530.

② 教育部统计室.中华民国二十二年度全国中等教育统计[M].上海:商务印书馆,1936:30,31.

③ 钟道赞.二个半月视察职业教育所得之感想[J].教育与职业,1928(9).

④ 韦捧丹,许师慎.职业教育在中国学制上的地位[J].教育与职业,1928(8).

⑤ 北京师范大学校史研究室.林砺儒文集[M].广州:广东教育出版社,1994:528.

该校教务主任王先生说：'近年统计学生入第二部者较第一部为少'"。① 二来，由于受场地、设备、师资、经费、生源等因素的限制，普通中学所办的"职业性质之科目甚少"。② 尽管 1922 年的学制要求中学在普通科以外分设农、工、商、师范、家事等科，但除了师范科外，大多数中学所办的职业科局限于商科，这也造成了职业教育范围的窄化。从表 4-5 的数据中可以发现，1930 年，各省市中学中就读职业科的学生总数为 3 864 人，其中商业科就有 2 537 人，占 65％强。

其三是师范教育的不便。

自从 1922 年的学制主张中学实行分部制后，有关中师合并的争论就一直不断。庄泽宣等人在 1933 年左右做过一项研究，他们把"二十年来关于师范教育的文章九十几篇及专著五本拿出来做了一个分析"，发现相关研究主要集中在"政策与方针(15③)、乡村化问题(16)、独立与合并(17)、学制课程(31)、参观实习(20)、待遇服务(14)、训练与进修(10)"等主题上。其中，"民国十一年为整个学制改革时期，因此，关于师范教育的讨论骤增，而独立与合并问题已占有重要地位"。1926—1932 年，讨论"独立与合并"问题的有 12 人，仅次于"政策与方针""学制课程"问题，而学制问题本身又涉及"独立与合并"问题，④由此可见师范的"独立与合并"问题在当时的受关注程度。而问题讨论越激烈，往往越表明该问题的合法性程度不高。⑤

就反对者的观点来看，在具体实施上，他们认为中师合并可能给师范教育带来诸多不便：第一，师范教育与普通教育性质不同，所需设备亦相殊异，合并之后，普通学校的设备不能满足师范教育的要求。第二，"教师实嫌太普通，未能专业，而师范生立足于教育者之见地从事科学研究，其对知识之态度与普通学生不同"。第三，"设科于高中，规模太小，难得长于教育学识之人才，混合教授不能显师范特殊精神"。第四，"合并因校风不同，糅同混杂，将有纠纷"。第五，"规模愈大，分子愈涣散，交涉流于形式而乏感情"。⑥

而实际情况也大致如此，用罗廷光的话说，自中师合并制度流行之后，"全

① 舒新城.中学学制问题[J].教育杂志,1922(1).
② 张文昌.中学教育[M].上海：中华书局,1938：29.
③ 此数字表示讨论这一主题的人数，下同。
④⑥ 庄泽宣.二十年来关于师范教育言论之分析[J].东方杂志,1933(20).
⑤ 当然，有一种情况需要排除，即尽管讨论比较热烈，但所有的讨论都持同一论调或主张，这表明问题的合法性较高。而就当时的情况来看，师范"独立与合并"各有其主张者，且针锋相对。

部师范精神亦快到'寿终正寝'的地步了"。① 首先是实行中师合并后,师范学校总体规模缩减,学校数与学生数分别从 1922 年的 385 所与 43 846 人降至 1928 年的 236 所与 29 470 人。② 除了师范学校数量减少之外,由于"师范学校归并于中学,师范生的公费待遇亦发生动摇,新学制公布以后,虽未明言取消公费制度,但以师范与农、工、商同列为中学之一科,自易引起对于师范生特殊待遇之怀疑,故在民国十二年以后,各省多有藉口财政困难,停止师范生之公费供给",③这在很大程度上进一步影响了师范教育的吸引力,使"报考师范的日少"。④ 加之,"师范与中学之分布状况,且多属省会或政治中心所在地,殊少平均发展",由此造成"各县小学师资,甚感缺乏"。⑤ 同时,中学师范科又显得"奄奄无生气"。这既有教学不便、设施不敷的原因,也与中师合并,师范生公费制度被消解后,师范科生源质量不高有关。譬如,1929 年,安徽省立一中校长在呈请教育厅实行师范独立制度的议案中,便提到了这样两个理由:一是"一中高中部普通科与师范科同在一处,而性质各异,教学训练,多感不便";二是"高中部现有普通科五班、师范科五班,校舍已感不敷应用,十九年度若厅定计划,将有十二班,则校舍不敷尤甚"。⑥ 1929 年度杭州教育厅督学的视察意见则指出:"由于废止了师范生免缴膳费制度,报考师范的日少,不能严格录取,程度无形降低;中学教师对教法多不注意,难负'师资的师资'重任。"⑦

其四是学校行政的不济。

从管理学的角度看,中学实行分部制,在学校行政上也是不成功的。这个问题前文已有讨论,这里再结合 1928 年第一次全国教育会议上修正通过的"在一个区域中之各种中学校不必并为一校案",⑧详加考察。

该案指出,原先所希望的通过实施合校而达致的各种管理便利,在实践过程中并没有能够实现。首先,合校原希望"谋教育行政之统一",但是,"各种中等学校并为一校之制度施行后,教育行政形式上虽似统一,而事实上实等于分校:因各种学科,范围甚大,仍不能并设一处,每处各有负责主任主持校务,名虽

---

① 罗廷光. 教育概论[M]. 上海:世界书局,1933:343.

② 教育部统计室. 中华民国二十二年度全国中等教育统计[M]. 上海:商务印书馆,1936:30,31.

③ 中国教育学会. 师范教育研究[M]. 台北:正中书局,1970:9.

④ 杭州市教育委员会. 杭州教育志[M]. 杭州:浙江教育出版社,1994:399.

⑤ 陈庚雅. 西北考察记[M]. 台北:文海出版社,1980:457.

⑥ 安徽省政府教育厅编译处. 一年来之安徽教育[M]. 1930:7.

⑦ 杭州市教育委员会. 杭州教育志[M]. 杭州:浙江教育出版社,1994:399—400.

⑧ 中华民国大学院. 全国教育会议报告[R]. 上海:商务印书馆,1928:乙编,165—166.

合校,实与分校无异,教育行政上并未完全统一"。其次,合校原希望"节省经费",但是,"全区中等学校,以一校长统治之,一方面虽可省去多数校长之薪资,然同时必增设教务主任负责,而增加其俸级;且统治范围既大,其行政组织亦即因之扩充,经费仍难节省"。其三,合校原希望能"免去功课重复",但是,"如果就性质分校,则功课上亦可免去重复之弊,正不必因避免功课重复之故而合校"。其四,合校原希望能"取缔教员兼差"①情况,但实际上,"兼差根本问题,不在分校、合校,其原因在教育经费困难,各职员月薪不能按月如数发足,在人情上自未能严格取缔;如始终不免欠薪,即合校亦难免兼差之弊,如能按月发足,即分校亦易取缔兼差"。

更为重要的是,合校制非但没有或不能在教育行政方面实现其原来的目的,还造成了学校管理的一些新的困难或弊端。第一,"各种中学校址距离或远或近,原无一定,必以一校长主办之,势必有鞭长莫及顾虑不到之虞"。第二,"现在之高级中学,既分科办理,如农工商师范等科,断难免一具有兼长之人材以为之校长,势不能不有所迁就,仍以偏于一面之人材充任;以偏于一面之人材,兼办非其所长之各种中等学科,则其扞格难通必贻误"。第三,"合校则范围甚大,一部分发生事端,最易牵动全体,又难于收拾补救"。第四,"合校则各种中等学业管理教授训育等事,同隶于一校长之下,无他学校以为之比较,不易启

---

① "兼差"即"兼职",是民国教育管理中一直比较突出的问题。早在民国成立之初,教育行政部门的视察报告中就多处提道:"各学校教职员,实力尽职者不乏其人,而于政界上兼营并骛者,亦复不少。查教职员兼差弊病,约有数端,而来去无常,随便旷课,尤其显著者也。职务既多,则精神不能专注,心有所歉,故对于学生不免多所敷衍;且东驰西突,逐近图利,尤易启学生轻侮之渐。"由此,高式愚在1914年的《论今日学校教育之缺点及其补救法》一文中倡议,"教员宜专聘:自学校多流通教员,授课之外,杳不可晤……揆厥由来,良以学界师资之少,与校中经济之艰,然自学生之实际上言之,自以专聘为宜,盖专聘之后,师弟同校,师长之门墙虽峻,毕竟易以相亲,学生之疑窦纵多,随处可以相问"。经亨颐在1922年的《教师专任问题》一文中亦指出,教师"孳孳为利的欲望,迫使他碌碌奔波的肉体兼了好几个学校教课,凡是都会中不免有此现象!"欧阳维骁1929年发表的《亟宜解决的学校三问题》一文,在讨论教员缺席问题时也强调,教员缺席的一个重要原因是"兼差太多,应付多课的唯一方法是用轮流缺席来敷衍"。为此,国民政府教育部在1932年11月出台的《中等学校教职员服务及待遇办法大纲》中明确规定:"一校兼任教员不得超过全体教员数五分之一",且"专任教员绝对不得在外兼任职务"。然而,从后来各省的教育视察报告来看,教育部的规定并未得到很好的贯彻,各校教师兼职情况仍然比较严重。相关内容参见:舒新城.中国近代教育史资料(下册)[M].北京:人民教育出版社,1981:314;李桂林,等.中国近代教育史资料汇编·普通教育[M].上海:上海教育出版社,1995:913;欧阳维骁.亟宜解决的学校三问题[J].湖南教育,1929(5);中央教科所教育史研究室.中华民国教育法规选编[M].南京:江苏教育出版社,1990:672;《教育部督学视察山西省教育报告》(1934);《教育部督学视察南京中小学及社会教育报告》(1932);刘诚.中学校学校教职员服务状况之调查[J].哲学与教育,1933,1(1).

其竞争之心,即不易促其有特殊之进步"。

　　除了上述议案提到的问题外,不少人士也分析了中学实行分部制对于学校行政的不良影响。如,有人指出,从职员的角度而言,合校分部难以达到"节约经费"的目的,因为"校舍隔离,职员不能少,教员按时支薪,钟点未减"。也有人指出,"在合并之广大组织,只有机械之应酬",就是说,规模的扩大容易造成管理的僵化与被动。还有人指出:"学生过多,师生接触少,乏人心相感之效。"合校之后,由于"中学生与师范生待遇不同,常起无谓争执"。①

(二)中学分校制的逐步采行

　　在上述背景之下,20世纪20年代中后期,教育界在应否坚持分部式综合中学这个问题上渐生分歧,尤其是对于中师合并的意见,变得莫衷一是。② 之所以更关注中师合并问题,主要是因为与职业学校相比,师范学校并入中学者要多,弊端更为显著。③ 根据表4-5的统计数据,1930年时,中学师范科有学生11 575人,而职业科学生则少得多,只有3 864人。并入中学的师范学校数量更多的原因有两方面,一是就设备、师资、生源、出路等而言,师范科较职业科要容易举办一点;二是1927年国民政府着力推动,各地教育行政部门争相实行中师合并制度。

　　汪懋祖是"壬戌学制"实施后较早对中师合并提出反对意见的人,他的观点也较有影响。他在1924年9月发表的《师范教育三大问题》一文中强调:第一,从师范教育的意义来看,师范教育与普通教育"体同而用异",二者的课程尽可相同,但在取材和教学重点上绝非一致。第二,从师范的训练来看,"师范生宜有教育化之纯一的训练,欲施纯一的训练,非有专设之师范机关不可"。第三,从教育政策来看,师范教育为"再造民族之本","须受国家干涉,且须有巨额之国库补助","师范一项不可无国家政策,此与他项教育特异之点,而未可由他校包办者也"。因此,他主张:"专设之师范学校,为师资训练永久之正宗机构;中学内附设之师范科,为暂时之代行机构;同地方有师范学校,中学内则不得再设师范科。"次年5月,罗廷光发表的《国家主义与师范教育问题》一文与汪懋祖的观点基本一致,他从国家主义的立场出发,反对中师合并。他说,"我是最不赞

---

　　① 庄泽宣.二十年来关于师范教育言论之分析[J].东方杂志,1933(20).
　　② 尽管不占主流地位,但在"壬戌学制"出台之前,就有学者对合校设科的师范教育方式持否定态度。如,程时煃在1922年9月教育部召开的学制会议上便坚决反对经亨颐提出的"废除师范"主张。参见:《中国教育大系》编纂出版委员会.中国教育大系——历代教育名人志[M].武汉:湖北教育出版社,1994:483.
　　③ 张文昌.中学教育[M].上海:中华书局,1938:27.

成合并的",这是因为,首先,"中学与师范的根本立足点便不相同:中学教育重在养成健全的国民,预备升学的能力和各项职业的基本知能,师范教育重在培植'能以教育建国'的小学教师。根本上既有此种差异,怎能把他们硬合在一起呢?"其次,"就国家教育政策说,师范学校系操国民教育的枢纽,其训练、其方针、其精神必期全国一致,故他种学校或可自由兴办,而师范教育则不得不受国家干涉。换言之,师范教育,非有国家政策不可"。为此,他认为:

> 高级中学之师范科为暂时代行机关。师范学校关系全国教育政策,故最好全由国家承办;如一时办不到,至少亦须在各省先设国立师范学校若干,所以树模范而资联络——同时并设省立师范、县立师范等。办理虽稍有出入,然精神则须始终一贯。师范设立,绝对以"分布"为原则——能"多"设大规模的学校固好,否则亦宁愿校数增多,而不愿强事合并。①

正如庄泽宣在《二十年来关于师范教育言论之分析》一文中所指出的,从1926年起,"独立与合并"问题成为师范教育讨论的焦点。② 而且,在1927年国民政府积极推动中师合并制度的情况下,教育界对于中师合并问题的讨论呈现出两种变化:一是在莫衷一是的观点中,反对中师合并的意见逐渐赢得更多的认同;二是讨论者不再仅仅停留在观点的表达与宣传上,而是以实际行动力促中师合并制度的改革。时任扬州中学师范科主持人的罗廷光曾回忆道,"1927年南京国民党政府荒谬地宣布撤销师范学校(包括乡村师范),把它归并到中学,成为高中师范科……激起了江苏省高中师范科主任及教育界的抗议"。③ 为了反对中师合并,江苏省高中师范科联合会还专门组织成立了师范教育独立运动委员会。④

---

① 汪懋祖.师范教育三大问题[J].新教育,1924,9(12);罗廷光.国家主义与师范教育问题[J].中华教育界,1925(1).转引自:谢长法.借鉴与融合:留美学生抗战前教育活动研究[M].石家庄:河北教育出版社,2001:122—123.

② 庄泽宣.二十年来关于师范教育言论之分析[J].东方杂志,1933(20).

③ 晋阳学刊编辑部.中国现代社会科学家传略(第4辑)[M].太原:山西人民出版社,1983:224.罗廷光本人也参加了这次抗议运动,继《国家主义与师范教育问题》之后,他又发表《师中合并之利弊,及个人对本问题的意见》一文,坚决维护师范独立。在这篇文章中,他指出,师范与中学合并问题决非名词上之争辩,而是关系师范教育存废、教育家业前进甚巨之事,并从师范教育的特质、国家教育政策、社会分工原则三方面论证了师范教育独立的必要。参见:罗廷光.师中合并之利弊,及个人对本问题的意见[J].中华教育界,1927(2).

④ 曹刍,王文新.三年来之中国师范教育[M]//黄季陆.抗战前教育概况与检讨.台北:"中央文物供应社",1971:198—208.

1928年5月中华民国大学院组织召开的第一次全国教育会议,成了相关教育专业群体变革中师合并制度的重要契机。参加这次会议的有江苏省师范科联合会、国立中央大学、广东省教育厅、广西省教育厅、南京特别市教育局等机关、团体,以及陶行知、黄琬、欧元怀、李相勖、程时煃、孟宪承等教育专家和代表,与会者共提出八项议案,提议改革师范教育制度。除了陶行知、欧元怀的提案关注乡村师范学校问题外,其他六个提案都主张师范学校独立。其中,国立中央大学、广西省教育厅与广东省教育厅共同提出的"师范学校应独立建设以维教育而固国本案"指出:

> 振兴教育,首在养成师资,其义更不俟论。……民国以来,战乱频兴,政出多门,教育之事,已成告朔之饩羊。……而最奇之现象,则近年以来,师范教育之破碎支离是也。旧日专设之师范学校,或归并大学之教育学系,或于普通之中学,附设师范科,自政府以至于教育界,从未闻对此问题,加以考虑者。夫今日中国之教育,乃在建设之初期,欲令中小学教育,得等齐普遍之发展,非以全力注重于师资之养成不可,此乃建设国民道德、改造国民身心之根本,而其目的固不仅为请求学术而已也。是以师范教育之要点,一为最适宜之科学的教育,一为最严格之身心的训练,此之任务,非注重全力建设独立之师范学校,绝不能达其目的。①

福建代表黄琬基于"现时师范科,招收初中毕业生,三年毕业,师范的修养,实嫌不足",以及"师范学校自应有特别优良的设备"等原因,强调"师范教育以独立设校为原则"。李相勖以"保存师范教育之尊严,适合师范生之需要,三年师范教育年限过短,师范生待遇不同"为理由,提请大学院明文规定师范教育独立。江苏代表程时煃与大会邀请专家孟宪承共同提出的"整理学校系统案",也竭力主张师范学校应单独设立。他们认为,一来"师范教育系国家的设施。凡设校地点、校数,随时因行政需要而定。其培养及奖励师资之政策,亦因时不同。与中学合设,师范本身易失标准,而实施尤多窒碍";二来"师范独立,目标确定,训练集中,易于养成专业的兴趣与态度"。反对中师合并制度最为积极的江苏省师范科联合会则提出"请确定师范教育制度案",主张"师范教育为职业人才教育之一种,应有明显的制度以免与他种教育相混而消失其功能"。因此,"师范

---

① 中华民国大学院.全国教育会议报告[R].上海:商务印书馆,1928:乙编,141.

学校以单独设立为原则。除各种师范学校得合设外，师范学校以不与他种合设为宜"。而当时的南京特别市教育局亦以"学校性质不同""办学人才困难"为依据，提议"师范学校应独立开办"。① 此外，上文提及的湖北省教育厅厅长刘树杞提出的"在一个区域中之各种中学校不必并为一校案"，其实也是支持师范独立制度。

表面上看，在第一次全国教育会议上，主张师范独立制度者包括教育专家、学校、教育团体、教育行政部门等多类主体，但细加考察就会发现，此次提议师范独立制度的主力实则是从事或研究教育事业的教育专业群体。其中，江苏省师范科联合会作为教育团体，反映了学校和一线教育工作者的意见。李相勖曾赴美国加利福尼亚大学研究中等教育，后又获得哥伦比亚大学教育硕士学位，并于 1926 年 7 月任桐城中学校长。黄琬虽为福建省教育厅厅长，却以个人名义提案，他亦曾赴美国哥伦比亚大学专门研修教育。中央大学教育学院教授孟宪承是作为教育专家被邀请参加大会的，而与其共同提出议案的程时煃身为中央大学区普通教育处处长，也曾留学美国，获得教育硕士学位，先后任江西省立师范学校教员兼附属小学主任、江西省立第一中学校长、北京高等师范学校教授兼附属中学主任、大夏大学教授兼教育科主任，是一位不折不扣的教育实践者与理论家。广西省、广东省教育厅提案的代表分别是黄华表、马君武与许崇清、庄泽宣，他们中除任广东省教育厅厅长的许崇清外，其余几人都是教育专业人士。其中，身为广西省教育厅厅长的黄华表毕业于美国华盛顿大学教育科，马君武担任北京工业大学校长，任中山大学教育研究所主任的庄泽宣更是教育界的翘楚。

事实上，如果结合大学院制度本身所力图彰显的学术自由与教育独立精神来考虑，就更能够理解为何在具有行政性质的全国教育会议上，教育专业群体构成了议定师范独立制度的主体力量。

最终，各项有关师范独立制度的提案得到了第一次全国教育会议的部分支持。大会决议，高级中学仍设师范科，但"为促成义务教育起见，应于高中师范外，由各省多设师范学校或师范讲习科，特别训练小学师资"。② 1929 年 4 月，国民政府公布的《中华民国教育宗旨及其实施方针》基本上维持了第一次全国教育会议的论调，强调："师范教育，为实现三民主义的国民教育之本源，必须以

① 中华民国大学院.全国教育会议报告[R].上海：商务印书馆，1928：乙编，141—147.
② 同上：乙编，139.

最适宜之科学教育及最严格之身心训练,养成一般国民道德上、学术上最健全之师资为主要之任务,于可能范围内,使其独立,并尽量发展乡村师范教育。"①在1930年的第二次全国教育会议上,"主张在训政六年期间,甚量推进义务教育与成人教育,因此特设'师范训练'一组,专讨论师范教育问题。表面上虽未表明师范教育与普通高中分设,然师范独立之空气已视前浓厚"。②

在上述既不鼓励师范独立制度,也不强求中学设置师范科的两可态度下,不少地方教育行政机关与学校开始将中学与师范分校设置。比较早的是湖北、湖南两省,它们于1929年恢复师范学校独立。③ 1931年4月,浙江省教育厅订定《整理浙江省师范教育方案》,其主要精神是恢复师范独立,添设省立师范四所。6月,浙江省政府会议决定,在杭州的孔庙旧址创设省立杭州师范学校;9月,在横河桥租用校舍开学,设县师资训练班、普通师范科及幼稚师范科;省立高级中学亦自当年秋季起停招师范生,原有师范科学生仍在高级中学继续学习至毕业。④ 同年,福建省改省立福州中学为省立福州师范学校,决定该校的普通科、商科停止招生,专办师范科。⑤ 1931年,江苏省计划用三年时间实现师范独立,⑥并在1932年9月公布了《改进江苏师范教育计划大纲》,指定镇江、无锡、太仓、淮阴、东海、如皋等中学专办师范。江西省则在1932年春拟定全省师范分区计划,令原有中学高中部停止招收师范生,并设立省立师范学校。⑦ 而在整体层面,较能反映当时师范独立运动状况的指标是师范学校规模的迅速增长(见表4-6)。1928—1932年,师范学校数增加了近4倍,学生数增加了3倍多。

表4-6　1928—1932年全国师范学校数与学生数⑧

年　　份	学校数(所)	学生数(人)
1928年	236	29 470
1929年	667	65 695

① 教育部.教育法令汇编(第一辑),1936:20.
② 卢绍稷.中国现代教育[M].上海:商务印书馆,1933:103.
③ 中国教育学会.师范教育研究[M].南京:正中书局,1970:10.
④ 杭州市教育委员会.杭州教育志[M].杭州:浙江教育出版社,1994:399.
⑤ 檀仁梅,庄明水.福建师范教育史[M].福州:福建教育出版社,1990:47.
⑥ 周佛海.十年来的中国中等教育[M]//中国文化建设协会.抗战前十年之中国.台湾:龙田出版社,1948:539.
⑦ 中国教育学会.师范教育研究[M].南京:正中书局,1970:10.
⑧ 数据来自:教育部统计室.中华民国二十二年度全国中等教育统计[M].上海:商务印书馆,1936:30,31.

年　　份	学校数(所)	学生数(人)
1930 年	846	82 809
1931 年	867	94 683
1932 年	864	99 606

与师范独立运动相比,在1928 年后的教育领域,受到更多关注的是职业教育问题。职业教育之所以在此时受到关注,与"三民主义"教育宗旨的确立有密切关系。也是在1928 年的第一次全国教育会议上,戴季陶、姜琦、邱椿、陈礼江、张献君、黄统、向楚琨、周启刚以及湖南教育厅等个人与机关,共提出了十多件议案,要求以"三民主义"为中心确定教育宗旨。大会最终决议通过了"中华民国教育宗旨说明书""废止党化教育名称代以三民主义教育案""确立教育方针实行三民主义的教育建设以立救国大计案"等案,明确提出了"三民主义"的教育宗旨。"所谓三民主义的教育,就是实现三民主义的教育,就是以实现三民主义为目的的教育,就是各级行政机关底(的)设施、各种教育机关底(的)设备和各种教学科目,都是以实现三民主义为目的的教育。"①它要求:

> 我们全部的教育,应当发扬民族精神,提高国民道德,锻炼国民体格,以达到民族的自由平等;应该养成服从法律的习惯,训练团体协作和使用政权的能力,以导入民权的正轨;应该提倡劳动,运用科学方法,增进生产的技能,采取艺术的陶铸,丰富生活的意义,以企图民生的实现。②

就在第一次全国教育会议召开之前,国民党中央执行委员会训练部曾拟定"党义教育大纲提案",在全国教育会议将"党义教育"改为"三民主义教育"后,训练部并不满意教育会议的决议,他们以此前的提案为基础认为:"关于三民主义教育宗旨说明书及大会宣言,于三民主义教育之真谛,既无所阐明;而于教育与党之关系,尤乏实际联络。"③为此,训练部于1928 年6 月提请国民党中央常委会对教育宗旨提案进行公断。常委会将该提案以及于右任临时提出的教育宗旨案,交经亨颐、朱云青、蔡元培、陈果夫、丁惟汾五委员审查。但审查委员对

①②　中华民国大学院.全国教育会议报告[R].上海:商务印书馆,1928:乙编,2.
③　中华民国教育部.第一次中国教育年鉴[M].上海:开明书店,1934:甲编,10.

于教育宗旨也无一致意见,蔡元培、经亨颐和陈果夫各自又提出教育宗旨草案。于是,是年7月,在国民党中央执委会第五次全体大会上,训练部又基于常委会的意见提交了"确定中华民国教育宗旨及教育标准案",由大会决议。其中提出:"中华民国之教育宗旨以根据三民主义发扬民族精神,实现民主政治,完成社会革命,而臻于世界大同为宗旨。"①但此次执委会并没有就教育宗旨问题形成最终决议。在1929年3月召开的国民党第三次全国代表大会上,国民党中央宣传部又提出"教育方针及其实施原则案",强调确立教育方针和实施原则的紧迫性与重要性。这一提案经大会修正通过,并于1929年4月由南京国民政府以正式法规的形式颁布,即《中华民国教育宗旨及其实施方针》。其中规定:"中华民国之教育,根据三民主义,以充实人民生活,扶植社会生存,发展国民生计,延续民族生命为目的;务期民族独立,民权普遍,民生发展,以促进世界大同。"②

"三民主义"教育宗旨确立的复杂过程,表明了教育群体与党政人士的不同立场。前者关注"三民主义"之于教育的本真要求,后者更关心"三民主义"教育的政治教化功能。尽管如此,在"三民主义"这面旗帜下,教育群体与政界人士还是找到了一些交集,其中最重要的便是职业教育。

孙中山在《国民政府建国大纲》中强调,中华民国的建设以"三民主义"为纲领,而建设之首要在民生,其次为民权,其三为民族。因此,"对于全国人民之食衣住行四大需要,政府当与人民协力,共谋农业之发展,以足民食;共谋织造之发展,以裕民衣;建筑大计划之各式屋舍,以乐民居;修治道路、运河,以利民行"。③而从促进民生的角度看,在教育领域,最需大力发展的就是职业教育。同时,就当时的社会现实来看,提倡民生,发展职业教育,并不仅仅是宣扬和贯彻意识形态的务虚问题,也是如何实现社会稳定,促进经济发展的实际问题。历经军阀战乱与北伐战争,社会秩序、经济生产以及人民生活都遭到很大的破坏,民生问题非常突出。南京国民政府成立后,无论是政府还是教育群体都普遍意识到,必须加强职业教育,以促进经济建设,恢复社会秩序。而在职业教育本身发展不力的情况下,藉由"三民主义"教育宗旨的提出与确立,"是时国内舆论,大抵倾向于提倡职业教育,教育界向固如此,而在政界人士此项论调,尤见

---

① 中华民国教育部.第一次中国教育年鉴[M].上海:开明书店,1934:甲编,10.
② 中央教科所教育史研究室.中华民国教育法规选编[M].南京:江苏教育出版社,1990:45.
③ 孟庆鹏.孙中山文集[M].北京:团结出版社,1997:565.

积极"。①

　　在第一次全国教育会议上，即有数件关于职业教育的提案。其中，国立中央大学社会科学院院长戴修骏在"请推行职业教育案"中提道："欲求民生主义之实现，要在民众各有相当之技能，分担各项职业，以发展全国之经济。对于担任技师职业者，应为之设立高级职业学校，以应其需要。对于担任农民、工人、商人等项职业者，应为之分别设立初级、中级职业学校，以应其需要。"与此相似，周仁、吴承洛以及中华职业教育社、湖南教育厅等个人与组织，也都从发展职业教育的角度出发，提出设立职业学校的议案，并被大会合并为"设立职业学校案"修正通过。该案详列了11种设立与办理职业学校的办法，且较早正式提出"职业学校得单独设立"的建议。② 不过，与当时教育界高涨的中师分设呼声相比，将中学与职业学校分设的呼声并没有那么强烈，甚至为了推进职业教育的发展，还强调在普通中学添设职业科。如大学院随后出台的施政纲领的第二项第一目关于职业教育的三年计划中便提道：第一年，调查全国现有之职业学校及中学职业科；第二年，整顿现有之职业学校或中学职业科，并根据地方之需要酌量添设职业学校或中学职业科；第三年，继续增设职业学校及中学职业科。③

　　第一次全国教育会议的相关决议进一步激发了教育界对职业教育的热情。在1928年第6号的《教育与职业》上，程时煃、钟道赞、顾树森、杨鄂联、钱天鹤等人纷纷著文，结合民生主义与民生问题倡导职业教育。如，程时煃与钟道赞在《职业教育之理论与实施》中主张："总理全部遗教为民生哲学。我国今后职业教育，应以实施民生教育及实现民生哲学为目标。"④顾树森在《职业教育之过去与未来》中指出："今也军阀已先后消灭，国民革命，次第告成，全国统一，……三民主义，行将一一实现，各种建设事业，陆续兴办，而职业教育，尤为各种重要建设事业之一，将来欲实现民生主义，非全力注意于职业教育不可。"⑤杨鄂联在《最近之中国职业教育》中认为，"泊乎去年，……三民主义之空气，弥漫于全国，而民生主义之实现，尤为民众所渴望，于是职业教育，遂为适应时代之宝物矣。职业教育，涵义至广，不仅使人能解决生计问题"，其他各种社会问题，"亦莫不

---

① 北京师范大学校史研究室.林砺儒文集[M].广州：广东教育出版社，1994：529.
② 中华民国大学院.全国教育会议报告[R].上海：商务印书馆，1928：乙编，495—502.
③ 朱经农.党治下的职业教育[J].教育与职业，1928(100).
④ 程时煃，钟道赞.职业教育之理论与实施[J].教育与职业，1928(100).
⑤ 顾树森.职业教育之过去与未来[J].教育与职业，1928(100).

需乎职业教育也"。① 钱天鹤的《民生主义与职业教育》一文则在充分阐述民生主义要求的基础上强调,"若果实行孙总理所定之加增农业生产方法,则人才亦须培植",各种问题"均非注重职业教育,不能解决"。②

1930 年 5 月第二次全国教育会议上提出的《改进全国教育方案》,在中等教育方面又以职业教育为重要精神,其具体表现是,规定普通中学与职业中学学校数量的比例,且侧重于多设职业中学。例如,关于中学设置,有这样几个要求:第一,全省普通高中校数超过 3 所以上者,在训政期内,3 所以外的应分别改办农科或工科。第二,未设高中的十省应于训政时期,每省各设 1 所。计含普通高中 4 所,农科高中 5 所,工科 1 所。第三,全国 1 900 余县已有初中百余所,嗣后每年添设 15 所,初中及职业学校各半。第四,各省初中毕业生人数每年在 500 名以上者得设普通高中,而每年在 400 名以上者得设农工科高中。③

1931 年 2 月,蔡元培等 42 人联名发表《中华职业教育社宣言》,更是将 1928 年以来的职业教育呼声推向高潮。该宣言指出:"兹值战事告终,全国统一,更应群策群力,谋民生主义之实现。"而当时社会存在的五大日趋严重的问题,却阻碍了民生主义的实现:其一,"普通教育愈发达,社会失业者愈众,虽因果关系,未必尽然",但在事实上造就了大量具有相当之知识却无一技专长,高低两无成就的"游民"。其二,民众失业救济困难。"夫社会失业,既已日见凋枯,而人才供求,更复两失其当",国家社会,损失巨大。其三,我国新式工业方具萌芽,但工厂职工却思想怠惰,致使工作效能减退,生产数量无望增加。其四,女子教育偏重于普通一端,既无以保障女权的实现,也不能促进家庭、社会的发展。其五,身为农业国,却不修农事,未启农智,由此造成农业产量日渐减少,人民生活不见改良。在蔡元培等人看来,解决以上五大问题,"固不能专赖一方,而扼要之图,确惟职业教育是赖"。然而,依据当时教育部的统计,全国有中学 1 139 所,其中职业学校 149 所,只占 13%;有中学生 234 810 人,其中职业学校学生 16 641 人,只占 7%。比照可见,职业教育之需要与供给悬殊极大,使得"求事者未能得事,求才者坐叹无才"。为此,他们大力呼吁发展职业教育,并提出了 14 条具体的办法。其中第二条要求:"各地普通教育与职业教育需要分量之差别,既非常明显,应将普通学校,限制添设并切实减少。至各地职业学

---

① 杨鄂联.最近之中国职业教育[J].教育与职业,1928(100).
② 钱天鹤.民生主义与职业教育[J].教育与职业,1928(100).
③ 教育部教育方案编制委员会.改进全国教育方案[M].1930:第五章,3—6.

校,未设者应计划设立,已设者应力求充实内容,增加效率。"第三条要求:"各地普通中学,须令兼设职业学科,使毕业后一部分不能升学之青年,得立足于社会。"①可见,此时也没有强调职业学校独立设置的问题,反而是在推进职业教育的名义下,鼓励中学设立职业科。

《中华职业教育社宣言》发布后的第二个月,教育部便颁行第 804 号令,要求各省教育厅劝勉创办中等学校者应注意职业教育。② 1931 年 4 月,教育部出台第 536 号训令,进一步要求各省区加强职业教育,其相关规定如下:

> 一、自二十年度起,各省及行政院直辖各市,所设之普通中学过多,职业学校过少者,应暂不添办高中普通科及初中。
>
> 二、自二十年度起,各省应酌量情形,添办高初级农工科职业学校。
>
> 三、自二十年度起,各县立中学逐渐改组为职业学校,或乡村师范学校。其办法即自二十年度起,停招普通中学生,改招职业或乡师学生,以后逐年改招。
>
> 四、自二十年度起,各普通中学应一律添设职业科目,或附设职业科。
>
> 五、自二十年度起,各职业学校,或中学附设职业科,应宽筹经费,充实设备,切实养成学生之劳动习惯及生产技能。
>
> 六、自二十年度起,各县市及私人呈请设立普通中学者,应分别督促或劝令改办农工等科职业学校。③

紧接着,在 5 月的国民会议上,国民政府又向大会提交"确定教育设施之趋向案",并经国民会议第五次会议照原案通过。该案提出了六个要点:"一、各级学校之训育,必须根据总理恢复民族精神之遗训加紧实施,特别注重于刻苦耐劳习惯之养成,与严格的规律生活之养成;二、中小学校教育应体察当地之社会情况,一律以养成独立生活之技能与增加生产之能力为中心;三、社会教育应以增加生产为中心目标,就人民现有之程度与实际生活,辅助其生产知识与技能之增进;四、尽量增设职业学校及各种职业补习学校;五、尽量增设各种有关产业及国民生计之专科学校;六、大学教育以注重自然科学及实用科学为原则。"这

---

① 中华职业教育社社史编写组.社会史资料选辑(第 3 辑)[M].北京:文史资料出版社,1982:18—21.

② 北京师范大学校史研究室.林砺儒文集[M].广州:广东教育出版社,1994:529.

③ 黄炎培.怎么办职业教育[J].教育与职业,1931(127).

六项要点的"一贯之精神,在将教育之目标,全注重于养成职业化,自小学以至大学之设施,皆依此标的而行"。[①]

可见,无论从时间还是从内容来看,国民政府与教育群体在职业教育问题上都有着较强的一致性。这一方面表明了教育群体的言论对政府的影响,另一方面是因为国民政府确实希望以发展职业教育来带动社会、经济的建设。也就是说,如果说1917年前后兴起的第一次职业教育高潮主要是教育群体推动的结果,那么1928年后第二次职业教育高潮的兴起则更多的是并合了教育群体与政府部门这两种推力。正如后来国联教育考察团所指出的:"在中国教育家与公务员之间,对于教育改革之急切需要,及此种改革所由之公共途径,其意见之极端一致。"[②]而就中学分部制而言,在1932年前,基于发展职业教育的要求,一直强调在普通中学添设职业科。

综上,1928—1932年的中学分部制呈现出两种不同的趋势:一是在师范独立运动的影响下,各地逐渐将师范部从中学中分离出来;二是在职业教育潮流的影响下,又鼓励在中学添设职业科。同时,由于设置职业科的中学要少于单设师范科的中学,因此总体而言,这一时期的分部制中学在走下坡路。尽管如此,在1932年前后,全国仍有不少实行分部制的中学。前文已提到,1930年时,全国的大多数省份都存在分部制中学。国民政府教育部1932年的中等教育统计资料也表明,是年附设于各类学校的师范学校有347所,职业学校有105所,[③]这当中除了一部分附设于大学、专门学校之外,有不少便附设在中学。其他相关材料也说明了中学实行分部制的一些情况。譬如,1932年的《江苏教育概览》表明,当时的南京中学设有普通科、师范科和商科,苏州中学设有普通科、师范科和化工科,上海中学设有乡村师范科,松江女子中学设有普通科和师范科,南通中学设有普通科和师范科,扬州中学设有普通科、师范科和工科,徐州中学设有普通科和师范科。[④] 据1932年度的《广西省督学视察报告》记载,当时的广西省立第二、第三、第四高级中学都设有普通科和师范科,省立第一女子中

---

① 中国第二历史档案馆.中华民国史档案资料汇编(第五辑第一编,教育)[M].南京:江苏古籍出版社,1994:1027—1028.

② 国联教育考察团.中国教育之改进[M].南京:国立编译馆,1932:序言,4.

③ 教育部统计室.中华民国二十一年度全国中等教育统计[M].上海:商务印书馆,1935:1.数据来自师范学校与职业学校总数之括号内数值。此统计报告的"例言"中说明:"学校数在计算中学、师范学校、职业学校各类学校数时,均先依照学校名称表明属于本类者计算,然后再将由他类学校附设者计于后面括弧之内。"

④ 参见:江苏教育厅编审室.江苏教育概览[M].1932.

学校则设有普通科、师范科与商科。[①]

因此，如果说在"壬戌学制"实施之初，中学是以分部制为主导的话，那么到20世纪20年代后期，则出现了分校制与分部制共存的状况。而随着1932年12月国民政府颁定《中学法》《职业学校法》与《师范学校法》，中学又回归到以前的分校制模式，形成了以分校制为原则、分部制为例外的状况。1932年12月召开的第四届中央执行委员会第三次全体会议议决通过了"关于整顿学校教育造就适用人才案"。该案以"矫正空谈之弊""重质不重量"等为原则，对各级各类教育的发展提出了具体的安排与要求。其中，在扩大职业教育规模方面，要求"各省市应尽量扩充职业学校数量，私人捐资兴学……劝其设立职业学校。……公立中学成绩不佳，或地方无此需要者，一律改办职业学校"，而不再提在中学校添设职业科；在"师资教育"一项，明确要求"师范学校应脱离中学而单独设立"；在"人才教育"一项，亦规定"高中部分文、理科。现有之工、农、商等高中，均应改为职业学校"。[②] 自此，在正式制度中取消了中学分部制，开始实行分校制。

至于为何采用分校制，前文已就师范教育问题较详细地作了阐述，即1927年后兴起的师范独立运动是中学分部制瓦解的重要原因。一方面，大量师范科从中学脱离出来，独立成为师范学校后，那些原本只设普通科与师范科的中学分裂成为两所单科中学，这实质上极大地消解了分部制的影响；另一方面，师范独立运动在某种程度上也为职业教育的发展提供了一种示范。可以看到，在1928年的第一次全国教育会议上，当师范独立问题受到热议的时候，也有与会者提出了独立设置职业学校的议案。

在职业教育方面，除了前文提到的职业教育以及中学职业科在事实上的办理不善外，职业教育的推进亦与国联教育考察团访华有关。

首先，国联教育考察团强调了职业教育的重要性，并对中学分部制的实施情况提出了批评。这既强化了国民政府推进职业教育的决心，也在一定程度上影响了国民政府对职业教育发展方式的选择。国联教育考察团认为："吾人并不以为现在最重要者即为增加中等学校之数目。此事之重要，尚不及扩充初等教育为尤大；且徒增设现在通行之中等学校，吾人并不觉得有若何利益也。现在最迫切之需要，不在增加中等教育之'量'，而在改良中等教育之'质'。"而"有

---

① 参见：广西教育厅.广西省督学视察报告[R].1932.
② 中国第二历史档案馆.中华民国史档案资料汇编(第五辑第一编，教育)[M].南京：江苏古籍出版社,1994：1049—1051.

质量"的中等教育,"不在造就大学之学生,而在造就健全的、活泼的、思想灵敏的人材,关心于其所处之世界,而准备各尽其本人之责任者也"。换言之,中等教育应培养能"应付实际之要求",对国家和社会有用的人。然而,"中国现在之高级中学,自吾人观之,似嫌过于整齐划一。职业科之学生与普通科之学生相较,为数太少"。① 同时,"高级中学分科太多,亦成疑问。盖此种学校学生及专科教师既为数不多,设备亦甚简陋,分为各科,实最不经济。而且各科教授之内容,亦不十分集中于其科名所限定之范围。例如,科名有农科、工科等,但农、工等课程,则不各集中于其本科"。② 所谓"分科办法仅虚有其名"。③ 同时,国联教育考察团认为:

> 中等学校之使命,即系在初等教育之上,再供给一种本身完全的教育,使受过此等教育者,即刻可以得一安身立命之所。……此种教育不但可以分别办理,且亦必须分别办理;惟分别办理,然后全国有整齐划一之功,然后国家能造成一个协调的中间阶级。……但有一点必须认识清楚者,即中等教育之目的,其本身应供给完全之教育;若用学分制,以机械之方式,教授各种不相关系之科目,则必不能获得此种结果。……学分制对于某数项科目,易于使人得到知识,其长处固极显然;但此种长处系牺牲文化本身之整一性及普遍性而得之者。……吾人常以此为此种知识活动之上之整一性,其本身即为一种完全教育。但在中国现行中等教育制度下,殊不见有此种整一性之迹象。④

因此,在林砺儒看来,"中学与职业学校之分离,……都是接受了他们的忠告"。⑤

其次,在深层意义上,国联教育考察团对当时中国的美式教育制度提出了整体性的批评,这坚定了国民政府取消分部式综合中学的决心。国联教育考察团指出,中国中等教育的组织及性质,"显然以美国教育制度为其模范者;即其实施方法,最近亦力求与美国人之观念相契合"。⑥ 这种做法有两种危险:一是

---

① 国联教育考察团. 中国教育之改进[M]. 南京:国立编译馆,1932:114—115.

② 同上:67.

③ 同上:112.

④ 同上:105—108.

⑤ 林砺儒. 从批评中学新法令说到未来的改造[M]//中央教育科学研究所. 林砺儒教育文选. 北京:北京师范大学出版社,1984:46.

⑥ 国联教育考察团. 中国教育之改进[M]. 南京:国立编译馆,1932:101.

"对于中国之旧教育制度,不但认为陈腐,急需改革;并谓其具有罪不容谴之性质。故不经任何过渡之措施,即将美国之教授课程与方法,代替中国千百年来之智慧与学识"。二是"对于外国文化之方法与实质,徒为形式上模仿而已。现代中国最显著之特征,即为一群人所造成之某种外国文化之特殊趋势,此或来自美国、德国、法国或其他国家。影响之最重大者殆为美国。极多之中国青年知识分子,徒模仿美国生活之外形,而不知美国主义系导源于美国所特有之情状,其与中国所流行之情状完全不同"。① 譬如,"美国制度及其细微的分科办法,其所需用之中学教师,必须在学理方面及实用方面均有高深之造就;就目前中国状况言,此种人材,极不易得"。② 据此,国联教育考察团认为:"关于中国教育上所发生之根本问题,不在于模仿,而在于创造与适应。"所谓创造与适应,一方面要"将一切外国文明,比较研究,不可采纳一种,而拒绝其他一切文明也";另一方面"在求中国固有之民族特性与历史特性之维新耳"。③

尽管从"谓欧洲文化上之情形,与美国之情形相比,较适宜中国之需求;其故非他,即因美国文明之发展,其本土并无遗风余俗之存在;而欧洲与中国之文明则颇相似,因彼此常须顾及流传数千年之传统文化也"④等表述来看,国联教育考察团对于美国教育制度的批评实则意在推介他们所代表的欧洲教育制度,但关键是,这种批评激活并确证了此前已经存在的对美国教育制度以及中国模仿国外这种方式本身的怀疑。事实上,自"五四运动"之后,教育界对于中国教育受外国教育之束缚的批判就从未停息。在法国汉学家巴斯蒂(M. Bastid-Bruguière)看来:"反对采用单一模式之举,首先是出于一种政治上的情感。中国人希望自己不被束缚于或依附于任何一个国家。要求废除不平等条约的运动日益壮大,其矛头所在,直指一切从外国移入中国的事物,而教育机构则首当其冲。示威的浪潮首先出现于 1922 年,至 1924 年再度掀起,则声势更盛,要求一切外国学校都受中国当局管辖。"与此相应,在制度层面受到批评的则是美国的教育模式,"而批评它的正是那些最了解它也曾帮助它在中国得到广泛承认的人"。⑤

譬如,陶行知便决意不再做"把外国教育制度拉到中国来的东洋拉车夫"。

---

① 国联教育考察团.中国教育之改进[M].南京:国立编译馆,1932:16,14.

② 同上:102.

③ 同上:19,15.

④ 同上:20.

⑤ [法]巴斯蒂.是奴役还是解放——记 1840 年以来外国教育实践及制度引入中国的进程[M]//[加]许美德,[法]巴斯蒂,等.中外比较教育史.上海:上海人民出版社,1990:12.

在他看来,那些被"东洋拉车夫"认为是文明国里时髦的物品,都被装在东洋车里拉过来,再硬灌在天真烂漫的儿童的心坎里的教育制度,只会把儿童弄得不死不活,把中国弄得不死不活。① 陶行知深信,"一个国家的教育,无论在制度上、内容上、方法上不应当常靠着稗贩和因袭,而应该照准那国家的需要和精神,去谋适合,谋创造"。② 因为,"一物发明,先多秘密。自秘密以迄于公布,须历几何时? 自公布以迄于外传,又须历几何时? 况吾所仅型者,或出于误会,以误传误,为害非浅"。③ 舒新城也认为,中国自新教育出现以后,在思想上一直没有"中心",这是因为"数十年来无表率群伦的教育专家,对于西洋教育固然无综合的彻底的研究,而不知其真正的优点之所在,对于中国固有的教育制度、教育方法,亦无确切的了解,而不知何者当弃、何者当取,只凭环境的驱策,效梁启超之徒然唱'中国旧东西是不够的,外国许多好处是要学的',遂致教育上一切常为囫囵吞枣地模仿,而不合中国社会的需要"。④ 庄泽宣同样指出:"现在中国的新教育不是中国固有的,是从西洋、日本贩来的,所以不免有不合于中国的国情与需要的地方。这是一件很大的问题,很复杂的问题。"在他看来,要把新教育中国化,至少要合于四个条件:"一是合于中国的国民经济力;二是合于中国的社会状况;三是能发扬中国民族的优点;四是能改良中国人的恶根性。"⑤

正如巴斯蒂所指出的:"批评不再局限于简单地归咎某种外国模式无法接受,而是归结到采用任何外国模式所涉及的原则本身。实际上,在知识阶层内部情况已大为不同,中国的文化传统已不再像世纪初那样成为精神重负了。在 1919 年"五四运动"以后可以感到,过去文化对他们的奴役已经结束,因而外国的模式已不再像过去那样具有解放者的作用。对一切可能阻碍、牵制新的中国文化发育成长的外国影响,反有一种欲除之而后快的愿望。"⑥在此之际,国联教育考察团的建议既推动了教育界对中学教育的讨论,⑦进一步打击了已饱受争议的美国教育模

---

① 陶行知.陶行知全集(第二卷)[M].长沙:湖南教育出版社,1985:18.
② 陶行知.陶行知全集(第二卷)[M].成都:四川教育出版社,1991:266.
③ 陶行知.陶行知全集(第一卷)[M].长沙:湖南教育出版社,1985:94.
④ 舒新城.近代中国教育思想史[M].上海:中华书局,1928:6—7.
⑤ 庄泽宣.如何使新教育中国化[M].上海:民智书局,1929:23—24.
⑥ [法]巴斯蒂.是奴役还是解放——记 1840 年以来外国教育实践及制度引入中国的进程[M]//[加]许美德,[法]巴斯蒂,等.中外比较教育史.上海:上海人民出版社,1990:17.
⑦ 国联教育考察团访华之后,《教育杂志》《教育与职业》等刊曾就考察团的报告作过专门讨论。用《教育杂志》评论国联教育考察团报告的专刊中的话说:"自国联教育考察团报告书发表以后,各地讨论批评者颇不乏人。"参见:教育杂志[J].1933(11).

式,也使教育当局者大受影响,"觉得欧洲式的中学又像是一宗可羡的法宝",①坚定了改革中等教育的决心。用罗廷光的话说:"国内教育家的言论,似不易为当局所重视,而外国人的建议,则颇有'水到渠成'或'着手成春'的功效。"②

此外,继《中学法》《职业学校法》《师范学校法》及其实施规程颁布后,1934年8月,北京大学校长蒋梦麟、文学院院长胡适、教育系主任吴俊升、地质调查所所长翁文灏、社会调查所所长陶孟和、北平研究院徐炳昶、河北教育厅厅长周炳林等人在江西庐山国防设计委员会会议上提出"修正中小学教育制度"议案,进一步强调了分校制的原则。该案指出了当时教育的几个问题:一是"现行中小学制度颇嫌过分侧重升学方面,而事实上不能升学之学生反居多数";二是"年来农村破产,国本动摇不独消极的应速减除农村之建设。欲谋农村建设,教育上必先养成有识之新农夫,以为利用科学方法,增加生产之准备";三是"吾国教育制度与课程,往往抄袭外国,各国情形不同,应就实际社会状况,厘定学制,编制课程,始足适应国家之特殊需要";四是"现行中学制度亦多缺点,高中毕业后,升入大学或专科学校,其基础知识之训练未能适应大学之需要"。基于此,蒋梦麟等人提出了相应的改革意见,其主旨是使各中小学教育自成段落,不专为升学课程之预备,而是变单轨制为双轨制,为不同的学生设置不同的教育路径与内容,特别是要加强实用知识、职业技术和生活教育。简言之,蒋梦麟等人的观点就是主张设置升学教育与职业教育两个系统。中职合并的形式尽管也能兼顾升学与就业,但在他们看来,"若用过去办法,强使中学与职业学校互相沟通,则中学及职业学校课程两面迁就,必失分别训练之本旨"。③

国防设计委员会是"九一八事变"以后成立的学术与政治合作的组织。当时,面对民族危机,一些先前不谈政治、不介入政治的知识分子开始向政权靠近,甚而希望通过入仕的途径来影响政府决策,提高政府执政水平;而蒋介石也希望借助知识分子的力量来快速发展经济、军事实力,于是在"抗日保国"的名义下建立该组织。④ 因此,蒋梦麟等学者的建议在某种程度上即是一种官方态度。

在"修正中小学教育制度"议案提出之际,教育部鉴于"社会言论对于中等教育制度,颇多评论",也对中等教育改革计划作出说明,明确强调了分校制的原则:

---

① 北京师范大学校史研究室.林砺儒文集[M].广州:广东教育出版社,1994:530.
② 罗廷光.评国联教育考察团报告书《中国教育之改进》[J].教育杂志,1933(11).
③ 蒋梦麟等建议修正教育制度[J].教育杂志,1934(2).
④ 郭红娟.多视角看国民政府时期国防设计委员会的成立[J].中州学刊,2008(4).

前此中等教育系采中学、师范、职业合并设立制度，初中三年得兼设职业科，高级中学得合设普通师范及职业各科。此种制度，足使各旧教育之设施混淆，目的分歧，其结果中学教育固无从发展，而师范与职业教育亦多流于空泛，此已往之陈述，显然可考。过去主张合并设立之理，以为中学并设职业科及师范科，学生通转较易，适于发展个性，所谓纵横活动之制。但按诸实际，职业技能既未充分培养，师范教育亦未能专业训练，驯至程度，日益低落，其结果使谋生、任教、升学三者之目的均不能达。本部鉴于上项事实，近已将师范及职业教育完全划出中学范围之外，使普通中学、师范学校、职业学校各单独设立，确定目的，严格训练。以普通中学为继续小学训练，并为研究高深学术之阶梯；师范学校为培养小学健全师资，施以专业训练；职业学校，为培养青年生活之技能，使其能自立生产。如此则普通中学之完整目的得以贯彻，而职业师范所负之使命得以完成。故就现制言，所谓中等教育，实包含中学、师范、职业三种分别设立之学校。①

　　同时，蒋梦麟等人的议案也引起了学者的广泛议论，成为教育界最重要的一个议题。自 1934 年 8 月 15 日《修正中小学教育制度》刊载于《大公报》后，8月 19 日的《申报》全文加以转载，胡适亦在同日的《大公报》上发表《教育破产的救济方法还是教育》一文，讨论教育改革问题。《教育杂志》则在 1934 年 10 月第 24 卷第 2 号刊上转载了蒋梦麟等人的提案以及教育部关于中等教育改革计划的说明，并同时刊登提案反对者吴自强的《我国教育制度为什么又要变更》一文。② 此后，《教育杂志》第 24 卷第 4 号集中刊发了林砺儒、姜琦、张安国、郑宗海、倪尘因等人的五篇关于中等教育改革的文章；第 25 卷第 1 号再次征求到国内 35 位学者对蒋梦麟等人提案的讨论意见。《中华教育界》也于 1934 年 1 月出版"中国教育改造专号"，1915 年 3 月开设"学制问题集载"专栏。

　　在上述讨论中，无论分部制或分校制，都不乏反对意见者。如吴自强说，"中国人之死症"是，"爱之欲其生，诬之欲其死，时而模仿日本，时而模仿美国，时而模仿欧洲，辗转变更，终究是盲人骑瞎马，没有什么进展，好像把教育变成一种奢侈的点缀品"。在他看来："中国教育之腐败，不一定专是制度问题，而系

---

① 教育部重要人员发表中等教育改革之计划[J]. 教育杂志，1934(2).
② 吴自强. 我国教育制度为什么又要变更[J]. 教育杂志，1934(2).

教育之不普及和教育内容不适应于实际的要求的毛病。"①其言下之意是,不主张变更原来的综合中学制度。倪尘因也强调:"所以使中等教育陷于空泛之原因,并非制度本身之不能适应,而在运用此制度之失当。"具体地说,普通科、师范科与职业科合并之所以失败,是因为经费、设备以及学生资性方面的原因造成的,而不是合并制度本身有多大问题。据此,他建议,可以不改变学制,而加强原有制度的建设。②

不过,就总体来说,一方面基于综合中学制度的失败,另一方面由于大多数学校已经独立设置的事实,多数学者赞成实行分校制。就连反对蒋梦麟等人的提案比较强烈的姜琦也提出:"在学制上,仍是以单科中学为原则,以综合中学为例外。"③因此,在分校制方面,这场始于1934年的关于学制的讨论并没有对实践产生多大影响。1933年后,中学设置主要以分校为原则。只是在抗日战争全面爆发后,因形势所迫而创办的国立中学中,曾较多地实行过分部制,如国立一中设有初中部、师范部、女子部,国立二中设有高中部、初中部、师范部,国立三中设有高中部、女子部、师范部、实验部、初中部、农职科,国立五中设有高中部、初中部、师范部、职业部,国立六中设有高中部、初中部、师范部,国立七中设有高中部、初中部、师范部,国立八中设有高中部、女子部、师范部,等等。④

国立中学之所以采用分部制,主要有两方面的原因:第一,沿海城市沦陷后,师生流离失所,需要救济的对象较多,在难以设立数量充足的学校的情况下,国立中学的规模变得较大,需要通过组织分化的形式,更好地进行教学与管理。譬如,教育部普通司司长顾科林在给教育部部长的呈文中说道:"查国立湖北中学在郧阳方面,因人数过多,不易支配,顾拟采取分教办法,分设四部:即以高中部学生250人、初中部学生450人,在郧阳设一完全中学,作为国立湖北中学本部;而以师范部学生200人、简易师范部学生600人,在均县设第一分校。"⑤第二,抗战全面爆发后,从推进抗战建国事业的目的出发,需要训练各行各业的技术人员,提高社会生产效率,因此,国民政府更加重视职业教育。在原

① 吴自强. 我国教育制度为什么又要变更[J]. 教育杂志,1934(2).
② 倪尘因. 中等教育制度评议[J]. 教育杂志,1934(2).
③ 姜琦. 中等教育制度问题的商榷[J]. 教育杂志,1934(2).
④ 参见:中华民国教育部教育年鉴编纂委员会. 第二次中国教育年鉴[M]. 上海:商务印书馆,1948:第四编第二章.
⑤ 《国立湖北中学组织设立、调整和人员任免的文件》,见:中国第二历史档案馆档案,全宗号5,案卷号7413.

有的职业学校遭受战争巨大破坏的情况下,在国立中学中设置职业科,成为当时加快职业教育发展的一个重要途径。1938年2月教育部颁发《国立中学暂行规程》,要求各国立中学分中学、师范和职业三部。1938年12月,教育部又颁发《国立中学增设职业科办法》,要求"凡国立中学未设职业科或虽设科而学生不多者,均应依照本办法,筹划设置或充实内容"。[①]

需要指出的是,国立中学的分部制并不稳定,有些学校一个时期设部,一个时期又改为分校,或者相反,少数学校的部与分校的变制相当频繁。这主要与战时环境下学校对学生的安置有关,有时也是为了更好地协调学校组织的行政关系。如国立八中在创立之初,高中部设于乾城河溪,师范部设于乾城鸭溪,女子部设于乾城文庙,另在洪江、永绥、保靖、麻阳及四川秀山等处设有初中分校6所;改为国立安徽第一中学后,又调整部的设置,高一部在秀山,高二部在永绥,高三部在洪江,高四部在乾城,初一部在洪江,初二部在永绥,初三部在保靖,初四部在麻阳;1939年和1941年先后进行两次调整,仍行部制,1944年又改行分校制,全校分设为高中分校、初中分校、女子分校和师范分校。[②]至于为何由分部制改为分校制,国立八中在呈请教育部备案的文件中解释道:

> 且查本校于二十七年八月在湘成立,设校本部于所里,着急办理高中、女子、师范三部,并于洪江、永绥、麻阳、保靖、秀山等处设六个分校,卅年九月,邵校长华为,为划一名称起见,将各分校一律改为分部。近年以来,范围逐渐缩小,至本年一月止,尚有七个分部,惟按之实际,各分部均自成一单位,部主任综理部务,即代行校长之职权,为求名实相副,似仍以改称分校为宜,且依照钧部规定,分校长由部委派,其应支薪级,亦由部核定,益足提高其地位,加重其责任,以是于举行第十五届校务会议之际,各部主任均有同感,爰决定自本年二月份起,所有各分部一律改称分校,分部主任改称分校长。[③]

表面上看,分部制改为分校制是为了实现学校管理中的权责对应,而从另一方

---

① 中央教科所教育史研究室.中华民国教育法规选编[M].南京:江苏教育出版社,1990:359.

② 余子侠.抗战时期国立中学的创办及其意义[J].近代史研究,2003(3).

③ 《国立第八中学章则、办法、计划、报告》,见:中国第二历史档案馆档案,全宗号5,案卷号7494.

面看,这也反映了分部制可能存在的组织混乱与人事纠葛。

四、 专业规范压力

纵观清末和民国时期中学结构的演变过程可以发现,中学科部结构的调整主要围绕一个问题展开,即如何处理文化教育与职业教育①的关系。正如林砺儒所言:"从《钦定学堂章程》颁布之日起,就想用'……欲就失业者俾卒业后可入……''意在使入此学者通晓四民皆应必知之要端,仕进者有进学之阶梯,改业者有谋生之智能'这一类折中含混、面面俱到、冠冕堂皇的条文来抹煞弥缝这种对立。民国以来,每次改革方案都不外这一套手法,只是民国的辞令——发展青年身心,培养健全国民,并为研究高深学术及从事各种职业之预备——比较前清的更来的时髦摩登罢了。更有热心过度的想用职业学校讲习些现代生产技术来发展中国产业,于是大胆把美国'六三三'制综合式的中学抄袭过来,满以为穿上洋装俾是洋人了,怎知道还是不行。又想用法令来压抑普通中学扶植职业学校。"②

易言之,中学科部结构的变动是为了因应发展职业教育的要求。而这一要求的提出,又有其深刻的时势根源。尽管各个阶段的情况有所不同,但概括来看,此种时势根源主要有三个方面:一是就国际环境来讲,外国力量的侵入与压迫既对近代中国的发展构成危险,也提供了榜样,国人希望通过发展职业教育或提高教育的实用性,达致富国强兵的目的,以与外国争衡;二是就社会发展而言,外敌侵略与国内纷争既消耗了大量的人力、物力、财力,也破坏了正常的生产秩序与社会关系,以致民生疾苦、异常艰难,由是而思考如何通过教育来破解生存之道;三是就教育本身来看,清末建立新式学校制度以后,"仕进者有进学之阶梯"的思想依然浓厚,这使得中学一直偏于升学教育一端,"学非所用,用非所学"的现象极为严重,由此造成学生入学数量越多,毕业后失业人数越多的问题。

然而,正如本章开首所指出的,在解释近代中学科部结构演变的原因时,时势因素虽必不可少,但往往只能交代"为何变",难以充分说明"怎么变"。譬如,同样是为了发展职业教育,为什么一个阶段关注分科,一个阶段重视分部,另一个阶段又强调分校?还是如林砺儒所言:

---

① 此处的"职业教育"是广义的,包括了师范教育,而不仅仅是与师范科或师范学校对应的职业科或职业学校。

② 北京师范大学校史研究室.林砺儒文集[M].广州:广东教育出版社,1994:538.

近年(20 世纪 30 年代初期——引者注)要限制普通中学之设立,以促进职业学校之发展,就索性在学制系统上把中学校和职业学校分离。当1917、1918 年时,我们因嫌职业学校与中学分离,至于被人看不起,所以尽力把职业教育包入中学范围,遂成了 1922 年学制之大混合。然而结果不能如愿,因此,现在又要恢复旧观。这真妙极了! 以前认为分离不利于职业教育的发展,现在又认混合为不利了;1922 年学制之混合为的是要发展职业教育,现在的分离为的也是要发展职业教育。①

倪尘因说:"中等教育陷于空泛之原因,并非制度本身之不能适应,而在运用此制度之失当。"②这话不无道理。问题是,为什么当时在分部制或分校制未能推进职业教育发展的情况下没有深入改进分部制或分校制本身,而是选择"推陈出新"或"重蹈覆辙"呢? 正如前文阐述所表明的,这在很大程度上是受了近代教育群体的言论与活动的影响。

我国近代教育群体是伴随着新式学校教育的建立而制度化地形成与发展的。这种制度化的过程主要涉及两个方面:一是为实施新式教育,建立了正式的教师制度,从而使教师成为一个专门的职业领域;二是与此相应,为培养各类学校的师资,各师范学校普遍开设教育类课程,大学也逐渐设立教育科或教育研究所,进而使教育成为一个专门的知识领域。换言之,近代教育群体制度化地形成的过程也是其专业化的过程。

依照拉森(Magali Sarfatti Larson)和科林斯(Randall Collins)等人的观点,专业化可以理解为一类职业中的成员为了明确其工作条件和方式,控制"生产者的产品",为自身职业自主权确立认知基础和合法性而进行的集体斗争。③ 在清末以前的科举时代,教育的合法性主要来自国家,或者说直接来自作为国家之象征的皇帝,因为是皇帝临时圈定各地乡试、会试的正副主考者,并亲自主持殿试,决定三年一任、与督抚平权的各省学政人选。④ 至清末废除科举、成立学部之后,教育的合法性来源出现了新的变化。一方面,国家仍是教育合法性的

---

① 林砺儒.从批评中学新法令说到未来的中学教育[J].教育杂志,1934(4).

② 倪尘因.中等教育制度评议[J].教育杂志,1934(2).

③ DiMaggio, P. J. and Powell, W. W. (Eds.) The New Institutionalism in Organizational Analysis[M]. Chicago: The University of Chicago Press, 1991:70.

④ 应星.废科举、兴学堂与中国近代社会的转型[M]//社会转型:北京大学青年学者的探索.北京:社会科学文献出版社,2002:323.转引自:郑新华.近代中国教育如何可能——以江苏省教育会的实践为例(1905—1927)[D].上海:华东师范大学,2006.

重要来源,只不过此时作为国家象征的不再是皇帝,而是科层化的管理体制;另一方面,以新兴知识分子为主体的教育群体逐渐成为教育合法性的又一来源。民国成立时,蔡元培便强调:"教育有二大别:曰隶属于政治者,曰超轶乎政治者。专制时代(兼立宪而含专制性质者言之),教育家循政府之方针以标准教育,常为纯粹之隶属政治者。共和时代,教育家得立于人民之地位以定标准,乃得有超轶政治之教育。"此后,他在《教育独立议》中进一步指出:教育与政党不同,政党是要制造一种特别的群性,抹杀个性,教育则是要个性与群性平均发达;教育也与教会不同,教育是进步的,凡有学术,总是后胜于前;教会则是保守的,无论什么样尊重科学,一到《圣经》的成语,便绝对不许批评。因此,蔡元培主张:"教育事业当完全交与教育家,保有独立的资格,毫不受各派政党或各派教会的影响。"①

在理论层面,蔡元培基于教育的本然性质,揭示了教育群体作为公共力量为教育立法的决心;在实践层面,一批知识分子基于教育的经验要求,强调了教育群体摆脱行政体制束缚,进行自我决断的需要。譬如,在讨论和研究"壬戌学制"时,署名"秋墨"者在《新学制实施之必要》一文中指出:"我以为研究的分子,不妨多些,不能偏重在教育行政人员——劝学所所长和第三科不是迂腐固执的学究,没有眼光,便是假充官僚,没有学识。应该使教员方面人物多量容纳,使他把教授方面亲历的苦痛,或学生方面学非所用的现象陈述出来,好有个解决办法。"②

正如美国学者迪玛奇奥和鲍威尔所指出的:"在许多情况下,专业活动创造的专业权力与国家赋予的专业权力一样强大。"③如果说清末时期文实分科方案的出台在某种程度上是国家行使专业权力的结果,那么,1916年后中学逐渐实行分部制并最终在"壬戌学制"中确立下来,则充分体现了教育专业群体的力量。而教育群体之所以能够在清末民初成为影响甚至决定教育合法性的重要力量,除了蔡元培等人的言论中所展示的教育的知识与经验基础之外,还与当时的社会背景密切相关,这主要包括以下几个方面。

其一是晚清之后自治思潮及运动的兴起。清朝末年,鉴于时局日艰,政府腐败无能,民众散漫愚弱,一些有识之士认为,救亡图强之法在于"合群"。这种

---

① 高平叔.蔡元培教育论著选[M].北京:人民教育出版社,1991:1,377.
② 新学制运动[J].教育杂志,1922(2).
③ DiMaggio, P. J. and Powell, W. W. (Eds.) The New Institutionalism in Organizational Analysis[M]. Chicago:The University of Chicago Press,1991:71.

合群之论与当时关于国家政体的争论结合在一起,极大地推动了自治思想的兴起与地方自治试验的展开。譬如,倡导群学最为有力的严复便强调:"居今而为中国谋自强,议院代表之制虽不及行,而设地方自治之规,使与中央政府所命之官和同为治,于以合亿兆之私为公,安朝廷而奠磐石,则固不容一日缓者也。"①及至1915年后,在文学革命与"五四运动"的推动下,自治思想更是广泛传播,成为社会精英的主流信仰。就教育领域而言,清末民初的自治思想与自治运动成为教育群体自治愿望的推力,也为教育群体的自主行为提供了空间。1902年,蔡元培在上海成立中国教育会,率学生退出官办的南洋公学,组织"爱国学社",除了对清政府的政治态度表示抵抗之外,更体现出教育群体追求教育自治的精神。②而以"联络本省同志,谋求学界的公共利益"为宗旨的江苏学务总会,以及后来其他各省教育会、全国教育会联合会和各专业教育团体的成立,既是受自治思潮的影响,也构成了自治运动的一个重要组成部分。它们的成立及相关活动,表明了教育群体希望利用自身的专业力量,在政府之外发挥自主性,促进教育行政的合理化与教育实践的有效性。

其二是"教育救国"观念的普遍流传。薛福成、黄遵宪、康有为、梁启超、严复等清末新兴知识分子,"观万国强弱之故"后,发现"泰西之所富强,不在炮械军器,而在穷理劝学","日本之骤强"即"由兴学之极盛"。因此,他们主张,"学校允为正人心之始基、根本之根本",教育"为救中国不二法门",欲"开中国之新世界,莫亟于教育"。在他们的影响下,在清末民初,教育被视为民族自救、社会变革的重要途径或根本途径。"教育救国"的观念本是将教育发展、社会进步的希望寄托于国家,即由国家建立统一的现代学校制度,实施普遍化的教育,然而,在国家没有很好地履行其教育使命时,"教育救国"便成了教育群体抵制国

---

① 转引自:吴建国.清末民初的自治思潮述评[J].西南民族大学学报(人文社科版),2004(12).吴建国指出,清末时期宣传自治思想的报纸杂志有维新派主办的《中外日报》《新民丛报》,革命派主办的《民报》《浙江潮》《民立报》,以及地方报纸《南方报》《江苏》《云南》《四川》等。清政府颁布《城镇乡地方自治章程》和《各省咨议局章程》后,立宪派也十分活跃,创办了不少地方自治报刊,并出版了一些关于自治问题的书籍。如汤化龙创办《湖北地方自治研究会杂志》,罗杰创办《湖南自治报》,留学生孟昭常发表了《城镇乡地方自治宣讲书》《公民必读初编》和《公民必读二编》,孟森发表了《咨议局章程讲义》《地方自治浅说》,并与沈尔昌合著《城镇乡自治章程表》,汤一鹗则著有《选举法要论》。

② 这种教育自治精神不只是在宏观层面,与政府独断教育的举办和治理权相对,也体现在教育的微观管理上。在爱国学社内部,同样彰显自治精神,学社将全部学生分为若干联,每联二三十人,学生自行加入某联,公举一联长,凡有兴革,多由学联开会议决,交主持者执行。参见:中国史学会.中国近代史资料丛刊——辛亥革命[M].上海:上海人民出版社,1957:488.

家、强调自身治理教育之合法性的理由。朱元善在 1916 年的《教育独立》一文中说道：

> 今日之世界，教育之世界而已。人类社会之一切问题，要无一不待教育问题而解决之故。任何国家、任何社会，其不以教育为第一要务者，二十世纪以来，殆未之有。乃必谓我之国家、社会，独欲反其道而行之，亦岂其然。吾思至此，吾于是知：教育之命运。毕竟存诸教育之自身，即凡从事教育事业者，果能保其完全独立之地位，发挥独立自由之精神，不著一毫惰气，不受何种束缚，举其教育实效，表示于社会国家，富国强兵，于焉攸赖。如是则教育之运命，将何虑其不增长者。反之而绝无独立思想，因循苟且，自甘放弃，甚或逢迎他人意旨，以为得计，是则先置教育自身于奴隶之地位，尚何命运之足云。是故，教育命运之盛衰消长，胥视乎教育之完全独立与否。①

其三是国家统治能力及其合法性的式微。汪晖指出，在国际与国内的双重危机下，晚清王朝在从帝国形式向民族—国家形态转换的过程中，国家的合法性面临着深刻的危机。与此相应，"社会"的形成则成为处于衰落过程中的国家进行自我改造的一个部分。以"公""群"概念为核心建立的社会团体的合法性逐渐增加，它们自发地加以组织，行使公共权力，部分地取代了国家的功能。② 就教育而言，正是清末民初的政治动荡及中央政府权力的微弱，为教育群体的自我组织及其合法性力量的发挥提供了极大的空间。张謇早年便强调，"同仁组织学会，不过社会之一部分"，"社会处立法之地位，地方官处执法之地位"。③ 而在"政令不出都门，已成民国政治之惯性"的年代，教育群体不仅担当"立法者"的角色，而且要履行"执法者"的职责，教育事业的推进往往是"社会上的力量居多，教部只是偶享其成而已"。④ 一如美国学者基南描述新教育改革运动状况时所言："从 1916 年到 1926 年间共有二十任教育部长，平均一年有两任。这种情况，无法使部长运用国家权力继续行使早年那种集中统一的教育。这又标

---

① 朱元善. 教育独立[J]. 教育杂志，1916(1).
② 汪晖. 死火重温[M]. 北京：人民文学出版社，2000：153.
③ 张謇. 复宁学务处沈观察函[M]//张謇全集(第 1 卷). 南京：江苏古籍出版社，1994：94—95. 转引自：孙广勇. 社会变迁中的中国近代教育会研究[D]. 武汉：华中师范大学，2006：175.
④ 舒新城. 中国教育指南十四年[M]. 上海：商务印书馆，1926：33—34.

志着保皇派在尊孔问题上，成功地得到官方批准的局面已经结束。地方和非官方的教育界领导人都有了一定的相对的自由，尽管这种相对的自由是由于当权派的疏忽，但教育界领导人得以推行良好教育的专业准则。"①

同时，拉森也告诉我们："如果专业群体不能与非专业客户、老板或管制者相互妥协，他们的努力也很少能够取得完全的成功。"②基于前文阐述，我们可以看到，1916年后中学逐渐实行分部制，主要是教育群体单方面推动的结果，而在1928年后中学分部制瓦解以及分校制最终确立的过程中，则兼合了政府与教育群体这两种力量。一方面，无论是从问题提出的时序，还是从解决问题的方案的具体内容来看，教育群体对于中学科部结构的演变仍然发挥着重要的影响；另一方面，政府也转变了以往被动的角色，主动进行教育变革，逐渐强化了对教育的统制力度。20世纪20年代末之后，之所以出现政府与教育群体在中学科部结构问题上的合作倾向，主要有三方面原因。

第一，尽管仍然存在种种不利条件，但南京国民政府成立之后，中央政府的权力大大加强，社会经济也得到了一定的发展，由此出现了自1915年后政治上从未有过的稳定，政府统制能力得到了很大提高。③

第二，教育群体对待政治与政府的态度发生了转变。陈衡哲曾回忆，辛亥革命之后，留学生对参与政治和做官"都有一种避之若浼的心理"，这是因为，"革命后的政界，虽然与亡清的政界站在不同的地位上，但不幸又另有他的混浊的地方。他不能使那时热心救国的青年们，加添什么希望"。因此，在青年人的心目中，"总仍以为救国的根本，不在政治，而在科学与教育、实业与学问。政治乃是一件极无聊的事，他们是不屑去做的"。④ 然而，在"九一八事变"后，民族危机加剧，原先以不关涉政治为清高的知识分子开始寻求与政府的积极合作，以期影响国事，抵御外侮。前文提到的国防设计委员会，便是教育群体与政府合作的典型。

第三，"教育神圣"的观念在1928年后逐渐被打破。舒新城认为，1928年后，中国教育观念转变的一个重要方向就是从"教育神圣"观转为"教育工具"

---

① 璩鑫圭，唐良炎.中国近代教育史资料汇编·学制演变[M].上海：上海教育出版社，1991：1080—1081.

② DiMaggio, P. J. and Powell, W. W. （Eds.） The New Institutionalism in Organizational Analysis[M]. Chicago：The University of Chicago Press, 1991：70-71.

③ ［美］费正清，费维恺.剑桥中华民国史（1912—1949）（下卷）[M].刘敬坤，等，译.北京：中国社会科学出版社，1994：161.

④ 陈衡哲.人才与政治[J].独立评论，1932(29).

观。他指出："'教育神圣'，原是教育者自慰的幻梦，在'承平时代'，一般人都随和着他们做迷梦，他们乃其本神圣观而推演至于教育万能、教育独立、教育清高；于是教育便成为超越一切的东西。可是教育的本质，终是离不开现实社会的实际活动，它在实际上所表现的事实，终不能永不兑现。十七年后，一般人对于教育的希望，都为现实所打破；蔡元培在民元时所倡导的超轶政治说，也由自身的行动所否认，而教育不能独立、非清高、非神圣的事实，更是俯拾即得。"①此种教育观念的转变，在一定程度上影响了教育群体的独立地位：非但整个社会的发展不再悬系于教育家手上，即便是教育内部的事务，也不再由教育家说了算，而要考虑其他方面的要求。

概言之，清末文实分科方案的出台，较多地体现了政府的意志与合法性；1916 年后，中学分部制的实行主要彰显了教育群体的合法性力量；至 1933 年，中学分校制的最终确立则表明了教育群体与政府合作的倾向。在此过程中，教育群体的合法性地位与作用得到了极大的体现。同时，也正是随着教育群体力量的增长，近代教育领域出现了三个影响教育发展的重要主体：政府、教育群体与学校。它们相互作用，在不同时期形成特定的关系结构。在特定的结构中，教育群体的专业规范在两个方面发挥作用：一是通过引入、研究、学习和实践新的教育思想与教育知识，直接引导和改进学校教育的治理形式与展开方式；二是基于教育理论和实践经验，与中央和地方政府进行互动，以反对者、提议者、咨询者或支持者等身份，间接地促进学校教育制度和方式的调整与改进。

最后，就近代中学科部结构的演变过程而言，教育群体形成专业规范压力主要有三种机制。首先是人才培养机制。这是指通过大学、专门学校以及中学职业科或师范科的正规教育，塑造教育群体共同的认知基础和相似的教育取向。这种认知基础与教育取向，一方面成为教育群体与行政部门竞争教育话语权的知识与价值理据，另一方面也深深地影响了学校教育工作者的态度与方式。正如相关研究所指出的，无论是 1922 年"壬戌学制"的确立，还是 1928 年师范独立运动的肇始，都与留美学生的积极推动密不可分。② 这些留美学生大多接受过系统的教育理论学习，不少人曾就学于哥伦比亚大学，这种教育背景影响了这些教育精英的改革主张，并使他们的规范性诉求能够形成合力。同时，借助国内的专业教育，西方的教育理论、制度与方法以及教育精英们的思想

---

① 吕达，刘立德. 舒新城教育论著选[M]. 北京：人民教育出版社，2004：812—814.
② 谢长法. 借鉴与融合：留美学生抗战前教育活动研究[M]. 石家庄：河北教育出版社，2001：88—131.

与主张，又形成了大多数学校教育工作者的教育规范观念。坎特（Rosabeth Moss Kanter）在管理学领域提出过"管理的同性恋再产生"概念，就是说在一定程度上，来自同一所大学的管理者与重要员工，会以同样的方式看待问题，把相似的政策、程序和结构视为具有规范意义的约束力与合法性。① 教育领域也存在这种现象。基南在讨论杜威思想在中国的影响时便认为："胡适在1921年对杜威的思想影响所作的乐观估计，已经为各地师范学院的先后成立所证实，……就大专院校这一特定的范围来说，对于发起邀请杜威的访华和接受他的思想，可说热情之极了。南京和北京高等师范学校所聘请的教师和创办的杂志，使杜威思想在以后若干年仍然对从这些学校培养出来的教育工作者有着重要的影响。"②

其次是组织联络机制。这主要是指，近代教育群体之所以能够基于学识和经验对教育行政与教育实践形成规范性压力，并不是依赖哪一位或几位教育者的能力，而是依靠教育团体组织的力量。上文提到的大学及实施专门教育的学校，即是教育团体组织的重要形式之一。除此之外，近代兴起的各个层次、各种类型的教育会社，则是教育团体组织的另一重要形式，它们的主要作用是围绕教育议题进行外部与内部联络。外部联络是指与政界、实业界等社会各界以及国外教育团体或专家进行协商与合作。譬如，1906年的《奏定各省教育会章程折》便要求各地方教育会"应与学务公所及劝学所联络一气"。③ 1917年，中华职业教育社成立，其发表的《中华职业教育社宣言书》也显示该团体汇聚了教育界与实业界的名流。1919年成立的中华新教育共进社则定位于"联络国外教育团体或教育家，输入新教育"。内部联络是指教育学界内各主体的沟通与联合，主要包括全国教育会与地方教育会的联络、各地方教育会的横向与纵向联络、各教育会与专门教育团体的联络、教育会和教育团体与学校的联络，以及教育会和教育团体与个体教育者的联络等。正是借助以各教育会社为基础而形成的内外交会、纵横联系的沟通网络，教育群体在内部谋求共识，在外部寻求认同，从而极大地扩大了教育专业规范的传播范围，提高了影响度。无论是1917年中学增设第二部方案的提出，还是1922年"壬戌学制"的颁行，抑或是1928

---

① DiMaggio, P. J. and Powell, W. W. （Eds.） The New Institutionalism in Organizational Analysis[M]. Chicago：The University of Chicago Press，1991：72.
② 璩鑫圭，唐良炎.中国近代教育史资料汇编·学制演变[M].上海：上海教育出版社，1991：1078.
③ 朱有瓛，等.中国近代教育史资料汇编·教育行政机构及教育团体[M].上海：上海教育出版社，1993：247.

年后师范独立运动与职业教育潮流的兴起,都与相关教育会社的影响密不可分。

再次是公共舆论机制。这是指教育群体通过口头的或书面的传播形式,澄清、倡导特定的教育理念、制度、组织和方法,使之在社会范围内被视为一种理所当然的信念或事实,藉此上对政府、下对学校形成规范认同压力。迈耶和罗万指出:"现代组织的许多主张、政策、纲领及程序,是通过舆论、重要成员的观点、由教育体系合法化的知识、社会声望、法律、法庭上使用的措辞或审慎的定义等来实施的。正式结构的这些要素正是强有力的制度法则——对特定组织具有约束力的高度理性化的神话——的表现形式。"①具体来讲,口头传播主要指人与人之间面对面的传授、交流或对话,包括演讲、会议、座谈等形式。譬如,杜威来华,应各地教育界邀请所作的多场演讲,孟禄在第七届全国教育会联合会上的演讲,以及黄炎培等人为推广职业教育所作的演讲等,便极大地提高了综合中学的合法性,为中学分部制度的确立做好了思想动员工作。常与口头传播呼应运用的书面传播是指,借助报刊和书籍等形式进行观点表达与规范传播。藉由相对稳定、参与群体更广、表述更严谨、获取较为方便以及身份的可隐匿性等特点,书面传播在传播教育规范,制造公共舆论方面,较口头传播更有力,影响更大。就近代中学科部结构的演变过程而言,无论是 1920 年的学制改革,还是 20 世纪 30 年代的制度调整,《教育杂志》《中华教育界》《教育与职业》以及国联教育考察团的报告《中国教育之改进》等期刊、书籍,在问题提出、方案讨论与政策宣传等方面都发挥了极其重要的作用。无怪乎第七届全国教育会联合会在决议学制草案时特意提出,"将草案函寄全国各报馆、各教育杂志社"。② 这一举措有征求社会各界对学制草案之建议的目的,但更重要的是,希望通过报纸杂志的宣传,在公共领域寻求共识,制造声势,以形成学制改革的规范性压力。

---

① Meyer, J. W. and Rowan, B. Institutionalized Organizations: Formal Structure as Myth and Ceremony[M]// Meyer, J. W. and Scott, W. R. Organizational Environments: Ritual and Rationality. California: Sage Publications Inc. , 1992. This paper was originally published in the *American Journal of Sociology*, Vol. 83, No. 2, 1977: 340 - 364.

② 第七届教育会联合会纪略[J]. 教育杂志,1922,14(1).

第五章

近代学校何以如此

　　近代中学组织结构是我国教育研究中几乎从未认真思考过的问题。这具体表现在两个方面：其一，且不说教育管理学研究，即便在中国近代教育史研究中也很少看到它的身影；其二，即使相关论著中偶有浮光掠影的涉及，也多是一些法律条文的陈述，而未能将其问题化。究其原因，就教育管理学而言，已如本书导论中所指出的，学科视野与研究方式上的局限，使其游离于各种本该思考的历史问题之外。而在教育史研究方面，除了受研究传统的影响之外，相关历史资料的限制大概也是一个非常重要的原因。这种限制主要表现为，有关中学组织结构的历史资料少而散。"少"是指既有的教育史料对学校情况的介绍本就不多，涉及组织结构的直接讨论更是缺少；"散"是指有关组织结构的资料或体现在片言只语中，或散见于学校简介、视察报告以及教育志等一些不太受关注的材料。然而，不管哪一门学科，也无论何种原因，疏于思考我国近代中学组织结构这个问题，在更深层次上反映了我们对于另一个问题的无意识：近代学校何以如此？

　　我们经常在问"近代教育何以如此"，却很少会想"近代学校何以如此"，或者说，我们在问"近代教育何以如此"的时候，以为可以回答"近代学校何以如此"这个问题。在近代学校教育这个大问题上，我们的目光都集中在学校的"内容"上，而忽略了对其"形式"的考察与追问。抑或说，我们在关注作为一种现代教育形式的学校时，却很少考虑学校的形式。我们需要问：为什么近代学校是这个样子而不是其他样子？更需要问：为什么大多数学校呈现的都是相似的样子而不是不同的样子？无论是在知识上还是在思想上，这些问题都值得关注。于知识而言，它可以改变有关我国近代学校的历史知识相对贫弱的状况；于思想而言，它可以增进我们对中国近代以至当下学校的自我理解。

　　结合本书对中国近代中学组织结构的研究，作为一个部分、一个角度的考察，就"近代学校何以如此"这个问题，可以形成两个思路：追求合理性和获得合法性。换言之,可以将合理性和合法性理解为我国近代学校组织形式产生与发展的两个基点。

一、 合理性之追求

从某种层面而言,近代学校组织形式的产生与演变是人们努力实现与提升学校组织合理性的结果,是为了使学校组织形式与其内容更为契合,能够更好地达成预定的教育教学目标。早在我国现代学校教育制度创建之初,罗振玉就建议:"教育之兴否,比相行政者有教育之知识与否。教育之行政者得人,则教育靡不兴;否则,靡不替。故今日宜研究教育行政之学为第一要义……今日谋教育之改良,首宜专门研究其速成之法……至日本游历,专研究学校行政之法,而先译此类之书以资考究……"①在其影响之下,1904 年的《学务纲要》也提出了考察外国"管理学堂官员如何办理",以及翻译、学习学校管理书籍等主张。这些建议与主张,无论是在思考作为目的的教育与作为手段的管理的恰当关联方面,还是在援用专门知识以使管理遵循相应原理与方法方面,都表露出对学校管理的合理性的追求。而《奏定中学堂章程》将原来《钦定中学堂章程》中的"各项规则"一章改为"教员、管理员",并对学堂的构成人员及其负责事务进行文本化规定,正是这种合理性追求的一种实际体现。

20 世纪 20 年代之后,当教务处、训育处等概念或部门固定化,并逐渐形成清晰、确定的系统时,学校组织形式与组织合理性追求之间的关系表现得更为明显。一方面,通过部门分化,学校的工作划分越来越细,任务也越来越常规化、确定化。1921 年,南开中学在其"学校一览"中对学校主要部门的事务分掌作了如下描述与规定:

教务课:

一、教务课设教务主任一人,综理全课事务,课员及事务员各一人,办理本课一切事宜。

二、教务主任参预校务会议并会同他课谋校务之进行。

三、教务课所掌职务列下:

① 璩鑫圭,唐良炎. 中国近代教育史资料汇编·学制演变[M]. 上海:上海教育出版社,1991:152.

1. 执行校务会议及教务会议议决关于教务事项；

2. 考察讲室内授课情形；

3. 规定课程及授课时间表；

4. 办理试验并宣布核算试验成绩；

5. 掌理关于教务之各项表簿文件；

6. 购置关于教科应用之书籍仪器；

7. 掌理关于学生分科编级事宜；

8. 接洽各教员；

9. 掌理教员告假。

训育课：

一、训育课设训育主任一人，综理全课事务，课员二人办理本课一切事宜，事务员一人管理膳录。

二、主任参预校务会议，并会同他课谋校务之进行。

三、本课所掌职务列下：

1. 执行校务会议议决关于训育事项；

2. 调查学生个性及家庭状况；

3. 掌理学生违犯校规惩责事项；

4. 掌理学生告假事项；

5. 调查各省学生人数，各班学生年龄及家长职业，并制定比较表；

6. 辅助学生自治；

7. 维持讲室内外一切秩序；

8. 每月与各班辅导员会议一次，以谋训育事上兴革项。

斋务课：

一、本课设主任一人，综理全课事务，事务课员五人，办理本课一切事宜。

二、主任参预校务会议，并会同他课谋校务之进行。

三、斋务课所掌职务列下：

1. 执行校务会议议决关于斋务事项；

2. 训练寄宿生自治之能力；

3. 支配宿舍；

4. 稽查宿舍自修之勤惰；

5. 考核宿舍之洁净；

6. 经发二年级以下寄宿生之家信；

7. 辅助各室选举室长；

8. 慰问患病之学生；

9. 辅助训育课之公务。

庶务课：

一、庶务科设主任一人，综理全课事务，课员六人，分任会计、杂务，办理本课一切事宜，事务员若干人，缮写讲义、文件及办理本课及他课临时委办事件。

二、主任参预校务会议，并会同他课谋校务之进行。

三、本课所掌职务列下：

1. 执行校务会议议决关于庶务事项；

2. 添购保管一切物件；

3. 经收房租地租进款、学生宿舍膳食费、零星存款及他种各款；

4. 经管校内财政并主五十元以内之出款；

5. 分别勤惰进退夫役；

6. 稽查厨房饭厅；

7. 计划管理建筑及修理校舍；

8. 保存学校贵重物品；

9. 办理全校总预算、决算，保管以往存查一切帐簿；

10. 管理理化仪器，并保管假期内学生存物；

11. 辅助办理开学、放学、大考一切事宜。①

这种学校工作任务的常规化与确定化，使得学校组织成员的角色与地位更为明晰与固定，在力求"员不虚设，事克尽举""钱不虚用"的同时，也有利于组织成员对事件的过程及其后果进行预期性思考，做到心中有数，熟能生巧。

另一方面，20世纪20年代之后，学校组织形式中还普遍出现了一些整合机制，这也就是民国时期讨论学校事务分掌时经常提到的"一元化"问题。尽管依据袁伯樵的看法，民国时期学校的一个缺点就是"行政组织之不能一元化"，"无论二处制、三处制或四处制，一般人皆视同政治上的二权、三权或四权分立"，②

---

① 天津南开学校. 现行组织[M]//天津南开学校中学部一览. 1921：7—11.
② 袁伯樵. 中等教育[M]. 上海：商务印书馆，1949：460.

但并不能用这个问题来否定各种整合机制本身所反映出来的追求,正如组织分化所体现出的分工尽责的愿望未必能够实现一样。本研究提出,民国时期的学校组织中至少存在两种不同的整合形式:一是以设置会议或委员会的方式对各个分立部门的内部事务尤其是各部门之间的事务进行协调与整合。这些会议与委员会主要包括校务会议、教务会议、训育会议、事务会议,以及校务委员会、经费稽核委员会等。二是以部门归并的方式将关联紧密的部门整合起来。这主要体现为 1933 年的《中学规程》中要求设置教导处,就是力图将原来教务处与训育处的功能整合起来。尽管方式不同,但各种整合机制所表现出来的对学校组织合理性的追求是一样的。就部门整合方式而言,前文在讨论教导主任问题时曾指出,设置教导主任一方面是希望通过组织层面的调整,解决长期以来存在的"教训"分离问题;另一方面则是出于简化行政组织,提高行政效率的考虑。就会议或委员会的整合方式而言,南开中学在解释其学校行政组织设置原因时说过:"惟本校因规模稍大,事务颇形复杂,全校工作之推行,不得不赖于全体师生之协助,于是又有各种会议及委员会之组织。"①

其实,学校组织的分化与整合是一体两面的问题,体现了同一个原则,即效率原则。而所谓学校组织的合理性追求,说到底,就是学校行政组织的效率问题。在此引用常道直的话或许最有说服力,他说:"'合理化'有两个层面的意思:其一,在消极方面,教育上一切设施要不悖于'情理';其二,在积极方面,要合于经济原则。情理二字,可粗解为常识的正义观念,也就是人间之公正、公非。至于经济原则,则无论在学制结构、教学过程、校舍计划、经费支配等方面,都是不可须臾分离的,其所表著于外者,便是工作效率。"②

可以说,在民国时期,人们对教育效率的追求有着高度的"态度同一性"。在学校行政方面,最初产生较大影响的是孟禄与中国学者讨论时提出了学校的行政效率及其三个标准。此后,学校行政效率成为教育理论研究者的论述主题,也成为学校管理者的治校依据和教育行政者的工作准则,以至于国民政府教育部在 1932 年时提出:"学校行政上一切设施,其唯一之鹄的,即为增进教育之效率。"③可以说,我国近代学校组织形式的变化,与此种对于学校行政效率的信奉密切相关。正如斯科特所言:"形式化也可以被视为这样的努力,即,使一

---

① 天津私立南开中学一览[M]. 1929:15.

② 常道直. 教育制度改进论[M]. 南京:正中书局,1942:前言,1.

③ 中华民国教育部. 第一次中国教育年鉴[M]. 上海:开明书店,1934:乙编"中央教育法规",44.

系列在体系中指导行为的角色和原则关系结构更为清楚明确。形式化使参与者或观察者能够描绘社会结构及其运作流程,描绘这些与合理操作的关系和过程,包括责任分工的设计与修订、信息或物质的流转或是参与者之间互动的方法。"①从这个意义上理解,我国近代学校组织结构体现为实现学校组织合理性(或行政效率)的一种技术或手段。

同时,讨论学校组织的分化与整合问题,还必须考虑另外一个重要因素:学校组织规模。所谓合理性或效率,很大程度上是依据学校组织规模来判断的。易言之,当学校组织规模有所变化时,从追求组织合理性的角度出发,人们就会运用分化或整合的方式来调整学校组织结构。我国近代学校在规模上经历了一个不断扩张的过程,但在总体的数据统计上似乎体现得并不那么明显。从表5-1可见,1929年中学校的教师和学生的平均数较1914年虽有所增长,但这种差距还不至于导致学校组织结构的全面改变。

表5-1 1914年与1929年中学校的平均教师数和学生数对比② (单位:人)

年 份	校平均教师数	校平均学生数
1914年	14	149
1929年	25	203

但是,当我们把视角从总体数据转向局部地区或具体学校时就会发现,当时一些学校的规模已经很大。余家菊在1925年出版的《教育原理》中专门讨论了学校规模问题。他提道:"现今都市中小学群趋于大规模化,而各县纷纷设立中学,其势又不得不为小规模。"根据他的界定:"所谓小规模学校者,指有一百至一百五十名学生者而言。有学生一百五十名至三百名或三百五十名者,则称为中等规模的学校。有学生四百名以上者,则称为大规模的学校。"③如此推算,都市学校有400名学生已经是比较普遍的。唐观之在其1930年翻译的《欧洲新学校》的译序中对"大规模学校运动"的批评也显示,当时存在不少大规模学校。他说:"我百思不得其解的问题是大规模学校的运动,也即是不分皂白的学校合并政策,这种政策有什么好处呢? 是不是美国的学校学生多,我国的学校

① [美]斯科特.组织理论:理性、自然和开放系统[M].黄洋,等,译.北京:华夏出版社,2001:33.
② 该表数据根据王伦信统计的数据整理而成。参见:王伦信.清末民国时期中学教育研究[M].上海:华东师范大学出版社,2002:216,238.
③ 余家菊.教育原理[M].上海:中华书局,1927:118.

学生少,不得不合并以勉强地效颦呢?"①1932 年的北平弘达中学有高中初中学生总额 1 600 人,这还不算该校小学部的学生。② 按照布劳的观点:"大的规模必定与结构上的分化相关,而相应的分化又创造出一种促使行政成分规模增大的压力。这是因为,结构上的分化增大了不同子单位和个体之间在工作上的差异性,从而提出了协调和整合方面的问题。"③而在 1933 年的《中学规程》中,按照规模大小来设置学校组织结构已经成为政府层面的一种规制性要求。根据以上情况,便能较好地理解规模因素对我国近代学校组织结构的影响,这种影响在那些与学校的教育教学活动联系最为密切的部门体现得更为明显。这也是本书分析教务主任一职出现时所持的观点。

二、 合法性之获得

然而,根据本书的考察,追求学校组织的合理性无法用来充分解释"近代学校何以如此"这个问题,甚至不能作为主要的解释思路。这首先是因为,从学校行政的合理性或有效性角度出发,我们很难理解为什么学校中会出现一些看似无用的组织机构设置。这也就是前文在讨论我国近代学校行政组织结构问题时所重点指出的结构形式化问题。其次,与结构的形式化问题相关,从学校行政的合理性或有效性角度出发,也很难解释学校组织结构的相似性现象。按照上文的观点,从追求组织合理性的角度考虑,人们会依据不同的学校规模来选择不同的组织结构形式。但据民国学者赵冕和张文昌分别于 1924 年和 1931 年进行的研究,当时的中学组织在行政结构上出现了不同程度的趋同现象,其中尤以三部制(教务、训育与事务)最为通行。而且,从表 5-1 列出的 1929 年的校平均学生数与一些学校的实际情况对比来看,不同的学校在规模上还是存在不小的差异的。其实,非但不同规模的学校之间的结构相似问题是合理性思路所难以解释的,即便是同等规模的学校组织之间所存在的结构相似问题,也是难以用合理性的思路来充分说明的。也就是说,为什么规模大致相同的学校都把同一种组织形式看作是有效合理的?难道就没有其他同样有效合理或者更加有效合理的组织形式? 与这个问题相

---

① [美]华虚朋.欧洲新学校[M].唐观之,译.上海:中华书局,1930:译序,8.

② 北平弘达中学.北平弘达中学十周年纪念刊[M].1933:15.

③ [美]斯科特.组织理论:理性、自然和开放系统[M].黄洋,等,译.北京:华夏出版社,2001:246.

关,本书多次表达了这样一种观点:规模因素虽然是组织分化与整合的直接推动力,但最终朝什么方向分化以及如何进行整合,却不是由规模因素决定的。更准确地说,考察最初的或个别的学校组织结构变化时,"规模"自然应该是最重要的解释变量;而考察一种普遍的学校组织结构的形成原因时,"规模"变量的解释力是有限的。

借助对我国近代中学组织结构演变的考察,笔者相信,对于"近代学校何以如此"这个问题的恰当理解与说明,需要在合理性思路之外,或在其基础之上,诉求于合法性机制。

英语中的"合法性"一词"legitimacy"由其形容词形式"legitimus"转变而来。"legitimus"在早期主要应用于司法领域,指"符合法律的""与既定规章、原则、标准相一致的""符合逻辑的""正当的"等。作为名词的"legitimacy"在中世纪出现之后,一方面保留了"合乎法律"的意思,另一方面开始涉及权力的获得是否正义的问题,表现出明显的政治内涵。① 卢梭说过:"人是生而自由的,但却无时不在枷锁之中。自以为是其他一切主人的人,反而比其他一切人更是奴隶。这种变化怎样形成的? 我不清楚,是什么使这种变化成为合法的? 我自信能够回答这个问题。"在他看来,人民的公意是合法性的唯一基础。换言之,唯有由人民决定的政治统治才是正义的。② 及至现在,"合法性"已经成为涵盖法学、政治学、哲学、社会学、管理学等诸多学科的一个重要概念。

在组织研究领域,韦伯最早强调了合法性的重要意义。他在思考"权威(authority)怎样产生"这一问题时指出,统治者与被统治者、领导者与被领导者之间并不单单是一个"强迫"机制。除此之外,还存在一种合法性机制。据此,韦伯提出了三种合法性机制:第一种是个人或领袖的魅力,即人们因为领袖的个人魅力而追随他的领导;第二种是传统,即人们接受领袖的权威往往是因为传统使然;第三种是建立在法理之上的,是对理性制度与程序的认同和承认。③为了更好地说明法理秩序的合法性,韦伯还区分了一般社会规范(general social norms)与有保障的法律(guaranteed law)。所谓"有保障的法律"是以强制工具(coercive apparatus)为基础的,一旦有人违背规范,即有专门的人运用强制性

① 孙建光. 西方政治合法性理论辨析[J]. 求实,2004(2).
② 孙龙,邓敏. 从韦伯到哈贝马斯:合法性问题在社会学视野上的变迁[J]. 社会,2002(2).
③ 周雪光. 组织社会学十讲[M]. 北京:社会科学文献出版社,2003:78.

手段来保证法律规范的执行。① 显然,合法性机制中也存在"强迫",但关键在于,这种"强迫"源自相关群体知晓或认可的法律规制,而不是随意的、直接的暴力规制。

如果说韦伯有关合法性的论述既关注道德框架,又强调权力系统的话,那么塞尔兹尼克和帕森斯等人则将合法性的焦点放在道德规范与文化价值系统上。比如,帕森斯认为,组织既是一个由相互依赖和相互作用的部分构成的有机整体,又是社会大系统的一个子集。相应地,组织要想生存,一方面必须在组织内部基于特定的技术完成既定的工作任务;另一方面,应保持组织目标与更广泛的社会价值的一致性,这是更为根本的。因为,外部的社会价值对于组织有特定的功能要求,组织只有满足或宣称满足这样的功能需求,实现组织目标的合法化,才有可能从社会获取稀缺的、对组织生存至关重要的资源。②

20 世纪 70 年代后期,随着组织社会学中新制度主义流派的兴起,许多组织理论家又开始强调认知、信念系统的重要性。在他们看来,组织的结构、程序与表现是依据其与文化模式和认知系统的一致性而被评价的。依循 P. L. 贝格尔和卢克曼对制度化模式能够提供可预测性与秩序之观念的强调,迈耶与罗万首先提出,组织通过将结构和程序与嵌入了共同信念与知识系统的、被广泛接受的文化模式相接应,来获得合法性与支持。此后,有关组织文化(认知)合法性的研究渐多,尽管它们的方法与观点不尽相同,但都建立在有关"合法性"的一个基础性概念之上,③ 即"合法性是一种普遍化的观念或假设,在一些社会性地建构的规范、价值、信念和定义系统中,实体的行动是合意、正当或合适的"。④

虽然不同时期的组织理论家对于组织合法性的理解与论证不尽相同,但他们有一个共同点,即关注组织的制度环境。譬如,韦伯关注规范性制度要素与规则性制度要素,帕森斯等人关注规范性制度要素,而新制度主义组织社会学则关注认知性制度要素。反过来说,组织之所以产生不同的合法性诉求,正是因为各种制度要素的存在。我国近代学校的组织形式之所以如此,即与来自不同层次、涉及不同主体的认知、规则与规范制度要素的合法化密切相关,它们对于特定学校组织结构成分的生成与扩散,特别是整体的组织形式的出现与传

①②③　　Ruef, M., Scott, W. R. A Multidimensional Model of Organizational Legitimacy: Hospital Survival in Changing Institutional Environments[J]. *Administrative Science Quarterly*, Vol. 43, No. 4, 1998: 877 - 904.

④　　Suchman, M. C. Managing Legitimacy: Strategic and Institutional Approaches[J]. *Academy of Management Review*, Vol. 20, No. 3, 1995: 571 - 610.

播,有着巨大的影响力,某些时候甚至起决定性作用。

认知合法性主要涉及各种共享的概念、图式、范畴的生成,以及对一些理所当然的社会事实的接受,它对行动的方式、程序以及意义作出说明与定义。在我国,现代学校作为一种新的教育组织形式,之所以会在清末时期出现,从深层意义上而言,正是因为人们有了世界观的转变以及对西方民族国家形式的认同。博思威克(Sally Borthwick)和伯恩斯坦(Thomas P. Bernstein)对中国近代教育体制的评价很好地表明了认知合法性产生的影响:"世纪教育批评家们……认为现代教育是以国外的方法为标准,不切实际,而且花费很多,从各方面看来只会培养出一些不能与社会的其他成员同心同德的优秀人才。然而,谁也不愿恢复科举考试、书院或私塾。他们宁可采取如补救办法,通过象征性的行动提高民族自尊心,规定标准和课程、普及常识、推行克制精神,并使教育与外部世界更紧密地结合起来。"①在他们看来,中国近代对西方现代学校教育制度的接受,是建立在对"问题的感性认识"之上的。这里的"感性",无疑最能体现认知的特征。

中国近代学校组织形式最集中的体现就是其分部式结构,而其形成则与人们对于教育概念的理解有关。夸美纽斯曾言称,他所处时代的学校"一直到现在都只在追求智力方面的进步,没有别的"。② 与此观点相似,我国清末时期之所以引进现代学校制度,很大程度上正是为了改善智育状况。此前,我国的传统教育有着明显的道德意向,在近代遭受西方力量的冲击之后,这种教育概念理解上的道德化倾向才有了大的转变,开始强调智育,并形成了德、智、体三育并立的认知框架。最为典型并产生广泛影响的,便是严复在《原强》中所说的:"夫所谓富强云者,质而言之,不外利民云尔。然政欲利民,必自民各能自利始;民各能自利,又必自皆得自由始;欲听其皆得自由,尤必自其能自治始;反是且乱。故彼民之能自治而自由者,皆其力、其智、其德诚优者也。是以今日要政,统于三端:一曰鼓民力,二曰开民智,三曰新民德。"③清末民初之际,王国维提出的完人教育思想,以及20世纪20年代杨贤江强调的"全人生指导"原则,都将教育分为德、智、体几个方面。一方面,这种对教育概念的理解,影响了对学校工作内容的划分,即将学校分成几个专门的部分,对这几个部分的管理导致

---

① [美]吉尔伯特·罗兹曼.中国的现代化[M].陶骅,等,译.上海:上海人民出版社,1989:529—530.

② 转引自:陈桂生.教育原理[M].上海:华东师范大学出版社,1993:246.

③ 严复.原强[M]//陈学恂.中国近代教育文选.北京:人民教育出版社,1983:174.

学校行政结构上的部门分化。本书第二章讨论这个问题时曾引用赵冕的话作为例证。其实,袁伯樵在批评学校行政部门间的彼此疏离时也提道:"因此主持教务或训导或事务者,多持各行各业的态度,造成一校内之多头行政,其结果不独产生教育之不协调,并因此而影响学生生活与人格之分离。"可见,他也是将学校行政部门与学生的教育目标对应起来。如此,似乎也就能够更合理地解释教务部、训育部、体育部等部门出现的原因了。另一方面,人们对于教育概念的理解是相似的,这又从另一个角度说明了为什么学校的组织结构如此相似。同时,当某种学校组织形式相对确定之后,"学校"本身又会成为一个共享的概念,成为影响人们建立或调整学校组织结构的一个认知前提。这也是本书第二章中解释 1924 年前后学校组织结构出现趋同现象的一个观点。

规则合法性强调规则的设定、监控和制裁活动,它以强制为基础,要求获得认同与服从。正如本书导论中所指出的,这种"强制"可能是一种逼迫,也可能是一种劝诫,还可能是一种邀请。就我国近代而言,这种姿态上的差异很大程度上与政府的统制能力有关。民国刚成立时,在"联省自治"政策的影响下,各地都倾向于独立,组建联邦政府。此时,中央政府的权力极其微弱。我们可以看到,当时的教育部致电各省颁发《普通教育暂行办法》时,充满了劝说的语气。[1] 其后,袁世凯上台以及进入军阀混战时期,中央政府的权力仍难以真正企及地方,而且还有南、北两个政府存在,这使得在教育方面也出现了学者所说的政令"不能出北京城门"的情况。相应地,这也为公共领域的各种力量留下了广阔的活动空间,全国教育会联合会以及各省教育会成为教育方向的主要引领者与把握者。基于此,本研究相信,1924 年前后训育部的相对普遍化以及三部制中学组织形式的通行,都与公共领域中各种教育团体活动的直接或间接影响相关。同时,这段时期各种教育团体影响力的增强,也让我们看到了规则合法性与规范合法性之间的竞争。到 20 世纪 30 年代初,南京国民政府之所以制定了各种强制性的规章与制度并取得不错的效果,无疑与其统制能力的增强有关。

在近代中学组织形式方面,规则合法性的影响集中体现在南京国民政府成立之后,具体有两个方面:一是对学校组织结构中单个部门的影响。本书第二章的讨论中指出,20 世纪 20 年代末期以后,训育部在中学的最终定型与全面扩

---

① 璩鑫圭,唐良炎.中国近代教育史资料汇编·学制演变[M].上海:上海教育出版社,1991:596.

散,很大程度上便是国民政府进行制度性规定的结果。二是对学校组织形式的整体性影响。在这方面,自 20 世纪 30 年代初开始逐渐在中学确立的初中童子军训练与高中军训制度,便在学校通常的行政系统之外构建了一个并行的军事训练系统。这一系统,在学校外由军训处或政治处统辖;在学校内则由军事教官作为代表。1933 年出台的《中学规程》以及 1937 年颁布的《中等学校行政组织补充办法》,也是强制性规则对学校组织形式产生整体性影响的一个例子。

最能体现规则的合法性力量对学校组织形式影响的,是 1935 年北平市政府的男女分校运动。北平市政府的强制行为与其说改变了学校组织的形式,毋宁说是人为制造了一种新的组织类型。而学校之所以寻求规则上的合法性,一方面是因为在制度或程序上,北平市政府握有相关的法律、法规依据,这既包括国民政府发动"新生活运动"的相关政策要求,也包括北平市政府、社会局拟定的文件;另一方面则是因为在制度或程序背后,政府对学校的控制机制:首先,学校需要经过教育行政部门的立案才有资格授予文凭,这对私立学校尤为重要;其次,公立学校校长的任命权掌握在行政部门手中,私立学校校长的任命也要经过教育行政部门的备案,甚至由教育行政部门直接任命;再次,经费通常是最为重要的原因,公立学校完全依靠政府经费,而私立学校有时也希望从政府那里获得教育补贴。

与规则合法性偏于"强制"不同,规范合法性注重"论证";同时,与认知合法性倾向"事实"不同,规范合法性涉及"评价"。规范的合法性要求会以一种判断事物或事件是否正当、合理的方式来促使组织或个体考虑,在特定的情境下自己被期望做什么、不能做什么,应该怎么做以及不该怎么做等问题,从而影响组织或个体的行为。同时,正如本书的导论以及第三、四章中多次提到的,规范并不单纯指伦理道德与社会义务,随着劳动分工、职业分化以及专业知识的出现和传播,专业规范也成为规范的一个重要内容。因此,用斯科特的话说,为了获得规范合法性,"组织将不得不应用诸如公平竞赛之类的社会规范,其中特别受到各种既存的参与者加入其中的职业与专业群体的标准的限制"。[①]

可以发现,我国近代中学组织结构的很多重要变化都发生在"五四运动"前后。譬如,训育部的设置、男女同校的实现,以及综合性的分部制学校的产生等。这并不是偶然或巧合,而是与"五四"时期社会规范的多元化与不稳定特

---

① Ruef, M., Scott, W. R. A Multidimensional Model of Organizational Legitimacy: Hospital Survival in Changing Institutional Environments [J]. *Administrative Science Quarterly*, Vol. 43, No. 4, 1998: 877 - 904.

征,以及现代知识的分化与自主性增强有很大的关系。本书第三章指出,社会发展的必然趋势、职业分化的客观要求以及发展女子教育的重要途径等,并不能用来充分解释近代中学性别结构变化的过程。这是因为,单纯从推动女子教育发展的角度考虑,我们既可以采用增设女子中学的方法,也可以实行男女合校的方法,如此也就不可能出现要求发展女子教育却反对独立设置女子学校的主张了。因此,要充分解释近代中学性别结构演变的原因,就必须在相关因素的基础上,进一步考虑学校组织的规范合法性问题。本书围绕传统规范与现代知识的关系,以及"天理""公理""真理"概念更替的讨论表明,在规范方面,近代社会经历了从一元的传统规范到"中体西用"的二元化意识形态,再到现代规范形成广泛影响的变化,而在学校方面,近代中学经历了从无女子教育到设立女子中学,再到实行男女同校的变化,两者存在着极大的相关性。这说明,任何一种学校组织形式的出现,首先都必须获得规范上的合法性。

如果说第三章主要解释了价值规范或道德规范对学校组织的影响,那么第四章则重点说明了另一种规范的力量,即专业规范对学校组织的影响。同样,第四章也指出,近代中学在不同时期对分科、分部的选择,是难以用社会经济、政治、教育的要求以及社会思潮的状况等时势因素来充分解释的。时势因素往往只能说明"为何变",却难以解释"怎么变"。同样是为了促进职业教育的发展,为什么20世纪20年代初期强调在中学设置职业部,到30年代初期则倡导普通教育与职业教育分设? 同样是为了促进师资培养,为何一个阶段强调中学与师范合并,另一个阶段则主张中学与师范分校? 如果不考虑教育群体的影响,就很难解释这些现象。本书指出,我国近代学校教育确立并发展的过程,也是教育群体以及教育知识逐渐专业化的过程。以专业活动或知识为基础的专业群体一旦出现,它们就会为自身职业自主权确立认知基础和合法性而进行集体斗争。由是,我们也看到,在教育专业群体发展还不成熟的清末时期,文实分科方案的出台主要体现了政府的意志与合法性;而到教育专业群体逐渐成形,且政府规制又相对较弱的民国早期,中学分部制的主要推动者则是教育群体;1933年前后,在政府力量增强的情况下,中学分校制的最终确立仍然以相关教育群体的支持为基础。

以上以回顾全书的方式对学校组织合法性机制所作的阐述也说明,人们对于学校组织合理性的追求,可能只是组织结构本身所表现出的合理性,而并不意味着选择行为就是符合理性的。理性化的结构形式并不意味着对这种形式的接纳本身就是理性运用的结果。从某种角度看,这种"合理性迷思"与科学在近代社会中作为流行话语的现象也是一致的。在任鸿隽那里,"合理"便近似于"科学",因为,"合理"的意思,"完全属于客观的结果,明白事物的关系",至于这事物的关系,唯有科学方法才能明白。① 而科学之所以在近代成为流行话语,又与传统文化与思想的解释力衰退有关。正如郭颖颐所言:

> 由于儒学为思想和文化提供参考框架的功能衰退,各种思想流派涌入中国,掀起了关于历史、语言、哲学和社会大论战等意识形态冲突。中国思想界对待现代文明的复杂成分的热情和渴望,正像它过去把儒学的价值态度体系和中国人生活中的佛教、道教方面综合起来理解时一样。所有这些计划及其反计划(新思想运动、学生运动、其他种种运动)都自信给自己贴上了完全科学的标签。科学精神取代了儒学精神,科学被认为是提供了一种新的生活哲学。②

就此而言,学校组织的合理性追求,从根本上讲即是一种规范或观念转变的后果,是理性不及的表现。

总之,笔者相信,一种学校组织结构在最初出现时,往往是某个或某些组织理性地处理教育技术、规模与效率等相互关系的结果。但当这种组织结构发展成为一种普遍的组织形式时,我们对它的解释就不能局限在规模、效率等变量上,还要考虑合法性问题在特定组织形式扩散中的作用。

---

① 任鸿隽.说"合理"的意思[M]//任鸿隽.科学救国之梦——任鸿隽文存.上海:上海科技教育出版社,2002:206—209.
② [美]郭颖颐.中国现代思想中的唯科学主义(1900—1950)[M].雷颐,译.南京:江苏人民出版社,1998:8.

主要参考文献

1. 北京师范大学校史研究室.林砺儒文集[M].广州：广东教育出版社,1994.

2. 陈宝泉,陶行知,胡适.孟禄的中国教育讨论[M].上海：中华书局,1922.

3. 陈学军.新制度主义组织社会学视野下的教育组织研究[J].比较教育研究,2008(7).

4. 陈学恂.中国近代教育史教学参考资料（上册）[M].北京：人民教育出版社,1996.

5. 陈学恂.中国近代教育文选[M].北京：人民教育出版社,1983.

6. 郭秉文.中国教育制度沿革史[M].上海：商务印书馆,1916.

7. 国联教育考察团.中国教育之改进[M].南京：国立编译馆,1932.

8. 姜琦.中等教育制度问题的商榷[J].教育杂志,1934(2).

9. 蒋英豪.晚清"天演"、"进化"二词的消长[J].中国文化研究所学报,2007(46).

10. 教育部.第三次全国教育会议报告[R].1939.

11. 教育部.教育法令汇编（第一辑）[M].1936.

12. 教育部.现行重要教育法令汇编[M].教育部印行,1930.

13. 教育部教育方案编制委员会.改进全国教育方案[M].1930.

14. 教育部普通教育司.中华民国十九年度全国中等教育统计[M].南京：南京京华印书馆,1933.

15. 教育部统计室.中华民国二十二年度全国中等教育统计[M].上海：商务印书馆,1936.

16. 教育杂志社.女子教育之问题及现状[M].上海：商务印书馆,1927.

17. 教育杂志社.学校风潮的研究[M].上海：商务印书馆,1925.

18. 金观涛,刘青峰."天理"、"公理"和"真理"——中国文化"合理性"论证以及"正当性"标准的思想史研究[J].中国文化研究所学报,2001(10).

19. 金观涛,刘青峰.多元现代性及其困惑[J].二十一世纪,2008(11).

20. 金观涛,刘青峰.新文化运动与常识理性的变迁[J].二十一世纪,1999(4).

21. 金天翮.女界钟[M].上海：上海古籍出版社,2003.

22. 匡互生.中等学校的训育问题[J].教育杂志,1925(8).

23. 李桂林,等.中国近代教育史资料汇编·普通教育[M].上海：上海教育出版社,1995.

24. 梁兆纯.中学行政之组织[J].国立中央大学教育季刊,1930(1).

25. 廖世承.中等教育[M].上海：商务印书馆,1947.

26. 刘薰宇."五四"以来的教育[J].教育杂志,1926(5).

27. 陆费逵.民国教育方针当采实利主义[J].教育杂志,1911,3(11).

28. 罗廷光.教育概论[M].上海：世界书局,1933.

29. 罗廷光.教育行政[M].上海：商务印书馆,1942.

30. 罗廷光.评国联教育考察团报告书《中国教育之改进》[J].教育杂志,1933(11).

31. 乔凌霄.1935年北平市实施中学男女分校及设立第二女子中学史料(一)[J].北京档案史料,2001(2).

32. 璩鑫圭,唐良炎.中国近代教育史资料汇编·学制演变[M].上海：上海教育出版社,1991.

33. 全国妇联妇女运动历史研究室.中国近代妇女运动历史资料：1840—1918[M].北京：中国妇女出版社,1991.

34. 任鸿隽.科学救国之梦——任鸿隽文存[M].上海：上海科技教育出版社,2002.

35. 盛朗西.教育行政效率问题一部分的研究[J].教育杂志,1923(4,5).

36. 舒新城.近代中国教育思想史[M].上海：中华书局,1928.

37. 舒新城.民国十四年中国教育指南[M].上海：商务印书馆,1926.

38. 舒新城.民国十五年中国教育指南[M].上海：商务印书馆,1927.

39. 舒新城.我和教育[M].上海：中华书局,1941.

40. 舒新城.中国近代教育史资料(上)[M].北京：人民教育出版社,1981.

41. 舒新城.中国近代教育史资料(下)[M].北京：人民教育出版社,1981.

42. 舒新城.中学学制问题[J].教育杂志,1922(1).

43. 舒新城.中国新教育概况[M].上海：中华书局,1928.

44. 孙广勇.社会变迁中的中国近代教育会研究[D].武汉：华中师范大学,2006.

45. 邰爽秋,等.历届教育会议议决案汇编[M].上海：教育编译馆,1935.

46. 邰爽秋,等.中学教育之理论与实际[M].上海:教育编译馆,1935.

47. 汤林春.我国十七年来普通教育管理研究之分析[J].上海教育科研, 1999(4).

48. 汤志钧,陈祖恩.中国近代教育史资料汇编·戊戌时期教育[M].上海:上海教育出版社,1993.

49. 汪晖.现代中国思想的兴起[M].北京:生活·读书·新知三联书店,2004.

50. 王伦信.清末民国时期中学教育研究[M].上海:华东师范大学出版社,2002.

51. 吴自强.我国教育制度为什么又要变更[J].教育杂志,1934(2).

52. 余家菊.进一步讨论学制[J].教育杂志,1922年"学制课程研究号".

53. 余子侠.抗战时期国立中学的创办及其意义[J].近代史研究,2003(3).

54. 袁伯樵.中等教育[M].上海:商务印书馆,1949.

55. 张汝伦.现代中国思想研究[M].上海:上海人民出版社,2001.

56. 张文昌.中学教务研究[M].上海:民智书局,1933.

57. 张文昌.中等教育[M].上海:中华书局,1938.

58. 张新平.教育管理学导论[M].上海:上海教育出版社,2006.

59. 赵立彬.本土、西化与1935年文化论战[J].福建论坛(人文社会科学版),2004(5).

60. 赵立彬.陈序经与1934年广州文化论战[J].广东社会科学,2000(5).

61. 赵冕.中等学校行政组织系统之研究[J].新教育,1924,10(2).

62. 浙江省教育厅.中等教育法令汇编[M].1944.

63. 郑大华.30年代的"本位文化"与"全盘西化"的论战[J].湖南师范大学社会科学学报,2004(3).

64. 郑惠卿.我国中学男女同学问题之探讨[J].教育杂志,1937(7).

65. 中国第二历史档案馆.中华民国史档案资料汇编(第五辑第一编,教育)[M].南京:江苏古籍出版社,1994.

66. 中国教育学会.师范教育研究[M].南京:正中书局,1970.

67. 杜佐周.教育与学校行政原理[M].北京:商务印书馆,1935.

68. 中华民国大学院.全国教育会议报告[R].上海:商务印书馆,1928.

69. 中华民国教育部.第一次中国教育年鉴[M].上海:开明书店,1934.

70. 中华民国教育部教育年鉴编纂委员会.第二次中国教育年鉴[M].上海:商务印书馆,1948.

71. 中央教科所教育史研究室.中华民国教育法规选编[M].南京:江苏教育出版社,1990.

72. 中央教育科学研究所.林砺儒教育文选[M].北京:北京师范大学出版社,1984.

73. 朱有瓛,等.中国近代教育史资料汇编·教育行政机构及教育团体[M].上海:上海教育出版社,1993.

74. 朱有瓛.中国近代学制史料(第二辑上册)[M].上海:华东师范大学出版社,1987.

75. 朱有瓛.中国近代学制史料(第三辑上册)[M].上海:华东师范大学出版社,1990.

76. 朱有瓛.中国近代学制史料(第一辑下册)[M].上海:华东师范大学出版社,1986.

77. 朱元善.教育独立[J].教育杂志,1916(1).

78. 庄泽宣.二十年来关于师范教育言论之分析[J].东方杂志,1933(20).

79. 庄泽宣.如何使新教育中国化[M].上海:民智书局,1929.

80. [丹麦]曹诗弟.文化县——从山东邹平的乡村学校看二十世纪的中国[M].泥安儒,译.济南:山东大学出版社,2005.

81. [法]克罗齐耶,费埃德伯格.行动者与系统——集体行动的政治学[M].张月,等,译.上海:上海人民出版社,2007.

82. [法]涂尔干.教育思想的演进[M].李康,译.上海:上海人民出版社,2003.

83. [加]许美德,[法]巴斯蒂.中外比较教育史[M].李天纲,译.上海:上海人民出版社,1990.

84. [美]登哈特.公共组织理论(第三版)[M].扶松茂,等,译.北京:中国人民大学出版社,2003.

85. [美]古得莱得.一个称作学校的地方[M].苏智欣,等,译.上海:华东师范大学出版社,2006.

86. [美]任达.新政革命与日本——中国(1898—1912)[M].李仲贤,译.南京:江苏人民出版社,1998.

87. [美]斯科特.组织理论:理性、自然和开放系统[M].黄洋,等,译.北京:华夏出版社,2001.

88. [美]詹姆斯·汤普森.行动中的组织[M].敬义嘉,译.上海:上海人民出版社,2007.

89. ［日］佐藤慎一. 近代中国的知识分子与文明［M］. 刘岳兵，译. 南京：江苏人民出版社，2006.

90. Boli，J.，Ramirez，F. O. and Meyer，J. W. Explaining the Origins Expansion of Mass Education［J］. *Comparative Education Review*，Vol. 29，No. 2.

91. DiMaggio，P. J. and Powell，W. W. （Eds.） The New Institutionalism in Organizational Analysis［M］. Chicago：The University of Chicago Press，1991.

92. Meyer，J. W. and Scott，W. R. Organizational Environments：Ritual and Rationality［M］. CA：Sage，1992.

93. Morgan，G. Images of Organization［M］. California：Sage Publications Inc.，1986.

94. Pugh，D. S.，Hickson，D. J.，Hinings，C. R. and Turner，C. Dimensions of Organization Structure［J］. *Administrative Science Quarterly*，1969(14).

95. Ramirez，F. O. and Boli，J. The Political Construction of Mass Schooling：European Origins and Worldwide［J］. *Institutionalization，Sociology of Education*，1987，Vol. 60(January).

96. Ranson，S.，Hinings，B. and Greenwood，R. The Structuring of Organizational Structures［J］. *Adiministrative Science Quarterly*，1980，Vol. 25.

97. Rowan，B. Organizational Structure and the Institutional Environment：The Case of Public Schools［J］. *Administrative Science Quarterly*，1982，Vol. 27.

98. Ruef，M.，Scott，W. R. A Multidimensional Model of Organizational Legitimacy：Hospital Survival in Changing Institutional Environments［J］. *Administrative Science Quarterly*，1998，Vol. 43，No. 4.

99. Scott，W. R. Institutions and Organizations（2nd Ed.）［M］. California：Sage Publications Inc.，2001.

100. Scott，W. R. Reflections on a Half-Century of Organizational Sociology［M］. *Annual Review of Sociology*，Vol. 30，2004.

终于结束了正文的写作与修改，开始这篇早该落笔的后记。

我的博士生导师张新平教授时常感慨，"历史是一片沼泽地"，入得越深，越难以掌控局面；走得越远，越分不清方向；了解得越多，越不敢说话。因此，很多时候不得不"点到为止"，"就事论事"。这种"拘谨"的研究情状对于涉史不深的我来说，体现得更为明显。然而，即便如此，有心看过本书的读者仍不免会提出各种疑问。譬如，是不是"避实就虚"？放着那么多重要的教育管理现实问题于不问，而"悠闲"地钻到故纸堆中。又如，有没有"舍近求远"？过于关注世界观、政府统制、社会规范以及专业群体等外围因素对于中国近代中学组织结构的影响，而淡化课程设置、办学经费、学校规模等近因变量的影响。抑或，能不能"汇点成线"？即将不同维度的组织结构与特定的制度因素对应起来来解释近代中学组织结构的演变以及制度环境的影响，是否显得有点生硬？再者，会不会"重表轻里"？偏于中学组织总体形式的变化，而忽略总体形式之下组织结构的细微分化及其影响，等等。

诸如上述的问题，有的是个人研究过程中因史料、时间与能力等问题，确实想解决而未能解决的，但大多数则是"执意为之"的想法。而作为博士论文的修改稿，本书之所以有这些"执意为之"的想法以及坚持的底气，则与张老师的启发、指导与鼓励密不可分。老师是一位宽容、认真、博识的智慧型学者，他一方面非常了解并尊重学生的能力、兴趣与性情，另一方面又能够敏锐、深刻地对我们的选题与研究加以指引、调校与提炼。他指出，教育管理学的生成方式、理论类型以及研究使命应该是多样丰富的，我们既需要"从上看"，也需要"从下看"；既需要"向外看"，也需要"向里看"；既需要"往前看"，也需要"往回看"。同时，老师还鼓励我用一种"分析式"的而不仅仅是"陈述式"的思路来理解、运用教育管理学的历史研究方式，并强调以一种广阔的世界眼光和社会视角来考察教育管理与学校组织历史现象的重要性。因此可以说，本书得以完成，很大程度上得益于老师给予的智识支持与学术勇气。当然，书中如有不当、不对之处，则必定是由我个人的认识、理解和表述问题造成的，文责自负。此外，张老师的支持与教导又不止于学习和研究，在生活、工作等方面，他不仅为我提供了许多实际的帮助，而且用他的为人教会我如何为人师、为人友、为人父。所有这些，都难以以言相谢！

凭着事后聪明，我发现自己的博士论文与硕士论文在主旨上竟有着一脉相承之处，即反映教育管理的"理性不及"之维。如果说硕士论文主要讨论的是"理性不及"的后果，那么博士论文的讨论则侧重于"理性不及"的表现与原因。由此想来，在长春的两载，还是留下了一些深深的思想印记。最近几年，虽未得与硕士生导师邬志辉教授见面，但每每通话或电邮时，他都不忘关心我的学业进展与生活琐细，并适时给予敦促、鼓励和帮助。此时的长春应是近秋，天高云淡，不知邬老师是否一如往昔或胜过往昔地忙碌。

博士论文开题时，南京师范大学的吴康宁教授、高谦民教授、张乐天教授、程晋宽教授、叶忠教授和江苏教育学院的程振响教授，就论文的选题、构思与方法提出了不少深刻、有益的建议。而由华东师范大学的陆有铨教授、华中师范大学的范先佐教授、南京大学的桑新民教授和南京师范大学的吴康宁教授、金生鈜教授、顾建军教授、程晋宽教授组成的论文答辩委员会，也从理论基础、研究方法、分析思路、资料收集等角度出发，对最初的论文提出了许多让我进一步思考的问题。此外，张乐天、叶忠、胡金平、冯建军等老师，多年来一直关心并鼓励着我学业上的进展。这里，向所有老师表示感谢！

也要感谢曾与我朝夕相处的学友们。师兄程天君自我入学攻读博士学位起，就在学术与生活上给予我颇多指点和关心，至如今工作，仍是如此，让人每每感怀。与我一同入学且经历坎坷的刘建，不仅像兄长一样教会我许多事情，也让我明白，坚持与努力对于一个人来说是何等重要。还有瞿楠的勤奋与宽厚，魏峰的记忆力与批判意识，胡之骐的歌声与幽默，柳谦的冷静与酒力，王彦的开朗与热情，石艳的聪明与锐气历历在目。最让我印象深刻的是，和他们的讨论总是那样愉快且收获颇多。与喻小琴和姚继军见面，往往是在这样两个场合：沙龙或聚餐。在沙龙上，我们分享知识、理论与思想见解；在餐桌上，我们分享心情、生活与欢声笑语。说到沙龙，还要感谢在"教育管理学沙龙"上，陈韶峰老师、陈红燕老师、吴长宏老师、王珏老师以及其他老师和同学曾两次就本书的相关内容所提出的宝贵意见。

最后要感谢父母的养育，感谢岳父岳母、哥哥嫂子、姐姐姐夫多年来在精神和物质上所给予的无私的、倾己所有的帮助。同时，我要向我的爱人和女儿表示歉意,本书的写作与修改正值女儿出生、成长之际,我难以将更多的精力放在她们身上,这是一份无法补偿的亏欠。

陈学军

2009 年 8 月 21 日于随园

本书是我 2008 年毕业后,又用了一年多的时间,在重写原来博士论文中的"传统、新知与中学性别结构"部分,并补充了第四章的基础上形成的。由于各种原因,本书比原先计划的出版时间晚了六年。六年来,除了因校阅需要对全书进行系统的阅读外,书稿一直"沉静"地存放在电脑中。现在想想,如果重新做这项研究,结果可能很难超过眼前的这本书稿。随着工作以及家庭事务的增多,用足够长的持续的时间静下来,沉下去,专注于资料收集、文献阅读、书稿写作等工作,已经变得不易。换句话说,在主动或被动地适应工作要求和生活琐细的过程中,自己已经难以沉静。这显然不是一件好事。研究其实就像水中的气球,沉得越深,弹得越高;就像蕴藏于地壳中的能量,静得越久,迸发的威力越大。一个学科的发展,大概也是这样。

是补记,以为自省。

感谢上海教育出版社袁彬老师认真、耐心与专业的工作。感谢"江苏高校优势学科建设项目"对于本书出版的资助。

陈学军

2015 年 4 月 30 日于陋室